Erich Gräßer · An die Hebräer

EKK
Evangelisch-Katholischer Kommentar zum Neuen Testament

Herausgegeben von
Norbert Brox, Joachim Gnilka, Jürgen Roloff,
Rudolf Schnackenburg, Eduard Schweizer und Ulrich Wilckens

in Verbindung mit
Otto Böcher, François Bovon, Gerhard Dautzenberg,
Erich Gräßer, Martin Hengel, Paul Hoffmann,
Traugott Holtz, Hans-Josef Klauck, Ulrich Luck,
Ulrich Luz, Helmut Merklein, Rudolf Pesch,
Wolfgang Schrage, Peter Stuhlmacher, Anton Vögtle,
Samuel Vollenweider, Hans Weder und Alfons Weiser

Band XVII/2
Erich Gräßer
An die Hebräer
2. Teilband
Hebr 7,1–10,18

Benziger Verlag
Neukirchener Verlag

Erich Gräßer

An die Hebräer

2. Teilband
Hebr 7,1–10,18

Benziger Verlag
Neukirchener Verlag

CIP-Titelmeldung der Deutschen Bibliothek

EKK: evangelisch-katholischer Kommentar zum Neuen Testament / hrsg. von Norbert Brox ... In Verbindung mit Otto Böcher ... – Zürich: Benziger; Neukirchen-Vluyn: Neukirchener Verl.
Früher hrsg. von Josef Blank †
NE: Brox, Norbert [Hrsg.]; Blank, Josef [Hrsg.]; Evangelisch-Katholischer Kommentar zum Neuen Testament
Bd. XVII Gräßer, Erich: An die Hebräer.
Teilbd. 2. Hebr 7,1 – 10,18. – 1993
Gräßer, Erich:
An die Hebräer / Erich Gräßer. – Zürich: Benziger; Neukirchen-Vluyn: Neukirchener Verl.
(EKK; Bd. XVII)
Teilbd. 2. Hebr. 7,1 – 10,18. – 1993
ISBN 3-545-23125-9 (Benziger)
ISBN 3-7887-1443-3 (Neukirchener Verl.)

Umschlaggestaltung: Atelier Blumenstein + Plancherel, Zürich
Gesamtherstellung: Breklumer Druckerei Manfred Siegel KG
ISBN 3-545-23125-9 (Benziger Verlag)
ISBN 3-7887-1443-3 (Neukirchener Verlag)

Ernst Käsemann
in Dankbarkeit

Vorwort

Von den beiden »Leitthemen« des Hebr war eines, das *ekklesiologische,* Gegenstand unseres 1. Teilbandes: die Gemeinde als das wandernde Gottesvolk auf dem Weg zum himmlischen Ruheort (c. 1–6). Das andere, das *christologische* Leitthema, kommt in diesem 2. Teilband zur Verhandlung: Jesus als himmlischer Hoherpriester bringt sich selbst ein für allemal als Opfer dar (7,1–10,18). Mit diesem Thema wendet sich unser Verf. nicht nach außen – z.B. gegen die gnostische Leugnung der Heilsbedeutung des Todes Jesu (so Köster, Einführung 714) –, sondern nach innen gegen die Glaubensmüdigkeit der Gemeinde. Deren geschichtliche Leidenssituation legt den Abbruch der Glaubenswanderschaft als Versuchung nahe. Dies zu verhindern ist vornehmlicher Zweck der mit großem hermeneutischen Aufwand betriebenen Christologie. Nicht ohne Grund hat man im Blick auf die kulttheologische Neuauslegung des urchristlichen Passions- und Erhöhungskerygmas von einer »Theologie der Rhetorik« gesprochen (C.F. Evans). Die gewandte Periodisierung und hypotaktische Verflechtung der Sätze verrät ganz ohne Zweifel eine gewisse schulmäßige Bildung (H. Köster). Während der Verf. des Hebr überwiegend in jüdischen oder judenchristlichen Kategorien denkt, ist er nach Ausdrucksweise und Form mehr als jeder andere neutestamentliche Schriftsteller durch die Rhetorik der griechisch-römischen Welt beeinflußt. Philos griechische und jüdische Bildung (I. Heinemann) hat bei ihm eine bemerkenswerte Entsprechung und läßt ihn eine Brücke schlagen vom Philonismus zur alexandrinischen Katechetenschule, in der man schließlich mit vollem Bewußtsein auf die ins Christentum einströmende griechische Bildung eingeht. Diese Brückenbauer-Funktion wird gerade in dem hier zu verhandelnden zentralen Mittelstück 7,1–10,18, dem λόγος τέλειος (E. Käsemann), deutlich erkennbar. Dieser Abschnitt zeigt, wie stark der Hebr im Horizont der platonisch-alexandrinischen Weltanschauung typologisierende Schriftauslegung treibt, die »echt philonisch« ist (A. Jülicher). Grundlage seiner christlichen Frömmigkeit ist aber keine *Spekulation,* sondern »eine einzigartige, den Glauben begründende Offenbarungsgeschichte« (Windisch, Die Frömmigkeit Philos 112). Die Durchführung dieses Programms im λόγος τέλειος ist ein atemberaubendes Stück hochmythologischer Theologie, das in der parakletischen Gezieltheit über die Jahrhunderte hinweg nichts von seiner Aktualität verloren hat und deshalb auch heutige Gemeinden – bei passender Übersetzung – noch mühelos erreichen kann. Dies zu zeigen ist ein Hauptanliegen des vorliegenden Kommentarteiles, dem ein letzter hoffentlich bald folgen kann.

Die guten Geister, die mir beim 1. Teilband hilfreich zur Seite standen, haben mich auch diesmal zu keiner Phase der Ausarbeitung des neuen Bandes im Stich gelassen. *Dr. Martin Evang* trug die Hauptlast beim Korrekturlesen, das sich keineswegs nur auf Druck- und Zitatfehler beschränkte. Er wurde tatkräftig unterstützt von den stud. theol. *Imke Schauhoff, Karin Schiel, Martin Ufer* sowie den cand. theol. *Hermut Löhr* und *Andreas Mühling.* Cand. theol. *Uta Heil* half bei der Literaturbeschaffung. *Brigitte Schmitz* gebührt erneut ein Sonderlob. Ihrer nicht nachlassenden Bereitschaft verdanke ich es, daß aus vielen Entwürfen wiederum ein druckfertiges Manuskript entstanden ist. *Jürgen Roloff* in Erlangen hat auch diesen Band kritisch unter die Lupe genommen und manchen Verbesserungsvorschlag gemacht. Und *Dr. Christian Bartsch,* der ehemalige Leiter des Neukirchener Verlags, hat auch diesmal das Manuskript durchgesehen und die Korrekturgänge mitbetreut. Allen Genannten bin ich zu Dank verpflichtet.
Dieser Band ist *Ernst Käsemann* zur Vollendung seines 87. Geburtstages am 12. Juli 1993 gewidmet. Von allen Untersuchungen zum Hebräerbrief hat mich theologisch keine mehr angeregt als Käsemanns faszinierende Schrift »Das wandernde Gottesvolk«. Wieviel gerade die vorliegende Auslegung des zentralen Mittelteils 7,1–10,18 diesem Buch verdankt, zeigen die folgenden Seiten auf Schritt und Tritt. Darum geht mit diesem Kommentarband ein ganz besonderer Dankesgruß an *Ernst Käsemann* in Tübingen.

Bonn, im März 1993 Erich Gräßer

Inhalt

Abkürzungen und Literatur

1. *Abkürzungen*

Zusätzlich zu den Abkürzungsverzeichnissen von ThWNT, TRE, RGG[3], IATG[2] und *W. Bauer,* Griechisch-deutsches Wörterbuch werden verwendet:

I	1. Teilband dieses Kommentars (mit Seitenangaben)
Lane I. II	*W.L. Lane,* Hebrews 1–8.9–13 (s.u. zu 5.)
Weiss	*B. Weiss,* Der Brief an die Hebräer (s. I 5)
Weiß	*H.-F. Weiß,* Der Brief an die Hebräer (s.u. zu 5.)

2. *Bibliographien*

Lane, W.L., Hebrews 1–8 (s.u. zu 5.) XXVII–XLVI (nur neuzeitliche Literatur)

Weiß, H.-F., Der Brief an die Hebräer (s.u. zu 5.) 11–27 (von den griechischen Exegeten bis 1990)

3. *Forschungsberichte*

Carlston, C.E., Commentaries on Hebrews: A Review Article, Andover Newton Review 1 (1990) 27–45

Ellingworth, P., Hebrews in the Eighties, BiTr 39 (1988) 131–138

Gräßer, E., Neue Kommentare zum Hebräerbrief, ThR 56 (1991) 113–139 (mit einem Nachtrag wieder in: ders., Aufbruch und Verheißung [s.u. zu 6.] 265–294)

Johnsson, W.G., Issues in the Interpretation of Hebrews, AUSS 15 (1977) 169–187

– The Cultus of Hebrews in Twentieth-Century Scholarship, ET 89 (1977/78) 104–108

McCullough, J.C., Some Recent Developments in Research on the Epistle to the Hebrews, IBSt 2 (1980) 141–156; 3 (1981) 28–45

4. *Hilfsmittel*

Barrett, Ch.K. / Thornton, C.-J. (Hg.), Texte zur Umwelt des Neuen Testaments, [2]1991 (UTB 1591)

Berger, K., Hellenistische Gattungen im Neuen Testament, ANRW II 25.2 (1984), 1031–1432.1831–1885

Charlesworth, J.H. u.a., Graphic Concordance to the Dead Sea Scrolls, Tübingen/Louisville 1991

Guthrie, D., New Testament Introduction, Leicester ^{4}1990, 668–721
Jülicher, A., Einleitung in das Neue Testament, $^{1.2}$1894 (GThW 3/1)
Kuhn, K.G. u.a., Konkordanz zu den Qumrantexten, Göttingen 1960
– Nachträge zur »Konkordanz zu den Qumrantexten«, RdQ 4 (1963/64) 163–234
Léon-Dufour, X., Wörterbuch zum Neuen Testament, München 1977
Lindemann, A. / Paulsen, H., Die Apostolischen Väter. Griechisch-deutsche Parallelausgabe, Tübingen 1992
Mayer, G., Index Philoneus, Berlin 1974
Mulder, M.J. (Hg.), Mikra. Text, Translation, Reading, and Interpretation of the Hebrew Bible in Ancient Judaism and Early Christianity, 1988 (CRI 2/1)
Pearson, B.A. (Hg.), Gnosticism, Judaism, and Egyptian Christianity, 1990 (Studies in Antiquity and Christianity)
Radice, R. / Runia, D.T., Philo of Alexandria. An Annotated Bibliography 1937–1986, 1988 (Supplements to VigChr 8)
Rehkopf, Fr., Septuaginta-Vokabular, Göttingen 1989
Rosset, V., Bibliographie 1969–1991 zum Opfer in der Bibel, in: *Schenker*, Studien zu Opfer und Kult (s.u. zu 6.) 107–151
Schneemelcher, W. (Hg.), Neutestamentliche Apokryphen in deutscher Übersetzung, Tübingen I ^{6}1990, II ^{5}1989
Strecker, G., Literaturgeschichte des Neuen Testaments, 1992 (UTB 1682), bes. 66–95 (Hebr: 69f)
Thompson, J.D. / Baird, J.A., A Critical Concordance to the Letter to the Hebrews, 1988 (CompBib 29)

5. *Kommentare*

Bénétreau, S., L'Épître aux Hébreux I, 1989 (Commentaire Évangélique de la Bible 10)
Brown, R., Christ above all. The message of Hebrews, 1982 (The Bible speaks today [NT])
Bruce, F.F., The Epistle to the Hebrews, Revised Edition 1990 (NIC)
Casalini, N., Agli Ebrei. Discorso di esortazione, 1992 (SBF 34)
Ellingworth, P. / Nida, E.A., A Translator's Handbook on the Letter to the Hebrews, 1983 (HeTr)
Evans, Jr., L.A., Hebrews, 1985 (CCS.NT 10)
Hagner, D.A., Hebrews, 1990 (New International Biblical Commentary 14)
Hugedé, N., Le sacerdoce du Fils. Commentaire de l'Épître aux Hébreux, Paris 1983
Kistemaker, S.J., Exposition of the Epistle to the Hebrews, 1984 (NTC)
Kübel, R., Der Brief an die Hebräer, 1888 (KK.NT 4), 140–205
Lane, W.L., Hebrews. A Call to Commitment, Peabody 1988
– Hebrews 1–8, 1991 (Word Biblical Commentary 47A); Hebrews 9–13, 1991 (Word Biblical Commentary 47B)
Mora, G., La carta a los Hebreos como escrito pastoral, 1974 (CSPac.T 20)
Morris, L., Hebrews, 1983 (Bible Study Commentary)
Pfitzner, V.C., Chi rho Commentary on Hebrews, Adelaide 1979
Ruager, S., Hebräerbrief, 1987 (EdC.B 22)
Smith, R.H., Hebrews, 1984 (ACNT)
Weiß, H.-F., Der Brief an die Hebräer, $^{(15)1}$1991 (KEK 13)

6. *Monographien und Aufsätze*

Anderson, Ch.P., Who are the Heirs of the New Age in the Epistle to the Hebrews?, in: FS J.L. Martyn, 1989 (JSNT.S 24), 255–277

Attridge, H.W., Paraenesis in a Homily (λόγος παρακλήσεως): The Possible Location of, and Socialization in, the ›Epistle to the Hebrews‹, Semeia 50 (1990) 211–226

Beaude, P.-M., Art. Sacerdoce III. Autour du Nouveau Testament: La crise du sacerdoce Aaronide et sa ruine, DBS 10, 1254–1306; IV. Le Nouveau Testament, ebd. 1306–1342

Blank, J., Weißt du, was Versöhnung heißt? Der Kreuztod Jesu als Sühne und Versöhnung, in: ders. / J. Werbick (Hg.), Sühne und Versöhnung, 1986 (TzZ 1), 21–91

Bötticher, W., Der alttestamentliche Sühnopfer-Gedanke im Neuen Testament, ZWTh 55 (1913) 230–251

Carlston, Ch., The Vocabulary of Perfection in Philo and Hebrews, in: FS G.E. Ladd, Grand Rapids 1978, 133–160

Cazelles, H., Art. Sang, DBS 11, 1332–1353

Collins, R.F., Letters That Paul Did Not Write. The Epistle to the Hebrews and the Pauline Pseudepigrapha, 1988 (GNS 28)

Conzelmann, H., Heiden – Juden – Christen. Auseinandersetzungen in der Literatur der hellenistisch-römischen Zeit, 1981 (BHTh 62)

Dahl, N.A., A New and Living Way. The Approach to God according to Hebrews 10,19–25, Interp. 5 (1951) 401–412

Davidson, R.M., Typology in Scripture: A Study of Hermeneutical ΤΥΠΟΣ Structures, 1981 (Andrews University Seminary Doctoral Dissertation Series 2)

Dunhill, J., Covenant and Sacrifice in the Letter to the Hebrews, 1992 (SNTSMS 75)

Eccles, R.S., The Purpose of the Hellenistic Patterns in the Epistle to the Hebrews, in: J. Neusner (Hg.), Religions in Antiquity. Essays in Memory of E.R. Goodenough, 1968 (SHR 14), 207–226

Ellis, E.E., The Old Testament in Early Christianity. Canon and Interpretation in the Light of Modern Research, 1991 (WUNT 54)

Evans, C.F., The Theology of Rhetoric: The Epistle to the Hebrews, 1988 (Friends of Dr. William's Library 42)

Estrada, C.Z., Hebreos 5,7–8. Estudio histórico-exegético, 1990 (AnBib 113)

Fiebig, P., Das kultische Opfer im Neuen Testament, ZWTh 53 (1910) 253–275

Fenton, J.C., The Argument in Hebrews, StEv 7 (1982 = TU 126) 175–181

Feuillet, A., Le dialogue avec le monde non-chrétien dans les épîtres pastorales et l'épître aux Hébreux. Deuxième partie: l'épître aux Hébreux, EeV 98 (1988) 152–159

Gooding, D., An Unshakeable Kingdom. The letter to the Hebrews for today, Grand Rapids 1989

Gourgues, M., A la droite de Dieu. Résurrection de Jésus et actualisation du Psaume 110:1 dans le Nouveau Testament, 1978 (EtB)

Gräßer, E., Der Alte Bund im Neuen. Exegetische Studien zur Israelfrage im Neuen Testament, 1985 (WUNT 35)

– Aufbruch und Verheißung. Gesammelte Aufsätze zum Hebräerbrief, Berlin 1992 (BZNW 65)

Habermann, J., Präexistenzaussagen im Neuen Testament, 1990 (EHS.T 362)

Hahn, F., Das Verständnis des Opfers im Neuen Testament, in: K. Lehmann / E. Schlink (Hg.), Das Opfer Jesu Christi und seine Gegenwart in der Kirche. Klärungen zum Opfercharakter des Herrenmahls, (1983) [2]1986 (DiKi 3), 51–91

Hanhart, R., Die Bedeutung der Septuaginta in neutestamentlicher Zeit, ZThK 81 (1984) 395–416

Hegermann, H., Christologie im Hebräerbrief, in: FS F. Hahn, Göttingen 1991, 337–351

Heinemann, I., Philons griechische und jüdische Bildung, Breslau 1932 (Nachdruck 1962)

Hengel, M., The Atonement. A Study of the Origins of the Doctrine in the New Testament, London 1981

Hofius, O., Gemeinschaft mit den Engeln im Gottesdienst der Kirche. Eine traditionsgeschichtliche Skizze, ZThK 89 (1992) 172–196

Holtz, T., Das Alte Testament und das Bekenntnis der frühen Gemeinde zu Christus, in: FS W. Trilling, Leipzig 1989, 55–66

– Einführung in Probleme des Hebräerbriefes (1969), in: ders., Geschichte und Theologie des Urchristentums. Gesammelte Aufsätze, 1991 (WUNT 57), 378–387

Hossfeld, F.-L. / Schöllgen, G., Art. Hoherpriester, RAC 16, 4–58

Hurst, L.D., The Epistle to the Hebrews. Its background of thought, 1990 (SNTS.MS 65)

Isaacs, M.E., Sacred Space. An Approach to the Theology of the Epistle to the Hebrews, 1992 (JSNT.S 73)

Josuttis, M., Über alle Engel. Politische Predigten zum Hebräerbrief, München 1990

Käsemann, E., The Wandering Poeple of God: An Investigation of the Letter to the Hebrews, Minneapolis 1984

Klinzing, G., Die Umdeutung des Kultus in der Qumrangemeinde und im Neuen Testament, 1971 (StUNT 7)

Kraus, W., Der Tod Jesu als Heiligtumsweihe. Eine Untersuchung zum Umfeld der Sühnevorstellung in Römer 3,25–26a, 1991 (WMANT 66)

Laub, F., »Ein für allemal hineingegangen in das Allerheiligste« (Hebr 9,12) – Zum Verständnis des Kreuzestodes im Hebräerbrief, BZ 35 (1991) 65–85

Lehne, S., The New Covenant in Hebrews, 1990 (JSNT.S 44)

Lindars, B., The Theology of the Letter to the Hebrews, 1991 (New Testament Theology, Cambridge)

– Hebrews and the Second Temple, in: FS E. Bammel, 1991 (JSNT.S 48), 410–433

Löhr, H., Thronversammlung und preisender Tempel. Beobachtungen am himmlischen Heiligtum im Hebräerbrief und in den Sabbatopferliedern aus Qumran, in: M. Hengel / A.M. Schwemer (Hg.), Königsherrschaft Gottes und himmlischer Kult im Judentum, Urchristentum und in der hellenistischen Welt, 1991 (WUNT 55), 185–205

– Umkehr und Sünde im Hebräerbrief. Eine exegetische Studie, Diss. masch. Bonn 1993

Lohmann, Th., Zur Heilsgeschichte des Hebräerbriefes, OLZ 79 (1984) 117–125

Luz, U., [Gesetz] III. Das Neue Testament, in: R. Smend / ders., Gesetz, 1981 (KTB 1015), 112–116

MacLeod, D.J., The Doctrinal Center of the Book of Hebrews, BS 146 (1989) 185–197.291–300

MacRae, G.W., Heavenly Temple and Eschatology in the Letter to the Hebrews, Semeia 12 (1978) 179–199

März, C.-P., Zur Aktualität des Hebräerbriefes, ThPQ 140 (1992) 160–168

Maier, J., Jüdische Auseinandersetzung mit dem Christentum in der Antike, 1982 (EdF 177)

Müller, P.-G., Die Funktion der Psalmzitate im Hebräerbrief, in: FS H. Groß, 1986 (SBB 13), 223–242

Parsons, M.C., Son and High Priest: A Study in the Christology of Hebrews, EvQ 60 (1988) 195–216

Powell, D.L., Christ as High Priest in the Epistle to the Hebrews, StEv 7 (1982 = TU 126), 387–399

Petuchowski, J.J., Melchisedech. Urgestalt der Ökumene, 1979 (Veröffentlichungen der Stiftung Oratio Dominica)

Roloff, J., Kommunikation und Rezeption als Problem eines frühchristlichen Lehrers, in: ders., Exegetische Verantwortung in der Kirche. Aufsätze, Göttingen 1990, 44–61

Rose, Chr., Verheißung und Erfüllung. Zum Verständnis von ἐπαγγελία im Hebräerbrief, BZ 33 (1989) 66–80.178–191

– Die Wolke der Zeugen. Eine exegetisch-traditionsgeschichtliche Untersuchung zu Hebräer 10,32–12,3, Diss. masch. Tübingen 1989

Schenker, A. (Hg.), Studien zu Opfer und Kult im Alten Testament, 1992 (FAT 3)

Schlossnikel, R.F., Der Brief an die Hebräer und das Corpus Paulinum. Eine linguistische »Bruchstelle« im Codex Claromontanus (Paris, Bibliothèque Nationale Grec 107 + 107 A + 107 B) und ihre Bedeutung im Rahmen von Text- und Kanongeschichte, 1991 (VL.AGLB 20)

Schlosser, J., La médiation du Christ d'après l'épître aux Hébreux, RevSR 63 (1989) 169–181

Schrage, W., Ethik des Neuen Testaments, $^{5(2)}$1989 (GNT 4), 325–329

Söding, Th., Zuversicht und Geduld im Schauen auf Jesus. Zum Glaubensbegriff des Hebräerbriefes, ZNW 82 (1991) 214–241

Stott, W., The Conception of ›Offering‹ in the Epistle to the Hebrews, NTS 9 (1962/63) 62–67

Swetnam, J., Form and Content in Hebrews 7–13, Bib. 55 (1974) 333–348

– Christology and the Eucharist in the Epistle to the Hebrews, Bib. 70 (1989) 74–95

Thurén, J., Das Lobopfer der Hebräer. Studien zum Aufbau und Anliegen von Hebräerbrief 13, 1973 (AAAbo.H 47/1)

Thurston, R.W., Philo and the Epistle to the Hebrews, EvQ 58 (1986) 133–143

Trummer, P., Ein barmherziger Hoherpriester. Das Christusbild des Hebr, in: ders., Aufsätze zum Neuen Testament, 1987 (GrTS 12), 137–174

Vanhoye, A., Structure and Message of the Epistle to the Hebrews, 1989 (SubBi 12)

– Anamnèse historique et créativité théologique dans l'épître aux Hébreux, in: FS P. Bonnard, Genève 1991, 219–231

Vuyst, J. de, »Oud en nieuw verbond« in de brief aan de Hebreeën, Kampen 1964

Windisch, H., Die Frömmigkeit Philos und ihre Bedeutung für das Christentum. Eine religionsgeschichtliche Studie, Leipzig 1909

Woschitz, K.M., Das Priestertum Jesu Christi nach dem Hebräerbrief, BiLi 54 (1981) 139–150

B Entfaltung: Das Hohepriestertum des Sohnes 7,1–10,18

Das ἀδύνατον πάλιν ἀνακαινίζειν εἰς μετάνοιαν (6,4–6) läßt der Hebr nicht sein letztes Wort sein (s. I 388). Im Gegenteil! Der jetzt beginnende λόγος τέλειος (7,1–10,18) zeigt, daß das wandernde Gottesvolk tatsächlich von der Macht der Sünde befreit ist durch die stärkere Macht der Gnade. Er enthält die systematische Entfaltung des eigentlichen Hauptthemas, das ist das Hohepriestertum Christi. Nach der antiken Rhetorik handelt es sich um die ἀπόδειξις πρὸς πειθώ[1], die beweisende Ausführung des Themas nach seiner einen Hauptseite (das Hohepriestertum des Sohnes), die als der eigentliche Beweggrund zum Festhalten am Hoffnungsbekenntnis gilt, was dann im ἐπίλογος (10,19–13,21) ausgeführt wird. Die ἀπόδειξις bleibt orientiert an der Szenerie des großen Versöhnungstages Lev 16 und am alttestamentlichen Bundesritual Ex 24,3–8 (bes. in c. 9), wird aber immer wieder unterbrochen durch eine Hinwendung unseres Verf.s zum Gedanken der Neuheit des Bundes (bes. in c. 8 und 9, aber auch 7,22 und 10,16f). Vor allem die zuletzt genannte Stelle markiert den theologischen Zielgedanken: Im neuen Bund gibt es endgültige Sündenvergebung, die allen irdischen Kult überflüssig macht (10,18). Die Kapitelfolge zeigt einen geordneten Beweisgang an: Es stehen jeweils nebeneinander das levitische und das jesuanische Priestertum (c. 7), der alte und der neue Bund (c. 8), der Opferdienst dort und hier (c. 9) sowie die einst ungenügende und jetzt endgültige Versöhnung mit Gott (10,1–18).

I Die Würde des Hohenpriesters 7,1–28

Überblick

Nach langem Anlauf wird nun endlich mittels Stichwortverknüpfung das in 6,20 formulierte Thema zur Hauptsache der hier beginnenden Vollkommenheitslehre gemacht. Sie bildet das »Kernstück« des Hebr[2], enthüllt ein nur Pneumatikern zugängliches »Mysterium«, das sogar noch »die vorgetragene Christus-ὁμολογία der Gemeinde . . . überhöht«[3]: Jesus ist nach Melchisedek-

[1] v. Soden 10; Haering, Gedankengang 159. Berger, ANRW 1301: »theologischer Traktat«.

[2] Michel 255; vgl. Käsemann, Gottesvolk 116; Spicq II 203; anders Lindars, The Rhetorical Structure 406: Höhepunkt ist 10,19–12,29. Kaum!

[3] Käsemann, Gottesvolk 122; vgl. 119.

Weise Hoherpriester (Ps 110,4; vgl. Hebr 5,6.10; 6,20). Hauptmerkmal der von Melchisedek repräsentierten τάξις des Priestertums ist *Ewigkeit.* Das durch »Schriftgnosis«[4] exegetisch zu sichern ist das eigentliche Beweisziel. Die entsprechenden Antithesen vergänglich/unvergänglich, sterblich/unsterblich ziehen sich jedenfalls wie ein roter Faden durch den Text (V 3.8.16.23. 24.25.28), und Ps 110,4 ist »Ausgangs- und Angelpunkt« dafür (V 3.11.15. 17.21.24.28)[5]. Die Überlegenheit des Melchisedek-Priestertums Christi über das levitische wird dualistisch begründet: Jesus ist »in Kraft unzerstörbaren Lebens« Priester, die Leviten sind es nur »nach dem Gesetz einer Vorschrift, die Vergängliches behandelt« (V 16)[6]. Damit ist klar, daß Jesus in Überbietung des altbundlichen Priestertums der *wahre,* die Vollendung wirkende Hohepriester ist.

Schrift-auslegung

Die Methode der Schriftauslegung in unserem Abschnitt wird unterschiedlich bewertet. Liegt ein mit typologischen Hinweisen versehener *Midrasch-Pescher* über ψ 109,4 und Gen 14,17–20 LXX vor[7]? Oder handelt es sich um philonisch-allegorische Auslegungstechnik[8]? Könnte es auch eine Mischung von beidem sein? Jedenfalls werden in heute kaum nachvollziehbarer Exegese die beiden einzigen alttestamentlichen Stellen, die von Melchisedek handeln, zusammengestellt und im Blick auf den erschienenen Messias Jesus Folgerungen daraus gezogen, »an die die biblischen Verfasser nie gedacht haben«[9].

Die Gliederung des Kapitels ist durchsichtig. Man erkennt drei Abschnitte: 1. Die Verhältnisbestimmung von Melchisedek und levitischem Priestertum (7,1–10) als Auslegung von Gen 14,17–20. Danach folgt 2. der Vergleich des levitischen Priestertums mit dem jesuanischen (7,11–25) als Auslegung von Ps 110,4. Das Verhältnis der beiden Abschnitte ist das von Grund und Folge: Weil Jesus nach Melchisedek-Weise sein Priestertum hat, bedeutet das notwendig die Erledigung (ἀθέτησις 7,18) des unzulänglichen levitischen Prie-

[4] Ebd. 119.

[5] Goppelt, Typos 197 Anm. 3; Cullmann, Christologie 89; Moffatt 90; Strobel 146f; Weiß 372. – Mit c. 7 verschwindet der Psalmvers aus der Hebr-Argumentation. 10,12.13 finden sich lediglich noch Anklänge daran. Vgl. E. Hühn, Die messianischen Weissagungen des israelitisch-jüdischen Volkes bis zu den Targumim. II. Teil: Die alttestamentlichen Citate und Reminiscenzen im Neuen Testamente, Tübingen 1900, 217.

[6] Übers. Braun 211.

[7] So im Anschluß an Windisch 59 z.B. Schröger* 156; Thompson*; Rusche* u.a. Fitzmyer*, »Now this Melchizedek . . .« (s. Lit. zu 7,1–10) 305f findet dieselbe »midrashic technique« wie in GenR 43,6 und 4QFlor. Vor allem die fünf Charakteristika eines Midrasch sieht er gegeben: Ausgangspunkt bei einer AT-Passage, homiletischer Charakter, sorgfältige Textanalyse (z.B. Namensdeutung), Anwendung des AT-Textes auf eine gegenwärtige Situation und haggadischer Charakter.

[8] Z.B. Strobel 147; vgl. auch Laub, Bekenntnis 240f; Weiß 371 Anm. 2.

[9] Windisch 59. – Zur damit grundsätzlich aufgeworfenen »Frage der theologischen Deutung der messianischen Psalmen« vgl. den gleichnamigen Aufsatz von F. Baumgärtel, in: FS L. Rost, 1967 (BZAW 105), 19–25; ferner Fitzmyer*, »Now this Melchizedek . . .« 307f (Lit.!).

stertums[10]. Der 3. Abschnitt (7,26–28) zieht die Summe des Gesagten durch Beschreibung des wahren vollkommenen Priesters. Ob das ganz[11] oder teilweise[12] hymnisch ist bzw. ob es sich um Verarbeitung von hymnisch vorgeprägtem Gut handelt, wird kontrovers diskutiert. Möglicherweise ist es der Hebr-Autor selbst, der in feierlicher Form Schlußfolgerungen aus der Melchisedekperikope zieht[13].

1 *Melchisedek und die Leviten 7,1–10*

Literatur: Balz, H., Melchisedek III. Neues Testament, TRE 22, 420–423 (Lit.!); *Bandstra, A.J.,* Heilsgeschichte and Melchizedek in Hebrews, CTJ 3 (1968) 36–41; *Bardy, G.,* Melchisédech dans la tradition patristique, RB 35 (1926) 469–509; 36 (1927) 25–45; *Bühner, J.A.,* Der Gesandte und sein Weg im 4. Evangelium, 1977 (WUNT 2/2), 368–373.404–414; *Casalini, N.,* Ebr 7,1–10: Melchisedek prototipo di Cristo?, SBFLA 34 (1984) 149–190; *ders.,* Una *Vorlage* extra-biblica in Ebr 7,1–3?, ebd. 109–148; *Cullmann,* Christologie 88–107; *Delcor, M.,* Melchizedek from Genesis to the Qumran Texts and the Epistle to the Hebrews, JSJ 2 (1971) 115–135; *Del Medico, H.E.,* Melchisédech, ZAW 69 (1957) 160–170; *Demarest, B.,* Hebrews 7,3: A Crux Interpretum Historically Considered, EvQ 49 (1977) 141–162; *Ellingworth, P.,* »Like the Son of God«: Form and Content in Hebrews 7,1–10, Bib. 64 (1983) 255–262; *Fitzmyer, J.A.,* »Now this Melchizedek . . .« (Heb 7,1), CBQ 25 (1963) 305–321; *ders.,* Further Light on Melchizedek from Qumran Cave 11, JBL 86 (1967) 25–41; *Goppelt,* Typos; *Gräßer,* Der Alte Bund im Neuen 95–115; *Habermann,* Präexistenzaussagen; *Heldermann, J.,* Melchisedeks Wirkung. Eine traditionsgeschichtliche Untersuchung eines Makrokomplexes in NAC IX, 1,1–27,10 (Melchisedek), in: J.-M. Sevrin (Hg.), The New Testament in Early Christianity, 1989 (BEThL 86), 335–362; *Hertzberg, H.W.,* Die Melkisedek-Traditionen, in: ders., Beiträge zur Traditionsgeschichte und Theologie des Alten Testaments, Göttingen 1962, 36–44; *Horton,* The Melchizedek Tradition; *de Jonge,* Traditie; *de Jonge / Woude, van der,* 11Q Melchizedek; *Kobelski, P.J.,* Melchizedek and Melchirešaʿ, 1981 (CBQ.MS 10); *Laub,* Bekenntnis 27–41.236–243; *Le Déaut, R.,* Le titre de *Summus Sacerdos* donné à Melchisédech est-il d'origine juive?, RSR 50 (1962) 222–229; *Longenecker, R.,* The Melchizedek Argument of Hebrews: A Study in the Development and Circumstantial Expression of New Testament Thought, in: FS G.E. Ladd, Grand Rapids 1978, 161–185; *Lueken,* Michael; *Luz,* Der alte und der neue Bund; *Marshall, J.L.,* Melchizedek in Hebrews, Philo and Justin Martyr, in: StEv 7 (1982 = TU 126) 339–342; *Milik, J.T.,* Milkî-sedeq et Milkî-rešaʿ dans les anciens écrits juifs et chrétiens, JJS 23 (1972) 95–144; *Neyrey, J.H.,* »Without Beginning of Days or End of Life« (Hebrews 7:3): Topos for a True Deity, CBQ 53 (1991) 439–455; *Osten-Sacken, P. von der,* Gott und Belial. Traditionsgeschichtliche Untersuchungen zum Dualismus in

[10] Windisch 63; Strathmann, ThWNT IV 244,17–19.30–35.

[11] So Windisch 67. Ablehnend Schille* 84 Anm. 4.

[12] Michel 278f findet in V 26 einen »kleine(n) Christushymnus aus vier Zeilen«. Ihm folgen Zimmermann, Bekenntnis 93.95 u.ö.; Schröger* 155 Anm. 1 und Theißen, Untersuchungen 22f.

[13] Deichgräber, Gotteshymnus 178.

den Texten aus Qumran, 1969 (StUNT 6), 206–213; *Petuchowski*, Melchisedech; *Rusche, H.*, Die Gestalt des Melchisedek, MThZ 6 (1955) 230–252; *Schenke, H.-M.*, Die jüdische Melchisedek-Gestalt als Thema der Gnosis, in: K.-W. Tröger (Hg.), Altes Testament – Frühjudentum – Gnosis. Neue Studien zu Gnosis und Bibel, Gütersloh 1980, 111–136; *Schille*, Erwägungen; *Schröger*, Schriftausleger 130–159; *Smith*, Priest for Ever; *Smith, R.H.*, Abram and Melchizedek (Gen 14$_{18-20}$), ZAW 77 (1965) 129–153; *Spicq, C.*, Melchisédech et l'Épître aux Hébreux. Le sacerdoce de la Nouvelle Alliance, EeV 87 (1977) 206–208; *Stork, H.*, Die sogenannten Melchisedekianer mit Untersuchung ihrer Quellen auf Gedankengehalt und dogmengeschichtliche Entwicklung (= Historische Studien zum Hebräerbrief II), 1928 (FGNK 8/2); *Swetnam*, Form and Content; *Thompson, J.W.*, The Conceptual Background and Purpose of the Midrash in Hebrews VII, NT 19 (1977) 209–223; *Vanhoye, A.*, Le parfait grand prêtre (He 7,23–27), ASeign 93 (1965) 15–31; *Wieser*, Abrahamvorstellungen (s. zu 6,13–20) 118–120; *Willi, Th.*, Melchisedek. Der alte und der neue Bund im Hebräerbrief im Lichte der rabbinischen Tradition über Melchisedek, Jud. 42 (1986) 158–170; *van der Woude, A.S.*, Melchisedek als himmlische Erlösergestalt in den neugefundenen eschatologischen Midraschim aus Qumran Höhle XI, OTS 14 (1965) 354–373; *ders.*, Fünfzehn Jahre Qumranforschung (1974–1988), ThR 57 (1992) 1–57, bes. 41–45 (Der Melchisedek-Text [11QMelch]; Lit.!); *Wuttke*, Melchisedech; *Zimmerli, W.*, Abraham und Melchisedek, in: FS L. Rost, 1967 (BZAW 105), 255–264 (= in: *Petuchowski* [s.o.] 49–61).

1 **Dieser ›Melchisedek‹ nämlich – ›König von Salem, Priester des höch-**
sten Gottes, der dem von der Niederwerfung der Könige zurückkehren-
den Abraham entgegenging‹ und ›ihn segnete‹, 2 **dem auch ›Abraham‹**
›den Zehnten von allem‹ zuteilte, zuerst übersetzt ›König der Gerechtig-
keit‹, dann aber auch ›König von Salem‹, das bedeutet König des Frie-
dens, 3 **vaterlos, mutterlos, ohne Stammbaum, weder einen Anfang der**
(Lebens-)Tage noch ein Lebensende habend, ähnlich gemacht dem Sohn
Gottes – bleibt ›Priester‹ für immer. 4 **Seht doch, wie bedeutend der sein**
muß, dem (selbst) ›Abraham den Zehnten‹ vom Besten der Beute ›gab‹, er,
der Patriarch!
5 **Zwar haben auch diejenigen von den Söhnen Levis, die das Priester-**
tum empfangen, ein Gebot, das Volk gesetzmäßig zu zehnten, das heißt
ihre Brüder, obwohl (auch sie) aus der Lende Abrahams hervorgegangen
sind. 6 **Er aber, der seinen Stammbaum nicht von ihnen herleitet, hat**
Abraham gezehntet und ›hat‹ dem, der die Verheißungen besitzt, ›den Se-
gen erteilt‹. 7 **Ohne jede Widerrede aber wird das Geringere von dem**
Höheren gesegnet. 8 **Und hier nehmen sterbliche Menschen die Zehn-**
ten entgegen, dort aber einer, von dem bezeugt wird, daß er lebt. 9 **Und**
mittels Abraham ist sozusagen auch Levi, der Zehnten-Empfänger, ge-
zehntet worden, 10 **denn er war noch in der Lende Abrahams, als Mel-**
chisedek diesem begegnete.

Analyse

Das Kapitel beginnt mit einem kurzen kommentierenden Referat von Gen 14,17–20 LXX, das Melchisedek als »Doppelgänger Jesu«[14] herausstreicht (V 1–3). Die anschließende midraschartige Auswertung illustriert die Erhabenheit Melchisedeks durch einen Vergleich mit Abraham, der in der Absicht durchgeführt wird, die Inferiorität des levitischen Priestertums offenkundig zu machen (V 4–10). Vor allem *eines* der Melchisedek-Prädikate aus V 3 – μήτε ζωῆς τέλος ἔχων – wird aufgenommen[15] und im folgenden wirklich durchgeführt. Nicht, daß die übrigen unserem Verf. »innerlich fremd« wären und ausfielen, weil sie seinen christologischen Gedanken von 2,17 (κατὰ πάντα ὁμοιωθῆναι) gefährdeten[16]. Es ist ja der kurze Zeit unter die Engel erniedrigte Sohn Gottes (2,9), der sich dort in die Gleichheit mit den Brüdern begibt! Nein, *alle* Melchisedek-Prädikate sind unserem Verf. wichtig, um den Jerusalemer Priesterkönig als *Abbild des Sohnes Gottes* (V 3c) darzustellen. Ohne dieses Prädikat bliebe Melchisedek nicht Priester für immer (V 3d) und wäre er nicht »Doppelgänger« des Hohenpriesters Christus, der auch nur deswegen die Seinen für immer retten und für sie eintreten kann, weil er *bleibt* (7,24f).

Form- und Traditionsgeschichte

Damit hat unser Verf. das eigentliche Beweisziel erreicht: Jesu von der Norm abweichendes Hohepriestertum ist schriftgemäß! Und zwar hat er es erreicht über einen *eigenständigen* Midrasch zu Gen 14,17–20 LXX unter intensiver Mitverwertung von ψ 109,4. Denn obwohl der *Hohe*priester Melchisedek und seine Göttlichkeit als vorchristliche Traditionselemente nachweisbar sind, kommt doch keiner der entsprechenden Texte in *vollem* Umfang als Traditionsvorgabe in Frage[17]. Man kann annehmen, daß unser Verf. allein von Ps 110,4 her zu seinem Melchisedekverständnis gekommen ist, wobei freilich der die Exegese steuernde Leitsatz – »immer ist es das Geringere, das von einem Höheren gesegnet wird« (V 7) – dualistisch in den Text eingelesen wird[18]. Himmlisches ist Irdischem prinzipiell überlegen! Außerbiblische Vorlagen muß unser Verf. jedenfalls nicht gekannt haben[19]. Und was infolge der Häufung von Ehrennamen, mit Artikeln versehenen Partizipien und Relativsätzen wie ein antiker Prädikationsstil aussieht[20], läßt nicht zwingend auf einen verarbeiteten Hym-

[14] Braun 137; vgl. Windisch 61.

[15] Nicht *ausschließlich* dieses eine (gegen Wuttke* 5.10)! Auch ἀγενεαλόγητος wird in V 6 verwertet (vgl. Wuttke* 5f).

[16] So Wuttke* 10. Wuttke sieht darin ein Argument für eine in V 2b–3 aufgenommene Melchisedek-Tradition (11).

[17] Braun 138. Auch nicht 11QMelch! Vgl. van der Woude*, Fünfzehn Jahre 41–45. S.u. S. 12–14.

[18] Braun, Gewinnung 325.

[19] Riggenbach 180; Casalini*, Una *Vorlage* passim; de Jonge* 9–14. Anders Theißen, Untersuchungen 16–33.151f; Loader, Sohn 215–220.

[20] Vgl. Windisch 59f; Michel 259.

nus schließen[21]. »Ein rhetorisches Schmuckstück« – falls denn 7,2b–3 eines sein sollte[22] – darf unserem stilistisch geschliffenen Verf. ohne weiteres zugetraut werden.

a *Melchisedek, das Abbild des Sohnes Gottes 7,1–3*

Erklärung Mit der demonstrativen Formel οὗτος γὰρ ὁ Μελχισέδεκ[23] lenkt der Hebr
1a den Blick nun fest auf jenen »geheimnisvollen Unbekannten«, den er durch Nacherzählung von Gen 14,17–20 LXX ins Bild rückt. Ein so beginnender Satz (*dieser Melchisedek nämlich*) läßt die »Befriedigung des Verfassers« spüren, jetzt endlich die den Hörern neue Thematik ausholend begründen zu können: Jesus, Priester in Ewigkeit ganz wie Melchisedek (5,6)[24]. Indes wird Melchisedek dabei keinerlei selbständige Bedeutung beigemessen. Als Abbild des Sohnes Gottes ist er unserem Verf. lediglich hermeneutisch dienstbar. Sobald klar geworden ist, daß Jesus nach seiner Ordnung Priester geworden ist, tritt der Priesterkönig von Salem von der Bühne ab. Von V 18 an ist von ihm nicht mehr die Rede.

Seine hilfsweise Heranziehung kann man auch daran erkennen, daß die mit seinem Namen aufgeworfenen »messianischen Heilsgüter«, *Gerechtigkeit* und *Frieden*, kaum erklärt, geschweige denn ausgewertet werden[25]. Die vor allem interessierenden Vergleichspunkte sind Melchisedeks Göttlichkeit und ewiges Priestertum (V 3) sowie die mit der Bezehntung Abrahams offenkundige Inferiorität des levitischen Priestertums (V 4–10). Nicht, was der Genesis-Text wirklich sagt (V 1.2), sondern was er wirklich *nicht* sagt (V 3), erhält durch die Hermeneutik unseres Verf.s den Ton. »Deutekanon« ist in diesem konkreten Falle ψ 109,4, wie das letzte Attribut in V 3 (μένει ἱερεὺς εἰς τὸ διηνεκές) zeigt, das von dort stammt. D.h., der Hebr folgt *formal* der גְּזֵרָה שָׁוָה (wörtl.: *gleiche Verordnung* oder *Satzung*, »Schluß nach Analogie«), also der zweiten der sieben Auslegungsnormen Hillels[26]. Sie besagt, daß identische (oder gleichbedeutende) Wörter, die an zwei verschiedenen Schriftstellen vorkommen – in unserem Fall Μελχισέδεκ, das alttestamentlich nur in Gen 14,18 und Ps 110,4 steht –, sich gegenseitig erläutern. *Inhaltlich* aber ist das hermeneutische Prinzip ein ganz anderes: Von ihrer Erfüllung her wird die Christuswahrheit vom Hebr in den alttestamentli-

[21] Michel 259 findet in 7,3 ein vierzeiliges Gedicht. Vgl. auch Wuttke* 8–13; Schille* 84–86; Theißen, Untersuchungen 21; Braun 137; Weiß 380. – Kritisch gegen eine Hymnusrekonstruktion Deichgräber, Gotteshymnus 176–178; Hegermann 142f. Zur Diskussion vgl. Loader, Sohn 208–211.

[22] Wuttke* 11 sieht es so.

[23] Γάρ begründet 6,20. Kommentarstil und nicht geprägter Prädikationsstil (οὗτος) liegt vor (Weiß 373). – Zum Artikel bei dem mit Demonstrativum verbundenen Substantiv *Melchisedek* vgl. BDR § 292,1 mit Anm. 2.

[24] Braun 194.

[25] O. Michel, Art. Μελχισεδέκ (!), ThWNT IV 574 mit Anm. 8.

[26] Die sieben Middot bei H.L. Strack (/ G. Stemberger), Einleitung in Talmud und Midrasch, München [6]1976, 96–99, hier 97 ([7]1982, 26–30, hier 28). Vgl. auch E.E. Ellis, Biblical Interpretation in the New Testament, in: Mulder (Hg.), Mikra 691–725, bes. 692–702.

chen Text »hineingeschaut, ja, sie gestaltet das Schriftwort um, über den Weg von ψ 109,4«[27].

So erklärt sich die rigide Textverkürzung: V 1 ist eine freie Zusammenziehung von Gen 14,17–19, wobei die genaue Situationsbeschreibung nicht übernommen wird, dafür aber die Attribute Melchisedeks und seine Segenshandlung in den Vordergrund gerückt werden[28] – aus antieucharistischen Gründen (weil »Brot und Wein«, Gen 14,18, vom Hebr nicht erwähnt werden)? Möglich. Eine genau umgekehrte Wirkungsgeschichte von Gen 14,17 hat das freilich nicht verhindern können. Seit der Kirchenväter-Exegese (z.B. Cyprian, Epistula 63,4 [PL 4, 387f]) wird die Brot- und Weinspende des Priesterkönigs von Jerusalem gerne als prophetische Ankündigung der Eucharistie gedeutet. Und mindestens seit dem 5. Jh. findet sich im Meßkanon des lateinischen Ritus die Erwähnung des Melchisedek: »Schaue huldvoll darauf nieder mit gnädigem und mildem Angesichte, und nimm es wohlgefällig an, wie du einst mit Wohlgefallen aufgenommen hast . . . das heilige Opfer und die makellose Gabe, die Dein Hoherpriester Melchisedek Dir dargebracht hat.« Den Segensspruch freilich (Gen 14,19b) und die Eulogie (Gen 14,20a) läßt der Hebr ebenso weg wie die Notiz, daß Melchisedek Brot und Wein zu Abraham herausbrachte (Gen 14,18a)[29]. Für seine Zwecke genügt dem Hebr offensichtlich eine knappe geschichtliche Orientierung sowie die Aufzählung der charakteristischen Züge an der Person Melchisedeks.

Gen 14,18–20

Gen 14,18–20 bezeugt einen um die Mitte des 2. Jt.s v.Chr. in Jerusalem geübten vorisraelitischen *'el ʿæljôn*-Kultus[30], in dem Melchisedek, ein kanaanäischer Stadtkönig mit sakraler Funktion, als Prototyp des jebusitischen Priesterkönigs diente[31]. Die Erzählung stellt eine in sich geschlossene, ursprünglich selbständige Szene dar, die sekundär mit Abraham verbunden wurde, und zwar in ätiologischer Absicht. Durch Abrahams Segensannahme einerseits und seine Zehntabgabe andererseits wird Melchisedek samt seinem Heiligtum als Priesterkönig anerkannt und so als Gründer des königlichen Priestertums (Ps 110,4) und als Ahne der Jerusalemer Priesterschaft (Gen 14,18–20) ausgegeben[32]. Damit ist der seit David in Jerusalem geübte Jahwe-Kult in seiner Besonderheit und Spezifik – dazu gehören z.B. die Ausübung sakraler Funktio-

[27] Schrenk, ThWNT III 275,33f.

[28] Einzelheiten bei Schröger* 130f.

[29] Vgl. R. Panikkar, Eine Betrachtung über Melchisedech, in: Petuchowski* 75f.

[30] עֶלְיוֹן (*der obere* schlechthin = der Höchste) ist nomen proprium und benennt die Lokalgottheit der Jebusiterstadt. Vgl. H.-J. Zobel, Art. עֶלְיוֹן, ThWANT VI 131–151. – Zu Gen 14 vgl. W. Schatz, Genesis 14, 1972 (EHS.T 2). Ein ausführliches Literaturverzeichnis zu Gen 14,17–20 bei C. Westermann, Genesis II, 1981 (BK.AT I/2), 215–217 und Schröger* 132 Anm. 1.

[31] H. Gunkel, Genesis, ^{5}1922 (HK I/2), 284–287. Melchisedek, eine Gestalt ältester Tradition, dürfte ursprünglich ein im Norden Kanaans beheimateter Priesterkönig gewesen sein, Hertzberg*, zusammenfassend 43f. Seine Geschichtlichkeit muß man nicht bestreiten (gegen Del Medico*). Vgl. Schröger* 132 mit Anm. 2.

[32] Schröger, EWNT II 998. Andere Deutungen bei K.-H. Bernhardt, Art. Melchisedek I. Altes Testament, TRE 22, 414–417 (Lit.!).

nen des Königs (1Kön 8) und das Zehntrecht der Jerusalemer Priesterschaft (Num 18,21) – legitimiert[33].

Der Hebr stellt Melchisedek zunächst vor als »König von Salem« und »Priester des höchsten Gottes«. Das im Alten Testament nur zweimal (Ps 76,3 und Gen 14,18) und neutestamentlich nur hier vorkommende Σαλήμ (שָׁלֵם) dürfte er – einer alttestamentlich-jüdischen Tradition folgend[34] – als Kurzform bzw. Deckname für Jerusalem verstanden haben[35]. Die patristische Tradition (z.B. Hieronymus, Ep. 73,7) hat das mit Salim (Joh 3,23) identifizierte Salumias, 12 km von Skythopolis entfernt, als Residenz Melchisedeks betrachtet[36]. Dem Hebr jedoch liegt gar nichts an der Topographie[37], sondern allenfalls etwas an der Etymologie, wie seine in V 2b einsetzende Hermeneutik zeigen wird. Als König von Salem ist Melchisedek zugleich *Priester des höchsten Gottes*, des *ʾel ʿæljôn*. Die Gottesbezeichnung läßt alttestamentlich den Typos einer sog. »monarchischen Theologie« erkennen[38], die ihren Sitz im Kultus von Jerusalem hat (Ps 46,5)[39] und absolute Herrschafts- und Hoheitsrechte über die ganze Welt ausdrückt[40].

Ὁ θεὸς ὁ ὕψιστος ist jedenfalls eine populäre Gottesbezeichnung von archaisch-hymnischem Charakter (*der Erhabene*)[41] mit weitester Verbreitung in außerisraelitischen Texten (als Prädikat des Zeus), im hellenistischen Judentum und in der christli-

33 Zobel, ThWAT VI 146. – Zur in Gen 14,18–20 und Ps 110,4 angezeigten umfassenden Rezeption von jebusitischen Ordnungen und Kultübungen, einschließlich der Übertragung der Gottesbezeichnung *ʾel ʿæljôn* auf JHWH, vgl. Jeremias, Das Königtum Gottes 168f; Zobel, ThWAT VI 145–149; G. v. Rad, Das judäische Königsritual, ThLZ 72 (1947) 216.

34 Vgl. Ps 76,3; 1QGenApoc 22,13; Jos Ant 1,180; Bell 6,438; TgO; TJon I.II; TNeofiti; Bill. III 693, auch Braun 138. Seit der Entdeckung der Keilschriftschreibungen *Urusalim* (El-Amarna) und *Ursalimmu* (Sanherib-Prisma) steht die Gleichung Salem = Jerusalem auf soliden Füßen (Riggenbach 182 Anm. 91; vgl. Ringgren, ThWAT III 931). Danach dürfte der Name »Jerusalem« etymologisch etwa bedeuten: »Gründung des Gottes Salem«.

35 G. Fohrer, Art. Σιών κτλ., ThWNT VII 297f; Fitzmyer*, »Now this Melchizedek . . .« 313f. Zur Diskussion vgl. K. Erbes, Die Tauforte des Johannes nebst dem Salem des Melchisedek, TARWPV NF 24 (1928) 71–106; P. Winter, Note on Salem-Jerusalem, NT 2 (1958) 151.

36 Riggenbach 181f. Vgl. Westermann, Genesis II 241; Fohrer, ThWNT VII 298 Anm. 53. Weitere Lokalisierungsversuche (z.B. Salim bei Sichem oder der Tabor) bei Schrenk, ThWNT III 298; Riggenbach 182 Anm. 91; Bernhardt, TRE 22, 415,12–18.

37 Daß die Niederwerfung der Könige im Tal von Shaveh, dem sog. Königstal, stattfand (Absalom hatte sich dort ein Denkmal errichten lassen, 2Sam 18,18; nach Jos Ant 7,243 lag es nahe bei Jerusalem), erwähnt der Hebr gegen MT und LXX nicht.

38 Vgl. F.M. Cross, Art. אֵל, ThWAT I 259–279, bes. 273–279.

39 Zobel, ThWAT VI 145–149.

40 Kraus, Theologie der Psalmen 27. Als nächste Parallele wird meistens auf Philo Byblius verwiesen, der einen Ἐλιοῦμ, καλούμενος Ὕψιστος erwähnt (bei Eus Praep Ev 1,10,14). Das kann ein Epitheton oder ein Gottesname sein. Vgl. dazu M. Hengel, Judentum und Hellenismus, ²1973 (WUNT 10), 545 Anm. 242; Westermann, Gen II (s.o. Anm. 30) 241.

41 Vgl. A. Müller, Art. Erhaben, das Erhabene I, HWP II 624–626.

chen Patristik[42]. Während im AT und im strenggläubigen Judentum ὕψιστος ausschließliche Bezeichnung des Einen Gottes ist, wird der Titel in der Zeit des Hellenismus »zum Mittel der weltförmigen, apologetischen und propagandistischen Selbstdarstellung des Judentums, wenn er nicht gar zum Ausdruck des auch auf das Judentum übergreifenden Synkretismus herabsinkt«[43]. Ins NT hat die Gottesbezeichnung nur marginalen Eingang gefunden (außer Mk 5,7 nur bei Lukas: 1,32.35.76; 6,35; 8,28; Apg 7,48; 16,17). Sie entspricht mit ihren Elementen *Erhabenheit, Überweltlichkeit* nicht der ntl. Gottesoffenbarung[44]. Und Hebr nimmt sie zwar aus Gen 14,18 LXX auf, aber sachliche Bedeutung gewinnt sie auch hier nicht.

Im Fortgang des Referates von Gen 14,17–20 bringt der Hebr jetzt den für ihn 1b.2a
wesentlichen Punkt, das ist die Begegnung von Melchisedek/Christus mit Abraham. Die geschichtlichen Umstände – Melchisedek kommt Abraham *entgegen*, als dieser von der *Niederwerfung der Könige* (κοπὴ τῶν βασιλέων) zurückkehrt[45] – und der ursprüngliche Sinn des in Gen 14 Erzählten[46] treten dabei ganz zurück. Dafür wird im feierlichen Prädikationsstil hervorgehoben, daß Melchisedek ὁ[47] συναντήσας Ἀβραάμ ... καὶ εὐλογήσας αὐτόν ist. Der in Gen 14 keine geschichtlichen Momente (Landbesitz, Nachkommen) enthaltende Segen[48] wird unserem Verf. – jetzt anders als in 6,14 dualistisch gelesen (V 7)[49] – zum Argument für das soteriologische Plus der christologischen Hohepriesteraussagen[50]. Der Gesegnete ist gegenüber dem Segnenden der Untergeordnete.
Die Feierlichkeit der Berichterstattung[51] hebt den heilsgeschichtlichen Rang der Begegnung hervor: Abraham, der Verheißungsträger (V 6b), unterwirft

42 עֶלְיוֹן *ʿæljôn* kommt als Gottesepitheton atl. 31mal vor, in den von Kuhn, Konkordanz erfaßten Qumran-Texten 6mal, in 1QGenApoc 9mal (Beyer, Die aramäischen Texte 510), selten auch bei Philo (Mayer, Index 291), aber sehr häufig in den Apokryphen und Pseudepigraphen (Denis, Concordance 766f). Bei Ben Sira ist die Gottesbezeichnung besonders beliebt (Hengel, Judentum 544 Anm. 240). Vgl. G. Bertram, Art. ὕψιστος, ThWNT VIII 613–617; Hengel, Judentum 544–546.

43 Bertram, ThWNT VIII 617,11–14; vgl. Hengel, Judentum 546.

44 Bertram, ThWNT VIII 618f.

45 Die Minuskeln 456 und 460 ergänzen in Anlehnung an Gen 14,16: »als er die Fremdstämmigen verfolgte und Lot mit sämtlichen Gefangenen befreite«.

46 Wahrscheinlich soll Abraham eine weltgeschichtliche Bedeutung beigelegt werden dadurch, daß er zum Sieger über vier Könige großer östlicher Reiche gemacht wird (Westermann, Gen II 245).

47 Obwohl das von P^{46vid} C* Ψ 𝔐 gebotene ὁ schlechter bezeugt ist als ὅς (א A B C^3 D I K 33 *pc*), verdient es den Vorzug. Denn ὅς ist falsche Verdoppelung des σ (ὁ[σ]συναντήσας) und »ergäbe ein Anakoluth, das dem Stil von H(ebr) nicht entspricht« (E. v. Dobschütz, Eberhard Nestle's Einführung in das Griechische Neue Testament, Göttingen ^{4}1923, 3).

48 Zobel, ThWAT VI 146.

49 Braun, Gewinnung 325.

50 Daß Abraham »nach der tapfer erledigten Angelegenheit« gesegnet worden wäre (Erasmus 956), steht nicht im Text. Die »Niederwerfung« ist eher Situationsangabe denn Grund für die Segnung (Braun 195).

51 Delitzsch 268 »fühlt hieran und überhaupt an dieser stromweise sich ergiessenden Periode die von der Grossartigkeit des tiefsinnigen Typus hingerissene Begeisterung«. Er übertreibt.

sich Melchisedek/Christus, dessen Segensgestus und Zehntung[52] diesen Sinn herausstreichen. Da Abraham aber zugleich als Inkorporation der alttestamentlichen Priesterschaft und -ordnung auftritt (V 9f), wird damit zugleich deren Inferiorität gegenüber der Priesterordnung Melchisedeks/Christi bekundet. Die Begegnung drückt insofern der alten Heilsordnung überhaupt den Stempel des Vorläufigen auf. Ja, »*Abraham* vor Melchisedek symbolisiert die *Notwendigkeit* und die *Möglichkeit* der alten Ordnung, sich selbst *preiszugeben* (8,13), sich der neuen Ordnung in Christus zu öffnen und gerade so positiv als schattenhafte *Vorabbildung* der wahren Heilsgüter ihre Bedeutung zu behalten (8,5.9; 9,23; 10,1–3)«[53].

2b Die Melchisedek-Episode Gen 14,17–20 ist erzählt; jetzt beginnt ihre Kommentierung. Sie betrifft zunächst die Gestalt des Melchisedek (V 2b.3), später dann auch seine Begegnung mit Abraham (V 4–10).

In Übereinstimmung besonders mit Philo (z.B. Abr 54; Quaest in Gen 4,243)[54] weiß der Hebr um den allgemeinen Grundsatz: Etiam in nominibus propriis hominum et locorum saepe sunt mysteria (*auch in Eigennamen von Menschen und Orten liegen oft Geheimnisse*)[55]. Entsprechend hält er sich für die Deutung der Melchisedekgestalt *zunächst* (πρῶτον) an die volkstümliche Etymologie des *Namens*, wie sie z.B. auch von Josephus (Ant 1,180; Bell 6,438) und Philo (All 3,79) bezeugt wird[56]. »Melchisedek« heißt übersetzt[57] *König der Gerechtigkeit*. Ex nomine suo (Bengel) ist Melchisedek also ein Regent, der Gerechtigkeit in seinem Herrschaftsbereich »bewährt und verwirklicht«[58]. *Sodann* ist er *aber auch* (ἔπειτα δὲ καί)[59] *König von Salem, das ist*[60] – ex nomine loci (Bengel) »appellativisch u. griechisch« gedeutet[61] – *König des Friedens*[62]. Auch das ist volkstümliche Etymologie, aus dem Gleichklang von »Salem« und »Scha-

52 Ἡ δεκάτη *der Zehnte* (z.B. aus der Kriegsbeute für die Götter: Max Tyr 24,5b). Das dürfte auch hier gemeint sein. Vgl. V 4 und Bleek II/2 292f; Delitzsch 268.

53 Wieser* 121. Zum Textabschnitt insgesamt vgl. Vanhoye, Prêtres anciens 171–182.

54 Zu Philos allegorischen Namensdeutungen vgl. bes. C. Siegfried, Philo von Alexandria als Ausleger des Alten Testaments, Jena 1875, 190–196.

55 Bengel 888. Vgl. das sprichwörtliche »nomen atque omen« des Plautus, Persa IV 4,73.

56 Zur wissenschaftlichen Etymologie der altkanaanäischen Namensform Malkisaedaeq s. I 290f. Dazu einerseits M. Noth, Die israelitischen Personennamen im Rahmen der gemeinsemitischen Namengebung, Stuttgart 1928, 114.161 Anm. 4, andererseits Fitzmyer*, »Now this Melchizedek . . .« 311 Anm. 227.

57 Ἑρμηνεύειν *übersetzen* ist gängiger hellenistischer t.t. im NT, vgl. noch Joh 1,38 v.l. 42 und 9,7. Zum Sprachgebrauch allgemein s. Spicq, Notes I 206f; Behm, ThWNT II 659–662.

58 Delitzsch 269.

59 Damit zeigt der Hebr eine sachliche Aufeinanderfolge an: Balz, EWNT II 51.

60 Ὅ ἐστιν respondiert dem ἑρμηνευόμενος (Bengel 888).

61 Delitzsch 269.

62 Zur Diskussion, ob שָׁלֵם/Σαλήμ in Gen 14,18 topographisch gemeint ist oder nicht, vgl. Fitzmyer*, »Now this Melchizedek . . .« 313f; ferner Delcor* 117. Der Hebr jedenfalls ist an diesem Streit uninteressiert. Ihm kommt es nicht darauf an, in welcher Stadt Melchisedek residierte, sondern wie sie hieß. So Delitzsch 267; vgl. Hollmann 466; Attridge 188.

lom« herausgehört, wie wiederum Philo beweist: »Ferner bezeichnet Gott den Melchisedek als König des Friedens – denn das bedeutet (ἑρμηνεύεται) Salem – und als seinen Priester, ohne eine Tat von ihm vorher angegeben zu haben; vielmehr hatte er ihn von vornherein solchermaßen königlich, friedfertig und seines Priestertums würdig geschaffen; denn sein Name bedeutet (καλεῖται) ›gerechter König‹; der König ist aber der Gegensatz zum Tyrannen, weil jener Gesetzlichkeit, dieser Gesetzlosigkeit herbeiführt« (All 3,79)[63].
Der Hebr liest ebenso wie Philo aus der topographischen Angabe »König von Salem« (= Jerusalem) eine Eigenschaft des Melchisedek heraus[64]. Wie der Name »Melchisedek« als *König der Gerechtigkeit* gedeutet wird, so der Titel »König von Salem« als *König des Friedens.* Von daher wird Melchisedek seit Kirchenvätertagen gerne als *Vorbild* Christi gesehen[65]. Tatsächlich aber sieht Hebr in der Beziehung zwischen Melchisedek und Christus kein heilsgeschichtliches Verhältnis[66]. Sondern ihm genügt, daß mittels ψ 109,4 die Gen-Erzählung eine Beziehung auf Christus gewinnt[67]. Melchisedek ist also nicht – wie z.B. Adam in Röm 5,14 – τύπος τοῦ μέλλοντος, sondern ἀντίτυπος τοῦ ἀληθινοῦ (vgl. 9,24), *Abbild des wirklichen* Hohenpriesters und insofern *nachgebildet dem Sohne Gottes*[68]. Und genau darauf basiert dann die Entsprechung der mit Ps 110,4 geltend gemachten τάξις des Priestertums hier und dort (7,15): Melchisedek bleibt in Ewigkeit (V 3.8)[69].

63 Übers. Heinemann. Wenn Philo den Priesterkönig Melchisedek mit dem ὀρθὸς λόγος identifiziert (All 3,80) und damit als personifizierte Tugend versteht, wird seine ganz andere Hermeneutik an dieser Stelle und auch sonst (Abr 235; Congr 99) deutlich. Vgl. Graf 140 Anm. 5; 142; Williamson, Philo 434–437; Dey, Intermediary World 189–191; Loader, Sohn 215; Schröger* 134f; Marshall*. Soll man trotzdem eine gemeinsame Tradition annehmen? So Theißen, Untersuchungen 143–152, bes. 152; Loader, Sohn 212; Laub 85.

64 שָׁלֵם *friedlich* (z.B. Gen 34,21) mit seinem Anklang an שָׁלוֹם (Volksetymologie) baut semantisch die Brücke zwischen »König von Salem« und »König des Schalom (= des Friedens)«, so Delitzsch 269. Anders Weiss 171 Anm.*; Willi* 159: *malki-zedeq* »König der Berechtigung« (mit Verweis auf GenR 43 zu Gen 14,18).

65 Kuß 87 als Beispiel für viele. – Während Calvin bei der christologischen Deutung der Epitheta auf die geschenkte iustitia und die pax interior, den inneren Frieden des Gewissens, abhebt (CR 83, 82f), deutet Luther bedenkenlos im Sinne der paulinischen Rechtfertigungstheologie (WA 57/3, 187f).

66 Goppelt* 197f. Genau umgekehrt Riehm, Lehrbegriff 195–204 sowie die Mehrheitsexegese. Ihr ist Melchisedek *Typus Christi.* Vgl. Casalini*, Ebr 7 passim.

67 Michel 260; Goppelt* 197f. Freilich wehrt sich Goppelt* (200f) dagegen, daß die *vertikale* Typologie im Sinne Philos die heilsgeschichtliche, *horizontale* durchkreuze, wie bes. H.J. Holtzmann behauptet (Lehrbuch der neutestamentlichen Theologie II, Tübingen ^{2}1911, 332f; vgl. auch Laub, Bekenntnis 241; Luz, Der alte und der neue Bund 331). Als würde damit die Heilsgeschichte »in metaphysische Ideen« aufgelöst (Goppelt* 202) und nicht vielmehr mittels ihrer aktualisiert! – Zur Verbindung heilsgeschichtlich-apokalyptischer und metaphysisch-dualistischer Kategorien im Hebr vgl. bes. Laub, Bekenntnis 243–261.

68 Nicht ohne Grund sieht Zimmermann, Bekenntnis 152 in diesem Sätzchen den »Schlüssel zum Schriftverständnis des Verfassers«. Vgl. auch Kobelski* 124.

69 Loader, Sohn 212f. – Seine weitergehende und schließlich bejahte Frage, ob der als engelähnliches, himmlisches Wesen aufzufassende Melchisedek »noch lebt und als Priester tätig ist (vgl V 8)« (ebd. 213), dürfte der Hebr-Autor kaum gestellt haben. Trotz 7,8 (er hat das Zeugnis, daß er lebt) liegt ihm vor

Um die Begründung dieser Ewigkeitsaussage ist unser Verf. bemüht, um nichts sonst. Vermutlich kann und will er nicht ausschließen, daß seine Namensübersetzungen Erwartungen der messianischen Zeit wecken, nämlich die Stiftung der eschatologischen Heilsgüter Gerechtigkeit und Friede (z.B. Jes 9,5f; Jer 23,5f; Mi 5,4; Sach 9,9; Mal 3,20; TestJud 24,1). Nur verwundert es dann, daß er dem nicht weiter nachgegangen ist[70]. Die Erklärung dafür legt V 3 nahe: Ihn interessiert am Priesterkönig von Jerusalem weniger, daß er als Beauftragter des »höchsten Gottes« Bürge und Hüter von »Gerechtigkeit« und »Friede« ist und wieweit ihm diese als klassische Herrschertugenden eignen, sondern ihn interessiert vor allem seine metaphysische Wesenheit, die das eigentliche tertium des Vergleichs zwischen Jesus und Melchisedek darstellt.

3 Das zeigt deutlich V 3, eine solenne rhetorische Figur von quasi-poetischem Anstrich. Die für einen übernommenen Hymnus geltend gemachten Stilmerkmale – Gliederung, Artikellosigkeit, Partizipialstil, Alliteration (ἀπάτωρ, ἀμήτωρ, ἀγενεαλόγητος), Assonanz (ἀφωμοιωμένος . . . τῷ υἱῷ), Adjektivhäufung, Chiasmus (ἀρχὴν ἡμερῶν – ζωῆς τέλος) – sind indes nicht stichhaltig[71], weil sie auch für den Stil unseres Verf.s typisch sind[72]. Nach Form und Inhalt geht V 3 ganz auf sein Konto.

Melchisedek (Religionsgeschichte)

Die religionsgeschichtliche Diskussion und damit zusammenhängend die Literarkritik können m.E. dieses Urteil nicht umstoßen. Zwar sind Vater- und Mutterlosigkeit als Gottesprädikat belegt (ApkAbr 17,9 und im ägyptischen Hymnus auf Ptah)[73]. Aber nirgendwo findet sich ein Beleg für eine entsprechende Prädizierung Melchisedeks. Nachweisbar vorchristliche Traditionen samaritanischer, qumranischer und philonischer Provenienz[74] oder auch die sehr spät anzusetzenden Belege aus der Merkabah-Mystik, wonach Melchisedek/Michael den Dienst des Hohenpriesters im

allem an der Aussage, daß Melchisedek ein unvergängliches Priestertum hat, »weil er auf ewig bleibt« (7,24). Oder anders gesagt: Als Argument der christologischen Ewigkeitsaussage ist das Melchisedekmotiv »rein literarischer Art« und dient der Auslegung von Erniedrigung und Erhöhung Jesu. So richtig Laub, Bekenntnis 236–243 (das Zitat 240).

[70] Gerechtigkeit und Friede in diesem Sinne spielen im Hebr – von 1,9; 11,7 und 13,20 abgesehen – keine Rolle (anders Hegermann 144), als Tugendbegriffe schon eher: 5,13; 11,33; 12,11 (Gerechtigkeit); 11,31; 12,14 (Friede). Vgl. Attridge 189.

[71] Gegen Michel 261; Schille* 84–87; Theißen, Untersuchungen 20–25; Zimmermann, Bekenntnis 93–99; Rissi, Theologie 86f; Ellingworth* 261f; Weiß 379f u.a.

[72] Vgl. Deichgräber, Gotteshymnus 177; Loader, Sohn 209 mit Anm. 15; Attridge 189f.

[73] Beides zitiert bei Theißen, Untersuchungen 26; vgl. auch Windisch 60. – Weiß 377 Anm. 16 zitiert Poll Onom 3,26 (III 2,4): ὁ οὐκ ἔχων μητέρα ἀμήτωρ, καθάπερ ἡ Ἀθῆνα, καὶ ὁ οὐκ ἔχων πατέρα ἀπάτωρ, ὡς ὁ Ἥφαιστος. Vgl. Neyrey* 446–448.

[74] Vgl. die Textanalysen bei Theißen, Untersuchungen 16–33.130–152 sowie den materialreichen Exkurs »Die Rezeption der Gestalt des Melchisedek im frühen Judentum und Christentum« bei Weiß 381–387; vgl. auch Willi, TRE 22, 417–420 (Lit.!).

himmlischen Heiligtum versieht[75], lassen zwar den Prozeß seiner Deifizierung erkennen, bieten aber nichts der Sachaussage in 7,3 wirklich Analoges[76]. Das gilt auch für den Melchisedek-Traktat aus der gnostischen Bibliothek von Nag Hammadi (HNC IX/1, p. 1,1–27,10)[77]. Er prädiziert zwar Melchisedek als »Priester des höchsten Gottes« (p. 15,9ff; vgl. 26,2ff). Und zur Verhältnisbestimmung Jesus/Melchisedek (Hebr 7,3) könnte es in p. 15,12 eine Andeutung geben: »Ich bin Melchisedek ... Ich weiß, daß ich wahrlich (nur) (das Bild?) vom wahren Hohenpriester des höchsten Gottes bin ...« (Schenke* 120, vgl. 127). Aber zur Entstehungsgeschichte des Hebr gehört dieser gnostische Traktat sicher nicht, sondern zur Auslegungs- und Wirkungsgeschichte[78], ebenso wie die Melchisedek-Spekulationen der Alten Kirche[79].

Das aber besagt: Unser Verf. kann sein Melchisedekbild durchaus ohne weitere Hypothesen exegetisch aus ψ 109,4 und Gen 14,17–20 LXX gefolgert haben[80]. Daß die »Ewigkeitsprädikate« ihm ohne Traditionsvorgabe unerschwinglich gewesen wären[81], ist eine These, welche die Möglichkeiten seiner Schriftgnosis verkennt. Diese stützt sich im vorliegenden Fall weder ausschließlich auf die argumenta e silentio

[75] Vgl. Lueken, Michael 31. – Michael als Hohenpriester belegen Hag 12b; Shab 62a; Men 110a, vgl. Lueken, Michael 30f. In diesem Material will vor allem Schenke den Hintergrund der Melchisedek-Christologie des Hebr sehen: Erwägungen 430–437; ders.* 111f; ders./Fischer, Einleitung 264–266. Kritisch dazu m.R. Weiß 383.

[76] Am nächsten kommt noch 11QMelch, wenn in Zeile 9–13 Melchisedek als Elohim-Wesen gedacht ist; vgl. Berger/Colpe, Textbuch 303; Bühner* 368–371; Weiß 382f. – 4QAmram und andere Texte aus Qumran sprechen allerdings dafür, daß Melchisedek das himmlische Hohepriesteramt bekleidete (van der Woude*, Fünfzehn Jahre 43). Aber daß Hebr von 11QMelch abhängig sei, ist eher unwahrscheinlich, s. Kobelski* passim; Weiß 383. Überhaupt bleibt 11QMelch für die ntl. Christologie wirkungslos. Vgl. M. Karrer, Der Gesalbte. Die Grundlagen des Christustitels, 1991 (FRLANT 151), 355.

[77] Übersetzungen bei Robinson (Hg.), The Nag Hammadi Library 399–403; Schenke* 115–123. – Die Melchisedek-Rezeption in der frühchristlichen Gnosis, auf die sich Käsemann, Gottesvolk 129–134 stützte, vor allem die »Adamschriften« christlich-jüdischer Herkunft (Quellen und Literatur bei Weiß 385 Anm. 51) und die »Pistis Sophia« (vgl. Wuttke* 28f; Käsemann, Gottesvolk 130f; Schenke* 135), wird heute als Hintergrund des Hebr kritisch in Frage gestellt: »Die Art und Weise, in der hier die Gestalt des Melchisedek ganz und gar in eine gnostische Soteriologie integriert ist, schließt einen Zusammenhang mit dem Hebr von vornherein aus« (Weiß 385). – Zur Melchisedek-Rezeption in der gnostischen Literatur überhaupt vgl. den zusammenfassenden Abschnitt »The Figure of Melchizedek in Gnostic Literature« von B.A. Pearson, Gnosticism, Judaism, and Egyptian Christianity, 1990 (Studies in Antiquity and Christianity), 108–123; Balz* 422f.

[78] Vgl. Heldermann* passim; Weiß 385f.

[79] Vor allem die der (gnostischen?) Sekte der »Melchisedekianer«, denen Melchisedek zuletzt als Inkarnation des »Sohnes Gottes« (Epiph Haer 55,7,3f; 67,7), des »Heiligen Geistes« (ebd. 55,5,2; 67,3,2f) oder gar Gottes selbst galt (ebd. 55,9,11.14f). Vgl. Stork* passim; Wuttke* 29ff.43ff; Michel, ThWNT IV 575; de Jonge / van der Woude*, 11Q Melchizedek 323–326; Weiß 386f und früher schon M. Friedlaender, La secte de Melchisédec et l'épître aux Hébreux, RJE 5 (1882) 1–26.188–198; 6 (1883) 187–199. Das patristische Melchisedek-Verständnis und die Rolle, die der Priesterkönig in der Liturgie spielt, berücksichtigt C. Bamberg, Melchisedech, EuA 40 (1964) 5–21.

[80] Graf 142; Kuß 87f; Laub, Bekenntnis 33; Demarest* 130; de Jonge, Traditie 14; Casalini*, Una *Vorlage* passim; Wieser* 119f Anm. 31; Ellingworth* passim; Horton* passim. Anders Weiß 376f, der Parallelen im Raum einer »hellenistischen Theologie« findet.

[81] Theißen, Untersuchungen 25 in der Nachfolge Käsemanns, Gottesvolk 134 und ihm folgend manche.

(weil die Schrift davon schweigt, kann Melchisedek weder Eltern noch Stammbaum haben[82]), noch vollzieht sie sich in religionsgeschichtlicher Isolation. Was »in der Luft« lag[83], wird er schon gespürt haben. Zu bestreiten ist nur, daß der Hebr Kenntnisse von »Geheimtraditionen« gehabt haben *müsse*, um sein Melchisedek-Bild zu formen[84]. Nein! Im vorliegenden Fall dürfte er eines gebildet haben. Ἀγενεαλόγητος z.B. ist sonst nur in Abhängigkeit von Hebr 7,3 nachweisbar[85]. Und auch ψ 109,4 hat er erstmals für eine kulttheologische Neuinterpretation der Erhöhungstradition in Anspruch genommen[86]. Nach Form und Inhalt verdankt sich das nicht fremden Traditionen; es ist das Werk des stilistisch und exegetisch geschulten Hebr-Autors. Kritischer Analysen zur Scheidung von Tradition und Redaktion bedarf es also nicht. Der Hebr dürfte weder ein Melchisedek- noch ein Christuslied eingearbeitet haben[87]. Und was man aufgrund dieser oder jener Einlage an inneren Widersprüchen meint feststellen zu können, die der Hebr dann nur notdürftig wieder ausgeglichen habe (z.B. durch Ergänzung des ἀφωμοιωμένος δὲ τῷ υἱῷ τοῦ θεοῦ als Zurückstufung einer mit Jesus konkurrierenden Melchisedekwürde)[88], das steht entweder gar nicht im Text oder kann anders erklärt werden[89].

Zunächst wird von Melchisedek gesagt, daß er ἀπάτωρ *vaterlos* und ἀμήτωρ *mutterlos* war. Im sonstigen Neuen Testament, in der LXX, den Pseudepigraphen, bei Josephus und den Apostolischen Vätern kommen diese Ausdrücke nicht vor[90]. Die hellenistische Umwelt kennt entweder das eine[91] oder das andere[92], selten die Kombination[93]. Was in unserem Fall mit der mehrdeutigen Elternlosigkeit[94] gemeint ist, wird vom Ende der klimaktischen Appositions-

[82] Vgl. Deichgräber, Gotteshymnus 177; Loader, Sohn 209 mit Anm. 15; Attridge 189f.
[83] Für Theißen, Untersuchungen 27 die Vater- und Mutterlosigkeit Melchisedeks bei Philo. Aber in der Sache sind die Melchisedek-Vorstellungen dort doch anders. Mit Sowers, Hermeneutics 123–125; Laub, Bekenntnis 32 und Hegermann 145 gegen Strobel 149f u.a.
[84] Gegen Käsemann, Gottesvolk 134 und Loader, Sohn 220. Zur grundsätzlichen Kritik s. Laub, Bekenntnis 32–41.
[85] Bauer, Wb 14.
[86] Laub, Bekenntnis 239f.
[87] Zu diesen ganz konträren und hypothetischen Hymnusrekonstruktionen s. einerseits Theißen, Untersuchungen 20–25, andererseits Rissi, Theologie 81–90.
[88] Zuletzt z.B. Rissi, Theologie 90; Weiß 380 Anm. 29 und vor ihnen viele.
[89] Richtig Laub, Bekenntnis 35; Hegermann 142f.
[90] Philo hat nur ἀμήτωρ: Mayer, Index 19.
[91] Vaterlosigkeit wird ausgesagt – ich folge der Auflistung von Braun 197 – von Hephaistos (Poll Onom 3,26; Anth Pal 15,26,7f), Horus (Preis Zaub I V 282f), Pan (Theocr Schol 1,3/4d Wendel), der Physis (Orph 10,10; Nonnus Dionys 41,53), Mercur (Lact Inst 1,7,2), dem Demiurg (Iren Haer 1,5,1) und Gott (Apk Abr 17,9). Vgl. Neyrey* 446–448.
[92] Mutterlos sind z.B. Aphrodite (Plat Symp 180D), Athene (Eur Phoen 666; Philo, Op 100; All 1,15), Apollo und Merkur (Lact Inst 1,7,2), die Sieben als Abbild der Gottheit (Philo, Op 100; All 1,15; SpecLeg 2,56; Her 170.216; VitMos 2,210), Sara (Her 62; Ebr 60f), Sara als Weisheit (Quaest in Gn 4,145), Emmacha-Seth (NHC VII 118,29), die Gottheit (ApkAbr 17,9) u.a. Vgl. Neyrey* 446–448.
[93] Braun 197.
[94] Sie kann Waisen, Findelkinder, Bastarde usw. meinen. Vgl. die Belege dafür bei Cremer-Kögel, Wb 852f; Bleek II/2 305; Schrenk, ThWNT V 1021; Attridge 190.

kette her deutlich: Wer ohne Anfang und Ende in der Zeit ist, verdankt seinen Ursprung nicht einer natürlichen Zeugung; er ist ein Geheimnis. Dazu paßt das epexegetisch hinzugefügte ἀγενεαλόγητος: Melchisedek ist *ohne Stammbaum*. Von ihm sind keine Vorfahren und keine Nachfahren bekannt. Dieser Hinweis will keineswegs nur das μήτε ἀρχὴν ἡμερῶν vorbereiten[95]; er hat vielmehr priesterrechtliche Relevanz, wie der weitere Kontext zeigt: Wer μὴ γενεαλογούμενος ist (7,6), kann nicht Priester sein (Num 3,10.15f; 17,5; Lev 21,7.13.15; Ez 44,22; Neh 7 [2Εσδρ 17], 63f; Jos Ant 11,71; Mid 5,4; Qid 4,4; TSan 7,1)[96]. Anlaß, eine entsprechende Fehlanzeige bei Melchisedek zu betonen, ist Jesus, der nachweislich keinem Priestergeschlecht entstammt (7,14). Aber wenn der »Urpriester« stammbaumlos amtieren kann, dann kann es auch Jesus. Das um so mehr, als die Stammbaumlosigkeit Melchisedeks für diesen keine Qualifikationsminderung, sondern eine Steigerung bedeutet: Fleischliche Satzungen finden auf ihn keine Anwendung; ihn legitimiert (wie Jesus) die Kraft unzerstörbaren Lebens (7,16), d.h. er unterliegt nicht den Begrenzungen »sterblicher Menschen« (7,8), die der Tod hindert zu bleiben (7,23)[97].

Die folgende Apposition μήτε – μήτε *weder einen Anfang der Tage noch ein En-* 3b
de des Lebens habend weist bereits darauf hin. Denn sie spricht von Geburt und Tod des natürlichen Lebens[98]. Was für Jesus gilt – »wenn man von den Tagen seines Fleisches aus rückwärts und vorwärts blickt«, hat er »weder Anfang noch Ende«[99] –, das gilt auch für Melchisedek. Sein Entstehen und Bestehen wird damit erneut als *Mysterium* gedeutet. Bengel sagt ganz mit Recht: Innuitur aeternitas Filii Dei (»*ein Wink auf die Ewigkeit des Sohnes Gottes*«)[100]. Denn aus der Überzeitlichkeit Melchisedeks folgert der Hebr die Präexistenz und die Ewigkeit seiner Person. Die negativen Attribute in V 3b lassen sich also nicht auf die priesterliche Herkunft Melchisedeks beschränken[101]. Dem Hebr sind *beide* wichtig, die priesterrechtliche *und* die Transzendenzaussage[102], die mit der letzten Apposition ἀφωμοιωμένος κτλ. vollends auf den Begriff gebracht wird. Dabei spielt die geschichtliche Frage nach Melchisedeks Lebensanfang (Inkarnation?) und -ende (Himmelfahrt wie Henoch und Elia?)

[95] So Weiss 172.

[96] Vgl. Riggenbach 184; Fitzmyer*, »Now this Melchizedek ...« 317 mit Anm. 49.

[97] Riehm, Lehrbegriff 201 spricht nicht unpassend vom »character indelebilis«. Weiß 377 Anm. 17 verweist auf die Beschreibung Gottes bei Plut E (ap) Delph 20: οὐ γεγονὸς οὐδ' ἐσόμενον, οὐδ' ἀρξάμενον οὐδὲ παυσόμενον. Vgl. Thompson, The Beginnings 119f.

[98] Bleek II/2 311f; Weiss 172. Ἀρχὴ ἡμερῶν ist biblischer Ausdruck für Lebensanfang (2Βασ 14,26). Semantische Opposition ist ζωῆς τέλος = Lebensende, der Tod (TestAbr [A] 1,1).

[99] Delitzsch 272; vgl. Riggenbach 185.

[100] 888 (Übers. Werner 644); vgl. Kurtz 223.

[101] Gegen Riggenbach 183f, der damit verhindern möchte, daß Melchisedek in Konkurrenz zu Jesus tritt. Umgekehrt Rissi, Theologie 85: An priesterliche Abkunft sei gar nicht gedacht. Richtig Habermann* 314.

[102] Hegermann 145.

sowenig eine Rolle wie die andere, ob er ein Engel sei (Origenes), ein himmlisches Wesen (11QMelch), Michael (jüd. Tradition) oder die Inkarnation des Gottessohnes (Kirchenväter)[103]. Der Hebr will nur dartun, inwiefern das Schriftwort recht hat: ἱερεὺς εἰς τὸν αἰῶνα (ψ 109,4)[104].

ἀφωμοιωμένος In der Kette der Melchisedek beigelegten Attribute stellt das letzte den Höhepunkt dar: ἀφωμοιωμένος δὲ τῷ υἱῷ τοῦ θεοῦ *nachgebildet dem Sohne Gottes.* Dieses Schlußglied ist nicht mit dem folgenden Satzprädikat zu verbinden: »verglichen aber mit dem Sohn Gottes bleibt er Priester für immer«, sondern als letzte der Appositionen faßt sie alle voranstehenden zusammen. Δέ steht verbindend, nicht entgegensetzend[105]. Schon von daher ist eine korrigierende, Melchisedek trotz aller Ewigkeitsprädikate unter den Sohn stellende Funktion dieses letzten Attributes unwahrscheinlich[106]. Das Gegenteil, nämlich größtmögliche Angleichung, liegt näher, wie durch das nachfolgende μένει (*er bleibt*) und πηλίκος οὗτος (*wie groß ist dieser*, V 4) bestätigt wird[107]. Ἀφομοιοῦν *ähnlich machen* ist das gewählte Wort, das die Identifikation ausschließt[108], ohne den Abstand zu betonen. Was für den Sohn gilt, das gilt auch für Melchisedek, nicht umgekehrt[109]. Die hier behauptete Entsprechung (nicht Identifikation!), die »in einer Art realtypologischer (philosophisch-spekulativer) Betrachtung«[110] vorgenommen wird, will gerade nicht um Jesu willen apologetisch abgeschwächt werden, wie es eine falsche dogmatische Rücksicht verlangt. Melchisedek ist nicht bloß der *irdische*[111], er ist der *wirkliche* »Doppelgänger Jesu«[112]. Die gottheitlichen Titel *vaterlos, mutterlos, stammbaumlos, überzeitlich* prädizieren ihn als »Gottwesen«[113]. Darin ist er dem *Sohn* von 1,2f.11f mit den dortigen gottheitlichen Titeln nachgebildet, der als der Prae- und Postexistente ebenso ἀπάτωρ wie ἀμήτωρ ist. Daß Jesus zugleich der Sohn Josephs und Marias ist, liegt hier ebenso wie 7,14 (»er ist aus Juda aufgesproßt«) außerhalb der Perspektive. Die Frage stellt sich also gar

[103] Neuerdings vertreten von Hanson, Christ 400 (»Melchizedek was the Christ, preincarnate«). 402. Zur Diskussion der ganzen Frage s. Loader, Sohn 215–220; Laub, Bekenntnis 240; Habermann* 314.

[104] Cremer-Kögel, Wb 855; Hollmann 467; Weiß 376.379 mit Anm. 25.

[105] Vgl. Hoffmann / v. Siebenthal § 252,12. Gegen (z.B.) de Jonge / van der Woude* 321f. Am besten läßt man δέ unübersetzt (z.B. EÜ).

[106] Gegen Schille* 87; Theißen, Untersuchungen 20f; Zimmermann, Bekenntnis 96; Rissi, Theologie 85f; Weiß 378. Richtig Hegermann 145.

[107] Braun 198.

[108] Gegen Strobel 149. – Zu ἀφομοιοῦν *abbilden, ähnlich / gleichmachen* vgl. Weish 13,14; EpJer 4.62.70; Plat Krat 427C; s. Schneider, ThWNT V 198.

[109] Bengel 888: non dicitur filius Dei assimilatus Melchisedeko, sed contra; nam filius Dei est antiquior et archetypus. So die meisten. Vgl. Kurtz 221f; Habermann* 314.

[110] Strobel 149.

[111] Gegen Horton* 161f, der durch Übertragung der dualistischen »Antitypologie« von 9,24 auf das Entsprechungsverhältnis aus Melchisedek einen *Schatten* im Verhältnis zum *wahren* Hohenpriester Christus macht. Ähnlich auch Rissi, Theologie 84.89f.

[112] Braun 137 gebraucht den Begriff (vgl. schon Windisch 61).

[113] Braun 197. Genauer, materialreicher Nachweis, daß die genannten Prädikate »are *topoi* from Hellenistic philosophy on what constitutes a true god«, jetzt bei Neyrey* passim (Zitat: 440).

nicht, wie der vater- und mutterlose Melchisedek Abbild Jesu sein kann, dessen Eltern man kennt[114]. Assimilatus Filio Dei (Vg.) meint ohnehin nicht, daß Melchisedek dem Sohn Gottes in allen Stücken gleicht[115], wohl aber im entscheidenden: im zeitüberdauernden *Bleiben*, das den Ton trägt[116]. Die in neuer Zeit gerne daran angeknüpfte Frage, ob demnach »Jesus *und* Melchisedek als *zwei* ewige Priester nebeneinanderstehen«[117], stellt sich nicht, wenn beachtet wird, daß das Melchisedekmotiv eine hermeneutische Funktion hat. Hebr setzt es nicht ein, um »über die Person des *Melchisedek* etwas Positives, Dogmatisches geltend zu machen«, sondern »um das Wesen des Hohepriesterthums Christi in seinem Verhältnisse zum levitischen Priesterthume auseinander zu setzen«[118]. Melchisedek hilft, den präexistenten Christus besser zu verstehen, dessen Urbild er abbildet und aufgrund der Zusage Gottes (Ps 110,4) zugleich vorbildet[119].

Der durch viele Appositionen recht lang gewordene V 3d endet mit einem Prädikat von wirkungsvoller Kürze: μένει ἱερεὺς εἰς τὸ διηνεκές. Alles vorher Gesagte ist Hinführung auf diesen Haupt-Satz, mit dem nun geklärt ist, was die τάξις Μελχισέδεκ meint: *Priester in Ewigkeit* (5,6.10; 6,20; 7,21). Der Wille zur Präzisierung läßt unseren Verf. diesen bisher nur geheimnisvoll angedeuteten Haupt-Satz aus ψ 109,4 in eigener Sprache wiederholen, statt ihn erneut zu zitieren: Die direkte Anrede »du bist« ersetzt er in der indirekten Rede durch μένει und rückt damit – seinem sonstigen Sprachgebrauch entsprechend[120] – dualistisch den Akzent von der Chronologie (unbegrenzte Dauer) auf die Qualität (»stabilité des réalités célestes«)[121]. Das Priestertum nach der Ordnung Melchisedeks ist ἀπαράβατος *unwandelbar, unveränderlich* (7,24) und gehört zu den »unerschütterlichen Dingen« (12,27). Auf derselben Linie liegt die Präzisierung von εἰς τὸν αἰῶνα aus ψ 109,4 durch εἰς τὸ διηνεκές. Der Wortgebrauch ist neutestamentlich ohnehin auf den Hebr beschränkt

[114] Damit wird die Kirchenväter-Exegese hinfällig, wonach sich ἀπάτωρ auf die Menschheit, ἀμήτωρ auf die Gottheit und ἀγενεαλόγητος auf das Hohepriestertum Christi bezieht (z.B. Theod Mops, PG 66, 994B). Vgl. Riehm, Lehrbegriff 451 Anm.*; Riggenbach 185 und zur Auslegungsgeschichte Demarest* 11f.28–30.

[115] So richtig Loader, Sohn 214f.

[116] So schon Chrysostomus, der fragt, worin denn die Gleichheit sich zeige. Er antwortet: »darin, daß wir von diesem wie von jenem weder das Ende noch den Anfang wissen, aber von diesem nicht von wegen des Nichtgeschriebenseins, von jenem nicht wegen des Nichtseins« (PG 63,98). Vgl. Epiph Haer 67,3; Delitzsch 272.

[117] Braun 198f.

[118] Bleek-Windrath 294; vgl. Riggenbach 186f; Michel 255; Attridge 191; Habermann* 314; Neyrey* 448.

[119] Habermann* 314f; vgl. auch Michel 263: »Je mehr man über Melchisedek aussagen kann, desto mehr strahlt die Herrlichkeit des Sohnes Gottes auf.«

[120] 7,24; 10,34; 12,27; 13,14; vgl. auch 7,23. Ausnahme: 13,1. Vgl. Braun 219: »μένειν ist gottheitlich« (mit Belegen).

[121] Cambier, Eschatologie 95; vgl. Gräßer, Glaube 174f Anm. 152; Braun 198 (mit viel Material); Attridge 189f.191.

(außer hier noch 10,1.12.14) und drückt ebenfalls die *Beständigkeit* aus[122]. Melchisedek als Priester »für immer« wird keineswegs hinter Jesus als Priester »in Ewigkeit« zurückgestuft[123]. Es ist gerade seine τάξις, nach der sich Jesu Priestersein bemißt: »Weil er auf ewig bleibt, hat er ein unwandelbares Priestertum« (7,24). Diese »*dualistische* Höherrangigkeit«[124] erst ist es, die das neue Priestertum von der τάξις Ἀαρών abhebt.

D.L. Powell[125] vertritt die These, daß die Vorstellung von Jesus als dem (himmlischen) Hohenpriester überhaupt nicht aus der Melchisedek-Typologie abgeleitet sei, da der Priesterkönig von Salem weder in Ps 110 oder Gen 14 noch in anderen jüdischen Texten (Philo, Qumran) als *Hoher*priester erscheine. Vielmehr sei Hebr von 1Clem 40 abhängig.
Auch wenn Hebr mit der Melchisedektradition die Taxis- und nicht die Titelfrage des Priestertums Jesu als schriftgemäß zu erweisen versucht, gehört sie doch zur »préparation« seiner Hohepriesterchristologie[126]. Und das literarische Abhängigkeitsverhältnis zwischen Hebr und 1Clem läßt sich – unbeschadet der selbständigen Denkweise hier und dort – so nicht umkehren und fällt in dieser Sache als Argument aus[127].

b *Melchisedek, Abraham und die Leviten 7,4–10*

Die Frage nach der τάξις Μελχισέδεκ ist beantwortet. Jetzt folgt eine midraschartige Auswertung, die mittels eines Vergleichs von Melchisedek mit Abraham die Inferiorität des levitischen Priestertums herausstellt.
4 Ansatzpunkt dafür ist die schon in V 2 genannte Zehntung Abrahams durch Melchisedek, zu der mit metabatischem δέ übergeleitet wird[1]. Sie wirft Licht auf die Größe Melchisedeks, die gleich dreifach unterstrichen wird: einmal durch die ausdrückliche Aufforderung θεωρεῖτε δὲ πηλίκος οὗτος *beobachtet doch*[2], *wie bedeutend* (Vg.: quantus) *der* (Melchisedek) *sein muß*[3], sodann durch

[122] Bauer, Wb 392, der nur zu 7,3 den zeitlichen Sinn *ununterbrochen* annimmt. Διηνεκής ist übrigens kein biblisches, sondern ein ganz und gar griechisches Wort (Bleek II/2 317f mit Belegen).
[123] Gegen Vanhoye, Prêtres anciens 174: Priester »à perpétuité« sei weniger als *in Ewigkeit*. Ähnlich Horton* 162.
[124] Braun 219.
[125] Christ as High Priest passim.
[126] A. Feuillet, Une triple préparation du sacerdoce du Christ dans l'Ancien Testament (Melchisédec, le Messie du Ps 110, le Serviteur d'Is 53). Introduction à la doctrine sacerdotale de l'Épître aux Hébreux, Divinitas 28 (1984) 103–136.
[127] Vgl. P. Ellingworth, Hebrews and 1 Clement: Literary Dependence or Common Tradition?, BZ N.F. 23 (1979) 262–269; s. auch I 25 mit Anm. 107.
[1] Delitzsch 273; Weiss 173; Riggenbach 187; Braun 199.
[2] Θεωρεῖτε kann auch indikativisch gelesen werden: ihr seht (z.B. d und e: videtis); Bengel 888. Erasmus 956: contemplemur. Unsicher Vg.: intuemini. Unentschieden de Wette 512.
[3] Bauer, Wb 1321. Das ntl. nur noch Gal 6,11 vorkommende Korrelativpronomen πηλίκος *wie groß* steht für klass. ἡλίκος. BDR § 304; »es fragt nach Alter, Raumgrösse und, wie hier, ethischer Grösse« (Delitzsch 273). Besser: metaphysischer Größe!

die Zehntgabe selbst[4]: sie ist von den auserlesensten Beutestücken genommen[5], wie es in auffällig hellenistischer Spezifizierung heißt[6]. Schließlich wird die Größe Melchisedeks durch die ans Ende gerückte Kennzeichnung Abrahams als ὁ πατριάρχης *der* (!) *Patriarch* »im höchsten Sinne des Wortes«[7] besonders hervorgehoben. Kein Geringerer als der Stammvater Israels (4Makk 7,19; 16,25; TestAbr[A] Titel; 20,15; Just Dial 84,4)[8], der Empfänger (6,13f; 7,6; 11,17) und Erbe der Verheißung (6,12; 11,8), ja »die Wurzel der Priester«[9], hat dem Königpriester von Jerusalem seine Reverenz erwiesen. Und das in der Tat nicht als »ein Akt äußerer Noblesse«, sondern als »Ausdruck innerer Wahrheit«[10]: Der schattenhafte Priesterahn anerkennt den ewigen Priester. Die Begegnung als Hierarchisierung! »Ohne alle Widerrede wird das Geringere vom Höheren gezehntet« (V 7). Melchisedek überragt Abraham, der ihm gegenüber in die Reihe eines Subalternen tritt. »Das ist das Ergebnis einfacher Logik.«[11]

Die Feststellung ist im Blick auf Abraham weniger wichtig als im Blick auf Le- 5
vi, der sich indirekt mit Abraham vor Melchisedek verneigt und als subaltern bekannt hat (V 9)[12]. V 5 leitet zu diesem Gedanken über. Auch die levitische Priesterschaft übt das Zehntrecht aus. Indem Hebr das in Analogie zur Zehntung Abrahams durch Melchisedek setzt, erfaßt er deren tieferen, nämlich die Levipriesterschaft zurückstufenden Sinn. Bereits die Satzstruktur μέν (V 5) – δέ (V 6) zeigt die Gegenüberstellung an[13]: *Zwar* (μέν) erheben auch (καί) die

[4] Wie in V 2 wird sie mit ᾧ καί eingeführt. Möglicherweise sind P^{46} B D* 6. 1739. 1881 *pc* r vg^{mss} sy^{p} co im Recht, wenn sie καί diesmal als unpassend weglassen (Riggenbach 187 Anm. 13; Attridge 186 Anm. 6). Aber NA^{26} hat es mit ℵ A C D^{2} Ψ 𝔐 lat sy^{h} als nicht gesichert jetzt im Text. Bengel 889 kann καί steigernd verstehen (etiam) und die Zehntung als besondere Unterstreichung der »magnitudo Melchisedeki« deuten. Eine sichere Entscheidung ist nicht möglich. Allerdings ist καί nicht mit Abraham zusammenzunehmen (»auch bzw. selbst Abraham«), sondern mit dem ganzen Satz (»dem Abraham sogar den Zehnten gab«); vgl. Lünemann 233; Delitzsch 273.

[5] Weiss 173. – Ἡ δεκάτη *der zehnte Teil* ist eine religiöse Steuer. Sie zeigt Gottes Eigentumsrecht auf bestimmte Ackerfrüchte (Dtn 14,22f) und auf das Vieh an (Lev 27,32). Von den Pharisäern wurde die Steuerpflicht auf kleinste Produkte ausgedehnt (Lk 11,42par; 18,12). Mit dem Zehnten (nicht identisch mit der Tempelsteuer Mt 17,24!) bestreitet das Kultpersonal seinen Unterhalt (Num 18,21; Hebr 7,5); vgl. Bauer, Wb 348 mit weiteren Belegen; Léon-Dufour, Wb 441.

[6] Attridge 195. – Τὰ ἀκροθίνια ist hap. leg. in der Bibel. Bleek II/2 327 weist auf die Zusammensetzung von ἄκρος und θίς bzw. θίν (acervus) hin, also das *Oberste vom Haufen*, die der Gottheit geweihte *Erstlingsgabe* der Feldfrüchte, dann aber auch der Beute schlechthin als Gabe an die Götter. Vgl. Bauer, Wb 65.

[7] Graf 143; Windisch 61.

[8] Ntl. kommt πατριάρχης nur noch in der Apostelgeschichte vor: vom Ahnherrn David (2,29) und von den 12 Söhnen Jakobs (7,8f); s. Bauer, Wb 1284.

[9] Theodoret bei Cramer, Catenae 556; vgl. Braun 199.

[10] Graf 143.

[11] Ebd. Vgl. Calvin, CR 83, 85.

[12] Graf 144. Auf die ganz andere Auslegung im Rabbinat (Melchisedeks Priesterwürde geht auf Abraham über) und im Hellenismus (Abraham ist mit Melchisedek im gleichen Ziel der Gottwohlgefälligkeit verbunden) verweist Michel 264f; vgl. Schröger* 143 Anm. 1.

[13] Vgl. BDR § 447,2a; vgl. Kurtz 226; Michel 265 Anm. 1; anders Weiss 175 Anm.*.

levitischen Priester den Zehnten[14], Melchisedek jedoch (δέ) bezehntet keinen Geringeren als Abraham selbst. Das erhebt ihn über jene. Umständlich wird die levitische Priesterschaft umschrieben als οἱ ἐκ τῶν υἱῶν Λευὶ τὴν ἱερατείαν λαμβάνοντες. Meint der Hebr diejenigen von den Söhnen (Nachkommen) Levis[15], welche das Priesteramt erhalten, also nicht alle Leviten, sondern nur die zum Priesteramt berechtigten Aaroniden (partitives ἐκ)[16]? Oder meint er »diejenigen, welche von den Söhnen Levi's her d.i. vermöge ihrer Abstammung von Levi das Priesterthum bekommen« (das kausale ἐκ des Ursprungs)[17]? Ein fruchtloser grammatischer Streit! Denn ob so oder so, der Begriff ἱερατεία *Priesteramt*[18] macht unmißverständlich klar, daß Hebr nicht die Leviten insgesamt, sondern nur die levitische Priesterschaft zu Melchisedek in Parallele stellt[19]. Τάξις Melchisedek contra τάξις Aaron (7,11), das ist das Thema. Dabei legt die schwierige Formulierung den Finger genau auf den entscheidenden Differenzpunkt, das ist die verschiedene Abkunft und die andere Bedingtheit des Amtes der Priester hier und dort[20]. Während die levitischen Priester τὴν ἱερατείαν λαμβάνοντες sind, Amtsträger also im Rahmen einer gesetzlich geordneten Geschlechterfolge[21], wird Melchisedek ausdrücklich als μὴ γενεαλογούμενος ἐξ αὐτῶν, als stammbaumfremd herausgestellt. Der andere Ursprung bedingt die andere τάξις.

Aber ist es nicht paradox, daß derjenige überlegen sein soll, der sein Priesteramt extra ordinem hat? Je höherrangig der die Ehre Erweisende ist, je größer erscheint der Geehrte. Im Zuge dieser Überlegung streicht Hebr zunächst ein-

[14] Tatsächlich hatten *alle* Leviten das Zehntrecht (Num 18,21). Vgl. Windisch 63, der einen Irrtum des Hebr nicht ausschließt.

[15] Levi, der dritte Sohn von Jakob und Lea, ist Stammvater des priesterlichen Geschlechts der Leviten (Gen 29,34; Dtn 33,8–11; Hebr 7,9). Diese, einst Priester an den ländlichen Kulthöhen, waren eine Art clerus minor, der nur kultbegleitende (z.B. die Annahme des Zehnten; Opfervorbereitung usw.), nicht jedoch Altardienste selbst wahrzunehmen hatte (2Kön 23,9; Ez 44,9–14); vgl. Strathmann, ThWNT IV 242f; Meyer, ebd. 245–247; A.H.J. Gunneweg, Leviten und Priester. Hauptlinien der Traditionsbildung und Geschichte des israelitisch-jüdischen Kultpersonals, 1965 (FRLANT 89); H. Seebass, Art. Levi/ Leviten, TRE 21, 36–40 (Lit.!). – Zur verschiedenen Schreibweise Λευ(ε)ί, Λευ(ε)ίς vgl. BDR § 53,1; 55,1e.

[16] So Lünemann 234; vgl. auch Bleek II/2 331; de Wette 512; Braun 200 u.a.

[17] So z.B. Delitzsch 275; Graf 145; Riggenbach 188f; Michel 265.

[18] Ntl. kommt der Begriff nur noch Lk 1,9 vor. Das erst in der Spätgräzität häufiger verwendete Wort schillert in der LXX zwischen *Priesteramt* und *Priesterdienst* (z.B. Ex 29,9; 40,15; Num 3,10; 18,1; 25,13; Jos 18,7). Josephus und Philo haben das Wort nicht. Der Hebr macht keinen Unterschied zwischen ἱερατεία und ἱερωσύνη (7,11.12.24). Beide Begriffe meinen bei ihm die Priester*institution*. Vgl. Bleek-Windrath 296; Schrenk, ThWNT III 248.251. Anders Weiß 389f Anm. 70: ἱερατεία = Priesteramt bzw. Priesterdienst; ἱερωσύνη = Priesterinstitution. – Zur schwierigen Frage, wie ursprünglich das Verhältnis zum zadokitischen Priestertum in Jerusalem zu denken ist und wie sich die rechtliche Stellung weiter entwickelt hat, vgl. D. Kellermann, Art. לֵוִי, ThWAT IV 499–521, bes. 506–510; Braun 200.

[19] Weiss 174; Delitzsch 278; Braun 200; Attridge 195 Anm. 121. Anders Kurtz 227; Hegermann 151. – Zum Verständnis der Leviten im Hebr vgl. den Exkurs »The Anomalies of Hebrews 9:2–4 and Numbers« bei Attridge 236–238.

[20] Delitzsch 278.

[21] Dieser Sinn ergibt sich aus dem Gegen-Satz in V 6; vgl. Riggenbach 188.

mal das unerhörte Privileg der levitischen Priesterschaft heraus: Sie hat *ein Gebot* (ἐντολή)[22], *gemäß der Tora* (κατὰ τὸν νόμον)[23] *dem Volk* (λαός)[24], *das heißt ihren Brüdern*[25], den *Zehnten abzuverlangen*[26], *obwohl* doch auch die *aus der Lende Abrahams herausgekommen* sind[27]. Der gemeinsame Stammvater schließt eine Abstufung in Priester und Laien folglich nicht aus. Jedenfalls ist die Zehntnahme der levitischen Priester (Num 18,21) Ehre und Auszeichnung, die sie über das Volk erhebt, welches mit der für Gott geheiligten und dargebrachten Zehntgabe zugleich die Heiligkeit der Priester ehrt[28]. Die Bruderschaft von Priestern und Laien versteht Hebr natürlich nicht als Zehntungserleichterung[29], sondern als »Zehntungshindernis«[30]. Daß sich die Leviten *rechtens* darüber hinwegsetzen können, unterstreicht nur ihr Privileg. Melchisedek ist trotzdem in noch höherer Weise privilegiert. Davon redet V 6.

Melchisedek ist Hoherpriester extra ordinem, d.h. außerhalb der levitischen 6
Geschlechterfolge (ὁ δὲ μὴ γενεαλογούμενος ἐξ αὐτῶν) nicht deshalb, weil er längst vor Levi aufgetreten ist – das macht der Hebr überhaupt nicht geltend –, sondern weil er überhaupt keinen Stammbaum hat[31]. Sein Priesterrecht beruht damit nicht auf einem gesetzlichen Privileg, wodurch es für den Hebr lediglich κατὰ νόμον ἐντολῆς σαρκίνης *nach dem Gesetz eines fleischlichen Gebots* begründet wäre (7,16). Vielmehr gründet es in der δύναμις ζωῆς ἀκα-

[22] Der Hebr gebraucht ἐντολή nur von der Tora (7,16.18; 9,19). Ἐντολή ist die Einzelvorschrift, νόμος die Zusammenfassung der ἐντολαί; vgl. Schrenk, ThWNT II 549; Lane I 168. – Ἐντολὴν ἔχειν drückt Verpflichtung und Rang der Leviten zugleich aus (vgl. 9,19 und Braun 200f). Κατὰ τὸν νόμον ist mit ἀποδεκατοῦν zu verbinden und nicht mit ἔχουσιν. Also: *Sie haben ein Gebot, das Volk nach dem Gesetz zu zehnten* und nicht: *Sie haben nach dem Gesetz eine Vorschrift, das Volk zu zehnten* (mit BDR § 393 Anm. 6 gegen Bleek-Windrath 297 u.a.).

[23] Die gesetzlichen Bestimmungen regeln den Lebensunterhalt der Leviten, wozu in erster Linie der Zehnte von Korn, Wein und Öl gehörte (Dtn 14,23; Neh 13,5; Num 18,30). Vgl. die genaue Aufzählung dessen, was zum Zehnten rechnet, in Neh 10,36–38. Nach Lev 27,30–33 gehört auch der Viehzehnt dazu. Neh 13,10–13 lehrt, daß die Einkunftregelung der Leviten nicht problemlos war. Genaueres zum Leviten-Zehnten bei Delitzsch 276–278; Kellermann, ThWAT IV 517–520; North, ebd. VI 434–438.

[24] Das Volk hier im Gegensatz zum Priestergeschlecht (2,17; 5,3; 7,27). Die spezifische LXX-Prägung des Begriffes bleibt natürlich erhalten: Der λαός ist *Israel*, das von Jahwe erwählte und zu ihm in einem einzigartigen Verhältnis stehende Volk. Vgl. Strathmann, ThWNT IV 34f; 52,14–28; Bauer, Wb 948 (1.c.γ.).

[25] Das wird mit dem nachgestellten τοῦτ' ἔστιν κτλ. bes. betont. »Brüder« steht hier für die Angehörigen desselben Volkes; vgl. Bauer, Wb 29 (3.).

[26] Ἀποδεκατοῦν kann auch *den Zehnten geben* heißen (Gen 28,22; Mt 23,23par), meint hier aber *den Zehnten auferlegen* (1Βασ 8,15–17). Das Verb ist in der klassischen Literatur, in den Papyri, bei Philo und Josephus nicht belegt; vgl. Bauer, Wb 179; Heß, EWNT I 683; Braun 201.

[27] Ἐξέρχεσθαι ἐκ τῆς ὀσφύος τινός ist hebraisierende Redensart für leibliche Abstammung wie Apg 2,30. Vgl. Gen 35,11; 2Chr 6,9; Bauer, Wb 1189f (2.). Der Hebr betont damit, daß auch die Gezehnteten Abrahams Kinder sind.

[28] Schlatter 327.

[29] So Bleek-Windrath 297: Brüdern den Zehnten zu geben sei weniger auffallend, »als wenn Abraham dem Melchisedek den Zehnten entrichtete«.

[30] So Braun 202.

[31] Strathmann, ThWNT IV 244.

ταλύτου *der Kraft unauflöslichen Lebens* (7,16) und damit in der Würde seiner Person[32]. Das ist nicht die paulinische Ausschaltung des Gesetzes als Heilsweg[33]. Es ist die Abweisung des irdischen Kults als Heilsweg mittels des dualistisch abgewerteten Gesetzes (7,12.28; 10,1)[34]. Darum die auf den Kopf gestellte Ordnung: Nicht Abraham bezehntet und segnet (was man eigentlich erwarten könnte) den priesterrechtlich illegitimen und volksfremden Priesterkönig von Salem, sondern umgekehrt wird Abraham[35] von Melchisedek bezehntet und gesegnet. Den Grund dafür nennt das auf V 3 zurückweisende μὴ γενεαλογούμενος. Melchisedek ist nicht irdischer, sondern *himmlischer* Herkunft. Damit läßt der Hebr den *Wechsel* des Priestertums angezeigt sein, mit dem notwendig auch ein Wechsel *des Gesetzes einhergeht* (7,12). So erklärt sich, daß Melchisedek sogar Abraham, τὸν ἔχοντα τὰς ἐπαγγελίας *den Träger der Verheißungen* (Gen 12,2f; Hebr 6,13f), das »Fundament« der gesamten bisherigen Heilsordnung[36], segnet[37]. Das aber heißt: Trotz dieser seiner bevorzugten Stellung hat sich Abraham und mit ihm die levitische Priesterschaft, die er »ahnherrlich in sich trug«[38], unter das Priestertum des Melchisedek gestellt. Calvin hat die Pointe klar erkannt: »Je mehr Abraham ausgezeichnet wird, desto höher steigt Melchisedek an Würde«[39]. Er, Abraham, der »Prae-Levit«[40] und Stammvater aller Israeliten, der *eine* aus der Gesamtheit der Menschen *Erwählte Gottes,* »dem er das Recht der Kindschaft und das Zeugnis seiner Liebe gleichsam als Pfand in Verwahrung gab«[41], dieser Abraham beugt sich vor dem »stammesungleichen Melchisedek«[42]. Daran wird »sichtbar, daß, was Abraham besaß und von ihm her sein Volk empfing, noch nicht das Höchste war. Es gibt eine noch reichere Segnung, eine noch größere göttliche Gabe«[43].

32 Riggenbach 190.

33 So auch Michel 266. Vgl. dazu bes. Gutbrod, ThWNT IV 1071–1073, der die Divergenz und Konvergenz des Nomos hier und da betont. S.u. zu V 19.

34 Gräßer* 114f; Schweizer, Theologische Einleitung (s. I 13) 103. – Strathmann, ThWNT IV 244 liest »die grundsätzliche Lösung der christlichen Gemeinde vom at.lichen Kultus« aus c. 7 heraus. »Levi hat seinen Platz Christo räumen müssen« (244,32f.35) – leider eine undifferenzierte antijudaistische Exegese, die den Sachverhalt eher verzerrt als erhellt. Vgl. Käsemann, Gottesvolk 34f.

35 Die Textüberlieferung schwankt: א² A D² Ψ 𝔐; Epiph setzen den Artikel vor Abraham (s. dazu BDR § 260 Anm. 12) – doch wohl sekundäre Hinzufügung. Vgl. Attridge 186 Anm. 7.

36 Laub 88; vgl. Rose, Verheißung 72.

37 Auch hier schwankt die Textüberlieferung. Dem eindeutig bezeugten Perfekt steht der Aorist aus Gen 14,19 in A C P Ψ 81.104.365.1739.1881.2495 *al* gegenüber. Im exegetischen Kontext hat das überzeitliche Perfekt textkritisches Gewicht. Vgl. Braun 202; Attridge 186 Anm. 8; Weiß 390 Anm. 74.

38 Delitzsch 280; vgl. März 48.

39 CR 83, 85 (Übers. Lauterburg 77).

40 Braun 200.

41 Calvin, CR 83, 85 (Übers. Lauterburg 78).

42 Braun 200.

43 Schlatter 327.

Während die zu synkretistischen Spekulationen geradezu herausfordernde Melchisedek-Gestalt bei Philo, in sektiererischen Kreisen des Frühjudentums, den gnostischen Systemen und sogar in kirchlichen Zirkeln Aufmerksamkeit fand[44], blieb das rabbinische Judentum zurückhaltend. Von seinem nomistisch gerichteten Standpunkt aus konnte es nicht akzeptieren, daß die τάξις Μελχισέδεκ die priesterliche Prärogative der Aaroniden in Frage stellt[45]. In der offiziellen Liturgie des Synagogengottesdienstes kommen deshalb viele Psalmen, nicht aber Ps 110 zur Verwendung. Und was Talmud und Midrasch über Melchisedek berichten, gilt als unverbindliche Aggadah (*Erzählung*), die dogmatisch zu nichts verpflichtet[46]. Daß Melchisedek in Jub 13,25 fehlt[47], verwundert von daher nicht[48]. Aber trotz großer Verschiedenheit der rabbinischen Auslegungen von Gen 14 und Ps 110,4[49] ist die Identifizierung von Melchisedek mit Noahs Sohn Sem doch ziemlich allgemein[50]. Sem gilt den Rabbinen als Träger und Lehrer der Uroffenbarung. Von daher kann behauptet werden, daß Melchisedek/Sem dem Abraham die Tora offenbarte (GenR 43,6f; NumR 4,8)[51]. Dadurch wird Melchisedek zu einem »Glied in der Traditionskette: Noah-Sem-Abraham-Aaron«[52]. Die Tendenz ist deutlich: Man will den Gedanken abwehren, als habe es toralose Gerechte oder sogar einen von Abraham anerkannten toralosen Priesterkönig von Salem gegeben[53]. Möglicherweise war es die Melchisedektheologie der Sektierer von Qumran einerseits, des Hebr andererseits, die solche Tendenzen noch verstärkt hat und schließlich den Grund dafür gab, »daß man in der Fortentwicklung des pharisäisch-rabbinischen Judentums dem alten Priesterkönig von Salem keine allzugroße Bedeutung mehr zuteil werden ließ«[54].

Wirkungsgeschichte

Der unterschiedlich verlaufenen Wirkungsgeschichte des Melchisedek tritt freilich in der Gegenwart eine ganz neue Variante an die Seite: Der Priesterkönig von Salem wird als »eine Urgestalt der universalen Ökumene« entdeckt, die den monotheistischen Glaubensbekenntnissen als einigendes Band dienen könnte: »Melchisedek war weder Jude, Christ noch Muslim. Dennoch nennt ihn die Bibel ›Priester des Höchsten Gottes‹ und entrichtete Abraham ihm den Zehnten. Gott hat seine Diener und seine Priester, wo auch immer er sie haben will, sogar außerhalb der biblischen Religionsgemeinschaften. Und Abrahams Nachkommen werden lernen müssen, diesen Dienern

44 S. die Exkurse bei Braun 136–140 und Attridge 192–195.

45 Bill. IV 460f. – Zum folgenden vgl. bes. Maier, Jüdische Auseinandersetzung 123f (Lit.!); Willi* 159–161.

46 Petuchowski* 32; vgl. auch Willi, TRE 22, 417–420 (Lit.!).

47 K. Berger, Das Buch der Jubiläen, 1981 (JSHRZ II/3), 401 Anm. 25b.

48 Maier, Jüdische Auseinandersetzung 234 Anm. 314. – In Jub und TestXII ist das Interesse an Levi und seinem Stamm besonders groß; vgl. Strathmann, ThWNT IV 242f.

49 Das Quellenmaterial bieten vor allem Bill. IV 452–465; V. Aptowitzer, Malkizedek. Zu den Sagen der Agada, MGWJ 70 (1962) 93–113; Wuttke* 18–27; Horton* 114–130; Delcor* 130–132.

50 Bill. III 692; Willi* 159f. Belege für die Gleichung Melchisedek = Sem ebd. 112 Anm. 11.

51 Horton* 114–124. Andere rabbinische Umdeutungen bei O. Michel, Art. Μελχισεδέκ, ThWNT IV 573f.

52 Michel, ebd. 573,28; Sem als Bindeglied zwischen der Zeit der Urväter und der der Erzväter: NumR 4,8. Vgl. Willi* 160.

53 Maier, Jüdische Auseinandersetzung 124. Tertullian hat den abgewehrten Gedanken dann zugunsten des Christentums aufgegriffen. Vgl. Maier, ebd.

54 Petuchowski* 20.

und Priestern Gottes die Achtung nicht zu verweigern.«[55] Aber das ist als Perspektive vielleicht doch eine Spur zu optimistisch.

7 Es ist die unwidersprochene Regel, daß das Geringere von dem Größeren gesegnet wird. Mit diesem verbreiteten Grundsatz zieht V 7 aus den scheinbar vertauschten Rollen den einzig möglichen Schluß: Melchisedek, der »den von allen Menschen und für alle Menschen Gesegneten segnet«[56], ist gegenüber Abraham höherrangig. Die beiden Neutra τὸ ἔλαττον und τὸ κρεῖττον heben die Aussage in den Rang einer allgemeingültigen Rechtsregel[57]. Wie Philo[58] liebt auch unser Verf. die logisch schlußfolgernden kommentierenden Parenthesen (2,16; 3,4; 6,16; 7,12; 8,13). Sie beleuchten den rationalen Grundzug seiner Argumentation[59]. Auch wenn der Grundsatz die ausnahmslose Regel nicht ist – es können auch die Höheren von den Geringeren gesegnet werden, so, wenn Joab oder wenn die Knechte ihren König segnen (2Sam 14,22; 1Kön 1,47)[60] –, so gibt es gegen die Praxis als solche doch nirgendwo einen Widerspruch (ἀντιλογία): *Selbstverständlich*[61] wird von oben nach unten gesegnet. Dem Hebr steht dabei der heilsmäßige, weniger der soziologische Rahmen vor Augen[62]: Beim Melchisedek-Segen geht es um das Weiterreichen einer Gabe an Abraham, deren dieser selbst (noch) nicht teilhaftig ist, wohl aber der *Priester des höchsten Gottes* (7,1). Dieser legt mit dem Segensgestus den Namen des θεὸς ὕψιστος auf den Patriarchen und stellt ihn so in den Schutzbereich des höchsten Gottes[63]. Er tut es als »minister et legatus ... summi Dei«[64]. Durch diese »benedictio sacerdotalis« »als Tat göttlicher Wirkung«[65]

[55] Ebd. 8.37.

[56] Delitzsch 281.

[57] Hegermann 151. Das Neutrum des Singulars kann für eine Mehrheit von Personen stehen (BDR § 263,3). Also τὸ ἔλαττον = Abraham mit seiner Levi-Familie, τὸ κρεῖττον = Melchisedek und Jesus. Braun 203 sieht durch das Neutrum unterstrichen: »Nicht das Individuum, sondern die (hier: heilsmäßige) Qualität gibt den Ausschlag«.

[58] Mut 127: »Beten aber und Segnen kommt nicht jedem beliebigen zu, sondern einem Menschen, der ... sich selber dem All-Herrscher und -Vater zugeteilt hat.«

[59] v. Dobschütz, Rationales ... Denken passim; Laub 88; Thompson, The Beginnings 116–127. – Nach Michel 267 haben wir es mit einer bestimmten »Kultregel« zu tun: »Gott selbst segnet, Priester segnen, Auserwählte segnen – man könnte fast sagen: ›Gesegnete segnen‹.«

[60] Nach Bill. III 695 entspricht V 7 nicht der jüdischen Anschauung. Vgl. auch Michel 267 und Braun 203 (dort weiteres Material).

[61] Bauer, Wb 149. Ἀντιλογία steht in der LXX nur 19mal im Sinne von *Gegenrede* (z.B. Ex 18,16), im NT nur noch Hebr 6,16 (*Widerrede*) und 12,3; Jud 11 (*Auflehnung*). Papyri kennen das Wort als t.t. aus dem rechtlich-merkantilen Bereich. Preisigke Wört I 136f; Moult-Mill 48.

[62] Vgl. Braun 203.

[63] Vgl. Num 6,27, die Anweisung für den aaronitischen Priestersegen Num 6,24–26. Calvin weist zu unserer Stelle m.R. auf den Priestersegen (CR 83, 86).

[64] Calvin, ebd.

[65] Calvin, ebd. (Übers. Lauterburg 78).

wird die tatsächliche Rangordnung manifest: Melchisedek ist κρείττων *hervorragender, vorzüglicher, höherstehend*[66], Abraham ἐλάττων *geringer*[67].

Mit V 8 kommt Hebr auf den Ewigkeitscharakter als das entscheidende Kri- 8
terium der gegensätzlichen Priestertümer zurück. *Im einen Fall* (ὧδε μέν)[68], d.h. im Rahmen der τάξις Ἀαρών (7,11), sind es ἀποθνῄσκοντες ἄνθρωποι *dem Tode geweihte, sterbliche Menschen* (vgl. 9,27), die den Zehnten einnehmen, *im anderen Fall* (ἐκεῖ δέ) jedoch, im Rahmen der τάξις Μελχισέδεκ, ist es einer, *der das Zeugnis empfangen hat, daß er lebt*[69]. Der Kontext stellt sicher, daß damit nur der Priesterkönig von Salem gemeint sein kann und nicht Christus[70]. Denn die Schrift mit ihrer Autorität und damit letztlich Gott selbst bürgen für die Wahrheit, daß Melchisedek Priester in Ewigkeit ist (ψ 109,4; Hebr 5,6; 7,17). Wie Henoch (11,5) ist er demnach von der allgemeinen Todesversklavung ausgenommen[71]. Die Formulierung ὅτι ζῇ ist gegensätzlich zu ἀποθνῄσκειν gewählt, wiederholt in der Sache aber nur, was 7,3b.d als Exegese von Gen 14 festgestellt hatte: Weder Anfang der Tage noch Ende des Lebens habend bleibt Melchisedek *Priester für immer.* Er ist nicht der Zeitlichkeit unterworfen, d.h. sein Leben endet nicht im Tode. Gedanken darüber, ob Melchisedek selbst heute noch lebt[72] oder nur sein Amt[73], ob man den weltgeschichtlichen (= toten) Melchisedek von dem heilsgeschichtlichen (= lebendigen) zu unterscheiden habe[74], sind gleichwohl unangebracht. Bengel z.St. erklärt kurz und bündig: ὅτι ζῇ steht propter apodosin de Christo *wegen der Vergleichung mit dem ewig lebenden Christo*[75], und wischt damit alle Spekulationen über ein Weiterleben Melchisedeks beiseite. Ὅτι ζῇ ist lediglich

[66] Der häufig im Hebr gebrauchte Komparativ bezeichnet sonst gerne das soteriologische Plus im Neuen Bund (1,4; 6,9; 7,19.22; 8,6; 9,23; 10,34; 11,35). Vgl. Michel 267.

[67] Bauer, Wb 913.500. – Zu den Komparativen ἐλάττων (Steigerung von μικρός *gering*) und κρείττων (Steigerung von κρατύς *stark*) vgl. BDR § 34,1.b mit Anm. 5 und Michel, ThWNT IV 658 mit Anm. 38.

[68] Zur rhetorischen Figur ὧδε – ἐκεῖ *im einen Fall – im anderen Fall* vgl. Bauer, Wb 1786 (2.b.). Die Wendung ist weder zeitlich noch räumlich gemeint. Gegen viele Erklärer, z.B. Delitzsch 281; Bleek II/2 338 und Strobel 152, der dem ὧδε entnehmen will, daß zur Zeit des Hebr das levitische Priestertum noch besteht. Richtig Braun 203; Weiß 391 Anm. 77.

[69] Das Passiv μαρτυροῦμαι *bezeugt werden* bzw. *ein gutes Zeugnis erhalten* noch 7,17; 11,2.4.5.39; vgl. Apg 6,3; 10,22; 16,2; Röm 3,21; 1Tim 5,1; 3Joh 12. Die Philo-Belege bei Braun 204. Zum Sprachgebrauch vgl. BDR § 312,1 mit Anm. 1; Strathmann, ThWNT IV 501f; Beutler, EWNT II 960. Eine Argumentation aus dem Schweigen der Schrift (Braun 204) liegt sowenig vor wie eine Abhängigkeit von apokryphen Melchisedektraditionen (Theißen, Untersuchungen 30). Richtig Weiß 391 Anm. 78.

[70] Letzteres ist die Annahme der älteren Exegese. Vgl. Demarest* 36.

[71] Bultmann, ThWNT III 14 Anm. 61.

[72] S.o. S. 32. – Wie sehr 7,8 in früheren Zeiten Mühe gemacht hat, zeigt Bleek II/2 342 an J.Chr. Cuntzen jun. und dessen Schrift »Erklärung der schweren Schriftstelle Hebr 7,8, nebst Widerlegung derer Scheingründe für ein unabgestorbenes Leben des Melchisedek«, Frankfurt und Leipzig 1794. Seine Ansicht ist, »daß die Aaronitischen Priester ἀποθνήσκοντες heißen, weil sie bei Verwaltung ihres Amtes in steter Todesfurcht befangen seien, Melchisedek aber lebend, weil er sein Amt mit Freudigkeit und Heiterkeit besorge« (Bleek, ebd.).

[73] Calvin, CR 83, 86f; Graf 145.

[74] Delitzsch 282; ähnlich Hegermann 151.

[75] 889 (Übers. Werner 646).

Verdeutlichung des ἀφωμοιωμένος δὲ τῷ υἱῷ τοῦ θεοῦ aus 7,3c. Die eschatologische Melchisedek-Prädikation ist also ein hermeneutisches Element der Christologie: *Jesus* hat das Priestertum in Ewigkeit (7,16f.23–25)[76]. Sein Gegensatz zum levitischen Priestertum bildet den Hintergrund der Aussagen über Melchisedek. Während man dort zwischen Amt und Person notwendig trennen muß – die sterblichen Amtsinhaber wechseln, das Amt selbst aber und seine Privilegien (z.B. Zehnteinnahme) nicht –, ist bei Melchisedek/Christus das Amt so unlösbar mit der Person verbunden, daß es ohne Wechsel und Unterbrechung bei ein und derselben Person verbleibt (vgl. 7,23f)[77]. Der tiefe Gegensatz zwischen den Zehntempfängern im einen (Leviten) und im anderen Fall (Melchisedek) zeigt demnach erst recht den unendlichen qualitativen Unterschied der beiden Priestertümer an. Es ist eine Differenz wie zwischen Tod und Leben, Zeit und Ewigkeit[78].

9.10 Daß über den untergeordneten Rang der τάξις Ἀαρών bereits die geschichtliche Begegnung Abrahams mit Melchisedek entschieden hat – mit dieser in V 4 nur angedeuteten Feststellung als der eigentlichen Zielaussage schließt der Abschnitt: Levi, hier als ὁ δεκάτας λαμβάνων *der Zehnten-Empfänger,* also als »Repräsentant des Priesterstammes«[79] prädiziert, wurde *mittels Abraham*[80] ebenfalls gezehntet (δεδεκάτωται)[81], als er noch in der Lende des Urahnen war, und wurde so in die Unterordnung unter Melchisedek einbezogen. Dahinter steht die jüdische Vorstellung des Stammvaters, in dem über das Geschick seiner Nachkommen vorentschieden ist[82].

ὡς ἔπος εἰπεῖν Der Gedanke wird eingeleitet mit der biblisch nicht belegten, der Literatursprache aber geläufigen rhetorischen Formel ὡς ἔπος εἰπεῖν. Das ist ein sog. »absoluter« oder

[76] Vgl. Barth, KD I/2 470: »Man bemerke, eine *selbständige* Bedeutung kommt allen diesen im weiteren Sinn so zu nennenden Offenbarungszeugen *nicht* zu. Es gibt keinen Melchisedek ohne Abraham, wie es keinen Abraham ohne Christus gibt.«

[77] Riggenbach 191.

[78] Vgl. Schrenk, ThWNT III 276.278; Weiß 391. Zur Sache auch Barth, KD IV/1 303f.

[79] Riggenbach 192. Zum Ausdruck δεκάτας λαμβάνειν verweist Bauer, Wb 348 (2.b.) auf Diod S 5,42,1 und Pseud-Luc Salt 21.

[80] Δι' Ἀβραάμ dürfte Genitiv sein (Syr. und Vg.: per Abraham) und nicht Akkusativ (r: propter Abraham). Also: »auf dem Wege über Abraham« wurde Levi gezehntet (Braun 204). Vgl. BDR 17 Anm. 5; 260 Anm. 12; Bleek II/2 346.

[81] Das Verb aus V 6 hier im Passiv: *den Zehnten bezahlen müssen.* Das Passiv ist wichtig: Levi ist in dieser Situation nicht mithandelndes Subjekt. Dazu und zum hier steckenden anthropologischen Problem von Determination und Freiheit (»Each man is at once an individual of a race and a new power in the evolution of the race«) vgl. Westcott 178f.

[82] Der Gedanke, daß das Geschick des einen das Geschick aller determiniert – früher sprach man von »corporate personality« (M.W. Robinson, The Hebrews' Conception of Corporate Personality, 1936 [BZAW 66], 49–62) –, findet sich auch 1Kor 15,21f; 2Kor 5,14; Röm 5,12.15–19. Das religionsgeschichtliche Material bei R. Scroggs, The Last Adam, Oxford 1966, 41–46; vgl. auch J. Scharbert, Prolegomena eines Alttestamentlers zur Erbsündenlehre, 1968 (QD 37).

»limitativer« Infinitiv[83]: *Sozusagen* oder *gewissermaßen* hat die geschichtliche Berührung Abrahams mit Melchisedek diese »erstaunliche Konsequenz«[84]. Will der Hebr damit auf eine vorsichtige, die Kühnheit seines Gedankens entschuldigende Distanz gehen: Nur mit Vorbehalt sage ich das[85]? Denn wo gäbe es die Prädisposition der Rangstellung eines ganzen Geschlechtes durch den präexistenten Stammvater? Oder will er umgekehrt das Gesagte bekräftigen und vor Mißverständnissen schützen: *Um die Wahrheit zu sagen*, um es *bündig* und *mit einem Wort zu sagen*; es gibt keinen Zweifel an dem, was ich sage[86]? Vom Sprachgebrauch her sind beide Deutungen zulässig[87]. Aber wahrscheinlicher ist die zweite. Denn als Skopus des Textes dürfte Hebr kaum einen Gedanken formuliert haben, der »nicht in strengem Sinne gilt«[88] oder den er selbst nicht ganz ernst nimmt.

Die rabbinischer Schriftauslegung und Logik folgende, zugespitzte Aussage ist – richtig verstanden, und d.h.: eingeschränkt auf den priesterrechtlichen Aspekt[89] – so unhaltbar gar nicht. Denn daß Levi[90] gleichsam als präexistierender Sohn Abrahams[91] an dessen Begegnung mit Melchisedek[92] teilnahm und damit seine Nachkommenschaft determinierte, das hebt in erster Linie auf den verheißungsgemäß-heilsgeschichtlichen Zusammenhang aller Abrahamiden ab[93]. Leitende Vorstellung ist die auch sonst geltende und grundlegende »präformative Bedeutung der Geschichte Abrahams für alle weitere heilsgeschichtliche Entwickelung«[94], die der Hebr reduzierend aufgreift[95], um

83 Hoffmann / v. Siebenthal § 213 (3.c.). Übrigens ist die rhetorische Wendung im Hebr »eins der hundert Anzeichen, dass der Brief griechisch, nicht hebr. gedacht ist« (Delitzsch 283).

84 Braun 204.

85 de Wette 513 (Mehrheitsexegese). – Delitzsch 283 vermutet im Anschluß an Theodoret (PG 82,728B) die Abwehr eines jüdischen Einwandes: Was der Nichtpriester Abraham tat (Votivzehntung), sagt nichts über den späteren Aaron und sein mit der Priesterwürde begnadigtes Geschlecht.

86 Z.B. Westcott 178; Spicq II 187; Braun 204; Hegermann 151.

87 Die Belege reichlich bei Bleek II/2 343–346. Zur geläufigen Verwendung bei Philo (z.B. Op 13; 107; SpecLeg 2,63; Plant 158; Ebr 51; Cher 112 u.ö.) s. Williamson, Philo 103–109; Braun 204.

88 Weiss 178.

89 So richtig Hegermann 152.

90 Erst NA[26] nimmt die Schreibweise Λευί in den Text auf. Früher stand hier Λευ(ε)ίς. S. Apparat.

91 Das ist der Sinn der Wendung ἔτι γὰρ ἐν τῇ ὀσφύι τοῦ πατρὸς ἦν. Die Lende ist also hier wie 7,5 Ausgangsort der Zeugung; vgl. Bauer, Wb 1189 (2.).

92 Die Masse der Handschriften liest den Artikel vor dem Eigennamen, was kaum ursprünglich sein dürfte. Vgl. BDR § 260; Braun 205.

93 Delitzsch 284; vgl. Spicq II 187; Westcott 178. Weiß 392 Anm. 80 trifft mit Hinweis auf Schweizer, ThWNT VII 1070 die richtige Feststellung, daß sachlich gesehen die Vorstellung von Abraham als »Stammvater« auf derselben Ebene liegt wie die Adam-Christus-Typologie Röm 5,12–21 und 1Kor 15,21f.45.

94 Delitzsch 284. Da ja auch Christus in diese Entwicklung gehört, hat man seit Augustin häufig die Frage erörtert, ob er mittels Abraham ebenfalls gezehntet wurde (vgl. Riggenbach 192 Anm. 33). Die Frage ist wegen V 3c abzuweisen: Melchisedek ist seinerseits dem präexistenten Sohn nachgeordnet (s.o.). Vgl. Calvin, CR 83, 87.

95 Abraham, sonst Vater ganz Israels (Lk 1,73; Joh 8,53.56; Apg 7,2; Jak 2,21) und »unser Vater« (Röm 4,1.12), ist hier nur als Vater Levis im Blick. Vgl. Westcott 179.

die Inferiorität der τάξις Ἀαρών gegenüber der τάξις Μελχισέδεκ als vorherbestimmten göttlichen Ratschluß zu erweisen. Das Bemühen der rabbinischen Exegese, gerade diesen Gedanken in Gen 14 abzuwehren, zeigt übrigens, daß er nicht ganz willkürlich ist[96]. Theologisch stimmig ist er freilich nur im Rahmen einer christologischen Hermeneutik: Durch die endzeitliche Christusoffenbarung erst erfolgt die Relativierung des levitischen Priestertums, die der Hebr in die geschichtliche Begegnung Abrahams mit Melchisedek vorverlegt[97].

2 *Das alte und das neue Priestertum 7,11–28*

Literatur: Ellingworth, P., The Unshakable Priesthood: Hebrews 7.24, JSNT 23 (1985) 125f; *Gräßer,* Der Alte Bund im Neuen; *Grayston, K.,* Salvation Proclaimed III. Hebrews 9₁₁₋₁₄, ET 93 (1982) 164–168; *Horbury, W.,* The Aaronic Priesthood in the Epistle to the Hebrews, JSNT 19 (1983) 43–71; *Loader, W.R.G.,* Christ at the Right Hand – Ps. CX.1 in the New Testament, NTS 24 (1978) 199–217; *Lorimer, W.L.,* Hebrews VII. 23f., NTS 13 (1966/1967) 386f; *Schlosser, J.,* La méditation du Christ d'après l'Epître aux Hébreux, RevSR 63 (1989) 169–181.

Analyse Die exegetische Basis für das weitere Vorgehen ist mit der Auslegung von Gen 14,17–20 in 7,1–10 gelegt. Jetzt kann der Verf. dazu übergehen, Christus, das Urbild des Melchisedek, als den Bürgen des neuen Priestertums vorzustellen. Das geschieht in Form einer Auslegung von Ps 110,4: Christus ist »Priester nach der Ordnung Melchisedeks«[1]. In der christologischen Perspektive des Hebr ist das die Ankündigung des eschatologischen Priestertums und damit des notwendigen Wechsels von der unvollkommenen zur vollkommenen Priesterordnung (vgl. die durch die Stichworte τελείωσις und τελειοῦν angezeigte Inclusio in V 11.19). Sie erfolgt in drei Schritten[2]: (a) durch Aufweis

96 Vgl. Petuchowski* 14–20; Maier, Jüdische Auseinandersetzung 123f. – In der Kirchenväter-Exegese wird der Gedanke dann zu einem Element des kirchlichen Antijudaismus. Belege bei Schreckenberg (s. I 31 Anm. 5) 62f.67.91.188f.194.220.241.322. Pointe ist überall: Melchisedek und Christus vertreten ein das Judentum desavouierendes, weil gegen das Gesetz zeugendes Priestertum. Vgl. Michel 268. Daß jede antijudaistische Exegese des Textes verfehlt ist, zeigt Weiß 392 mit Verweis auf die nach innen zielende Argumentationsrichtung des Hebr.

97 Zu dieser Hermeneutik vgl. bes. Loew 51–55, der freilich den Skopus der Perikope überzeichnet, wenn er Jesus das Ende der »Religionsgeschichte Israels« sein läßt (55). Hebr dagegen versteht ihn nur als Ende *des Kults* als Heilsweg.

1 Mit Strobel 145f könnte man Ps 110,4 geradezu als Gliederungsprinzip der Einzelteile nehmen, die er jedoch anders als die meisten abgrenzt: V 1–3 »Melchisedek«; V 4–12 »nach der Ordnung Melchisedeks«; V 13–17 »Priester in Ewigkeit«; V 18–25 »Der Herr schwor«; V 26–28 »Sohn in Ewigkeit« (Ps 2,7 und 110,4). Vgl. auch schon Riggenbach 193.

2 Wir folgen den in NA[26] kenntlich gemachten Sinnabschnitten. So die meisten. Anders Strobel (s.o.). Erwägenswert ist Riggenbach 193.209: V 11–17; V 18–25; V 26–28.

der Notwendigkeit des Wechsels (V 11–19); (b) durch die Vorstellung des Bürgen des höherstehenden Bundes (V 20–25); (c) durch den abschließenden Lobpreis auf den himmlischen Hohenpriester (V 26–28).

a *Die Notwendigkeit des Wechsels 7,11–19*

11 **Wenn nun Vollendung (schon) durch das levitische Priestertum statt-
gefunden hätte – denn das Volk hat ja auf Grund von ihm die gesetzliche
Verfassung erhalten –, wozu wäre es dann noch nötig, ›nach der Ordnung
Melchisedeks‹ einen anderen ›Priester‹ aufzustellen und ihn nicht nach
der Ordnung Aarons zu benennen?** 12 **Denn indem das Priestertum ge-
wechselt wird, findet notwendigerweise auch ein Wechsel des Gesetzes
statt.** 13 **Der nämlich, auf den hin das gesagt ist, gehört einem anderen
Stamm an, aus dem keiner sich mit dem Altar(dienst) befaßt
hat;** 14 **denn es ist offenkundig, daß aus Juda unser Herr hervorgegan-
gen ist, über welchen Stamm Mose nichts die Priester(satzungen) betref-
fend gesagt hat.** 15 **Und in noch höherem Maße ist das deutlich, wenn
in gleicher Weise wie ›Melchisedek‹ ein anderer ›Priester‹ eingesetzt
wird,** 16 **der nicht nach dem Gesetz einer fleischlichen Vorschrift, son-
dern in der Kraft unzerstörbaren Lebens (Priester) geworden ist.**
17 **Denn es wird ihm bezeugt: ›Du bist Priester in Ewigkeit nach der Ord-
nung Melchisedeks‹.** 18 **Es erfolgt also eine Aufhebung der früher ergan-
genen Verordnung, weil sie schwach und nutzlos war –** 19 **denn das Ge-
setz hat nichts vollendet –, dagegen erfolgt die Einführung einer besseren
Hoffnung, durch die wir Gott nahen.**

Die »echt griechische Verbindungsweise«, die μέν durch οὖν besonders hervorgehoben sein läßt[3], steht hier nicht folgernd, sondern fortleitend zu einem neuen Gesichtspunkt[4]: *Wenn nun* oder *wenn nun freilich* τελείωσις durch das levitische Priestertum zustande gekommen wäre (ἦν)[5], hätte es keines anderen »von entgegengesetzter Qualität« bedurft[6]. Das ist eine der logisch zwingenden Schlußfolgerungen, wie sie für die Denkform unseres Verf.s so charakteristisch sind (2,18; 3,3; 4,8; 7,7.12; 8,7.13 u.ö.). Sie ist natürlich von der Erfüllung in Christus her gedacht. Denn nach eigenem Selbstverständnis galt

Erklärung 11a

[3] Bleek II/2 352. Im NT nur noch 8,4.

[4] Hoffmann / v. Siebenthal § 252,34 (c.bb.); Riggenbach 194; Weiß 394. Anders Bleek II/2 352 (»Folgerungen«).

[5] Ob Irrealis (so z.B. Weiß 394 Anm. 81) oder Realis der Vergangenheit, läßt sich nicht sicher sagen. Vgl. BDR § 360,1 mit Anm. 2. – B *pc* lassen ἦν weg.

[6] Laub 92f. – Ἕτερος (nicht ἄλλος) zur Bezeichnung der Andersartigkeit schließt adversativ den Gegensatz ein (vgl. 7,13.15; Apg 7,18; Röm 7,4). Vgl. Haacker, EWNT II 166; Weiß 394 Anm. 82.

das levitische Priestertum als endgültige Ordnung und das Zehntrecht z.B. als *ewige Satzung* (Jub 13,25f).
Levi träumte in Bethel, »man hätte ihn zum Priester des höchsten Gottes eingesetzt und gemacht, ihn und seine Söhne für immer« (Jub 32,1; vgl. Jos Ant 2,216). Dagegen erwartet TestLev 18 wie der Hebr einen nicht-levitischen »neuen Priester«, dem »bis in die fernsten Zeiten niemand nachfolgt« (V 8) und unter dem »die Sünde aufhört« (V 9)[7]. In Qumran ist der priesterliche Messias dem königlichen übergeordnet (1QSa 2,11–22)[8]. Im Frühjudentum weiß man wohl um priesterliches Versagen. Aber daß das Priestertum als solches *nicht* Segen und Heil für das ganze Volk wirken könnte, war unvorstellbar[9].
In der christologischen Perspektive unseres Verf.s stellt es sich so dar, als sei das *alttestamentliche Priestertum*[10] an seiner ureigensten Aufgabe gescheitert, nämlich die τελείωσις *Vollkommenheit*[11] zu verleihen, also diejenigen kultischen Eigenschaften, die nötig sind, um Gott zu nahen (7,19) und vor ihm zu stehen[12]. Sein Kult blieb äußerlich (9,8.9.11.14), »only provisional«[13], bewirkte wohl ein Gedächtnis der Sünden (10,3), aber nicht deren Tilgung (9,26; 10,4.11), geschweige denn ihre endgültige Vergebung (10,18) oder die ewige Erlösung (9,12), durch die der Weg zu Gott für immer frei geworden wäre (vgl. 10,19)[14]. Als Grund für diese Schwäche und Nutzlosigkeit (7,18) wird der Hebr später geltend machen, daß das levitische Priestertum *irdisch* ist, nur den Schatten der künftigen Güter und nicht die Gestalt der Dinge selbst aufzuweisen hat (vgl. 10,1), also dualistisch abgewertet ist. Seine jeweiligen Priester sind infolgedessen selbst sterblich (7,23.26–28) und sündhaft (7,27) und wer-

7 Hier ist jedoch mit christlicher Bearbeitung zu rechnen (de Jonge, ThWNT IX 503f).

8 Braun, Qumran II § 4 (77).

9 W. Dommershausen, Art. כֹּהֵן, ThWAT IV 61–79, bes. 78f.

10 So übersetzt Bauer, Wb 958 den Begriff Λευιτικὴ ἱερωσύνη, der hap. bibl. ist. Fehlanzeige auch bei Philo, Josephus und den Apostolischen Vätern. Denis, Concordance 517 kann nur eine Stelle nennen: FJub 3,10. Bleek II/2 353 und Westcott 181 vermuten deshalb eine vom Hebr-Autor gebildete Adjektivform. Ἱερωσύνη, ion.-hell. für ἱερεωσύνη (BDR § 31,2 mit Anm. 3), steht jetzt statt des spätgriech. ἱερατεία (7,5) und ist abstrakter als dieses (Schrenk, ThWNT III 247,29). »Hier geht es ganz und gar um den Charakter der *Institution*, nicht um die Einzelwürde« (ebd. 248,20f).

11 Der Begriff im NT nur noch (mit dem anderen Sinn *Erfüllung/Durchführung*) Lk 1,45. Unser Wortgebrauch führt über die LXX zurück ins AT, wo der Ausdruck *mille' jaḏ hakkohen* »die Hand des Priesters füllen« (z.B. Ex 29,9.29.33.35; Lev 8,33 u.ö.), von LXX mit τελειοῦν τὰς χεῖρας übersetzt, t.t. für die Priesterweihe ist. Näherhin handelt es sich beim Ritus der Handfüllung »um Verstärkung der Priesterkraft, Be-voll-mächtigung, Anfüllung der ›Seele‹, die den Dienst am Altar ermöglicht« (Snijders, ThWAT IV 883). Auch im Hebr stellt der Gebrauch des Verbs τελειοῦν in 9,9; 10,1.14; 11,40; 12,23 diesen kultischen Sinn von τελείωσις sicher. Doch steht hier nicht mehr ausschließlich der technische Sinn der Priesterweihe vor Augen, sondern ganz allgemein die Heiligung der Gläubigen (2,11). Mit Attridge 200 gegen Delling, ThWNT VIII 84–86. Vgl. Weiß 395.

12 Dibelius, Der himmlische Kultus 167f; 173; vgl. Rissi, Theologie 102f.

13 Westcott 180.

14 Peterson, Perfection 108–112.

den deshalb mit der Sünde nicht fertig[15]. Die Form der Argumentation erinnert an Röm 3,7, vor allem aber an Justin: »Wenn nämlich das Gesetz die Heiden und die, welche es haben, erleuchten könnte, wozu bräuchte man noch einen Neuen Bund?« (Dial 122,5)[16]

Vor den schlußfolgernden Gedanken in V 11c schiebt der Hebr eine »harte«
Parenthese, die zu einem sorgfältigen Stilisten nicht recht passen will[17] und der 11b
Auslegung Mühe macht: ὁ λαὸς γὰρ ἐπ᾽ αὐτῆς νενομοθέτηται[18] *das Volk hat auf Grund von ihm* (nämlich dem levitischen Priestertum)[19] *das Gesetz empfangen* (V 11b)[20]. Klar ist, daß λαός wie 5,3; 7,5.27; 9,7.19; 11,25 das alttestamentliche Gottesvolk meint. Und zwar läßt der jeweilige Zusammenhang gar keinen anderen Schluß zu. Wie aber ist es zu verstehen, daß das Volk ἐπ᾽ αὐτῆς, nämlich τῆς λευιτικῆς ἱερωσύνης, Gesetze (doch wohl die ganze Tora[21]) erhalten hatte? Soll gesagt sein, daß das levitische Priestertum nicht auf Anmaßung, nicht bloß auf Herkommen und Gewöhnung beruhte, sondern »durch die gesetzliche Verfassung des Volkes garantiert« war[22]? Oder trifft Brauns Übersetzung den Sinn besser: »Auf ihm (erg.: dem levitischen Priestertum) als dem Fundament ruht ja das Gesetz, das dem Volk gegeben worden ist«[23]? In der Sache ist natürlich beides richtig. Das levitische Priestertum ist einerseits sehr wohl die *Grundlage*, auf der »die ganze alte Theokratie erbaut« ist[24]. An-

[15] Schrenk, ThWNT III 278,10–14; vgl. Gutbrod, ThWNT IV 1072.

[16] Das könnte Nachbildung von Hebr 7,11 sein; vgl. Windisch 64.

[17] BDR § 465,1 mit Anm. 3.

[18] Auch die Textüberlieferung schwankt: D^2 𝔐 lesen erleichternd (nach 8,6?, vgl. Riggenbach 195 Anm. 38) statt des Genitivs den Dativ αὐτῇ, einige Minuskeln (z.B. 6.[326.]614 *al*) den Akkusativ αὐτήν. Früher meinte man, dabei könnte eine Rolle gespielt haben, daß ἐπί m. Gen. bei νομοθετεῖν sonst nicht erscheint (Gutbrod, ThWNT IV 1083,9f). Aber es ist in dieser Bedeutung bei Philo belegt (SpecLeg 2,35 und 1,235). Vgl. H.W. Hollander, Hebrews 7.11 and 8.6: A Suggestion for the Translation of nenomothetetai epi, BiTr 30 (1979/80) 244–247, bes. 246; Weiß 395 Anm. 87. Das besser bezeugte Perfekt νενομοθέτηται erscheint in D^2 Ψ 𝔐 als Plusquamperfekt (νενομοθέτητο). Wegen Assimilation an das vorhergehende Imperfekt ἦν (so Riggenbach 195 Anm. 38) oder um der Kompatibilität mit V 12 willen (so Attridge 198 Anm. 3)?

[19] Ἐπ᾽ αὐτῆς = ἐφ᾽ ἱερωσύνης (BDR § 234 Anm. 7). »... auf das entfernte τελείωσις kann das Pronomen keinenfalls gehen, da sich so nicht nur kein in den Zusammenhang passender, sondern überhaupt kein brauchbarer Gedanke gewinnen läßt« (Riggenbach 195). Strathmann 107 versucht es trotzdem: »um dieses Zieles (der Vollendung) willen hat das Volk doch das Gesetz empfangen«. Seine Erklärung: in diesem Ziel »erschöpfte« sich »der Sinn des ganzen ... Gesetzes« (110). Dagegen vgl. Bleek II/2 354.

[20] Bauer, Wb 1096 (1.). Νομοθετεῖν kommt im NT nur noch 8,6 vor und bedeutet im Pass. *Gesetze empfangen, Gesetze auferlegt erhalten* (ebd.). Außerbiblische Textbelege bei Braun 206.

[21] So ausdrücklich Gutbrod, ThWNT IV 1083.

[22] So Riggenbach 195.

[23] Braun 205. Calvin, CR 83, 87; auch Windisch 62; Moffatt 95f; Spicq II 189; Vanhoye, Structure 129; Attridge 198.200. – Anders Vg.: populus enim sub ipso legem accepit. Ihr folgen Luther und sonst viele. Gelegentlich wird ἐπ᾽ αὐτῆς auf den Inhalt des priesterlichen Handelns bezogen: »das Volk hat ja im Gesetz darüber Bestimmungen erhalten« (Michel 268; auch Weiß 395f und die EÜ). – Eine Diskussion aller grammatischen Möglichkeiten bei Bleek II/2 354–356.

[24] Schrenk, ThWNT III 277,17f.

dererseits ist es die Tora, die »dem at.lichen Priestertum sein Fundament, seine Würde und sein Gewicht gibt«[25]. Von ihm kann also mit Fug und Recht erwartet werden, daß es die τελείωσις bewirkt. Wenn es jedoch versagt, dann nicht bloß an einem Teil, sondern am Ganzen der altbundlichen Heilsökonomie. Die Parenthese will also die Größe der Verantwortung herausstreichen, die das levitische Priestertum trägt. Und sie deutet erstmals an, »daß durch das neue Hohepriestertum das ganze Gesetz aufgehoben wird vgl. 18f.«[26]

11c Erst nach diesem verdeutlichenden Zwischensatz folgt in Frageform der Nachsatz zum Vordersatz in V 11a: Wenn wirklich (wie man sagt, glaubt) die Vollendung bereits verwirklicht wäre, τίς ἔτι χρεία . . . ἕτερον ἀνίστασθαι ἱερέα *wozu wäre es dann noch nötig, daß . . . ein anderer Priester eingesetzt wird*[27]? Antwort: Es wäre überhaupt nicht nötig. Da aber ein Priesterwechsel eingetreten ist, muß man schließen, daß die alttestamentliche Priesterschaft versagt hat. Ἀνίστασθαι hat hier die Bedeutung *in Funktion treten lassen*, einen Hohenpriester *einsetzen* (vgl. 7,15)[28]. Ob man es passivisch versteht (»aufgestellt werden«), aktivisch (»eine Person auftreten lassen«) oder medial (»auftreten«), macht in der Sache keinen Unterschied: Jesus ist Priester auf neuer Grundlage[29]. Ganz betont ist von ihm als dem ἕτερος ἱερεύς, dem *anderen* Priester die Rede (so auch 7,15)[30]. Damit ist eine sachliche Alternative angezeigt. Denn ἕτερος stellt hier wie auch sonst im Neuen Testament (z.B. Röm 7,23; 15,40; Gal 1,6; Eph 3,5; Apg 4,12) »das ganz Andere gegenüber allem Vorangegangenen dar, so wie es umgekehrt alles ›Andere‹ als Heilsweg ausschließt«[31]. Das Vorangegangene, das für das neue Priestertum nicht mehr maßgebend sein kann, ist die τάξις Ἀαρών, die hier erstmals auch terminologisch als Gegensatz zur τάξις Μελχισέδεκ erscheint[32]. Der sachlichen Begründung dieses Gegensatzes dienen zunächst die drei folgenden, jeweils mit γάρ beginnenden Verse, dann auch alles Folgende bis 10,18.

12 Zunächst wird in V 12 erläutert[33], warum tatsächlich nicht weniger als ein grundstürzender »Systemwechsel«[34] angezeigt ist, ein Gedanke, den die Parenthese V 11b vorbereitet hatte: Weil Priestertum und Kulttora sich nicht

[25] Gutbrod, ThWNT IV 1071,23f. Vgl. auch W. Brandt, Das Gesetz Israels und die Gesetze der Heiden bei Paulus und im Hebräerbrief, 1936 (Kirche und Erziehung. Pädagogische Schriftenreihe der Evangelischen Schülervereinigung Nr. 8), 34.

[26] Windisch 64.

[27] Zu χρεία in diesem Sinne s. I 325 Anm. 66.

[28] Oepke, ThWNT I 369,1.

[29] Braun 206f.

[30] Wegen ψ 109,4 heißt es an beiden Stellen ohne jeden sachlichen Unterschied »Priester« statt »Hoherpriester«; vgl. Schrenk, ThWNT III 277 Anm. 54.

[31] Beyer, ThWNT II 701,29f.

[32] Καὶ οὐ negiert nicht den Infinitiv, sondern nur den Begriff κατὰ τὴν τάξιν Ἀαρών (BDR § 429,3 mit Anm. 5). Λέγεσθαι ist also wie ἀνίστασθαι von τίς χρεία abhängig; es ist Hinweis auf das Zitat aus ψ 109,4; vgl. Riggenbach 196 mit Anm. 41.

[33] Γάρ paßt in der Tat nicht ganz. Braun 207 meint, ein folgerndes οὐκοῦν *also, folglich, demnach* »wäre richtig« (mit Verweis auf Chr Cramer Cat 564). Vgl. Lane I 181.

[34] Schrenk, ThWNT III 282,39f; vgl. Braun 207.

voneinander trennen lassen, vollzieht sich beim Priesterwechsel[35] ἐξ ἀνάγκης *notwendiger-(= folgerichtiger-)weise*[36] eine νόμου μετάθεσις, eine *Ablösung, Änderung des Gesetzes*[37]. Das mag wie eine allgemeingültige Regel klingen[38], will aber in Wahrheit dem Tatbestand Rechnung tragen, daß das levitische Priestertum seine Begründung in der Tora hat (7,5; 8,4; 10,8), wie umgekehrt die Tora auf jenem basiert (7,11)[39]. Sie stehen und fallen miteinander – für jüdisches Verständnis mehr als anstößig, da der Tora ewige Dauer und Gültigkeit eignen[40]. Wie tiefgreifend dagegen der Hebr den Umschwung meint, zeigt 12,27, wo μετάθεσις für die eschatologische Änderung der kosmischen Verhältnisse steht: Das Unerschütterbare tritt an die Stelle des Erschütterbaren. Auch wenn der Hebr zwischen Kult- und Moralgesetz nicht differenziert, so ist für ihn der νόμος doch in erster Linie das Kultgesetz (7,5.28; 8,4; 9,19.22; 10,8 u.ö.), das freilich den ganzen »ersten Bund« (8,7.13; 10,9b) repräsentiert[41] und durch die τάξις Μελχισέδεκ *rechtskräftig annulliert* wird (7,18) – »eine gegenüber Paulus originelle, nur in der Methode ihm kongeniale Beweisführung«[42].

Die Tragweite dieser verkündeten Wahrheit wird den Hebr noch ausführlich 13
beschäftigen. Zunächst aber wendet er sich zur weiteren Begründung von V 11 dem *anderen Priester* zu, und zwar – da ja die priesterrechtliche Frage ganz im Vordergrund steht – hinsichtlich seiner *Herkunft*. Damit nähert sich unser Verf. der bislang noch ausstehenden Erklärung, warum die τάξις Μελχισέδεκ sachlich die τάξις Ἀαρών ausschließt[43].

Mit der Wendung ἐφ᾽ ὃν γὰρ λέγεται ταῦτα *denn der, der damit* (= mit dem Priesterwechsel V 11f) *gemeint ist*[44] wird nur andeutend von Jesus gesprochen. Erst V 14 wird er mit dem Titel ὁ κύριος ausdrücklich genannt. Er ist der »andere Priester«, auch und nicht zuletzt deswegen, weil er einem *anderen Stamm* angehörte (μετέσχηκεν)[45], also kein Levit ist. Daß streng priesterrechtliche

[35] Μετατιθεμένης τῆς ἱερωσύνης = *wenn das Priestertum geändert wird,* d.h. *wechselt,* Bauer, Wb 1039 (2.a.) mit Verweis auf Jos Ant 12,387. Vgl. Vanhoye, Structure 130.

[36] Bauer, Wb 102 (1.). Der Hebr meint mit allen ἀνάγκη-Stellen *Folgerichtigkeit* (neben unserer Stelle 9,16.23). Ausnahme: 7,27. Braun 208 bietet weitere sprachliche Belege, bes. aus Philo. Vgl. auch Attridge 200; Weiß 396 Anm. 88.

[37] Pseud-Plat Min 7 (316C): μετατιθέμενοι τοὺς νόμους. Vgl. auch 2Makk 11,24; Philo, Gig 66; Jos Ant 12,387; Arist 160 und Maurer, ThWNT VIII 162f; Hübner, EWNT II 1170f; Weiß 396 Anm. 89. Begriffliche Parallelen bei Windisch 64f und Braun 207.

[38] Luther zitiert das Sprichwort: »Novus rex, nova lex« (WA 57/3, 39). So auch Braun 207.

[39] Gutbrod, ThWNT IV 1071,10f; Brandt, Gesetz (s.o. Anm. 25) 34; Windisch 65.

[40] Bill. I 246f; Michel 270. – Die Abneigung gegen eine Gesetzesänderung ist übrigens gemeinantik (Braun 207 mit Belegstellen).

[41] Schrage, Ethik 327.

[42] Windisch 64; vgl. Schrenk, ThWNT III 283,7f, der auf Röm 7,1–6 verweist (ebd. Anm. 66).

[43] Riggenbach 197. Vgl. Lane I 182.

[44] Übers. Braun 208; vgl. BDR § 233,3.

[45] Das Perf. ist in P^{46} u.a. in μετέσχεν (Impf.) verschrieben; vgl. Braun 208; Attridge 198 Anm. 5. – Zu φυλῆς μετέχειν *einem Stamm* (durch leibliche Herkunft) *zugehören* s. z.B. Ditt Or I 56,31. Vgl. Spicq, Notes II 558 Anm. 4; Hanse, ThWNT II 831; Weiß 397 Anm. 92.

Gesichtspunkte federführend sind, zeigt die nähere Kennzeichnung dieses Stammes: *niemand aus ihm hat sich dem (Opferdienst am) Altar ergeben*[46]. Θυσιαστήριον steht für den Altar des Gottes der Bibel, während die Altäre der fremden Götter in LXX und im Neuen Testament stets βωμός heißen[47]. Genauerhin dürfte an unserer Stelle der Brandopferaltar gemeint sein (*mizbaḥ hā ʿolāh*, vgl. Mt 5,23f u.ö.; 1Kor 9,13; 10,18; Offb 11,1; 1Clem 32,2; 41,2; in 13,10 steht das Wort unspezifisch vom christlichen Altar)[48]. Er stand im Vorhof des Jerusalemer Tempels und wird in Ex 27,1–8; 38,1–7 beschrieben[49]. Überhaupt bildet der Altar in Israel als engster Verbindungspunkt zum Opfer das Kultzentrum; er vermag den Kultort schlechthin zu bezeichnen[50]. Als solcher ist er »auch in die Priesterbezeichnung eingegangen, ihre Aufgabe ist der *mišmæræt hammizbeaḥ*« (Altardienst), »womit der gesamte Kultdienst gemeint ist (Num 18,5; 1Sam 2,28; Ez 40,46 u.ö.), den der Priester auszuführen hatte«[51]. Der Hebr gibt mit seiner Formulierung in V 13 zu erkennen, daß er um diesen Sachverhalt sehr genau Bescheid weiß. Altardienst und erst recht der Dienst des Hohenpriesters am großen Versöhnungstag war ausschließlich das Privileg der Leviten.

14a V 14 verdeutlicht V 13, führt in der Sache aber nicht über diesen hinaus. Noch einmal wird begründet (γάρ), daß das Priestertum tatsächlich gewechselt hat vom gesetzlich dafür vorgesehenen Levi-Stamm auf einen anderen, nichtpriesterlichen Stamm. Der andere Stamm ist Juda, der andere Priester (V 11) »unser Herr« Jesus. Jesus war Judäer. Der Hebr reklamiert das als einen allgemein nachprüfbaren, offenkundigen Tatbestand (πρόδηλον)[52]. Daran gab es z.Zt. unseres Verf.s nichts zu rütteln; man wußte es einfach[53]. Das Neue Testa-

[46] Übers. nach Braun 208. – Daß die Judäer David und Salomo Opfer dargebracht haben (2Βασ 24,25; 3Βασ 3,9), wird dabei vom Hebr übersehen; vgl. Braun ebd. – Zu προσέχειν *sich befassen* (mit dem Altar) vgl. Jos Ant 11,308: προσιέναι τῷ θυσιαστηρίῳ. Die Vorliebe des Hebr für Paronomasie wird durch die (sek.) Lesarten μετέσχεν bzw. μετέσχηκεν statt προσέσχηκεν (K P *pc*) noch verstärkt. Vgl. Metzger, Textual Commentary 667; Weiß 397 Anm. 92.

[47] Behm, ThWNT III 182,30 mit Anm. 8: Bei Philo und Josephus fällt die terminologische Unterscheidung.

[48] Ebd. 182,32f; vgl. Bauer, Wb 745 (1.a.).

[49] Auch die Tempelrolle aus Qumran 12,8–13 bietet (vielleicht) eine (allerdings sehr fragmentarische) Beschreibung des großen Brandopferaltars; vgl. Kellermann, ThWAT VI 118.124. – Zum Brandopferaltar im Vorhof des Tempels vgl. Th.A. Busink, Der Tempel von Jerusalem. Von Salomo bis Herodes I, Leiden 1970, 321–326. Eine Beschreibung mit Abbildern auch BRL² 5f.8–10. – Im Herodianischen Tempel stand dieser Altar im Israelitenvorhof. Es war ein Würfel aus unbehauenen Steinen, 25m² die Grundfläche, 7,5m die Höhe mit einer hinaufführenden Rampe (Jos Bell 5,225; vgl. Mid. 3,1ff; Roloff, EWNT II 406).

[50] Ch. Dohmen, Art. מִזְבֵּחַ, ThWAT IV 787–801: 792.

[51] Ebd. 800.

[52] Πρόδηλον (erg. ἐστίν) *es ist allbekannt*, so Bauer, Wb 1410; vgl. Hoffmann / v. Siebenthal § 218(i). – Biblisch kommt das Wort nur noch Jdt 8,29; 2Makk 3,17; 14,39; 1Tim 5,24.25 vor. Vgl. aber 1Clem 40,1; 51,3. Weitere, auch außerbiblische Sprachbelege bei Moult-Mill 538f; Bleek II/2 362f; Braun 209; Weiß 397 Anm. 94.

[53] Bengel 890: Rem olim liquidam fuisse, et constat et sufficit (»vor Zeiten ist die Sache im reinen gewesen, soviel ist richtig, daran ist es auch genug«, Übers. Werner 647). Die Gegner des Christentums haben dann auch dieser Behauptung nicht widersprochen. Ob sie der historischen Wahrheit entspricht, läßt sich

ment bezeugt diese Abstammung Jesu einmütig, und außerbiblische Quellen bestätigen sie[54].

Die sprachliche Gestalt der Aussage ist freilich nicht die des »historischen Beweises«[55], sondern die der jüdischen Messianologie: Es entspricht alter *Weissagung*, daß der Messias aus Davids Stamm »aufgeht« (Jer 23,5 LXX ἀνατολή! Vgl. Jes 11,1; Mi 5,1; Sach 3,8; 6,12; Num 24,17; Mal 4,2; TestGad 8,1; TestJos 19,8; 5QPatr 3f; 5QFlor 1,11)[56]. Wenn Hebr also formuliert: ἐξ Ἰούδα[57] ἀνατέταλκεν ὁ κύριος ἡμῶν *dem Stamm Juda ist unser Herr entsprossen* (EÜ)[58], so scheint er das urchristliche Bekenntnis zur Davidssohnschaft Jesu aufzunehmen (Röm 1,3; 2Tim 2,8; Mt 1,1; 9,27; 15,22; Mk 10,47; Lk 1,27.32; 2,4; 18,38; Joh 7,42; Apg 2,30f; 13,22f; Offb 22,16). Aber er wertet diesen Aspekt nicht im geringsten aus. Ihm liegt wegen des zu rechtfertigenden Priesterwechsels an der priesterrechtlich relevanten *genealogischen*, nicht an der messianologischen Feststellung, daß Jesus nicht levitischer Abkunft ist. Von den Tagen der Alten Kirche an über Luther[59] bis auf Bleek[60] knüpfen sich an unseren Text Bemühungen, die natürliche Abkunft Jesu mit seiner übernatürlichen in Einklang zu bringen. Der Hebr hat dieses Problem nicht. Die Herkunft aus Juda

gleichwohl nicht mit Sicherheit entscheiden. Die Möglichkeit ist nicht auszuschließen, daß die Davidssohnschaft Jesu in erster Linie eine *theologische* und keine *genealogische* Feststellung ist. Vgl. W. Wrede, Jesus als Davidssohn, in: ders., Vorträge und Studien, Tübingen 1907, 147–177, bes. 155ff; W. Michaelis, Die Davidssohnschaft Jesu als historisches und kerygmatisches Problem, in: H. Ristow (Hg.), Der historische Jesus und der kerygmatische Christus, Berlin ²1961, 317–330, bes. 322 und 327–330; Hahn, Christologische Hoheitstitel 242–279 (Lit.!); Chr. Burger, Jesus als Davidssohn. Eine traditionsgeschichtliche Untersuchung, 1970 (FRLANT 98); M. de Jonge, Jesus, Son of David and Son of God, in: ders., Jewish Eschatology, Early Christian Christology and the Testaments of the Twelve Patriarchs, 1991 (NT.S 63), 135–144; Karrer, Der Gesalbte (s.o. S. 19 Anm. 76) 267–294.

54 Hegesipp bei Eus Hist Eccl 3,19; 20,1–6; 32,3–6. Weiteres bei J. Jeremias, Jerusalem zur Zeit Jesu, Göttingen ³1962, 324f; Cullmann, Christologie 130f; Hahn, Christologische Hoheitstitel 244.

55 Den Begriff gebraucht Riggenbach 197; vgl. Gräßer, Der historische Jesus 163–165.

56 Unser Verb ἀνατέλλω *hervorgehen* könnte ein Reflex dieser Tradition sein. Schlier, ThWNT I 354 übersetzt mit *sprossen*, Bengel 890 mit *exortum esse* und erklärt: Ut *Germen* justitiae (»als das Gewächs der Gerechtigkeit«, Übers. Werner 647). Wie Pflanzen oder Gestirne *aufgehen*, so der Messias (Jer 23,5; Num 24,17; Jes 60,1; Mal 4,2). In Sach 3,8; 6,12 ist ἀνατολή »schon fast wie ein Eigenname für den Messias gesetzt« (Bleek II/2 364; vgl. Ringgren, ThWAT VI 1072). Jedenfalls ruft der Begriff die heilsgeschichtlich-messianische Bedeutung der Geburt Jesu in Erinnerung. Die Belege dafür reichlich bei Bleek II/2 363f; Braun 209f und Weiß 398 Anm. 96.

57 Ἰούδας, Sohn von Jakob und Lea (Gen 29,35), ist der Ahnvater des israelitischen Hauptstammes (Gen 49,8–12; vgl. Hebr 8,8; Offb 7,5). Im Stammbaum Jesu wird er Mt 1,2f und Lk 3,33 genannt. An unserer Stelle dürfte aber der Stamm, nicht der Stammvater gemeint sein. Mit Bauer, Wb 769 (1.) gegen Bleek II/2 364.

58 Einige Minuskeln (104.365 *pc*) erweitern die urchristliche Bekenntnisformel ὁ κύριος ἡμῶν um Ἰησοῦς (die volle Formel in 13,20, dort von einigen Textzeugen um Χριστός erweitert). Das sind deutliche Indizien für einen sich entwickelnden kirchlichen Sprachgebrauch; vgl. Riggenbach 198 Anm. 49.

59 WA 57/3, 189f.

60 II/2 365–367.

gilt ihm natürlich nur für den Menschen Jesus, nicht für den »Sohn Gottes« (7,3)[61].

14b Der priesterrechtlich entscheidende Gesichtspunkt wird noch einmal ausdrücklich festgehalten: Jesus ist aus einem Stamm hervorgegangen, »im Blick auf den Mose keine Verordnung erlassen hat, die von Priestern handelt«[62]. Inhaltlich wird damit V 13b wiederholt. Das οὐδέν entspricht dem dortigen οὐδείς, und statt vom Altardienst ist jetzt allgemein von Priestern[63] die Rede. Darüber, daß Angehörige des Stammes Juda Priester sein sollen, ist bei Mose, dem Gesetzesmittler (9,19; 10,28), nichts zu finden. Mit ihm steht hier weniger die dualistisch abgewertete Tora in Rede[64] als vielmehr der Pentateuch als Teil der autoritativen Schrift. Wo nach der LXX in ihm Juda genannt wird (Gen 29,35; 35,23; 38,12; Ex 1,2; Dtn 27,12), »trifft das Schweigen des Mose zu«, das beweisenden Charakter hat[65]. Wie in 3,5 dient Mose unserem Verf. auch hier – diesmal durch sein Schweigen – »zum Zeugnis für das, was gesagt werden soll«, nämlich daß sich mit dem Hohepriestertum des Judäers Christus die Ablösung des levitischen Priestertums tatsächlich vollzogen hat. Damit ist der Wechsel auch priesterrechtlich komplett, ein Ergebnis, das spätere christliche Ausleger dadurch wieder abschwächten, daß sie Jesus über eine Verwandte seiner Mutter Maria, nämlich Elisabet (Lk 1,36), die »aus den Töchtern Aarons« stammte (Lk 1,5), dennoch eine levitische Abkunft zu attestieren versuchten[66]. Aber im Interesse des Hebr muß dieser Versuch entschieden zurückgewiesen werden. Denn anders machte man seine Beweisabsicht, daß die ganze ehemalige Heilsordnung einschließlich ihrer Gesetzesgrundlage abgelöst wurde, zunichte.

15–19 Der »historische Beweis« kann freilich kein zureichender Grund für die kerygmatische Wahrheit sein, daß mit dem Melchisedekpriestertum Christi die τάξις Ἀαρών aufgehoben ist. Der Übergang der ἱερωσύνη von einem priesterlichen (Levi) auf einen nichtpriesterlichen Stamm (Juda) bliebe ein Wech-

[61] Windisch 65.

[62] Übers. Braun 209. – Die schwankende Textüberlieferung von περὶ bis ἐλάλησεν betrifft a) die Stellung von οὐδέν. Wir finden es gut bezeugt in der Mitte (NA[26], den Textzeugen A B C D P 33.365 *pc* folgend), an vorletzter Stelle (P^{46} א* 104 *pc*, also in alten Textzeugen) und an erster Stelle (א[2] Ψ 𝔐 81.1739. 1881.2495 *pc* lat). Weil der Hebr die konzentrische Komposition liebt, könnte die zentrale Stellung echt sein (Attridge 198 Anm. 8); b) das gut bezeugte ἱερέων (P^{46} א* A B C D P 33.81.104.365.1739.1881 *pc*). Statt dessen haben א[2] Ψ 𝔐 2495 *pc* b ἱερωσύνης *Priesterschaft*. Das mag sekundäre Angleichung an V 12 sein; vgl. Attridge ebd.

[63] »Ein genereller Plural, der zum Abstractum hinüberneigt, also gleichbedeutend ist mit dem von anderen Textzeugen gebotenen ἱερωσύνη» (Delitzsch 291).

[64] Schierse, Verheißung 179 und Braun 210 meinen, daß die Nennung des Mose pejorativ geschehe: Er, nicht Gott selbst, verkündigte das mindere Gesetz. Ähnlich schon Calvin, CR 83, 89f: Mit dem vergänglichen Amt des Aaron fällt auch das ungenügende Gesetz samt Mose dahin. Calvin dürfte das von Paulus her eingelesen haben. Unsere Auslegung kann dem nicht folgen. S. sofort.

[65] Braun 210.

[66] Ältester Beleg bei Hippolyt, Über den Segen Jakobs 15 (PO XXVII/1–2 52,7–9; 72,8–11; vgl. Attridge 201 Anm. 45).

sel »im Endlichen und Vergänglichen«[67]. Rücksichtlich seiner dualistischen Denkweise kann es für den Hebr auf dieser Ebene den in 7,1–3 angezeigten grundsätzlichen Wandel überhaupt nicht geben. Über den Priester höherer Ordnung entscheidet keine Physis, sondern die Metaphysik, mythologisch gesprochen: das himmlische Wesen. Nachdem der Hebr also in 7,11–14 hilfsweise den in ψ 109,4 verheißenen Wechsel der τάξις genealogisch (»historisch«) mit den unterschiedlichen φυλαί begründet hat, muß er nun noch das eigentlich entscheidende, die historische Ebene transzendierende ἀγενεαλόγητος, also die *Unvergänglichkeit*, begründen[68]. Diesen gleichsam krönenden Argumentationsabschluß nimmt er in V 15–19 vor. Leitvers bleibt das Psalmwort, allerdings ein anderer Bestandteil: (σὺ ἱερεὺς) εἰς τὸν αἰῶνα. Buchstäblich »in höherem Maße« (περισσότερον ἔτι)[69] wird jetzt deutlich
(κατάδηλόν ἐστιν)[70], unter welcher Bedingung ein *grundstürzender* Wechsel 15
angezeigt ist[71]: εἰ *wenn* (wie es doch wirklich der Fall ist)[72] »in gleicher Weise wie ›Melchisedek‹ ein anderer ›Priester‹ auftritt, der nicht nach dem Gesetz einer Vorschrift, die Vergängliches behandelt, sondern in Kraft unzerstörbaren Lebens (Priester) geworden ist«[73]. Der ἱερεὺς ἕτερος in diesem Sinne kann nicht Gegenstand eines historischen Beweises sein. »In Christi sacerdotio nihil nisi spirituale est«[74]. Die *Schrift* bezeugt das (V 17), nicht die historischen Tatsachen[75]. Das fällt in das Wissen des Glaubens, der so zuletzt die Oberhand behält gegenüber dem historischen Wissen. Auch das verrät den theologischen Kopf[76].

Im einzelnen ist zu beachten: Die Sätze mit γάρ (V 12.13.14) werden nicht fortgesetzt. Vielmehr zeigt καί eine weitere Stufe in der Argumentation an[77]. Statt von der τάξις Μελχισέδεκ (V 11) ist jetzt von der ὁμοιότης Μελχισέδεκ die Rede. Damit dürfte auf 7,3c zurückgegriffen sein (ἀφωμοιωμένος δὲ τῷ υἱῷ τοῦ θεοῦ). Das Melchisedek und Christus eigentlich Verbindende, den Charakter ihres Priestertums Bestimmende, nämlich ihr himmlisches Wesen,

67 Strathmann 111; vgl. de Wette 514.

68 de Wette 514; vgl. Spicq II 192f; Andriessen/Lenglet 114; Hegermann 154f.

69 Περισσότερον hier wie 6,17 adverbiell: *noch klarer zeigen*; vgl. Bauer, Wb 1313 (3.). Der Komparativ leistet »volkstümlich Ersatz« für den Superlativ μάλιστα *ganz besonders, gar sehr*; vgl. BDR § 60,3 mit Anm. 5.

70 Κατάδηλον *sehr deutlich, ganz offenbar* (Bauer, Wb 833) ist hap. bibl. Es entspricht dem πρόδηλον V 14 (Paronomasie), ist aber eine noch stärkere Steigerung (Kurtz 234) und » kommt als vollerer und stärkerer Ausdruck für δῆλος bei den besten Schriftstellern vor« (Bleek II/2 368 mit Belegen). Delitzsch 292 Anm. 1 vergleicht es mit dem bei Aeschylos vorkommenden αὐτόδηλος *selbstklar*. Belege aus Herodot, Thukydides und Plato bei Attridge 201 Anm. 53.

71 So schon Chrysostomus: Τί ἐστι κατάδηλον; Τὸ μέσον τῆς ἱερωσύνης ἑκατέρας, τὸ διάφορον, ὅσον κρείττων ὃς οὐ κατὰ νόμον ἐντολῆς σαρκικῆς γέγονε (PG 63, 104).

72 Lünemann 242.

73 Übers. Braun 210.211.

74 Calvin, CR 83, 90.

75 So richtig Büchsel, ThWNT IV 340,10–12; Weiß 398f.

76 Vgl. Gräßer, Der historische Jesus passim, bes. 165.

77 Calvin, CR 83, 90: Alio argumento probat abolitam esse legem.

soll betont werden[78]. Wie 7,15 wird mit ὁμοιότης wesentliche Übereinstimmung ausgesagt: *in ganz der gleichen Weise* wie Melchisedek[79], also nicht legitimiert durch das Gesetz leiblicher Abstammung, sondern als μὴ γενεαλογούμενος (7,6), infolge seiner himmlischen Herkunft wird der »andere Priester« (= Jesus) ins Amt eingesetzt (ἀνίσταται wie 7,11)[80].

16 V 16 erläutert das nach der negativen wie nach der positiven Seite. Christus ist Priester geworden οὐ κατὰ νόμον ἐντολῆς σαρκίνης[81], sondern κατὰ δύναμιν ζωῆς ἀκαταλύτου. Daß mit diesem Gegensatz ψ 109,4, speziell das ἱερεὺς εἰς τὸν αἰῶνα, ausgelegt werden will, macht der in V 17 bestätigend (γάρ) repetierte Psalmvers überdeutlich. Der sachliche Sinn des genannten Gegensatzes will also von daher bestimmt sein als das Gegenüber von Zeitlichkeit und Ewigkeit. Durch die leicht veränderte Wiederaufnahme unseres Gegensatzes in V 28 wird das bestätigt: Der νόμος bestellt schwache Menschen als Hohepriester, der λόγος τῆς ὁρκωμοσίας *das Wort der eidlichen Versicherung* jedoch *einen Sohn, der in Ewigkeit vollendet ist*[82]. Um diese zentrale Aussage geht es auch jetzt. Δύναμις ist semantische Opposition zu νόμος (Tora)[83] und ζωὴ ἀκατάλυτος zu ἐντολὴ σαρκίνη. Die zuletzt genannten Glieder der Opposition treten jeweils als interpretierende Genitive zur erstgenannten Opposition. D.h.: »Im angefügten Genitiv liegt das Wesen des νόμος bzw. der δύναμις«[84]. Auf diese Weise wird νόμος der irdischen Sphäre des Fleisches zugeordnet[85], dem betastbaren Sinai (12,18–21), δύναμις aber der himmlischen Sphäre, dem ewigen Zionsberg, der »Stadt des lebendigen Gottes« (12,22).

78 Attridge 202: »›similarity‹ at a deeper level«. Richtig Bengel 890: »Es wird gesagt: nach der *Gleichheit*, weil jetzt von dem *ewigen* Bleiben des Priesterthums die Rede ist, vrgl. V 16« (Übers. Werner 647). – Daß mit der τάξις *auch* die »sphere of existence« gemeint ist wie bei Philo (Som 2,229–231) und Plotin (Enn 5,6,4), betont Thompson, Beginnings 122 Anm. 25 mit Recht.

79 Bauer, Wb 1149.

80 März 49.

81 Das überwiegend bezeugte σαρκίνης wird in den späteren Hss. C^{3} D^{1} Ψ 𝔐 ersetzt durch das im NT häufigere σαρκικῆς. Zur Verschiedenheit des Sinnes vgl. Bauer, Wb 1486f: Σαρκικός bedeutet eigentlich »zur σάρξ gehörig«, »von der Art der σάρξ (Gegensatz: πνευματικός)«; dagegen heißt σάρκινος »aus Fleisch bestehend«, »fleischern«. Σάρκινος als Variante für σαρκικός findet sich auch Röm 7,14, 1Kor 3,1.3 und 2Kor 1,12. Das kann damit zusammenhängen, daß das außerbiblische Griechisch wohl σάρκινος, aber nicht σαρκικός kennt (Delitzsch 293). Zur Sache vgl. BDR § 113,2 mit Anm. 2; Thompson, The Beginnings 122f; Schweizer, ThWNT VII 101f.144f.

82 Übers. Braun 226.

83 Der Begriff hat hier ganz dieselbe Bedeutung wie in 7,5.12 (s. dort) und 7,19.28; 10,1. Weiss 183 u.a. verstehen νόμος hier als *Norm*, Michel 272 u.a. als *Ordnung*. Dagegen m.R. Delitzsch 293; Zimmermann, Bekenntnis 105. Auch die Alten haben an das mosaische Gesetz gedacht (Chrysostomus, Oecumenius, Theophylact).

84 Michel 273 mit Verweis auf Westcott 184.

85 Den paulinischen σάρξ-Begriff muß man ganz fernhalten, weil σαρκίνη den Gedanken der Sünde überhaupt nicht beinhaltet (Luz, Gesetz 114). Die Unvergleichbarkeit von Paulus und Hebr zeigt sich besonders deutlich bei dem ganz anderen Gegensatz von νόμος πνευματικός und ἐγὼ σάρκινός εἰμι πεπραμένος ὑπὸ τὴν ἁμαρτίαν in Röm 7,14.

Σάρκινος *fleischlich, der Sphäre des Fleisches angehörend*[86] und gerade nicht der göttlichen Sphäre[87], war die alte Heilsökonomie deshalb, weil die sie tragende Priesterschaft gemäß einer *Vorschrift* (ἐντολή = Priestergesetz)[88] im Amt ist, die im Fleisch ihre Grundlage hat, der irdischen Sphäre angehört[89] und also *Vergängliches behandelt* (σαρκίνης)[90]. Das betrifft nicht nur ihre Genealogie, also »ihre Eintrittsbedingung«, sondern auch ihre leibliche Beschaffenheit und ihre »Funktion«[91]: Die Priester sind selbst sterbliche Menschen (7,7), die der Tod hindert zu bleiben, weswegen dort viele Priester aufeinander folgen (7,23). Und weil selbst sündhafte Menschen (7,28), müssen die Hohenpriester Tag für Tag auch für die eigenen Sünden die immer gleichen Opfer darbringen (7,27; 9,7; 10,1.11) mit fremdem Blut (9,25), das unmöglich Sünden wegnehmen kann (10,4.11). Sie tun das in einem irdischen, mit Händen gemachten Heiligtum (9,1.24), in Befolgung äußerlicher Vorschriften (δικαιώματα σαρκός 9,10), die das Gewissen nicht reinigen können (9,9), den Weg zu Gott nicht freigeben (9,8) und nicht zur Vollendung führen (7,11.18). Im Lichte der Christusoffenbarung erscheint die alte Kult- und Priesterordnung als σαρκίνη; sie haftet am Diesseitig-Äußerlichen. Sie vermag »nichts anderes zu erfassen und zu bewegen als das Fleisch«[92].

Ganz anders die Kraft unzerstörbaren Lebens! Sie ist das genaue Gegenteil von dem allen. Die biblisch nur hier vorkommende Wendung δύναμις ζωῆς ἀκαταλύτου beschreibt die Kraft des mit V 17 angeredeten erhöhten Christus (vgl. V 14: ὁ κύριος ἡμῶν)[93]. Seine δύναμις wird mit dem Verbaladjektiv ἀκατάλυτος *unauflöslich, unzerstörbar, unaufhörlich*[94], näherhin also als *ewig* ge-

[86] Bauer, Wb 1487 (2.). Σάρκινος vertritt σάρξ, das vielleicht aus stilistischen Gründen vermieden wurde (unschöne Genitivhäufung); vgl. Michel 272 Anm. 1 und ihm folgend Zimmermann, Bekenntnis 105. – Lexikographisches zu σάρκινος bei Spicq, Notes III 601f.

[87] Zu diesem Gegensatz zahlreiche außerbiblische Textbelege bei Bauer, Wb 1487 und Braun 211. Menschen sind θνατοὶ καὶ σάρκινοι (Pseud-Democr C 7,1 [Diels II 228,25]); das unterscheidet sie von Göttern (Aesch fr 464,2 [TGF 127]). Vgl. Schweizer, ThWNT VII 102,1–4.

[88] Schrenk, ThWNT II 549,23. – Ἐντολή im Sing. faßt wie 7,5.18 und 9,19 die Summe der Gebote zusammen als *das* Gesetz (4Makk 13,15; 16,24; Lk 23,56; Röm 7,8–13). Bauer, Wb 543 (2.a.α.) übersetzt ἐντολὴ σαρκίνη mit »ein an leibliche Abstammung bindendes Gesetz«. Aber es ist mehr gemeint. – Die Emendation von ἐντολῆς in ἀνατολῆς (in Entsprechung zu ἀνατέλλειν V 14) verdirbt die Pointe: Nicht die »fleischliche« Herkunft Jesu wird im Zusammenhang herausgestellt, sondern der sarkische Charakter der Kulttora; gegen H. Sahlin, Emendationsvorschläge zum griechischen Text des Neuen Testaments III, NT 25 (1983) 71–88: 84; richtig Weiß 399 Anm. 103.

[89] Schweizer, ThWNT VII 144,25–27.

[90] Braun 211. Gut Delitzsch 293: κατὰ νόμον ἐντολῆς σαρκίνης = »in Gemässheit eines Gesetzes, und zwar eines solchen, welches in einer durchaus auf die diesseitige menschliche Aeusserlichkeit bezüglichen Vorschrift besteht«. Gegensatz: »die innerliche, durch und durch lebendige, von innen treibende und befähigende δύναμις«.

[91] Braun 211.

[92] Schlatter 331.

[93] Zimmermann, Bekenntnis 106.

[94] Büchsel, ThWNT IV 339. Das Wort in der griechischen Bibel nur noch 4Makk 10,11. In der Literatur sonst ist es erst spät nachgewiesen (ebd. 339f). Vgl. Bauer, Wb 57 und Braun 212.

kennzeichnet[95]. Im Gegensatz zur Zeitlichkeit und Vergänglichkeit, die das irdische Priestertum der Leviten bestimmt, eignet dem himmlischen Melchisedekpriestertum Christi »die Ewigkeit des Göttlichen«[96]. Sein Priestertum hat er inne in der Kraft, die sein Sterben zum Tod des Todes (2,14c), sein einmaliges Opfer zur Aufhebung der Sünde (9,26) und seine Erhöhung zur Ursache der ewigen Erlösung macht (5,9). Es ist das vollkommene, unwandelbare Priestertum dessen, der in überhimmlische Höhen erhoben ist (7,26b), in Ewigkeit bleibt (7,24) und vollendet ist (7,28), allezeit lebt (7,25b) und daher für immer diejenigen retten kann, die durch ihn zu Gott nahen (7,25a). Das macht, daß Jesus selbst das Leben ist, »das kein Tod zerbricht, das wahrhaft Heilige, das keine Macht der Finsternis entweiht, das wahrhaft Wirksame, dessen Reichtum sich nie erschöpft und dessen Kraft nie erlahmt. Darum ist das Priestertum Jesu unvergänglich«[97].

17 Daß er damit dem Zeugnis der Schrift folgt (μαρτυρεῖται γάρ)[98], hält der Hebr ausdrücklich mit dem nun zum zweiten Male zitierten Psalmvers ψ 109,4 fest. Seine Theologie will Schrifttheologie sein, sonst wäre sie nicht echt.

18 V 18f ziehen die Summe (γάρ) aus V 11–17. Nach Form und Inhalt ist sie eine Zuspitzung des V 12 Gesagten: Mit dem Priesterwechsel findet nicht nur eine μετάθεσις νόμου, sondern seine rechtskräftige ἀθέτησις *Annullierung* statt[99]. Die Satzkonstruktion (sie ist vierteilig und »klar und fein«[100]) hebt die Unerhörtheit des Gedankens hervor. Ohne Artikel und getrennt von dem zu ihm gehörenden Genitiv steht ἀθέτησις betont am Anfang des Satzes[101]. Und wie immer, wenn einem μέν-Satz (V 18a) ein δέ-Satz gegenübersteht (V 19b)[102], liegt der Ton auf diesem letzteren. Die Einführung einer besseren Hoffnung ist das eigentliche Beweisziel. V 19a ist demnach – von NA^{26} auch im Druck kenntlich gemacht – Parenthese, die noch einmal die eingangs (V 11a) erwähnte entscheidende »Impotenz des Gesetzes«[103] als den eigentlichen

[95] Bauer, Wb 57; vgl. Weiß 399 Anm. 101: δύναμις ζωῆς ἀκαταλύτου ist Umschreibung für εἰς τὸν αἰῶνα aus Ps 110,4.

[96] Büchsel, ThWNT IV 340. Michel 272 mit Anm. 3 zieht völlig zu Recht das joh Theologumenon von der ζωὴ αἰώνιος (Joh 2,19; 11,25) und die ἐξουσία in Joh 10,18 zur Verdeutlichung heran.

[97] Schlatter 332; vgl. Schweitzer 29: »Der NT.Hohepriester bringt aus (der) Ewigkeit Leben mit, das er dann im Tod nicht verlieren kann.«

[98] Zu den geringfügigen textkritischen Schwankungen – C 𝔐 sy haben μαρατυρεῖ *er bezeugt* statt μαρτυρεῖται *es wird bezeugt*, und P^{46} D^{1} K P 326.1175.1881 *pm* ergänzen LXX-konform εἶ, vgl. 5,6 – s. Attridge 198 Anm. 12; McCullough, Quotations 372f; Weiß 399 Anm. 101.

[99] Riggenbach 201f. Daß Vg. reprobatio statt abrogatio liest, bemängelt Bleek II/2 378. Mit γίνεται (die abrogatio legis *geschieht*) blickt der Hebr auf das Datum der Erhöhung (5,9f; 7,26.28); vgl. Weiß 400 Anm. 106.

[100] Delitzsch 294.

[101] Zur Diskussion der Satzstruktur vgl. Bleek II/2 374–377; Vanhoye, Structure 128–133.

[102] Das Weglassen von μέν in P^{46} 1241 sa will vielleicht das ganz ungewöhnliche μὲν γάρ vermeiden, zerstört aber die Satzkonstruktion.

[103] Delitzsch 295.

Grund für den Umschwung in Erinnerung ruft: Es hat nichts zur Vollendung gebracht.

Die Aufhebung des Gesetzes

Ἀθέτησις begegnet neutestamentlich nur hier und 9,26 (dort von der Beseitigung der Sünde). An unserer Stelle schlägt der juristische t.t. für eine Ungültigkeitserklärung ebenso deutlich durch wie z.B. beim Verb ἀθετέω in 10,28, Mk 7,9 und Gal 3,15. Der rechtstechnische Sprachgebrauch ist biblisch kaum, in Papyri jedoch zahlreich belegt (z.B. BGU 44,16: εἰς ἀθέτησιν καὶ ἀκύρωσιν; 196,21; 281,18; POxy 492,9; 493,9)[104]. Betroffen von der rechtskräftigen Annullierung ist die προάγουσα ἐντολή, die *früher erlassene Verordnung;* προάγουσα ist sie deshalb, weil die gesetzliche Aufstellung des Levipriestertums der Verheißung des neuen Priestertums in Ps 110,4 zeitlich vorausliegt (7,28). Dessen geschichtlicher Eintritt macht schließlich den Charakter der Vor-Läufigkeit des alten Priestertums auch im sachlichen Sinne offenbar: Es war »gleichsam provisorisch«[105] und drängte von sich aus auf Ablösung. Die προάγουσα ἐντολή ist sachlich identisch mit dem V 16 genannten νόμος ἐντολῆς
σαρκίνης. Daß sich von daher auch die ihr jetzt attestierte Schwäche und 19a
Nutzlosigkeit erklären, zeigt die als Verdeutlichung (γάρ) eingeschobene Parenthese in V 19a, die über V 16 auf V 11a zurückverweist: Vollendung (= Aufhebung der Sünde) konnte das Gesetz nicht bewirken. Das erinnert an Gal 4,9, wo die ἀσθενῆ καὶ πτωχὰ στοιχεῖα parallel zum Nomos stehen (Gal 4,5): Das Gesetz ist zu »schwach«, die Menschen zu retten (Röm 8,3). Und wie dort, so hat es auch hier einen nichtgöttlichen, irdischen Charakter und wird διὰ τὸ αὐτῆς ἀσθενὲς καὶ ἀνωφελές *wegen seiner Schwachheit und Nutzlosigkeit* aufgehoben[106]. Ihre Zugehörigkeit zum irdischen statt zum himmlischen Bereich also ist letztlich der Grund für die Insuffizienz der vormaligen Kultordnung, die der Hebr im Lichte der Christusoffenbarung aufgehoben weiß.

Für jüdisches Denken ist dies außerordentlich anstößig. Gilt ihm doch die Tora als ewig und unauflöslich (Sir 1,5 Zusatz LXX; Mt 5,18; Lk 16,17). »Das Gesetz vergeht nicht, sondern bleibt in seiner Herrlichkeit« (4Esr 9,37). Alle anderen Gesetze und Rechtsordnungen sind hinfällig und vergänglich. Die Bestimmungen des Mose aber sind fest, unbeweglich, unerschüttert, wie mit Siegeln der Natur selbst versiegelt und bleiben beständig von dem Tage, an welchem sie geschrieben wurden, bis jetzt. Und Hoffnung ist vorhanden, daß sie auch in alle Zukunft unsterblich bleiben – solange Sonne und Mond und der ganze Himmel und die Welt stehen (Mt 5,18). Denn obwohl das Volk so

[104] Moult-Mill 12; Preisigke Wört I 29,18–27; Spicq, Notes I 47f; Maurer, ThWNT VIII 158–160; Attridge 203; Braun 212f; Weiß 400 Anm. 108.

[105] Bleek II/2 378 mit dem gewagten Vergleich: »Es erinnert der Ausdruck an die Sitte, im Kampfe die leichten Truppen voranziehen zu lassen, die denn, wenn es zur entscheidenden Schlacht kommt, zurückgezogen werden.«

[106] Zur sprachlichen Wendung vgl. BDR § 284,3 mit Anm. 8. Delitzsch 296 hebt die Gewähltheit des Ausdrucks hervor: Das mosaische Priestergesetz ist nicht von vornherein, sondern im konkreten Ergebnis seiner Praxis ohnmächtig und nutzlos.

großen Wandel in Glück und Unglück erlebt hat, wurde nichts, aber auch nicht das geringste von den Geboten geändert« (Philo, VitMos 2,14)[107]. Auch wenn dem Juden sonst alles – Reichtum, Städte und andere Güter – geraubt wird, es bleibt ihm doch sein »unsterbliches Gesetz« (Jos Ap 2,277). Selbst für die messianische Zeit wird im allgemeinen nicht mit einer Aufhebung der Tora gerechnet, und von ihrer Änderung ist nur am Rande des rabbinischen Judentums die Rede[108]. Selbst wo man mit einem Fortbestand der Gebote in messianischer Zeit *nicht* rechnet, wird dies mit dem Satz belegt: »Nicht die Toten preisen Gott« (bShab 30a), »also als Mangel empfunden«[109]. Die christologisch begründete Infragestellung durch (Paulus und) Hebr führte dann sehr bald zu schlimmem, von beiden nicht gemeintem Antijudaismus. Schon der Barnabasbrief kann in Ritus und Kultus die Folge teuflischer Verblendung sehen (9,5; vgl. 2,9f)[110]. Ignatius spricht von »abweichenden Lehren und alten Fabeln, die nichts taugen« (Magn 8,1), und nach dem 5. Esrabuch (es steht in der Vulgata als c. 1 und 2 des 4. Esra) wird der Kult von Gott verschmäht bzw. ist nicht von Gott geboten[111]. Das ist dort als konkrete Abrechnung mit dem Judentum gemeint, bei der sich irdische Gemeinden polemisch gegenüberstehen. Im Hebr ist das nicht der Fall. Er vergleicht in christologischer Perspektive die beiden Gottesvölker, mit denen sich zwei göttliche Diatheken gegenüberstehen, deren erste das ewige Heil nicht vermitteln konnte, während die zweite es zugleich verheißt und verbürgt. »Das zur Zeit des Vf existierende Judentum interessiert diesen gar nicht«[112]. Die Auseinandersetzung erfolgt darum auch kaum paränetisch, sondern – wie das große Mittelstück 7,1–10,18 beweist – lehrhaft[113]. Wo mit dem Hebr antijüdische Polemik betrieben wird, da übersieht man, daß die große Diastase hier in der Tat »irdisch-himmlisch« und nicht »christlich-jüdisch« lautet. Entsprechend kleidet er seine Botschaft in die Form einer *Überbietung* der alttestamentlichen Kultpraxis[114].

19b Das zeigt deutlich der als Antithese (δέ) gegen V 18 (ἀθέτησις μέν) stehende V 19b: An die Stelle des erledigten Gesetzes tritt die *bessere*, nicht die *andere*

[107] Übers. nach Bousset/Greßmann, Die Religion 120. – Zur Sache auch E. Lohse, Art. Gesetz III. Judentum, RGG³ II 1517.

[108] Vgl. Luz, Gesetz 54.

[109] J. Amir, Art. Gesetz II. Judentum, TRE 13, 54,22f.

[110] H. Windisch, Der Barnabasbrief, 1920 (HNT, Erg.-Bd. 3), 393–395 (Exkurs: »Die Beurteilung des Gesetzes in Barn.«); vgl. Oepke, Das neue Gottesvolk 52f; Conzelmann, Heiden 244–246.

[111] Zur Bedeutung, die das AT für Hebr, Barn und Ign hat, vgl. H. Frh. v. Campenhausen, Die Entstehung der christlichen Bibel, 1968 (BHTh 39), 82–88; zum 5. Esrabuch s. Conzelmann, Heiden 247f. Zur weiteren Entwicklung der negativen Wirkungsgeschichte s. I 31f.

[112] Oepke, Das neue Gottesvolk 58.

[113] Conzelmann, Heiden 223; Käsemann, Gottesvolk 37. Besonders deutlich in dieser Hinsicht Weiß 401f, der wiederholt »das pastorale Grundanliegen des Hebr« betont.

[114] Käsemann, Gottesvolk 34.

Hoffnung (vgl. die ähnlichen Komparative in 7,22; 8,6; 9,11.23)[115]. Damit hält der Hebr fest, daß der Nomos und der von ihm geregelte alttestamentliche Kult trotz aller Ausrichtung auf das Irdische ein Verweis auf den eschatologischen Christus-Dienst ist, den er schattenhaft vorbildet (8,5; 9,23f; 10,1)[116]. Der V 12 signalisierte Wechsel der Heilsordnung wird vorsichtig umschrieben als *Einführung* (ἐπεισαγωγή ist hap. bibl.), d.i. die *rechtsgültige Inkraftsetzung* einer κρείττων ἐλπίς[117]. Das aber muß ein objektives *Hoffnungsgut* sein, die dem Volk Gottes noch aufbewahrte Katapausis (4,9). Denn eine subjektive Hoffnung läßt sich nicht durch einen juristischen Hoheitsakt »einführen«, wohl aber die *eidlich verbürgte Verheißung*, deren Erfüllung durch den πρόδρομος Ἰησοῦς *besser begründet* ist (6,13–20). Wie νόμος in unserem Zusammenhang ein anderes Wort für die Zeit der δικαιώματα σαρκός ist, der auf das Irdische ausgerichteten Kultordnung, so ist ἐλπίς ein anderes Wort für den auf das Himmlische ausgerichteten καιρὸς διορθώσεως, die Zeit der eschatologischen Heilsordnung (9,10)[118]. Daß sie ἐλπίς heißen kann, ist ganz charakteristisch. Der Hebr versteht das Heil im Grunde als zukünftiges Gut (3,6; 6,11.18; 10,23)[119]. Das Gottesvolk ist noch immer unterwegs – aber dies unter grundstürzend veränderten Voraussetzungen: Christus bedeutet die Eröffnung eines neuen, lebendigen Weges zu Gott (10,19f). Ἐγγίζειν τῷ θεῷ (vgl. Jak 4,8) ist wie προσέρχεσθαι 7,25; 10,1.22; 11,6 kultisch gemeint (Ex 19,22; 24,2 u.ö.; Lev 10,3; Ez 42,16 u.ö.; Jak 4,8)[120]. Das irdische Gottesvolk vollzieht dieses Nahen zu Gott, indem es sich – berufen zu dem 12,18–24 beschriebenen himmlischen Kult – auf den Weg zum »Altar« begibt, vor das Lager hinauszieht zu dem Gekreuzigten (13,10–13) und so selber eine kultische Gemeinschaft wird, deren »Lobopfer« das Bekenntnis, das Wohltun und die liebende Gemeinschaft ist (9,14; 13,15f)[121].

»Gesetz« im Hebr und bei Paulus

Die im Hebr zu beobachtende dialektisch-kritische Sicht des (Alten Testaments und des) Gesetzes könnte ihn als Sachwalter paulinischer Tradition er-

[115] Braun 213. – Aber nicht das Gesetz selbst dient der »Einführung« jener »besseren Hoffnung«, sondern umgekehrt deckt die »bessere Hoffnung« die »Schwäche und Nutzlosigkeit« des Gesetzes auf. Mit Weiß 401 Anm. 110 gegen Braun 213.

[116] Grundsätzlich und sehr erhellend dazu Käsemann, Gottesvolk 32–37; vgl. auch I 31; ferner Klassen, To the Hebrews (s. I 30). Anders Delitzsch 298: Das Gesetz hat keine Hoffnung dargereicht. Dagegen schon m.R. Kurtz 237f.

[117] Κρείττων ist Vorzugsvokabel des Hebr (13 von 19 Vorkommen im NT). S. I 66.363. – Daß ἐπ-εισαγωγή das über die alte Ordnung Hinausführende der besseren Hoffnung auch sprachlich anklingen läßt (»Über-Einführung«: Seeberg 87), hält Weiß 402 Anm. 111 für möglich.

[118] Käsemann, Gottesvolk 30 Anm. 6.

[119] Bultmann, ThWNT II 527–530; ders., Theologie 517–519; Gräßer, Der Glaube 115–117.

[120] Käsemann, Gottesvolk 31; Bauer, Wb 430 (1.); Weiß 402 Anm. 112 mit Belegen dafür, daß dies Sprachgebrauch von LXX und Philo ist. Attridge 204 möchte auch den weiteren metaphorischen Sinn »relationship to God« in Anschlag bringen. Möglich! Vgl. auch Löhr, Umkehr 232.

[121] Vgl. Käsemann, Gottesvolk 31.35.

scheinen lassen[122]. Wie bei Paulus besitzt das Gesetz nur zeitlich begrenzte Geltung. Es ist von Anfang an dazu bestimmt, durch Christus abgelöst und beseitigt zu werden (Gal 3,23–25; Hebr 7,12.18f.28). Dementsprechend werden seine Vorläufigkeit und seine Schwäche betont (Röm 8,3; Hebr 7,18)[123]. Den kontradiktorischen Gegensatz von Altem und Neuem Bund (Gal 3,15.17; 4,24; 2Kor 3,6.14), den Paulus mit Christus als dem Ende des Gesetzes als Heilsweg angezeigt sein läßt (Röm 10,4)[124], erfaßt Hebr nicht minder scharf mit der νόμου μετάθεσις (7,12), dem Ende des Kults als Heilsweg (7,11–19; 8,7–13)[125]. Sünde ist hier wie da die vergebliche menschliche Anstrengung, »aus sich heraus und mit toten Werken zum rechten Gottesverhältnis zu gelangen«[126]. Ins rechte Gottesverhältnis rückt man vielmehr χάριτι allein durch Christus, dessen Opfer ein für allemal Versöhnung geschaffen hat (Röm 3,25; Hebr 2,9; 9,11–14).

Dennoch lassen sich solche Konvergenzen besser aus gemeinchristlicher Tradition erklären[127] denn aus direkter Abhängigkeit von Paulus, mit dem der Hebr tatsächlich »nichts zu tun hat«[128]. Wäre es anders, würden die Divergenzen zum Rätsel: Über das eigentliche Problem der Gesetzlichkeit hat der Hebr – darin dem Barn verwandt – überhaupt nicht reflektiert[129]. Das führt gegenüber Paulus zu einer unterschiedlichen Verhältnisbestimmung von Gesetz und Heil. Bei Paulus zeitigt die Macht der Sünde die Schwäche des Gesetzes (Röm 8,3), im Hebr die fehlende δύναμις ζωῆς ἀκαταλύτου (7,16), die fehlende »Kraft der Ewigkeit« also[130]. Die Tora wird nicht von anderswoher geschwächt (so Röm 7,16f.23; 8,7f), sie ist schwach in sich selbst (Hebr 7,16.18). »Tief begründet im Sarkischen, Irdischen, Sterblichen des alten Kults und sei-

[122] Repräsentativ für die ältere Forschung H.J. Holtzmann, Lehrbuch der neutestamentlichen Theologie II, Tübingen ²1911, 324–329, für die neuere Forschung v. Campenhausen, Entstehung (s. Anm. 111) 82–84 (»stark von paulinischen Vorstellungen bestimmt«, 83). Aber auch Schrenk, ThWNT III 276,17–28; Gutbrod, ThWNT IV 1072f; Luz, Gesetz 112–116, Hughes, Hebrews and Hermeneutics 30.97f.129.137–140 und viele andere sehen es so. Zuletzt B. Witherington III, The Influence of Galatians on Hebrews, NTS 37 (1991) 146–152, der es für wahrscheinlich hält, daß der Hebr-Autor »part of the larger Pauline circle« war (152). Sehr anders Lindemann, Paulus im ältesten Christentum (s. I 13) 237f: ». . . es gibt hier keine Analogie, sondern einen qualitativen Umschlag«. So auch Weiß 406. – Zur Diskussion vgl. noch Sowers, Hermeneutics 97–105; d'Angelo, Moses 201–205; Goppelt, Theologie 589f; G. Bornkamm, Wandlungen im alt- und neutestamentlichen Gesetzesverständnis, in: ders., Ges. Aufs. IV, 1971 (BEvTh 53), 73–119, bes. 116f; H. Räisänen, Paul and the Law, 1983 (WUNT 29), 207–210; Weiß 403– 407 (Exkurs: Das »Gesetz« im Hebräerbrief).

[123] v. Campenhausen, Entstehung 83.

[124] G. Klein, Art. Gesetz III. Neues Testament, TRE 13, 65,49–54.

[125] H. Conzelmann, Art. Heidenchristentum, RGG³ III 140f; Schweizer, Theologische Einleitung (s. I 13) 103f; vgl. Luz, Gesetz 112–116; Gräßer* 95–115.

[126] Käsemann, Gottesvolk 155; vgl. Gräßer, Rechtfertigung 89f.

[127] Vielhauer, Geschichte 249; Lindemann (s. I 13) 240.

[128] J. Weiss, Das Urchristentum, Göttingen 1917, 108; vgl. I 17 mit Anm. 30.

[129] Bultmann, Theologie 114; vgl. auch Weiß 403–407.

[130] Schrenk, ThWNT III 278,25–29; vgl. Schweitzer 29.

ner Vertreter«[131], *kann* das Gesetz gar kein Heil schaffen. Nicht, weil die Sünde es zum Werkzeug ihrer Herrschaft pervertiert hätte (diesen paulinischen Gedanken kennt der Hebr überhaupt nicht), sondern weil es gemäß der dualistischen Denkweise seines Verf.s »der schattenhaften, heillosen ›Unwirklichkeit‹ des Alten Bundes« zugehört (10,1)[132]. Der diesem inferioren Gesetz gemäße Kult geschieht daher κατὰ νόμον ἐντολῆς σαρκίνης (7,16), wobei es sich lediglich um δικαιώματα σαρκός handelt (9,10). Tierblut *kann* daher keine Sünde fortnehmen (10,4). Insofern regelt das Gesetz »gerade das, was kein Heil bringen kann«[133]. Nomos ist im Hebr geradezu ein anderer Begriff für τάξις, wie in 7,11f deutlich wird, oder für διαθήκη, wie in 7,22 zu sehen ist. Die Begriffe interpretieren sich gegenseitig.

Anders also als beim anthropologischen Ansatz des Paulus erscheint das in seine eschatologische Krise geratene Gesetz im Hebr nicht »als menschliche Verlorenheit konstituierende Macht«[134], sondern als in sich insuffiziente Kulttora, die nichts zur Vollendung gebracht hat und deshalb außer Kraft gesetzt wird (7,11f.18f). Und wo Paulus einen prinzipiellen Gegensatz konstatiert – Gesetz *oder* Glaube –, erblickt der Hebr immer noch »eine echte, obschon unvollkommene Analogie«[135]. Es liegt an seiner komparativen Hermeneutik (Entsprechung, Andersartigkeit, Überbietung), daß er dem Gesetz trotz aller Inferiorität einen Hinweischarakter auf die endgültige Versöhnung in Christus beläßt. Das Gesetz ist ihm »Vorform dessen, was der Glaube verkündigt«[136]. Damit ist auch hier »die anthropologische Tiefenschärfe der paulinischen Konzeption« wie sonst im Urchristentum »nicht durchgehalten«[137]. Die gleichwohl aufweisbaren Parallelen erklären sich aus einer gemeinsamen Aufgabenstellung, d.i. die theologische Standortbestimmung in der Auseinandersetzung mit der Synagoge. Dabei rückt der Hebr mit anderen urchristlichen Schriften wie Barn, Mk, Apg, Joh, Just Dial in eine Linie. Anders jedoch als z.B. Paulus führt der Hebr diese Auseinandersetzung als »eine rein literarische Debatte, die im wesentlichen auf ein *heidnisches* oder *heidenchristliches* Publikum berechnet war. Da die christliche und die jüdische Propaganda nebeneinander um das Heidentum warben, kam es darauf an, vor diesem Forum den Beweis zu führen, daß das Christentum dem Judentum in jeder Weise überlegen sei, daß es die Schriften des Judentums für sich habe, daß in eben diesen Schriften zu lesen sei, wie der alte Bund veraltet, überwunden, in dem neuen aufgegangen ist: in diesem Sinne ist jedenfalls der Hebräer-Brief zu verstehen, der nicht die Gewinnung von Juden, nicht einmal die Befestigung

131 Schrenk, ThWNT III 278,26f.

132 Luz, Gesetz 115; vgl. Schrage, Ethik 327f.

133 Luz, Gesetz 113; vgl. Räisänen, Paul (s. Anm. 122) 209; Weiß 404f.

134 Klein, Art. Gesetz (s. Anm. 124) 66,40f; vgl. Gräßer, Rechtfertigung 92.

135 v. Campenhausen, Entstehung 84; vgl. Schrage, Ethik 327.

136 v. Campenhausen, Entstehung 83. Kritisch dazu Lindemann, Paulus (s. Anm. 122) 237f; Weiß 405f.

137 Klein, Art. Gesetz 72,21f, der jedoch auf den Hebr leider gar nicht eingeht.

von Judenchristen, sondern die Glaubensstärkung von Heidenchristen zum Zwecke hat (vgl. 3,12; 6,1f)«[138]. Dabei ist dann die Gesetzesthematik »weniger direkte Polemik als ein Stück christlicher Selbstbesinnung über die Grundlagen des eigenen Glaubens«[139]. Das führt im Hebr zur Aufspaltung des Alten Testaments in ungültig gewordenes Kultgesetz und gültig gebliebenes, unmittelbar vom Himmel redendes Wort Gottes, eine Weichenstellung für mindestens zwei problematische Entwicklungen, von denen damals noch nicht absehbar war, wohin sie führen würden: »Entweder zu einem gespaltenen Alten Testament, das die Stimme des Evangeliums neben der Stimme des Gesetzes enthält und in der Konsequenz bei vielen Gnostikern[140] mit den verschiedenen Stimmen innerhalb des Alten Testamentes auch den Gedanken einer verschiedenen Herkunft dieser Stimmen nahelegt? Oder zu einem einheitlichen Alten Testament, das den Juden konsequent entwunden wird, indem sein Zentrum, das Gesetz, oder wenigstens das Zeremonialgesetz, in seiner wörtlichen Auslegung als Mißverständnis ausgegeben und in übertragener Bedeutung dem Evangelium angepaßt wird? Dies ist auf seine Weise sowohl die Lösung des Barnabasbriefes als auch diejenige Justins und überhaupt überwiegend der Alten Kirche gewesen«[141].

b *Der Bürge des höherstehenden Bundes 7,20–25*

20 **Und in dem Maße, als dies nicht ohne Eidschwur (vollzogen wurde) –**
denn jene sind zwar ohne Eidschwur Priester geworden, 21 **er dagegen**
mit Eidschwur durch den, der zu ihm gesagt hat:

> **»Geschworen hat der Herr, und es wird ihn nicht gereuen:**
> **›Du bist Priester in Ewigkeit‹« –,**

22 **in eben dem Maße ist Jesus Bürge eines höherstehenden Bundes ge-**
worden. 23 **Und jene sind in größerer Anzahl Priester geworden, weil**
der Tod sie hinderte zu bleiben; 24 **er aber, weil er »in Ewigkeit« bleibt,**
hat das Priestertum als ein unvergängliches; 25 **daher kann er auch für**
immer diejenigen retten, die durch ihn zu Gott hintreten, da er ja allezeit lebt, um für sie einzutreten.

[138] Weiss, Urchristentum 523f.

[139] v. Campenhausen, Entstehung 82f; vgl. auch Oepke, Das neue Gottesvolk 17ff.57ff; Conzelmann, Heiden 223 mit Anm. 17, 239. – Die Tübinger Schule (Schwegler und Zeller) sprach von einem Vermittlungsversuch in der Absicht, den Paulinismus dem Judenchristentum nahezubringen, oder umgekehrt: ein fortgeschrittenes Judenchristentum will sich dem Christentum akkommodieren. Vgl. Holtzmann, Theologie II 324 Anm. 6.

[140] Luz, Gesetz 154 Anm. 188 nennt den Brief des Ptolemäus an die Christin Flora und den Sethianismus.

[141] Ebd. 116.

Analyse

Unser »Verf. hat seinen Text, Ps 110,4, noch lange nicht erschöpft«[1]. Indem sein Blick jetzt auf der Einleitung dieses Zitates ruht: ὤμοσεν κύριος κτλ., kann er als weiteren Vorzug der neuen Ordnung geltend machen, daß der hier verheißene Priester *eines besseren Bundes Bürge* sein müsse. Er beweist das in zwei Schritten. 1. Hinsichtlich der formalen Einsetzung besteht ein gravierender Unterschied zwischem dem »Priestertum des Gesetzes« und dem »melchisedekischen Priester der Verheißung«[2]: Letzterer ist mit Eidschwur Gottes ins Amt gesetzt, bei jenen verlautet in der Schrift darüber nichts (V 20–22). 2. In der Konsequenz bedeutet das – hier setzt das zweite Argument an – den schon öfter geäußerten Gegensatz von Tod und Leben (7,3.8.16), der die beiden priesterlichen Ordnungen trennt (V 23f)[3]. Denn an die Stelle der »successiven Vielheit«[4] der sterblichen Levipriester ist in der Kraft unzerstörbaren Lebens (7,16) der eine getreten, dessen Priestertum in Ewigkeit nicht wechselt. V 25 zieht daraus einen parakletischen Schluß: Ist das Priestertum Jesu end-gültig, einmalig und unüberholbar, dann ist es auch das durch ihn vermittelte Heil.

Textstruktur

Ein klarer Gedankengang, freilich in schwierig anmutender Textstruktur dargeboten: Der einen unvollständigen Vordersatz (V 20a) abschließende Nachsatz folgt erst in V 22[5]. Das erste wichtige Argument (Schriftbeweis) für die im Vordersatz aufgestellte These ist auffälligerweise parenthetisch und den Satzbau zerstörend[6] in diesen Rahmenvers eingesprengt[7], und zwar in Form eines Gegensatzes (οἱ μὲν γάρ – ὁ δέ, V 20b.21). Das zweite Argument folgt formal gleich in V 23f[8], diesmal jedoch in klaren Hauptsätzen. Grammatische Probleme wirft also nur der um die Parenthese gelegte Rahmenvers (V 20a.22) auf. In der Alten Kirche bis hin zu Luther und Calvin[9] hat man in καὶ καθ᾽ ὅσον κτλ. den Abschluß von V 19 gesehen: »Und wird eingefüret eine bessere Hoffnung, durch welche wir zu Gott nahen. Und dazu, das viel ist, nicht on Eid«[10]. In der neueren Exegese ist man aber einig, daß wir es mit dem korrelaten Vor-

[1] Delitzsch 299.

[2] Ebd.

[3] Schierse 68.

[4] Kurtz 238.

[5] Der Vordersatz Καὶ καθ᾽ ὅσον οὐ χωρὶς ὁρκωμοσίας muß ergänzt werden entweder (sehr unwahrscheinlich) aus dem Nachsatz: διαθήκης γέγονεν ἔγγυος Ἰησοῦς: »Und um so viel als nicht ohne Eidschwur Jesus einer (neuen) Stiftung Bürge geworden ist, einer um so viel besseren Stiftung Bürge ist er geworden« (so z.B. Kurtz 238), oder (wahrscheinlicher) aus der Parenthese: ἱερεύς ἐστιν γεγονώς: »Und insofern (9,27) er Priester geworden ist nicht ohne Eidschwur« (so z.B. Lünemann 247; vgl. BDR § 465,1 mit Anm. 3; Hegermann 157), oder (am wahrscheinlichsten) aus dem Vorhergehenden durch: τοῦτο γίνεται: »Und in dem Maße, als dies, nämlich die Einführung einer besseren Hoffnung, nicht ohne Eidschwur vollzogen wurde« (z.B. Bleek II/2 384; de Wette 515; Delitzsch 299; Seeberg 84f; Schierse 66; Strobel 156; Attridge 206; auch EÜ).

[6] BDR § 465,1 mit Anm. 3.

[7] Als Beispiel für diesen Stil verweisen die Kommentare gerne auf Philo, Her 89. Zuletzt Attridge 206 Anm. 14.

[8] Vanhoye, Structure 128–134, bes. 133. – Zu ὁ μέν – ὁ δέ vgl. BDR § 250 mit Anm. 1.

[9] Die Belege bei Bleek II/2 384 Anm. a.

[10] Luther 1546 (WA DB 7/2, 361).

dersatz zu dem in V 22 folgenden Nachsatz κατὰ τοσοῦτο κτλ. zu tun haben[11]. Also: »Und insoweit, als dies nicht ohne eidliche Versicherung vor sich ging [nämlich die Einführung einer besseren Hoffnung], ... in demselben Maße ist Jesus Bürge einer höherstehenden Setzung geworden.«[12]

Erklärung *Insoweit* also die bessere Hoffnung nicht ohne ὁρκωμοσία *eidliche Versiche-*
20 *rung*[13] eingeführt wurde, *inebensoweit*[14] ist Jesus Bürge einer besseren Diatheke geworden. Der Eidschwur (Gottes) gibt also »den Ausschlag für die Überlegenheit«[15]. Von ihm war schon 6,13–17 (Abrahamverheißung) die Rede (s. I 374–379). Für Hebr gehört er zu den zwei unabänderlichen Dingen, nämlich Verheißung und Schwur (6,18), auf denen die Unverbrüchlichkeit und Endgültigkeit der göttlichen Heilsverfügung (διαθήκη) beruht (vgl. Num 23,19; 1Sam 15,29; Jer 4,28; Sach 8,14; Röm 11,29)[16]. Die Unterscheidung »mit Eidschwur – ohne Eidschwur« dient also der Klassifizierung »ewig – vergänglich«. Sie ist *das* mit Ps 110,4 angeschlagene zentrale Thema in c. 7. Die Einsetzung des Levipriestertums *ohne* Eidschwur schließt unser Verf. wiederum aus dem Schweigen der Schrift (vgl. 7,14). In christologischer Perspektive geurteilt[17], fehlt ihm damit ebenso wie dem (nur) von Engeln erlassenen Nomos (2,2; vgl. Apg 7,52; Gal 3,19) das Prädikat der ewig gültigen, suffizienten, unüberbietbaren und nicht mehr revozierbaren göttlichen Einrichtung, welches das Melchisedekpriestertum demgegenüber gerade auszeichnet (V 21).

21 Als Beweis zitiert der Hebr zum dritten und zugleich letzten Mal ψ 109,4. Auch diesmal (vgl. 5,6) läßt er Gott den Redenden (λέγων)[18] und wie immer Jesus den Angeredeten sein (πρὸς αὐτόν)[19]. Im Unterschied zu sonst aber fällt der Schluß des Zitates (»nach der Ordnung Melchisedeks«) weg, während die Zitateinleitung – jetzt erstmalig und wörtlich nach LXX zitiert – hinzukommt. Auf ihr liegt der Ton: *Geschworen hat der Herr* (κύριος = Gott)[20], *und nicht*

[11] *Delitzsch 299. Unentschieden allerdings v. Soden 55.*

[12] Übers. Braun 214.216.

[13] Das Wort kommt in der griechischen Bibel Alten und Neuen Testaments nur 1Εσδρ 8,90; Ez 17,18f und Hebr 7,20(2mal).21.28 vor. Josephus gebraucht es für den politischen Eid (Ant 16,163), die atl. Pseudepigraphen, Philo und die Apostolischen Väter haben das Wort nicht. Normalerweise ist es die Gottheit, die den Eid empfängt (außerbiblische Belege bei Braun 215); im Hebr leistet sie ihn.

[14] So die Übers. bei Bauer, Wb 827 (s.v. κατά II.5.a.δ.).

[15] Braun 215.

[16] Wie wenig Hebr darin originell ist (auch Qumran und rabb. Texte bieten Parallelen), zeigt Hofius, Die Unabänderlichkeit (s. I 372); vgl. auch I 379–382 (zu 6,17–20).

[17] Das ist zu betonen! Denn was unser Verf. formell der Zitateinleitung entnimmt, bekommt nur von der Erfüllung in Christus her seine soteriologische Tiefe; vgl. Riggenbach 204f.

[18] Nicht den Psalmsänger! Zur diesbezüglichen älteren Diskussion s. Bleek II/2 386; vgl. Schröger, Schriftausleger 153; Braun 20f.

[19] Πρός (αὐτόν) meint die Anrede (nicht wie 1,7 »mit Rücksicht auf«); vgl. Braun 215.

[20] Κύριος ist in der LXX die beherrschende Widergabe von יהוה; vgl. Bleek II/2 386.

wird es ihn gereuen[21]. Bengel bemerkt zur Stelle: »Sonst pflegt derjenige den Eid abzulegen, der ein Amt antritt; hier aber hat der geschworen, der das Priesterthum übertragen hat«[22]. Daß das ornandi causa geschieht[23], liegt auf der Hand. Und das so Verheißene – »du bist Priester in Ewigkeit« – gilt als irreversible Zusage. Gott wird – was sonst sehr wohl von ihm berichtet wird (z.B. Gen 6,6; Ex 32,14; 1Sam 15,11; Jer 18,8; Amos 7,3.6; Joel 2,13.14; Jon 3,9.10) – in diesem Falle keine Reue haben über seinen Schwur. Eine Änderung seiner Entscheidung ist ausgeschlossen. Sie gilt als *unwiderruflich*[24]. »Gott ist kein Mensch, der lügt, kein Menschenkind, das etwas bereut. Spricht er etwas und tut es dann nicht, sagt er etwas und hält es dann nicht?« (Num 23,19) Allerdings steht οὐ μεταμεληθήσεται in der LXX gerne für die Unausweichlichkeit der Strafe, also drohend gemeint (z.B. Jer 4,28; Sach 8,14). Das wird im Neuen Testament – auch durch weitgehenden Verzicht auf die Wortgruppe – vermieden. Statt dessen rückt die Treue, die auf Rettung gerichtete Verläßlichkeit Gottes in den Vordergrund[25].

Der mit der Eidzusage geltend gemachte Vorzug des melchisedekischen Prie- 22
stertums wird in V 22 zusammenfassend auf einen neuen Begriff gebracht: *Bürge einer höherstehenden »Stiftung«*[26] *ist Jesus geworden.* Das Korrelativum κατὰ τοσοῦτο knüpft unmittelbar an καθ᾽ ὅσον (V 20) an (s.o.)[27]. Das dadurch hergestellte Korrespondenzverhältnis zwischen beschworenem Priesteramt und überlegener Bundesbürgschaft wird durch καί unterstrichen, das freilich in seiner Zugehörigkeit zum ursprünglichen Text nicht gesichert ist – es fehlt in P^{46} A C^2 D Ψ 𝔐 lat sy co[28]. Vielleicht hat mangelhaftes Verständnis des Zusammenhanges zur Tilgung geführt[29]. Ἰησοῦς steht mit Nachdruck am Ende des Satzes (wie 3,1; 6,20; 12,2; 13,20; vgl. 12,24). Statt von der besseren Soteria (6,9), der besseren Hoffnung (7,19) oder der besseren Verheißung (8,6) ist jetzt erstmalig und den zentralen Begriff von c. 8 intonierend von der κρείττων διαθήκη, der *höherstehenden, vorzüglicheren, besseren Verordnung*

[21] Μεταμέλομαι ntl. nur noch Mt 21,30.32; 27,3; 2Kor 7,8a.b. Zum hebr. Äquivalent נחם = *seinen Entschluß ändern* vgl. Simian-Yofre, ThWAT V 366–384, ferner Michel, ThWNT IV 630–633, der darauf hinweist, daß das NT entgegen hell. Sprachgebrauch μεταμέλεσθαι und μετανοεῖν dem Sinne nach trennt.

[22] Übers. Werner 648.

[23] Calvin, CR 83, 93.

[24] Laubach, TBLNT 1,71f.

[25] Braun 216.

[26] Schulz 201 übersetzt διαθήκη mit Stiftung und merkt an: »Bund? Hier fehlt es aber an dem *Wechselseitigen* zwischen Gott und den Menschen, das bei Partheien, die einen *Bund* schließen, allezeit statt finden muß. Wo διαθήκη vorkommt, ist immer Gott als der *Festsetzende* anzusehen, der *seinen* Willen erklärt« (ebd. Anm. 21). Dagegen freilich Bleek II/2 389f. Diese Diskussion zieht sich bis in unsere Tage. Vgl. Gräßer* 1–7; Levin (s. zu c. 8) 269 Anm. 8; Weiß 411–415 (Exkurs: Διαθήκη im Hebräerbrief).

[27] Statt des besser bezeugten τοσοῦτο lesen $א^2$ D^2 Ψ das hell. auch mögliche Neutrum τοσοῦτον (BDR § 64,4 mit Anm. 8), wohl in Angleichung an ὅσον (V 20); vgl. Braun 216. Anders Attridge 206 Anm. 4, der τοσοῦτον als Maskulinum liest.

[28] Zuntz, The Text 211; Braun 216; Attridge 206 Anm. 5. »In jedem Falle unterstreicht καί die Notwendigkeit der in V. 22 vorgetragenen Folgerung« (Weiß 409 Anm. 133).

[29] Riggenbach 207 Anm. 74.

oder *Setzung* die Rede. Nur der Hebr versieht hier und 8,6 den Begriff διαθήκη mit diesem Prädikat, nicht die LXX, die alttestamentlichen Pseudepigraphen, die Zwölfertestamente, Philo, Josephus und die Apostolischen Väter.

Während בְּרִית eines der häufigsten Wörter des AT ist (287 Belege), kommt das ntl. Äquivalent διαθήκη relativ selten vor. Von den insgesamt 33 Belegen entfallen 17 auf den Hebr[30], davon 14 auf den zentralen Mittelteil 7,1–10,18. Damit bietet allein der Hebr unter allen neutestamentlichen Schriften so etwas wie eine »Bundes-Theologie«[31]. Διαθήκη ist ihm so wichtig wie den Synoptikern βασιλεία τοῦ θεοῦ oder den Paulusbriefen ἐκκλησία. Freilich liegt keine eigene theologische Ausprägung vor[32]. Der Verf. tradiert im wesentlichen die durch die LXX vorgegebene Bedeutung *göttliche Anordnung, Setzung, Willenskundgebung, Verfügung,* wobei er – anders als Paulus, für den der Verheißungsbund mit den Vätern maßgebend ist – besonders auf Jer 31 (38),31–34 und Ex 24,(6–)8 zurückgreift. Beiden Stellen wird praktisch nur ein Motiv entnommen: das der καινὴ διαθήκη aus Jer 38 LXX und das des αἷμα τῆς διαθήκης aus Ex 34[33]. Im Laufe der Argumentation werden dann beide Motive zu *einem* soteriologischen Gedanken zusammengefaßt: Jesus ist insofern »Bürge« bzw. »Mittler« einer höherstehenden Setzung geworden (7,22; 8,6; 9,15a; 12,24), als erst er zur Vollendung geführt hat, d.h. Vergebung von den Sünden bewirkte (1,3; 7,28; 9,15b; 10,14f).

Der »bessere Bund« ist demnach der Sündenvergebungsbund[34], in dem das Heil Gottes sich endgültig realisiert, während der erste Bund deswegen »alt« ist, weil er in diesem entscheidenden Punkte versagt hat (8,13)[35].
Die literarische Struktur von 7,1–10,18 zeigt übrigens, daß der Hebr auch diesen Sachverhalt gemäß seinem hermeneutischen Verfahren der antithetischen Parallelisierung traktiert: 8,1–9,10 handeln von den δικαιώματα λατρείας (9,1) des alten, 9,11–10,18 von denen des neuen Bundes. Die beiden

[30] Zum Vergleich: Paulus hat 8 Belege; sonst kommt der Begriff nur vereinzelt oder gar nicht vor; vgl. Gräßer* 8f.

[31] Wir bleiben trotz der Grundbedeutung »Setzung«, »Verfügung« (Kutsch, TRE 7, 398,49) bei der Übersetzung »Bund«, weil die theologischen *b^e^rît*-Aussagen des AT mit den zunächst einseitigen Verpflichtungshandlungen doch eine zweiseitige Verbindlichkeit setzen, wie sie im Lehnsherr-Verhältnis vorgebildet ist. Vgl. Weinfeld, ThWAT I 797; Gräßer* 7; zum Begriff בְּרִית s. Levin (s. Lit. zu c. 8) 119–129. Zur Präzisierung sind jedoch differenzierende Komposita – Verheißungsbund, Verpflichtungsbund, hier: Sündenvergebungsbund – angebracht. Vgl. Hegermann, EWNT I 720; Levin (s.o.) 269 Anm. 8.

[32] Zu *b^e^rît* im AT und der entsprechenden Literatur vgl. M. Weinfeld, Art. בְּרִית, ThWAT I 781–808. Für AT, Frühjudentum (Apokryphen, Pseudepigraphen, Qumran, Philo, Josephus, Rabbinen), NT und Apostolische Väter vgl. Kutsch, TRE 7, 397–410. Speziell zur Diatheke im Hebr s. die Literatur bei Gräßer* 95f. Dazu jetzt noch Casalini, Dal simbolo (s. Lit. zu c. 9,1–10); Lehne, The New Covenant; Weiß 411 Anm. 138.

[33] Vgl. Sowers, The Hermeneutics 97–105, bes. 99; Casalini, Dal simbolo 24–26.143.

[34] Ganz so auch Paulus in Röm 11,26b.27 (Zitatkombination aus Jes 59,20.21a und 27,9aβ). Vgl. Kutsch, TRE 7, 400,41f; 408,45–47.

[35] Anders Riggenbach 207: »Worin der Vorzug besteht, wird hier nicht gesagt, dagegen 8,6 dahin bestimmt, daß die κρείττων διαθήκη auf besseren Verheißungen beruht«.

Abschnitte widersprechen sich »strictement«[36] und sind doch nach dem Schema von Entsprechung, Andersartigkeit und Überbietung aufeinander bezogen. Der Verf. denkt dabei an die göttliche Heilsökonomie überhaupt, und zwar vornehmlich hinsichtlich ihrer kultischen Verfaßtheit. Darauf führt vor allem die Tatsache, daß er zwischen Nomos (= Ordnung) und Diatheke kaum unterscheidet (7,11.18f)[37].

Im engeren Kontext unserer Stelle ergibt sich die Qualifikation der Diatheke als κρείττων mit Notwendigkeit aus der Einsetzung Jesu in das Melchisedek-Priesteramt. Damit ist klar, daß die Höherwertigkeit im dualistischen Sinne gemeint ist: Die Diatheke ist »von himmlischer Qualität, nicht nur relativ unterschieden«[38]. Die κρείττων διαθήκη gehört zu den eschatologischen Gütern wie Ruhe (4,11), Vaterland (11,14), bleibende Stadt (13,14), letztlich also zum himmlischen Kult, weil durch das Blut des allzeit lebenden Priesters zustande gebracht (8,6; 9,14f; 12,24) und verbürgt (7,22.25).

Der Begriff ἔγγυος *Bürge* entstammt dem hellenistischen Griechisch, ist hap. leg. im Neuen Testament und kommt in der Septuaginta nur Sir 29,15.16 und 2Makk 10,28 vom zwischenmenschlichen Bürgen vor[39]. Als christologischer Begriff paßt ἔγγυος zu einem Heilsverständnis, das von gegenwärtiger Erfüllung (6,4f; 12,22–24) und zukünftiger Vollendung (4,1; 6,11f) gleicherweise geprägt ist. Die noch nicht abgegoltenen Verheißungen Gottes erfordern Sicherungen und Bürgschaften. Mit seiner Einsetzung ins Melchisedek-Priesteramt hat sie Jesus übernommen. Insofern erscheint er hier unter dem Bild eines ἔγγυος, der sich mit seiner Person für einen gesicherten Gnaden- und Heilsstand verbürgt[40]. Der vor allem in der Rechtssprache beheimatete Begriff[41] hat im Hebr also deutlich eine juristische Konnotation: Jesus ist Bürge im heilsmittlerischen, ja interzessorischen Sinn[42]. Philo kann so vom Logos als einem Fürsprecher (ἱκέτης) handeln, der – zwischen Schöpfer und Geschöpf vermittelnd – zur Bürgschaft (πρὸς πίστιν) dient, »daß der gnädige

ἔγγυος

[36] J.-P. Michaud, Le Passage de l'ancien au nouveau, selon l'Épître aux Hébreux, ScEs 35 (1983) 38.

[37] Gräßer* 99 mit Luz, Der alte und der neue Bund 329 Anm. 38 und vielen anderen gegen E. Lohmeyer, Diatheke. Ein Beitrag zur Erklärung des neutestamentlichen Begriffs, 1913 (UNT 2), 147f.

[38] Braun 218; vgl. Laub 94f. – Die Kultnähe ist mit der atl. *b^erît* vorgegeben: Das Priesterrecht (Num 25,13), die Deckplatte (Ex 31,7), der Vorhang (Ex 27,21) und das Opferblut (Ex 24,8) sind mit der göttlichen »Setzung« verbunden (Braun 217).

[39] Zu den hell. Belegen s. Moult-Mill 179; Spicq, Notes III 185–190. Sachliches zum griechischen Bürgschaftsrecht bei J. Partsch, Griechisches Bürgschaftsrecht I, Leipzig 1909, 105–117.228–249; Mitteis-Wilcken II/1 264–270. – Sir 29,15 ist interessant: »Vergiß nie die Gefälligkeit des Bürgen, gab er doch sich selbst für dich hin.« Michel 275 zieht die Parallele zum Hebr. Sie mag jedoch zufällig sein.

[40] Riggenbach 207. – Schulz 202 Anm. 22 meint, Hebr wolle mit ἔγγυος auf ἐγγίζομεν (7,19) anspielen, da er solche Assonanzen liebe (z.B. 5,8 u.ö.). Kaum!

[41] Z.B. Xenoph Vect 4,20; Aristot Oec II 1350a 19 und bes. häufig in Papyri, z.B. PEleph 8,19; PHam 24,17. Weiteres bei Preisigke Wört I 410 (I); Preisker, ThWNT II 329; Braun 216f.

[42] Weiß 410.

Gott niemals sein eigenes Werk außer acht läßt« (Her 205f)[43]. Als christologischer Titel aber gehört »Bürge« eng zusammen mit »Ursächer« (5,9), »Anker« (6,19), »Vorläufer« (6,20) und »Anfänger und Vollender des Glaubens« (12,2), am engsten aber mit »Mittler« (8,6; 9,15; 12,24). Die irdisch noch wandernde und angefochtene Gemeinde soll einen starken Trost daraus haben, daß sie einen *pontifex magnus* (4,14) hat, der in der Kraft unzerstörbaren Lebens (7,16) der *sponsor* (Vg.) ihres Heils ist.

23-25 In V 23–25 nimmt unser Verf. einen weiteren Anlauf, um den alles entscheidenden Gegensatz der beiden priesterlichen Ordnungen noch einmal herauszustellen. Beim Levi-Priestertum sind »hinsterbende Menschen« die Amtsinhaber, beim Melchisedek-Priestertum dagegen »einer, von dem bezeugt wird, daß er lebt« (V 8). Diesen Gedanken aufgreifend, wird jetzt die durch das Hinsterben der Amtsinhaber erzwungene Priestervielzahl des alten Bundes der Priestereinzahl des »besseren Bundes« gegenübergestellt (οἱ μέν – ὁ δέ wie V 20f, vgl. V 5f)[44]. Vielheit und Wiederholung sind also Kennzeichen der Todverfallenheit und irdischen Unvollkommenheit (9,1–10; 10,1.2.11)[45], während Einzigkeit und Einmaligkeit den Charakter des Jenseitig-Ewigen haben (7,27; 9,12.26; 10,10.12)[46]. Bei dieser dualistischen Wertung entsprechen der Vielzahl die vielen Opfer, vollzogen in Wiederholungen, täglich oder alljährlich (7,27; 9,25; 10,1.11). Umgekehrt wird die Einzahl des himmlischen Priesters durch das πάντοτε ζῶν (V 25) ermöglicht. Und seiner Einzigkeit entspricht das Einmal seines Opfers, vollzogen ἐφάπαξ, in einer einzigen, ein für allemal gültigen προσφορά (10,12.14)[47]. Der Gegensatz ist deutlich: Die irdische Verfaßtheit des Levi-Priestertums zeitigt einen irdisch-vorläufigen Priesterdienst, der das eschatologische Heil nicht vermitteln kann, während der himmlisch-jenseitige Charakter des Melchisedek-Priestertums diesem den Rang des Absoluten verleiht: Ausschließlich hier wird das endgültige Heil vermittelt[48].

23 Zum einzelnen: Der Plural πλείονες ist die mit Nachdruck vorangestellte Apposition des Prädikates: *als mehrere sind diese Priester geworden*[49]. Auf der Ge-

[43] Vgl. Dey, The Intermediary World 185–214, bes. 198f; Attridge 208.

[44] Vanhoye, Structure 134. Zur »unité structurelle« unseres Textabschnitts s. Dussaut, Synopse 64–66.

[45] Frühjüdische Hohepriesterspekulationen haben diesen Mangel empfunden und als Gegenmaßnahme den Jerusalemer Hohenpriester ins Übermenschliche übersteigert. Vgl. Hegermann 158; Belege bei Braun 73f.

[46] Kuß 102; Laub, Bekenntnis 233f; ders. 94f.

[47] Barth, KD IV/1 304. Für den Zusammenhang von »ewig« und »ein für allemal« vgl. bes. Cullmann, Christologie 101 und Laub, Bekenntnis 238.

[48] Attridge 210; vgl. März 50; Laub 94f. – Braun 218 weist darauf hin, daß Cyrill unseren Text gegen den Dyophysitismus des Nestorius verwandt habe, um dessen Berufung auf Hebr 5,1–3 (jeder Hohepriester ist »aus Menschen genommen«) zu entkräften. Vgl. Greer, The Captain 335f mit Anm. 65.

[49] Delitzsch 305; Vanhoye, Deutsche Übersetzung 19. – Die Einschränkung auf »Hohepriester« kann (wegen V 26–28) gemeint sein (Kurtz 241; Bleek II/2 394 u.a.), ist aber nicht mit Sicherheit anzunehmen (Windisch 67).

genseite entspricht dem das ebenfalls vorangestellte διὰ τὸ μένειν αὐτόν: Jesus hört nicht auf zu existieren (vgl. Joh 8,35; 12,34; 1Joh 2,17)[50]. Er ist der »Grand-prêtre définitif«[51], der »keiner Ablösung durch eine andere priesterliche Person fähig und bedürftig (ist); er hat und übt dieses Amt ja eben nicht im Rahmen einer Institution, als einer unter vielen seiner Träger, sondern auf Grund eines Eidschwurs, den Gott bei sich selbst geschworen, und also als ›Priester in Ewigkeit‹ (Hebr. 7,20–24)«[52].

Der Streit, ob mit πλείονες eine sukzessive (diachrone) Mehrheit (ein Nacheinander)[53] oder eine simultane (synchrone) Mehrheit (ein Nebeneinander) gemeint ist[54] und ob der Tod die Levipriester hindert, im Amt[55] oder am Leben zu bleiben[56], wirft eine Alternative auf, die dem Hebr gleichgültig sein kann. Wer stirbt, verliert Leben und Amt. Aber nicht diese Banalität, sondern Bleiben oder Nichtbleiben, das ist hier die Frage. Sie entscheidet nicht in erster Linie über das zeitliche oder berufliche Konzept, sondern über die *Qualität* des Priesteramtes: Ist es irdisch oder himmlisch, Schatten oder Wirklichkeit (vgl. 10,1)? Gehört es zu den σαλευόμενα oder zu den μὴ σαλευόμενα (12,27)[57]? Zu παραμένειν muß nämlich weder τῇ ἱερωσύνῃ aus V 24 ergänzt werden[58], noch muß es zwingend mit »am Leben bleiben« übersetzt werden. Es genügt, wenn V 23b sagt, daß der Tod am »Dableiben« hindert[59]. Der auffallende absolute Sprachgebrauch von (παρα)μένειν, der an das Johannesevangelium erinnert (vgl. Joh 8,35; 12,34)[60], könnte nämlich auf eine traditionelle christologische Akklamation zurückgehen, »which uses the language of common biblical affirmations that God abides forever«[61]. Philo wandelt das Motiv – platonischer Tradition folgend – vielfältig metaphysisch ab und widmet der Unveränderlichkeit Gottes eine ganze Schrift (Quod Deus sit immu-

[50] Bauer, Wb 1020 (1.b.α.). Cambier, Eschatologie 77f sieht darin eine alexandrinische Formel und belegt das u.a. mit Philo, z.B. All 1,12. Vgl. auch Strobel 158.

[51] Cambier, Eschatologie 77.

[52] Barth, KD IV/1 304.

[53] Z.B. Bengel 891: »alius post alium«. Das ist die Standardexegese geworden.

[54] Delitzsch 305.

[55] Erasmus 960 gibt παραμένειν mit »semper permanere in functione« wieder. So schon Oecumenius (PG 119, 357B) und viele andere, auch Bauer, Wb 1254 mit Verweis auf Jos Ant 9,273. Weiteres bei Weiß 414 Anm. 157.

[56] Παραμένειν kann diese Bedeutung durchaus haben (Braun 218f mit Belegen). Warum das »eine närrische platte Rede« sein soll (Delitzsch 305 und ihm folgend viele bis zu Braun 219), leuchtet nicht ein (vgl. Schulz 202 Anm. 23). – Auch die Übersetzungen spiegeln das Problem. Luther, Zürcher Bibel und EÜ lassen die Frage offen (sie übersetzen »verhindert ... zu bleiben«), während The New English Bible und Wilckens, NT 790 übersetzen: »der Tod verhinderte, daß sie im Amt blieben«.

[57] Vgl. Attridge 209f; Thompson, Beginnings 125f.

[58] Gegen Riggenbach 208 Anm. 77; Hauck, ThWNT IV 582,26–29 mit Anm. 3; Weiß 415 Anm. 157, die damit eine mögliche Tautologie mit διὰ τὸ θανάτῳ κωλύεσθαι παραμένειν (*weil durch den Tod verhindert, am Leben zu bleiben*) vermeiden wollen.

[59] Braun 218 in der Übersetzung von V 23.

[60] Vgl. dazu R. Bultmann, Das Evangelium nach Johannes, [11]1950 (KEK II), 558 (Register s.v. μένειν).

[61] Attridge 209 mit Anm. 45 (Verweis auf Dan 6,27; Ps 9,8; 33,11; 102,12; Jes 7,7; 14,24; Weish 7,27; Sir 44,13; Röm 9,11; 1Kor 13,13; 1Petr 1,23.25).

tabilis). Vor diesem Hintergrund gewinnt der Sprachgebrauch von μένειν in Hebr 7,23f und überhaupt im Hebr seine eigentliche Bedeutung: Am Bleiben oder Nichtbleiben entscheidet sich, was Schatten der künftigen Güter und was die wirkliche Gestalt der Dinge selbst ist (10,1), entscheidet sich Tod und Leben. Auf den hier in Rede stehenden Gegensatz der Priestertümer angewandt, bedeutet das: Aaron und seine Brüder wurden zu Priestern bestellt (Ex 28f) nicht ein für allemal, sondern auf Abruf durch den Tod; sie waren ἀποθνήσκοντες ἄνθρωποι *dem Tode geweihte, sterbliche Menschen* (7,8). Um gleichwohl die Kontinuität des Amtes zu sichern, bedurfte es daher der Vielzahl, aus der heraus sich die levitische Priesterschaft immer wieder regenerieren konnte. Das diese Sukzession regelnde Gesetz nennt Hebr entsprechend einen νόμος ἐντολῆς σαρκίνης (V 16). Der Priester nach der Ordnung Melchisedeks dagegen hat sein Amt extra legem mandati carnalis in der Kraft unzerstörbaren Lebens (secundum virtutem vitae insolubilis), ist dem Tode nicht unterworfen, braucht daher niemals ersetzt zu werden, sondern manet sacerdos in perpetuum (V 4), und zwar als einziger und ein für allemal[62]. Um diesen Gegensatz geht es bei der Gegenüberstellung von Mehrzahl und Einzahl. Auf der einen Seite verfügt der Tod das prohiberentur permanere (V 23), auf der anderen Seite erlaubt die Unsterblichkeit das maneat in aeternum.

24 Von Jesus wird gesagt, daß er διὰ τὸ μένειν αὐτόν *wegen seines Bleibens* ein dem levitischen entgegengesetztes Priestertum hat[63]. Dieses »Bleiben« ist klare semantische Opposition zu κωλύεσθαι παραμένειν (V 24) und wird durch πάντοτε ζῶν präzisiert (V 25). Jesus unterliegt nicht dem Todesgeschick, sondern sein Sterben bedeutet die Entmachtung des Todes (2,14) und war für ihn selbst der Durchgang zur Herrlichkeit (2,9f). Und das bestimmt nun auch den Charakter seiner ἱερωσύνη als ἀπαράβατος *unwandelbar, unvergänglich.* Er hat ein Priestertum inne, das in Ewigkeit bleibt (6,20; vgl. 7,3)[64].

ἀπαράβατος Das seltene, biblisch sonst überhaupt nicht vorkommende Wort ἀπαράβατος gebrauchen die Griechen, um die *Unabänderlichkeit* des Schicksals (z.B. Plut De Fato 1 [II 568D]) oder die Unabänderlichkeit der Gestirnkonstellation (z.B. Plut Def Orac 3 [II 410F]), des Nomos (Plut Quaest Conv IX 14,6 [II 745D]) oder der Frömmigkeit zu bezeichnen (z.B. Jos Ap 2,293)[65]. Und Epiktet weiß die Tugend eines unabänderlichen menschlichen Beschlus-

[62] Zur parakletischen Funktion der Aussage vom *ewigen* Priestertum s. Gräßer, Glaube 212–214.

[63] Ἔχει hier mit soteriologisch gefüllter Bedeutung wie 4,14 und 10,19. S. I 243 mit Anm. 12.

[64] Weiß 416.

[65] Weitere Belege bei Schneider, ThWNT V 738f. Ebd. und Moult-Mill 53; Preisigke Wört I 155f auch Beispiele für *unabänderlich* als t.t. der Rechtssprache. Vgl. auch Braun 219f; Weiß 416 Anm. 159. – Daß LXX, Philo, Test XII und Apostolische Väter das Wort nicht haben, wird gerne als auffällig notiert.

ses zu schätzen (ἀπαραβάτως ἐμμένειν, Diss 2,15,1)[66]. Ein solcher Begriff fügt sich natürlich in das dualistische Denken des Hebr ausgezeichnet ein: Was ἀπαράβατος ist, gehört zu den Dingen, die sich nicht wandeln, also himmlisch, ewig oder »gottheitlich« sind[67]. Jesu Priestertum ist demnach »not simply one that is not passed on; it is, as part of the eternal realm, absolute«[68].
Mit ὅθεν *daher* wird wie 2,17 und 3,1 die logische Schlußfolgerung aus dem 25a
bisher Gesagten gezogen: Als unvergänglicher Priester hat Jesus die Macht (δύναται wie 2,18)[69], *sogar*[70] *für immer zu retten* oder – so The New English Bible – *to save absolutely*. Σῴζειν *das* messianische *Heil gewähren, zum Heil führen*[71] meint umfassend das durch den Sohn vermittelte Heil Gottes, dessen zentraler Inhalt der καθαρισμός (1,3), die *Sündenvergebung* ist (s. I 96). Das neue Priestertum Jesu vermag also, was das levitische nicht konnte: zur Vollendung zu führen (7,11.19). Als der erlöste Erlöser ist Jesus tatsächlich »Urheber ewigen Heils« (5,9)[72]. Und zwar ist das Heil zugleich Gegenwart (vgl. das σήμερον 3,15) und Hoffnung auf die zukünftige Vollendung (4,3 u.ö.). Darin trifft sich der Hebr mit Paulus: τῇ ἐλπίδι ἐσώθημεν (Röm 8,24)[73], freilich mit einer deutlichen Gewichtsverlagerung auf das *zukünftige* Hoffnungsgut[74]. Das Besondere des eschatologischen Heilstuns Jesu unterstreicht der Hebr, indem er σῴζειν mit der adverbialen Wendung εἰς τὸ παντελές auszeichnet[75]. Der Frage, ob das modal (*vollständig, vollkommen, gänzlich, unbegrenzt*)[76] oder

[66] Weniger gut paßt das bis auf Oecumenius (PG 119, 357B) und Theophylact (PG 125, 281C) zurückgehende Verständnis von ἀπαράβατος = ἀδιάδοχον *unübertragbar* (vgl. dazu Ellingworth* 125f), das auch Bengel (non transeuntum in successores, 891) und einige neuere Exegeten übernehmen (Moffatt 99; Spicq II 197; Lorimer* 386f, der ein angeblich korruptes ἀπαράβατος durch ἀμετάβατος »not passing to another« ersetzt, wozu jedoch kein Anlaß besteht; richtig Weiß 416 Anm. 159). Diese Wortbedeutung ist aber sonst nicht bezeugt und legt sich auch wegen πάντοτε ζῶν (V 25) weniger nahe; vgl. Schneider, ThWNT V 739,24–32.

[67] Braun 219; Attridge 209 mit Anm. 46, wo auf Plat Tim 37D und Corp Herm 11,4 verwiesen wird. Zur diesbezüglichen platonischen Tradition s. M.A. Williams, The Immovable Race: A Gnostic Designation and the Time of Stability in Late Antiquity, 1985 (NHS 29).

[68] Attridge 210.

[69] S. I 154f mit Anm. 324.

[70] Das steigernde καί gehört zu εἰς τὸ παντελές. Vgl. Bauer, Wb 798 (II.2.); Braun 220.

[71] Bauer, Wb 1592 (2.a.α.). Zum hebr. Äquivalent יֶשַׁע s. Fabry/Sawyer, ThWAT III 1035–1059, bes. 1043f. – Zum ntl. Befund vgl. W. Schrage, Heil und Heilung im Neuen Testament, EvTh 46 (1986) 197–214 (= in: Broer/Werbick [Hg.], »Auf Hoffnung hin sind wir erlöst« [s.u. Anm. 73], 95–117).

[72] Zur σωτηρία αἰώνιος im Rahmen des kosmologischen Dualismus des Hebr s. I 310f.

[73] S. dazu I. Broer / J. Werbick (Hg.), »Auf Hoffnung hin sind wir erlöst« (Röm 8,24). Biblische und systematische Beiträge zum Erlösungsverständnis heute, 1987 (SBS 128).

[74] Foerster, ThWNT VII 996f; Bultmann, Theologie 519.

[75] Die Begriffskombination nur 3Makk 7,16 vom »vollen Genuß der Rettung« (παντελὴς σωτηρίας ἀπόλαυσις) vor den Abtrünnigen (APAT I 134,16) und bei Philo, Agr 94.96; Migr 2. – Die adverbiale Wendung εἰς τὸ παντελές ntl. nur noch Lk 13,11. Vgl. auch Jos Ant 1,267; 3,264.274.

[76] So von den Älteren z.B. Bengel und Bleek, von den Neueren z.B. Riggenbach, Héring, Westcott und Strobel, von den Übersetzungen The New English Bible, die Zürcher

temporal (*für immer*)[77] zu verstehen ist, sind wir in diesem Falle enthoben[78]: Dem Hebr ist die doppelte Bedeutung gerade recht[79]. Der *für immer* Rettende ist zugleich der *vollständig* Rettende[80]. Der Absolutheit des Priesteramtes Jesu (ἀπαράβατον ἔχει τὴν ἱερωσύνην, V 24) und seiner ewigen Dauer (Ps 110,4) entspricht eben ein priesterliches Handeln, das durch »Totalität« ausgezeichnet ist[81].

Heilsempfänger ist nicht einfach jedermann, Heilsempfänger sind die προσερχόμενοι δι' αὐτοῦ τῷ θεῷ. Wo das Heil und seine Vermittlung als Kultmysterium dargestellt werden, erscheinen die πιστεύσαντες (4,3) – niemand anders ist gemeint[82] – als *Herzutretende*[83] *durch ihn* (Jesus)[84] *zu Gott*. Das ist eine präzise Beschreibung dessen, was der christliche Gottesdienst ist. Denn in der ἐπισυναγωγή *Versammlung* (10,25) ereignet sich das Herzutreten als Teilhabe an der himmlischen Festversammlung (12,22f), wodurch Antizipation des eschatologischen Heils geschieht – der einzige für Christen noch zulässige und nötige Kult, den der Hebr konzediert (s. I 260)[85].

Bemerkenswert ist die Exegese Calvins zur Stelle[86]: »Durch die eigene Unwürdigkeit ist jeder von dieser Gemeinschaft ausgeschlossen. Uns sie zu verschaffen, uns die Hand zu reichen, um uns in den Himmel zu führen, das ist das eigentliche Amt des Mittlers. Auch hier haben wir eine Anspielung an die Vorbilder des Gesetzes. Der Hohepriester nämlich trug, wenn er ins Heiligtum ging, die Namen und Abbilder der zwölf Stämme auf Schulter und Brust, während das Volk selbst im Vorhof zurückblieb. Wir aber gelangen im Glauben bis in den Himmel, indem wir uns auf Christus, unsern Mittler stützen. Kein Vorhang mehr ist uns im Wege, Gott offenbart sich uns frei und ladet uns liebreich ein, ihm vertrauend zu nahen.«

Bibel und Wilckens, NT 790. Bleek II/2 397 beruft sich unter Anziehung von Textbeispielen auch auf die Etymologie, wonach unser Begriff zur Wortgruppe τελ- gehört.

77 So z.B. Vg., die syr. und kopt. Übersetzung, von den Älteren z.B. Thomas, Luther und Calvin, von den Neueren die meisten Kommentatoren, z.B. Delitzsch, Windisch, Strathmann, Hegermann, Weiß, auch Thompson, The Beginnings 126 und die EÜ. Ein Spiegelbild der Diskussion bei Hughes 269 Anm. 35. Sprachliches bei Ditt Or 642,2; PLond III 1164,11; Weiß 416 Anm. 162.

78 Die außerbiblische Gräzität belegt beide Bedeutungen; vgl. Delling, ThWNT VIII 67f; Braun 220; Attridge 210 Anm. 57.58.

79 Gewollte Doppeldeutigkeit vermutet Attridge 210 auch 2,5–9.10–18; 3,1–6 (ebd. Anm. 59).

80 Delling, ThWNT VIII 68,20f; so auch Michel 276; Spicq II 197; Braun 220; Attridge 210.

81 Delling, ThWNT VIII 68,22.

82 Calvin, CR 83, 94: hac periphrasi fideles designat. – Auch Weiß 417.

83 Zum Begrifflichen s. I 257–260, bes. Anm. 143; Löhr, Umkehr 218–232.

84 Nach V 19 geschieht dasselbe Nahen zu Gott δι' ἐλπίδος (Braun 220). Dem Ausdruck nach erscheint Jesus bzw. die Hoffnung als Vermittler (instrumentales διά). Der Sache nach aber ist das priesterliche Handeln Christi (μεσίτης, 8,6!) Ermöglichungsgrund für das Nahen, womit angedeutet wird, daß »jede menschliche Leistung entbehrlich gemacht, jede Mittelinstanz ausgeschaltet« bleibt (Oepke, ThWNT II 66,22f). Ähnlich Joh 10,9; 14,6; Röm 5,2. Vgl. Weiß 417.

85 Dibelius, Der himmlische Kultus 163; vgl. Rissi, Theologie 97–100.

86 CR 83, 94 (Übers. Lauterburg 85).

V 25b nennt abschließend noch einmal den entscheidenden Grund für die Totalität des rettenden Handelns Jesu, d.i. seine den unendlichen qualitativen Abstand zum Levi-Priestertum markierende Dauerhaftigkeit (Ewigkeit). Πάντοτε ζῶν ist Präzisierung von μένειν εἰς τὸν αἰῶνα (V 24). Ewiges Leben aber hat der himmlische Hohepriester nicht um seiner selbst willen, sondern um für die Seinen einzutreten (9,24). 25b

Ἐντυγχάνειν kommt in der bestimmten Bedeutung *sich anklagend* (so zumeist, vgl. Röm 11,2; Apg 25,24) oder *fürbittend an jemanden wenden* erst in der späteren griechischen Literatur sowie in den atl. Apokryphen und den christologischen Kontexten des NT vor[87]. Fürbitte ist eine primär priesterliche Funktion (2Makk 15,12; Weish 18,21f; Yom 4,2; 6,2; 7,1; vgl. Hebr 2,17; 4,15), aber auch das Privileg der Märtyrer (vgl. Jes 53,12; 2Makk 7,37f; 4Makk 6,28f). Als *himmlische* Fürsprecher Israels bei Gott kennt das Judentum die *Engel*[88]. Philo spricht vom Logos als ἱκέτης *Fürsprecher* in interzessorischer Funktion. Auf der Grenze zwischen Schöpfer und Schöpfung stehend, ist er »einerseits der Fürsprecher des stets hilfsbedürftigen Sterblichen bei dem Unvergänglichen, andererseits der Abgesandte (πρεσβευτής) des Herrschers an den Untertan« (Her 205). VitMos 2,134 heißt es im Zusammenhang der Ausdeutung der Priesterkleidung: »Denn wer dem Vater des Weltalls zum Priester geweiht war, mußte unbedingt dessen an Vortrefflichkeit äußerst vollkommenen Sohn [= Logos?] zu seinem Fürsprecher (παράκλητος) nehmen, sowohl zur Vergebung der Sünden als auch zur Bitte um Gewährung unerschöpflichen Glücks.«[89] ἐντυγχάνειν

An solche Vorstellungen anknüpfend, steht ἐντυγχάνειν neutestamentlich wie vom stellvertretenden Eintreten des Heiligen Geistes bei Gott (Röm 8,26f), so Hebr 7,25 und Röm 8,34 vom stellvertretenden Eintreten Christi[90]. Das hier wie da stehende ὑπὲρ ἡμῶν zeigt an, daß geprägte Formulierungen vorliegen[91]. Die einzige Sachparallele findet sich in den Parakletsprüchen des Johannesevangeliums (14,16.26; 15,26; 16,7; 1Joh 2,1)[92].

[87] Die Belege bei Wettstein II 61; Bauer, Wb 545; Bauernfeind, ThWNT VIII 243f; Braun 221; Attridge 211 Anm. 63.

[88] Bill. II 560–562.

[89] Vgl. Windisch, Die Frömmigkeit Philos 51. Riggenbach 209 Anm. 83 hebt Philos kosmologisches Interesse (»Der Logos überbrückt den metaphysischen Gegensatz zwischen dem Unendlichen und dem Endlichen«) deutlich ab von dem soteriologischen Interesse des Hebr.

[90] Vgl. Wilckens, Röm, EKK VI/2 161f.174f; Löhr, Umkehr 58f.

[91] Bauernfeind ThWNT VIII 244,9–12; vgl. auch Wilckens (s. Anm. 90) 174 Anm. 784. – Zum Traditionshintergrund (geprägtes ἐντυγχάνειν ὑπέρ) vgl. Hahn, Christologische Hoheitstitel 233f; Gourgues, A la droite 53–57; Weiß 418 mit Anm. 169.

[92] Zur Sache vgl. N. Johansson, Parakletoi. Vorstellungen von Fürsprechern für die Menschen vor Gott in der alttestamentlichen Religion, im Spätjudentum und Urchristentum, Lund 1940; O. Betz, Der Paraklet. Fürsprecher im häretischen Spätjudentum, im Johannesevangelium und in neu gefundenen gnostischen Schriften, 1963 (AGSU 2); R. Le Déaut, Aspects de l'intercession dans le judaisme ancien, JSJ 1, 1970, 35–57; R. Zorn, Die Fürbitte im Spätjudentum und im Neuen Testament, Diss. Göttingen 1957. Vgl. auch Löhr, Thronversammlung 185–205; Weiß 418.

Mit V 25b ist die Argumentation von c. 7 abgerundet und zu ihrem Ziel gebracht[93]. Bemerkenswert daran ist, daß auch hier wie in c. 2 die hohe Christologie wiederum in parakletische Theologie ausmündet: Jesus semper vivens ad interpellandum pro nobis (Vg.). Durch das interzessorische Wirken des erhöhten Christus geschieht beides: eine die Gewißheit der eschatologischen Hoffnung garantierende *Platzhalterschaft* zur Teilnahme am σαββατισμός in der himmlischen Katapausis (4,3f; vgl. 2,9; 6,19f) *und* aktueller *Nothelferdienst* für die angefochtenen Christen (2,18; 4,16), zu dem auch die Vergebung gelegentlicher gegenwärtiger Sünden gehört (2,17)[94]. Denn solange das Gottesvolk noch irdisch wandert, bleibt es von der εὐπερίστατος ἁμαρτία *der leicht bestrickenden Sünde* umstellt (12,1) und ist die ὑποστολή *das Zurückweichen* (10,39) die von der ἀσθένεια ständig wachgehaltene Möglichkeit. Dauernd in der Entscheidung zwischen πίστις und ἁμαρτία, zwischen gehorsamem Bleiben unter der Verheißung im Verbund des wandernden Gottesvolkes oder »Ungehorsam der Verheißung gegenüber und Abfall von ihr, der Wanderschaft und dem Gottesvolk«[95], wird der Fürsprecher am Thron Gottes zum unverzichtbaren Helfer gegen den Trug der Sünde (3,13). Seine Fürbittetätigkeit überbrückt »die Zwischenzeit zwischen Kreuz und Parusie«[96].

Fürsprecher

Die Bedeutung der Fürsprecherschaft Jesu im Hebr ist umstritten[97]. Findet wie in 1Joh 2,1 eine aufgrund des einmaligen Sühnopfers wirkungskräftige Fürsprache in bezug auf die Sünden der Christen statt[98]? Oder geht es um das rettende Eintreten für die in eschatologischem πειρασμός angefochtene Gemeinde[99]? Vielleicht ist auch das eine (falsche) Alternative, die der Hebr so nicht kennt[100]. Der zur Rechten Gottes erhöhte Sohn, der mit seinem einmaligen Kreuzesopfer den lebendigen Weg zu Gott eröffnet hat (10,19f), sorgt als fürsprechender himmlischer Hoherpriester auch dafür, daß dieser Weg trotz aller Schwäche und Anfechtung der Wandernden bis ins Ziel führt. Denn mit nicht weniger als einem σῴζειν εἰς τὸ παντελές gibt er sich zufrieden. Kein κατακρινῶν kommt dagegen auf, daß der erhöhte Gekreuzigte uns bei Gott mittlerisch vertritt (Röm 8,34)[101]. Der Berechtigungsgrund dieser intercessio pro nobis »ist

[93] Loader, Sohn 146.

[94] Mit Bultmann, Theologie 518 gegen Hay, Glory 150: »The intercession ... is a matter of salvation«.

[95] Käsemann, Gottesvolk 27.

[96] Braun 221 mit Verweis auf Gräßer, Glaube 212.

[97] Dazu bes. Loader, Sohn 147.

[98] Also Applikation des kultischen ἐφάπαξ. So die Mehrheitsexegese von Delitzsch 308 über Westcott 215 und Vanhoye, Situation 381f bis hin zu Braun 221.

[99] Also Applikation der universalen Herrschaft des erhöhten Sohnes, ähnlich der des eschatologischen Menschensohnes. So Klappert, Eschatologie 34f mit Anm. 68 und ähnlich auch Riggenbach 208f; Loader, Sohn 147; Hay, Glory 149f.

[100] Vgl. Weiß 417f; auch Hegermann 159 weist in diese Richtung: »Diese Aussagen unseres Textes sind weitgespannt, sie greifen über alle noch kommenden Glaubensprüfungen, auch über die erwartete Parusie und über die noch bevorstehenden letzten Erschütterungen hinaus auf das Ende selbst, in welchem allein das für immer Bleibende bestehen wird.«

[101] Zur intercessio Christi in der alten Dogmatik und damit zur Wirkungsgeschichte vgl. Barth, KD IV/1 346–348.

Christi ein für allemal hinieden geleistetes Sühnopfer, ihr Antrieb seine in die Gemeinschaft unserer Schwächen und Leiden eingegangene gottmenschliche Liebe, ihr Hergang seine nicht blos stumme, sondern fürbittend beredte Selbstdarstellung vor Gott als des Erlösers im Hinblick auf alle einzelnen Erlösten und alle einzelnen Fälle ihrer Hülfsbedürftigkeit, ihre Frucht die fortwährende Wahrung ihres Gnadenverhältnisses zu Gott und fortgehende Beseitigung jeder Trübung, welche der Schattenwurf der Sünde in dasselbe hineinbringt.«[102]

c *Der Lobpreis auf den himmlischen Hohenpriester 7,26–28*

26 **Denn ein solcher Hoherpriester ziemte uns auch: heilig, ohne Falsch, makellos, getrennt von den Sündern und in größere Höhen erhoben als die Himmel,** 27 **der es nicht Tag für Tag nötig hat, wie die Hohenpriester, zunächst für die eigenen Sünden Opfer darzubringen, sodann für die des Volkes; denn das hat er ein für allemal getan, indem er sich selbst darbrachte.** 28 **Denn das Gesetz macht Menschen zu Hohenpriestern, die mit Schwachheit behaftet sind, das Wort der eidlichen Versicherung dagegen, die zeitlich nach dem Gesetz erfolgte, einen für alle Ewigkeit vollendeten Sohn.**

Das Beweisziel von c 7 – Jesu Melchisedekpriestertum ist dem levitischen nach Art und Wirkung überlegen – ist mit V 25 erreicht. Aber der Hebr krönt das Ganze noch mit einer »concluding rhapsody«[1] bzw. mit einem »liturgischen Abschluß«[2], der diese Höherwertigkeit noch einmal hinsichtlich der Person (V 26), der Funktion (V 27) und der Legitimation (V 28) herausstreicht. In der sprachlichen Form (Alliteration, Isokolon, Assonanz und Chiasmus) gleicht unser Stück dem Eingang (V 1–3), zwingt aber hier sowenig wie dort zu der Annahme, daß ein hymnisches Fragment – »möglicherweise aus Melchisedek-Material«[3] – vorliegt. Ein literarisch herausgehobener Abschluß ist unserem Verf. ohne weiteres selbst zuzutrauen[4]. In der Sache ist der Abschnitt nicht nur Zusammenfassung all dessen, was bisher über den Hohenpriester gesagt wurde (vgl. 2,5–18; 4,14–5,10 und c. 7)[5], sondern ebensosehr auch Überleitung zu den folgenden Kapiteln, in denen das an Lev 16 orientierte Versöhnungswerk des himmlischen Hohenpriesters zentrales Thema wird[6]. Von Melchisedek ist jedenfalls von jetzt ab nicht mehr die Rede. Analyse

[102] Delitzsch 308.
[1] Attridge 212 mit Verweis auf Moffatt 101.
[2] Windisch 67.
[3] Braun 222; Windisch 67; vgl. Zimmermann, Hohepriester-Christologie 27; ders., Bekenntnis 85f; Theißen, Untersuchungen 23–25. Windisch 67 zählt alle drei Verse zu einem vorgegebenen Hymnus, Michel 278 nur V 26. Vgl. noch Schenke/Fischer, Einleitung II 250f (V 25f als Vorlage); Rissi, Theologie 86f (V 25b.26 als Vorlage).
[4] Vgl. Schille, Erwägungen 84 Anm. 4; Deichgräber, Gotteshymnus 178; Laub, Bekenntnis 33; Hegermann 159; Attridge 212; Nissilä, Hohepriestermotiv 114–116; Weiß 419f.
[5] v. Soden 55; Weiß 419. – Vanhoye, Structure 134f hebt vor allem die Verbindung mit c. 7 hervor: V 28bα lenkt zu V 20, V 28bβ zu V 11 und V 3 zurück.
[6] Vanhoye, Structure 135f. – Zur strukturellen Einheit des Abschnittes s. Dussaut, Synopse 62–64.

Erklärung Das einleitende τοιοῦτος versammelt das vorher Gesagte in sich (γάρ) und
26a blickt zugleich auf das noch zu Sagende voraus: *Ein derartiger*[7] Hoherpriester war nötig, damit die bisher nicht bewerkstelligte τελείωσις (V 11.19) realisiert werden konnte. Ἔπρεπεν hat hier ganz den gleichen Sinn wie 2,10. Drückte es dort das Gott Konveniente aus (s. I 126f), so hier das, was für die ἡμεῖς, das sind im Hebr immer die Christen, *geziemend* oder *passend ist*[8]. Das biblisch seltene πρέπειν (10mal Altes Testament, 7mal Neues Testament) macht aus dem Satz eine oratio paradoxa (Bengel): Da die zu Erlösenden unheilige, fehlerhafte, befleckte Menschen sind, bedürfen sie *auch (καί)*[9] oder *in der Tat*[10] eines entsprechend unterschiedenen Hohenpriesters[11]. Das zu ἔπρεπεν gehörende καί[12] unterstreicht also die »Kongruenz zwischen der Art des Hohenpriesters und dem Bedürfnis der Menschen«[13]. Nos enim coniungere Deo non potest nisi qui ad Deum pertingit[14]. Nur ein τελειωθείς kann der himmlische Sachwalter des irdisch noch wandernden Gottesvolkes sein (5,9). Allein der Sündlose kann Sünder erlösen[15]. Es entspricht dem rationalen Grundzug des Hebr oder besser gesagt: »der inneren ›Logik‹ des Heilswillens Gottes (ähnl. 2~10.17~ 7~12~ 8~1-3~ 9~22f~)«[16], mit πρέπειν die »Zweckdienlichkeit«[17] des Hohenpriestertums Jesu herauszuheben. Solche »Logik« ist ein Element seiner paraklettisch gezielten Theologie: Gottes Heilsgabe für uns ist deswegen »geziemend, angemessen« für uns, weil sie genau auf das eingeht, was not tut. Daß der Erlöser und die zu Erlösenden kongruieren, ist ein starker Antrieb für diejenigen, die der »Ruhe« erst zustreben[18] und darüber müde geworden sind.

Abweichend von Ps 110,4, aber in Übereinstimmung mit den Psalmumschreibungen in 5,10; 6,20 ist jetzt statt vom ἱερεύς wieder vom ἀρχιερεύς die Rede. Das kann freilich nicht beweisen, daß unser Verf. die früher entstandene Hohepriestervorstellung erst *nachträglich* mit Ps 110 in Verbindung gebracht hat[19]. Denn selbst wenn 3,1 ein Hinweis darauf sein sollte, daß ἀρχιερεύς schon vor dem Hebr zu einer Bekenntnisformulierung für Jesus gewor-

7 Bauer, Wb 1637 (2.a.β.); vgl. Lane I 191. – Kurtz 242; Bleek II/2 401; Weiß 420 u.a. möchten τοιοῦτος nur rückbezüglich verstehen. Doch 8,1 und 1Kor 5,1; Phlm 9 zeigen, daß beides sein kann; vgl. Westcott 193; Kuß 103.

8 Bauer, Wb 1401; Schlatter 336; Braun 222. – Weiß 420f reißt eine (im Sinne des Hebr!) unnötige Alternative zwischen Logik und Heilsnotwendigkeit auf.

9 Καί steht also adverbial. BDR § 442,23: »Wir haben einen solchen Hohenpriester, ja bedürfen eines solchen.« – Vielleicht, weil sie καί als Konjunktion mißverstehen, lassen C Ψ 𝔐 co es wie in V 22 aus. Vgl. auch Weiss 192 Anm. **; Braun 222; Attridge 206 Anm. 7.

10 Attridge 206 (»indeed«).

11 Bengel 891. Der Gegensatz zu 2,14–18; 4,15f (Windisch 67) löst sich auf, wenn beachtet wird, daß Hebr dem Schema von Erniedrigung (Gleichheit) und Erhöhung (Unterschiedenheit) folgt.

12 Manche (z.B. Theißen, Untersuchungen 28) ziehen es fälschlich zu ἡμῖν: »Auch wir ... bedürfen«.

13 Braun 222. Ihm folgt Weiß 420f.

14 Calvin, CR 83, 95.

15 Kurtz 242. Auch Philo zeichnet das Ideal des sündlosen Hohenpriesters: SpecLeg 1,230; Som 1,218f. Vgl. R.A. Stewart, The Sinless High-Priest, NTS 14 (1967/68) 126–135, bes. 131–135. Weiteres bei Weiß 421 Anm. 177 und 178.

16 März 51.

17 Lünemann 251.

18 Braun 222; vgl. Attridge 212.

19 Gegen de Jonge, Traditie 10f; Feld, ANRW 3575.

den ist[20], so bleibt doch auffallend, daß dies nirgends direkt bezeugt ist. Das legt die Annahme nahe, daß der Hebr die Hohepriesterchristologie exegetisch *selbst* entfaltet hat (s. I 151.161f)[21], wobei er Ps 2,7 und Ps 110,4 verbindet (4,14; 5,5.6; 7,28)[22] und zugleich Lev 16 mit Ps 110,4 und Gen 14,17–20 zusammendenkt. Die gottheitlichen Züge Jesu sieht unser Verf. analog dem Melchisedekbild, die hohepriesterlichen analog dem Bild Aarons[23]. Und weil unser Textabschnitt den Themawechsel vom priesterlichen Wesen zum priesterlichen Tun vorbereitet, rückt der *Hohepriester* des großen Versöhnungstages in den Blick, während Melchisedek daraus verschwindet.

Eine Prädikationskette von fünf Gliedern legt dar, inwiefern Jesus der für uns 26b.c.27.28
passende Hohepriester ist. Er ist beides in einem, vollkommener Hoherpriester und vollkommene Opfergabe. Diese Einheit von Opfer und Priester bewirkt die eschatologische Versöhnung, die dem bisherigen Hohepriestertum wegen seiner menschlichen Fehlbarkeit und Schwäche nicht möglich war[24].

Der uns geziemende Hohepriester ist ὅσιος, ἄκακος, ἀμίαντος. Das betrifft 26b.c
seine kultische Integrität. Die auffälligerweise unverbunden nebeneinanderstehenden Attribute hat Bengel in ein Schema zu bringen versucht: ὅσιος pius in respectu ad Deum (*heilig in Ansehung Gottes*), ἄκακος sine vitio secundum se (*ohne Untugend, in Ansehung seiner selbst*) . . ., ἀμίαντος nil labis trahens a ceteris hominibus (*unbefleckt von anderen Menschen*). Und er fügt sogleich kommentierend hinzu: »Alle diese Prädikate zusammengenommen bilden eine Umschreibung des ersten: *heilig*, und werden erst recht klar, wenn man sich erinnert, wie der levitische Hohepriester sich auf das Versöhnungsfest vorzubereiten hatte, da derselbe in der *Abgeschiedenheit* (in solitudine) und an einem *erhabenen Ort* (loco editio) sich aufhalten mußte. Unser Hoherpriester mußte gar unberührt bleiben von der Sünde, und, nachdem Er für Einmal den Tod geschmeckt, auch vom Tode«[25].

Die für Jesus geltend gemachte kultische Integrität orientiert sich am levitischen Reinheitsgebot. Danach schließt rituelle Unreinheit oder körperliches Gebrechen zwingend vom Altardienst aus (Ex 30,19–21; Lev 10; 21,10–23; Jos Ant 19,332).

Zu den Prädikationen im einzelnen: ὅσιος, von Menschen gesagt, heißt *fromm, gottes-* ὅσιος
fürchtig (atl. besonders oft im Psalter, z.B. 30,5; 31,24 u.ö.; ntl. 1Tim 2,8; Tit 1,8), auf

[20] Braun 71 mit Schille, Erwägungen 104; Käsemann, Gottesvolk 124f; Zimmermann, Hohepriester-Christologie 10; Nomoto, Herkunft 10; Theißen, Untersuchungen 37–41.48–52.

[21] Vgl. Laub, Bekenntnis 96–104. Jedenfalls ist Jesus »Hoherpriester in Modifikation und Konflikt, nicht im Anschluß an die jüdischen Hohepriestergesalbtenerwartungen der Zeitenwende«. So richtig Karrer, Der Gesalbte (s.o. S. 19 Anm. 76) 344.

[22] Vgl. Schweizer, ThWNT VIII 391; Zimmermann, Bekenntnis 51.

[23] Delitzsch 309f.

[24] Dazu sehr gut J. Blank, Art. Priester/Bischof A. Religionsgeschichtlich-bibeltheologische Perspektive, in: Neues HThG 3 (1985) 411–428: 424f.

[25] Bengel 891f (Übers. Werner 649f).

Gott bezogen wird es mit *heilig* übersetzt (Offb 15,4; 16,5 [= Dt 32,4]). In ψ 15,10 ist ὅσιος Übersetzung von חָסִיד, das ist der, welcher חֶסֶד übt, der *Treue*, der *Fromme* (davon später abgeleitet die Ἀσιδαῖοι oder Hasidäer, die konservativ-religiöse Partei der Makkabäerzeit, vgl. 1Makk 2,42)[26]. Dafür, daß der Begriff ursprünglich *kultisch* gebraucht wurde (= *rein, gefeit*), spricht, daß sich Mysten der orphischen Mysterien so genannt haben (Plat Resp 2,363C; Phaedr 69C; Aristoph Ra 335)[27]. Vom ὅσιος-Sein Jesu spricht das Neue Testament nur Apg 2,27; 13,34f (= ψ 15,10) und Hebr 7,26. Es ist an unserer Stelle Ausdruck für sein Sohn-Sein (V 28; vgl. c. 1f), das ihn nahe an Gott heranrückt, ja, selbst Gott sein läßt (1,8).

ἄκακος Die folgenden Prädikate begründen und erläutern das jeweils vorangehende, wodurch die Aufzählung in dem letzten Prädikat ihre Spitze hat[28]. Ἄκακος *arglos, ohne Falsch, nicht böse, unschuldig* gehört eher der klassischen als der biblischen Gräzität an (nur 15mal im AT, und zwar zumeist in der sapientialen Literatur, z.B. Hiob 2,3; 8,20; 36,5; Spr 1,4.22; 2,21; Weish 4,12; im NT nur noch Röm 16,18; auch in den atl. Pseudepigraphen kommt es nur 3mal vor)[29]. Die gerne gegebene Auskunft, damit trete bei Jesus zur kultischen auch die sittliche Integrität hinzu[30], ist modern gedacht. In biblischer Zeit bedingte eines das andere. Daß Jesus in keiner Weise dem Bösen zugetan war, das macht ihn zu einem *Zadiq*. Vielleicht ist ἄκακος an unserer Stelle ein anderer, kürzerer Ausdruck für πεπειρασμένος ... χωρὶς ἁμαρτίας (4,15b)[31]. Jesus hat in allen Versuchungen standgehalten, d.h. er war sündlos (s. I 256f). Chrysostomus verweist auf Jes 53,9: οὐδὲ εὑρέθη δόλος ἐν τῷ στόματι αὐτοῦ[32].

ἀμίαντος Ἀμίαντος *fern von jeder Befleckung*, ebenfalls ein in der biblischen Gräzität selten vorkommendes Wort[33], läßt gleichwohl am stärksten an die kultische Integrität, vor allem des Priesters, denken. War dieser unrein geworden – z.B. durch Berührung von etwas Unreinem (Leichnam, Lev 21,1.11; Aas, Lev 11,24; unreine Tiere, Lev 11,26; 22,5; Kranke, Lev 15,7; blutflüssige Frauen, Lev 15,19), durch Beischlaf mit einer unreinen Frau (Lev 15,33) oder durch Kontakt mit Heidnischem (Joh 18,28; vgl. 2Kor 7,1) –, konnten kultische Waschungen die für den Altardienst vorgeschriebene rituelle Reinheit wieder herstellen (Lev 21,11.17; Jos Ant 3,276–279; Philo, Fug 108f; Spec Leg 1,113; 249f)[34]. Denn es gilt der Grundsatz: »Heilig soll er (der Priester) dir sein, denn ich bin heilig, der Herr, der euch heiligt« (Lev 21,8). Ἀμίαντος auf den Hohenpriester Jesus bezogen meint also, daß er uneingeschränkt kultfähig ist, daß er den interzessorischen Priesterdienst am himmlischen Allerheiligsten »unbefleckt«, also rein, ohne jede Profanierung *vollgültig* ausübt.

κεχωρισμένος In diesem Sinne kann auch das κεχωρισμένος ἀπὸ τῶν ἁμαρτωλῶν *getrennt von den Sündern* verstanden werden. Denn Sünder sind ganz allgemein solche, die Gottes Hei-

26 Zum Begriff ὅσιος s. Bleek II/2 402f; Bauer, Wb 1185; Hauck, ThWNT V 488–491; Zum חָסִיד s. Ringgren, ThWAT III 83–88. – Zu den Hasidäern (Chasidim) s. M. Hengel, Judentum und Hellenismus, ²1973 (WUNT 10), 319–381.

27 Cremer-Kögel, Wb 822; Michel 279 Anm. 1.

28 Cremer-Kögel, Wb 730.

29 Das betreffende Material aus der klassischen und hellenistischen Literatur bei Wettstein II 99; Bleek II/2 403; Braun 223; Grundmann, ThWNT III 483; Spicq, Notes III 13–15.

30 Zuletzt Attridge 212.

31 Cremer-Kögel, Wb 557f; vgl. Weiß 421.

32 PG 63, 106. So auch Oecumenius und Theophylact. S. Bleek II/2 403.

33 LXX 5mal, NT außer Hebr 7,26 und 13,4 (das unbefleckte Ehebett) noch 1Petr 1,4; Jak 1,27. Vgl. Hauck, ThWNT IV 650; die klassischen und hellenistischen Belege bei Braun 223. Zur Philo-Nähe *aller* genannten Begriffe s. Weiß 421 Anm. 177.178.

34 Attridge 213 mit Anm. 97.

ligkeit mißachten, seinen Weisungen nicht folgen und ihm die Ehre schuldig bleiben. Den Kontakt mit ihnen zu meiden ist Kennzeichen des Gerechten (= des Frommen; vgl. Ps 1,1; 140,5 [= 1Clem 56,5]; Sir 11,9; 13,17; Weish 4,10; TestLev 4,2; Barn 4,2). In der Distanz zu Sündern bewahrt nicht nur der Priester, aber er besonders, die rituelle Reinheit. Deshalb sondert man »sieben Tage vor dem Versöhnungstag den Hohenpriester von seinem Haus ab . . . nach der Halle der Vorsitzenden (Yom 1,1)«[35]. Wenn man zur Deutung des κεχωρισμένος κτλ. Hebr 12,3 heranzieht – Jesus hat auf Erden den Widerspruch der *Sünder* ertragen –, dann ist unser Sätzchen eine weitere Verdeutlichung der Sündlosigkeit Jesu, wie sie 4,15 beschrieben wurde. In der Distanz zu solchen, die der allzeit umstrickenden Sünde (12,1) erlegen sind, die ihm widersprechen, hat er durchgehalten und seinen Weg »in überhimmlische Höhen«[36] vollendet. Daher kann die Doppeldeutigkeit unseres Ausdrucks gewollt sein: Christus ist aufgrund seiner Eigenschaften (s. ὅσιος κτλ. im Vorhergehenden) sowohl von den Sündern schlechthin *unterschieden* als auch durch seine Erhöhung (s. das Folgende) gänzlich von den Sündern *geschieden*[37]. Das eine verhält sich zum anderen wie Grund und Folge. Davon, daß der »Freund von Zöllnern und Sündern« (Mt 11,19 par Mk 2,16f) »hier versunken« wäre[38], kann gar keine Rede sein. Daß Jesus sich in der Geschiedenheit von ihm widersprechenden Sündern als der kultisch integre, ja, als der überlegene Hohepriester erweist – »der Hohepriester der alten Ordnung konnte wohl äußerlich auf strenge Reinheit achten, rein von Sünde und somit abgesondert von den Sündern war er nicht«[39] –, ist die eine Seite, die ihn für eine immer neue Heiligung der Seinen qualifiziert, welche ja »mit der einmalig eschatologischen ἀθέτησις der Sündenmacht noch nicht ihrer geschichtlichen Versuchlichkeit und Schwäche entnommen« sind[40]. Die dazu nicht im Widerspruch stehende andere Seite ist die, daß sich der Sohn mit den Söhnen in irdischer Schwachheit und Versuchlichkeit zu einer Solidargemeinschaft zusammengeschlossen hat (2,5–18; 4,14–16), was ihn allererst zum barmherzigen Hohenpriester qualifizierte (2,17f). Calvin sieht richtig: »Abgesondert von uns wird er genannt, nicht als ob er uns aus seiner Gemeinschaft ausschlösse, sondern weil er das vor uns voraus hat, völlig frei zu sein von jeder Befleckung«[41]. Jesus nimmt sich der Sünder an, ohne selbst Sünder zu sein. Genau er »ziemte« uns, »weil uns ein anderer nicht hätte helfen können«[42].

Alle voranstehenden Prädikate in sich vereinend und sie als Höhepunkt abschließend, nennt das letzte Glied dasjenige, was Jesus in unverwechselbarer und einmaliger Weise für sein Hohepriesteramt qualifiziert. Das ist sein Platz zur Rechten Gottes. Als Heiliger im Sanctissimum, schlechthin abgehoben vom Irdischen, ganz der Welt Gottes zugehörig, eben heilig, unschuldig, makellos, getrennt vom Bereich sündiger Menschen, ist sein Priestertum allen Priestertümern überlegen. Ob man nun das ὑψηλότερος τῶν οὐρανῶν γενόμενο *höher als die Himmel erhoben* gnostisch deutet – in ὑψηλότερος

[35] Bill. III 696.

[36] So übersetzt Braun 222 ὑψηλότερος τῶν οὐρανῶν.

[37] Zu den beiden Möglichkeiten s. Bauer, Wb 1774 (2.c.). Die meisten Kommentatoren bis zu Braun 224, Lane I 192 und Attridge 213 verstehen es nur im Sinne einer räumlichen Distanz: durch die Erhöhung von den Sündern geschieden. Weiß 421f sieht beides.

[38] So Braun 224. Dagegen m.R. Weiß 422 Anm. 179.

[39] Hegermann 159.

[40] Käsemann, Gottesvolk 154.

[41] CR 83, 95 (Übers. Lauterburg 86).

[42] Schierse 69 mit Anm. 32.

Überwindung archontischer Mächte hat Jesus einen Ort noch außerhalb der Himmel erreicht (Eph 4,10; Hebr 4,14; NHC VII 70,21f; 71,13; IX 8f; vgl. Corp Herm 4,5; PsClem Recg 2,61,4)[43] – oder ungnostisch im Sinne der Merkabah-Esoterik – die genannten οὐρανοί sind dann identisch mit den 8,1; 9,23; 12,23.25 genannten »Himmeln«, und die Erhebung über sie ist zu verstehen als »Aussage über die unbeschreibliche Machtfülle, die Christus von Gott empfangen hat«[44] –, ist für das Verständnis dieser Stelle nicht so wichtig. Denn hier geht es um das *Ziel* der Himmelsreise (4,14; s. I 245f), d.i. ist das wahre Heiligtum im Himmel selbst (9,24). Die erreichte außerweltliche Position entscheidet über das eschatologische Hohepriestertum Jesu. Das lenkt zurück zu 5,9: Als der Erhöhte (τελειωθείς) erhält Jesus von Gott das Testat: Hoherpriester nach der Ordnung Melchisedeks[45].

27 Dem schlechthin überweltlich gewordenen Hohenpriester eignet mit dem höheren Rang auch eine quantitativ und qualitativ veränderte Opferpraxis[46]: Die Darbringung καθ' ἡμέραν gemäß alter Ordnung ist durch das eschatologische ἐφάπαξ seiner Selbsthingabe überflüssig gemacht.
Dieser Gegensatz scheint mit einer Ungenauigkeit erkauft zu sein: Die Sühnung *zuerst* der eigenen Sünden, *sodann* der des Volkes – in dieser Reihenfolge! –, das Joma-Opfer also, geschieht durch den Hohenpriester am großen Versöhnungstag (Lev 16,1–6.11.15–17; Bill. III 698; s. I 280–282 zu 5,3), und zwar einmal im Jahr (so richtig 9,7.25; 10,1.3)[47], aber nicht *Tag für Tag*[48]. Hingegen das Tamid-Opfer (Morgen- und Abendspeiseopfer, Ex 29,38–42; Num 28,3–8; Lev 6,20–23; Sir 45,14; Bill. III 696f) wird täglich für (selten durch) den Hohenpriester dargebracht (diese Ungenauigkeit auch schon 5,3; s. I 281), kann aber ausnahmsweise (an Festtagen) durch diesen selbst vorgenommen werden (Yom 2,3; Philo, Her 174; SpecLeg 3,131; Jos Bell 5,230; Ant 3,257)[49]. Es hat also den Anschein, als wolle Hebr zwei Opferriten vermengen. Damit stiftet er eine beträchtliche Konfusion, deren Auflösung die Kommentatoren

[43] Die οὐρανοί werden dabei als Zwischensphäre gedeutet (s. I 245 mit Anm. 37 und 38). Für Michel 281 »klingt Eph 4_{10} und Hebr 7_{26} wie ein apokalyptisch-gnostisches Zeugnis vom *Siegeszug* des Erhöhten«. Die gnostische Deutung unserer Stelle mit Material zuletzt bei Braun 224. – Zur Himmelsreise in der Gnosis s. Käsemann, Gottesvolk 52–58; Heldermann, Anapausis 22–31.

[44] Hofius, Vorhang 69 mit religionsgeschichtlichen Belegen. – Zur Uranologie des Hebr vgl. noch Cody, Heavenly Sanctuary 77–86.

[45] Delitzsch 312 könnte recht haben: Die ersten drei Attribute »heilig, ohne Falsch, makellos« zeichnen gegenbildlich zu Aaron die »hohepriesterliche ... reine Menschlichkeit«, die beiden anderen Attribute »getrennt von den Sündern, über die Himmel erhoben« gegenbildlich zu Melchisedek »die priesterlich-königliche ... Erhabenheit Christi«.

[46] Delitzsch 312.

[47] Zum Sühneritual des Jom Kippur s. Blank, Weißt du 43–53 (Lit.!).

[48] Καθ' ἡμέραν *täglich* (Bauer, Wb 825 [II.2.c.]) kann zur Ehrenrettung des Hebr nicht auf ὅς (= Christus hat nicht tägliche Opfer nötig) statt auf οἱ ἀρχιερεῖς bezogen werden (gegen Delitzsch 317f) und sollte auch nicht umgedeutet werden in »an jedem Tage, an welchem er nämlich zu opfern hatte« (Bill. III 698) oder »immer und immer wieder« oder »am bestimmten Tage im Jahreswechsel« (die Vertreter und ihre Widerlegung bei Delitzsch 313f; weiteres bei Riggenbach 212 Anm. 89).

[49] Ausführlich dazu Delitzsch 313–319. »Sühnung ist auch beim Morgen- und Abend-Tamid für Volk und Hohenpriester mitgedacht, bleibt aber unerwähnt. Anders als am Versöhungstag« (Braun 225).

sich bis heute viel Mühe kosten lassen[50]. Aber sie ist vergeblich und überflüssig! Nicht einmal die Auskunft, daß unser Verf. »keine eigene reale Anschauung von den Kultvorgängen in Jerusalem« hatte[51], ist nötig. Ob er sie hatte oder nicht, ist hier nämlich ebenso gleichgültig wie in 5,3 (s. I 281). Die torakonforme Korrektheit der Opferriten hat er gar nicht im Sinn, sondern die Gegensätzlichkeit des alten und des neuen Kultes will er herausstreichen[52]. Und dazu genügt völlig die bloß formale Parallelität: Die sündenanfälligen irdischen Hohenpriester[53] des alten Bundes waren *genötigt*[54], täglich für sich und das Volk Sündensühnung vorzunehmen[55], während der von der Sünde abgesonderte himmlische Hohepriester (4,15; 7,26; 9,14) das Opfer zugunsten der Gemeinde ἐφάπαξ *ein für allemal*, d.h. ohne Notwendigkeit des Wiederholens und für immer gültig getan hat, indem er sich selbst darbrachte[56]. Das gewichtig qualifizierende Adverb ἅπαξ/ἐφάπαξ ist ein Vorzugswort des Hebr (6,4; 9,7.26.27.28; 10,2; 12,26.27; 9,12; 10,10)[57], mit dem er einen Sachverhalt dualistisch werten kann: Einmaligkeit ist der Häufigkeit überlegen. Denn Einmaligkeit ist das Prädikat des ewig *Bleibenden* und *Wirksamen*, während Häufigkeit auf die Seite des irdisch *Vergänglichen* und *Unwirksamen* gehört; quia ubi repetitur purgatio, manent peccata[58]. Begründet wird die Überlegenheit der einmaligen Darbringung damit, daß es sich um ein Selbstopfer handelt (ἑαυτὸν ἀνενέγκας: Jesus hat sich selbst zum Opfer dargebracht[59]). Erstmals und nur im Hebr (s. noch 9,14.25) stoßen wir auf den Gedanken, daß Jesus in seiner Person verbindet, was sonst stets getrennt war: Priester und Op-

50 Zur Diskussion der meist unmöglichen Lösungsversuche s. Riggenbach 212–215; Michel 281–284. – Zur Sache vgl. Weiß 423f.

51 Braun 225 im Anschluß an Windisch 69; Michel 283; Kuß 104; Schröger, Schriftausleger 156 Anm. 1.

52 Richtig Braun 225: Vom täglichen Opfer ist die Rede, »damit der Abstand gegen das ἐφάπαξ Jesu besonders in die Augen fällt«. So auch Laub 97.

53 In D* steht der Singl. ὁ ἀρχιερεύς, den die Veränderung des Plur. θυσίας in den Singl. θυσίαν (so D P 630 *pc* r vg[mss]; Ambr Aug) nach sich gezogen haben dürfte. Dahinter mag die Erwägung stehen, daß Christus nicht Opfer in der Mehrzahl gebracht hat; vgl. Riggenbach 215 Anm. 97. – In P[46] vg[ms] ist θυσίας »per Schreibfehler ausgelassen« (Braun 225 mit Hinweis auf Zuntz, The Text 19).

54 Ἀνάγκην ἔχειν c. Inf. *wozu genötig sein* hält Delitzsch 313 für »lukanisch« (Lk 14,18; 23,17) – wohl, weil es sonst im NT fehlt. – Sprachliches bei Bauer, Wb 102 (1.); vgl. Stählin, ThWNT I 382f.

55 Θυσίας ἀναφέρειν = προσφέρειν θυσίας *Schlachtopfer darbringen* (5,1; s. I 272–274). Die ursprünglich unterschiedenen Verben προσφέρειν *zum Altar hinzubringen* (Mt 5,23; vgl. Hebr 11,4; Apg 7,42) und ἀναφέρειν *auf den Altar hinaufbringen* (Jak 2,21) gehen im späteren Sprachgebrauch ineinander über; vgl. Riggenbach 215 Anm. 98; Michel 283. – Die wichtigen Hss ℵ A I 33.365 *pc* sy[hmg] lesen denn auch statt ἀναφέρειν am Ende von V 27 προσφέρειν (in Angleichung an 5,7?); vgl. Braun 226; Attridge 206 Anm. 11; anders Riggenbach 215 Anm. 98.

56 Τοῦτο kann sich wegen der Sündlosigkeit Jesu nur auf das hohepriesterliche θυσίας ἀναφέρειν κτλ., nicht auch noch auf πρότερον κτλ., also die eigene Entsündigung, beziehen. Mit Delitzsch 318 und vielen anderen.

57 S. I 347f mit Anm. 10 und D.C.J. van Wyk, Die betekenis van hapax en efhapax in die Hebreerbrief, HTS 28 (1972) 153–164; Weiß 425.

58 Calvin, CR 83, 95. Zur Bedeutung von ἐφάπαξ s. Laub, Bekenntnis 233f.

59 Bauer, Wb 125 (2.).

fer[60]. Ob ἀναφέρειν *hinaufbringen* (statt προσφέρειν) bewußt gewählt ist, weil an das *Kreuz* gedacht ist (αὐτὸς ἀνήνεγκεν ... ἐπὶ τὸ ξύλον, 1Petr 2,24 in Anlehnung an Jes 53,4.12), kann man fragen[61]. Dann wäre hier bereits angedeutet, was die folgenden Kapitel zentral werden lassen, nämlich den Kreuzestod in seiner »doppelt gegliederten Ausrichtung«: Die μία θυσία bzw. προσφορά (10,12.14; vgl. 9,26.28), dieses einmalige Ereignis, bewirkte die grundlegende λύτρωσις (9,12.15) im καθαρισμὸς τῶν ἁμαρτιῶν (1,3), *und* es ist die Basis, auf der der himmlische Hohepriester »die immer neue Heiligung der Seinen« vollzieht (7,25; 10,14)[62].

28 Bevor der Hebr zu der Entfaltung dieser »Hauptsache« (8,1) übergeht, faßt er in Form einer abschließenden Begründung (γάρ) von V 27a den Inhalt von V 11–25 noch einmal zusammen[63]. Der Gedanke ist wesentlich der von V 20f. In der Sache geht es also noch einmal um den »Wechsel des Gesetzes« (7,12): Das auf das Irdische gerichtete frühere Gebot (7,18) bestellt mit Schwachheit behaftete Menschen zu Hohenpriestern[64]. Das Wort des Eidschwures *jedoch* (δέ; ein μέν fehlt diesmal), das zeitlich nach dem Gesetz geschehende (τῆς μετὰ τὸν νόμον), »mithin dieses aufhebend«[65], setzt einen ewig vollendeten Sohn ins Amt[66]. Statt vom »Priester in Ewigkeit« ist jetzt vom υἱὸς ... τετελειωμένος die Rede wie in 5,9f[67]. Dort war der »Hohepriester nach der Ordnung Melchisedeks« erstmals als Thema angekündigt. Jetzt wird es mit einem schwungvoll dorthin zurücklenkenden Bogen abgeschlossen: Der präexistente Sohn (1,2; wie dort steht auch hier υἱός ohne Artikel), der kurze Zeit unter die Engel erniedrigte und durch Leiden vollendete (2,9f), bleibt Priester für immer (7,3)[68]. Ein grandioser Schlußpunkt, den Bengel nachzuempfinden versucht:

60 Bleek II/2 410. – Zum anders gemeinten Selbstopfer des Hohenpriesters bei Philo, Som 2,183; All 1,82; SpecLeg 1,248 (der »Hohepriester« ist die Vernunft, deren Selbsthingabe an Gott Betätigung der Frömmigkeit ist) vgl. Riggenbach 216 Anm. 99; Williamson, Philo 437–443.

61 Delitzsch 313. Anders Kurtz 154–158; 245f: Es handelt sich um die himmlisch-hohepriesterliche Darbringung seines *Opferblutes.* Noch einmal anders Riggenbach 215: »Worin die Selbsthingabe Jesu besteht, bleibt hier noch unausgesprochen.« – Ἀναφέρειν, im Hebr synonym mit προσφέρειν gebraucht (5,1.3; 8,3f; 10,1.11f; 11,4), ist t.t. für das »Darbringen« von Opfern. Vgl. Weiß 423 Anm. 182.

62 Käsemann, Gottesvolk 154. – Zur Frage, was der Begriff des Opfers meint, ist wichtig Barth, KD IV/1 305–309.

63 Riggenbach 216 und die meisten; vgl. auch Vanhoye, Structure 134f.

64 I^{vid} D* *ex* latt? sy^{p} sa lesen (generalisierend?) ἱερεῖς; so auch schon wenige Minuskeln (323.945 *pc*) in V 27. Weil ψ 109,4 und c. 7 sonst durchweg nur vom ἱερεύς sprechen?

65 Vgl. de Wette 516. Das zeitliche Nacheinander von νόμος (Tora) und λόγος τῆς ὁρκωμοσίας (= die Verheißung von Ps 110,4) ergibt sich von daher, daß der Hebr den Ps 110 durch David vermittelt sieht; vgl. Bengel 892. Anders als in Gal 3,17 bedeutet hier das Nachher (der Verheißung) die Aufhebung des Vorher (des Gesetzes). Vgl. Calvin, CR 83, 96; Bengel 892.

66 Der 4,15 und 5,1–10 geltend gemachten Menschlichkeit Jesu wird damit nicht widersprochen; sie war nämlich Voraussetzung für den jetzt erreichten Status. Vgl. Delitzsch 319f.

67 In 5,5f sind die vollen Zitate, hier nur Ausschnitte aus ψ 2,7 und ψ 109,4 kombiniert. Vgl. Braun 226.

68 Vgl. Peterson, Perfection 118–125.

In aeternum manet sacerdos Jesus. Absolutis actibus, manet status[69]. Für das irdisch noch wandernde Gottesvolk ist das eine kräftige Ermutigung.

Selbstopfer

Das Selbstopfer Jesu macht den entscheidenden Unterschied zwischen ihm und allen anderen Priestern und Hohenpriestern aus. »Die höchste und bezeichnendste Funktion des Priesters ist eben die Darbringung des *Opfers. Dieser* Priester aber – hier zerbricht das Bild völlig, hier versagt auch die Melchisedek-Parallele – ist nicht nur der Opfernde, sondern selber auch das von ihm dargebrachte Opfer. . . Er bringt nicht etwas – und wäre es das Höchste –, er bringt schlicht sich selbst dar. Er vergießt also nicht ›fremdes‹ Blut, das von Böcken und Kälbern, um mit dessen Darbietung ins Heiligtum hineinzugehen (Hebr. 9,12.25). Sondern um sein eigenes Blut, um die Preisgabe seines Lebens zur Tötung geht es. Sich selbst hat er ›durch den ewigen Geist makellos Gott dargebracht‹ (Hebr. 9,14.23.26, vgl. 7,27; 10,12.14). Sich selbst als προσφορὰ καὶ θυσία (Eph. 5,2)! Er selbst ist das Lamm Gottes, welches der Welt Sünde hinwegträgt (Joh. 1,29) – ein ›untadeliges und unbeflecktes‹, d.h. ein zur Darbringung in dieser Absicht geeignetes Lamm, wie 1. Petr. 1,19 hervorgehoben wird. Er selbst wurde als unser Passah geopfert (1. Kor. 5,7). . . Eben weil *dieser* Priester, der der Sohn Gottes ist, das opfert: sich selbst, ist sein Opfer im Unterschied zu allen anderen wirksames, ein für allemal gültig vollzogenes: das eine ›ewige Erlösung‹ beschaffende (Hebr. 9,12) Opfer, das eigentliche wahre Opfer, wie der, der es darbringt, der eine, eigentliche, wahre Priester ist – die Erfüllung dessen, was mit allen Opfern gemeint ist und zugleich das Ende aller Opfer ebenso wie der, der es darbringt, den Begriff des Priesters erfüllt und zugleich die Existenz weiterer Priester überflüssig und unmöglich macht.«[70]

Zusammenfassung

Die Theologie kann in allen ihren Zusammenhängen nur in Annäherungen reden[71]. Um dem Sprache zu verleihen, was Gott in Christus *pro nobis* getan hat, greift unser Verf. auf kultische Vorstellungen zurück und wählt als Anschauungsform das, was die spätere altprotestantische Dogmatik das munus Christi sacerdotale genannt hat: Jesus Christus ist der Priester, der *eine* Mittler zwischen Gott und den Menschen (vgl. 1Tim 2,5). Wie mit anderen Sprechweisen im Neuen Testament, so ist auch mit dieser ein *hermeneutisches* Bemühen angezeigt: »Das Bild bezeichnet zwar die Sache. Aber die Sache ist größer und mächtiger als das Bild«[72]. Sprachgestalt und Sachverhalt liegen also nicht einfach ineinander.

Kap. 7 eröffnet das zentrale Mittelstück 7,1–10,18 und liefert die Begründung für die in Kraft getretene ganz neue Ordnung: Nicht in Äußerlichkeiten, sondern von Grund auf ist die Lage verändert dadurch, daß *Gott selbst* das tut, was zur Beseitigung der Sünde, zur Aufhebung des Zwiespalts geschehen

[69] Bengel 892: »Jesus bleibet Priester in Ewigkeit. Was zu thun war, ist gethan; der Stand bleibt« (Übers. Werner 650; vgl. Attridge 215).

[70] Barth, KD IV/1 305.

[71] Ebd. 301.

[72] Ebd. 303.

muß. Er läßt 1. seinen Sohn als vollkommenen Priester an die Stelle aller menschlichen Priester treten, der 2., indem er sich selbst opfert, das vollkommene, die Beseitigung der Sünde tatsächlich bewirkende Opfer an die Stelle aller von Menschen dargebrachten Opfer setzt[73].

1. Der Schriftbeweis dafür, daß Jesus ein Priester ganz anderer Art ist, nämlich himmlischen Wesens, königlich und immerdar lebend, um für die Seinen Fürbitte zu tun, wird mit der Melchisedek-Parallele geführt, dieser sonderbarsten aller Vätergeschichten. Der Hebr läßt den Priesterkönig von Salem, diesen merkwürdigen »Fremdling«, noch einmal ganz anders »aus einem merkwürdigen Inkognito«[74] heraustreten, nämlich als einen Priester, der »nicht nach der Vorschrift eines fleischlichen Gebotes, sondern nach der Kraft unzerstörbaren Lebens« (7,16) die Heilsgüter des »höchsten Gottes« vermittelt. Darin ist er dem Sohn Gottes ähnlich gemacht. Josuttis hat recht: Wenn der Hebr auf Melchisedek, »diese Gestalt aus der Urzeit«, zurückgreift, dann lockt er damit nicht in ein Traumland. »Für ihn ist das Reich des Melchisedek, seine überisraelitische, übergeschichtliche, überstaatliche Herrschaft jetzt schon Realität. Melchisedek, Herrscher von Gottes Gnaden, ist das Urbild jener Herrschaft, die der ewige Sohn an der Seite des Vaters im himmlischen Jerusalem ausübt. Also nicht zurück mit der Phantasie in die abgründige Tiefe der Urzeit, sondern hinauf in die himmlische Stadt, hinauf an den Thron Gottes, um den herum die Engel und Erzengel das Lob der göttlichen Herrlichkeit singen.« Und zwar singen sie es »über den Menschenopfern der heidnischen Zeit, über den Gaskammern von Auschwitz . . .: Jesus Christus, Du Sohn Davids, Du Herr über Abraham. In Dir hat sich die ganze menschliche Schreckensgeschichte erfüllt. Alle religiöse Sehnsucht, alle politische Machtgier sind ans Ende gekommen. Du bist Priester aller Priester, König aller Könige, Bruder und Führer aller Männer und Frauen.«[75]

2. Dieser Priester ist aber nicht nur der Opfernde, sondern selber auch das von ihm dargebrachte Opfer. »Auf den Plan trat in Jesus Christus *der* Priester, der mitleidend mit den Unwissenden und Irrenden, selbst mit Schwachheit behaftet (Hebr. 5,2), ›indem er der Sohn war, in seinem Leiden Gehorsam lernte‹ (Hebr. 5,8) und eben so als ›heilig, frei vom Bösen, unbefleckt, von den Sündern geschieden‹ sich bewährte (Hebr. 7,26): ›auf gleiche Weise versucht wie wir, aber ohne Sünde‹ (Hebr. 4,15) – der *eine* handlungsfähige Priester also.«[76] Unter der Norm des fleischlich ausgerichteten Gebotes kann nichts zur Vollendung kommen. Mit dem fleischlichen Nomos will der Mensch von sich aus aufbauen. In der Kraft unauslöschlichen Lebens aber richtet sich seine Hoffnung allein auf das, was Gott bereits begonnen und in Jesus seine sichere Bürgschaft hat. »Gott selbst nimmt die Sache des Menschen in die Hand und

[73] Ebd. 307.309.

[74] G. v. Rad, Das erste Buch Mose. Genesis Kapitel 12,10–25,18, 1952 (ATD 3), 152.

[75] Josuttis, Über alle Engel 74f. Nach 7,3 ist Melchisedek allerdings nicht »Urbild«, sondern Abbild.

[76] Barth, KD IV/1 310.

entnimmt sie den Händen, die sie unter ernsten Anläufen oft genug zum Ziel zu führen versucht haben, aber in ihr nicht bestanden. Dies: immer wieder versuchen und nicht dafür ausreichen, ist überall vorhanden, wo menschliches Priestertum das Fundament der Religion bildet. So hat der Hebräerbrief mit Recht in der Auseinandersetzung der reformatorischen Kirchen mit dem Katholizismus eine Rolle gespielt«[77].
Und was die Prädikabilität dieses Textes anbetrifft, so kann man sich wiederum Josuttis anvertrauen: »Wenn der Hebräerbrief das Ende der Opferzeit proklamiert, dann geht es ja nicht nur um eine Reformation der Religion, um die Abschaffung des Opferkults in den Gottesdiensten. Sondern dann ist die Weltgeschichte zu Ende. Dann brauchen keine Söhne und keine Töchter, keine Tiere und keine Könige mehr zu sterben, damit die Welt wieder in Ordnung kommt und damit das Leben weitergehen kann.
Wenn auf Golgatha der erste und einzige Priester das letzte und einzige Opfer vollbracht hat, dann ist die Geschichte, wie sie weitergegangen ist, und dann ist die Art, wie wir leben, absurd. Dann ist es ohne Bedeutung, ob wir für ein Land, für eine Idee, für das Geld, für den Ruhm, für andere Menschen das Leben geben. Dann ist die Art, wie wir leben, und die Tatsache, daß wir so leben müssen, von Grund auf verkehrt.
Natürlich hat auch der Hebräerbrief diesen unheimlichen Widerspruch wahrgenommen. Auf Golgatha das Ende der Opfergeschichte. Der erste und einzige Priester gibt sich als letztes und einziges Opfer. Aber die Weltgeschichte mit ihrem Opfergesetz ist weitergegangen. Wir opfern andere. Wir opfern uns selbst.
In seiner fremden, schwer zugänglichen Symbolsprache sagt der Hebräerbrief: Er, der Priester, der Sohn, der sich am Stamm des Kreuzes für uns geopfert hat, Er ist bei Gott und bittet um unsere Erlösung.
Er bittet jetzt und in der Stunde unseres Todes.«[78]
Und auch dies bleibt noch zu bedenken: Was vordergründig wie antijudaistische Polemik aussieht, ist in der Sache doch etwas anderes, nämlich eine theologisch grundsätzliche Reflexion über Vorläufigkeit und Endgültigkeit des Heils. Der Gegensatz ist nicht der von Judentum und Christentum. Der Gegensatz ist der von Himmel und Erde, wofür die τάξις Μελχισέδεκ und die τάξις Ἀαρών als Symbole aufgeboten werden. Der 7,16 formulierte Gegensatz bildet die entscheidende Aussage unseres Textes: Die »Vorschrift eines fleischlichen Gebotes« bindet das Heil noch immer an menschliches Tun, verweist die Heilsfrage noch immer dorthin, wo sie definitiv nicht lösbar ist, in den Bereich des Irdisch-Vorfindlichen. Erst wo das Heil den Menschen von jenseits ihrer in der Kraft unzerstörbaren Lebens zukommt, ganz und gar Gottes Gabe ist, erst da ist die Heilsfrage für immer gelöst. Es geht nicht um die ganz andere, es geht um die »bessere« Hoffnung (7,19). Die alte Ordnung

77 Loew 57.

78 Josuttis, Über alle Engel 83.

hat nichts zur Vollendung gebracht; aber »Abbild und Schatten« (8,5) der neuen ist sie doch. Sie ist Verheißung, aber nicht Erfüllung; sie ist Wahrheit, entbehrt aber der Wirklichkeit; sie ist ἀνάμνησις ἁμαρτιῶν (10,3), aber nicht deren ἄφεσις (10,18)[79].

II Der Dienst des Hohenpriesters 8,1–10,18

1 *Der alte und der neue Bund 8,1–13*

Literatur: Attridge, H.W., The Uses of Antithesis in Hebrews 8–10, HTR 79 (1986) 1–9; *Beaude*, Sacerdoce 1329–1332; *Ego, B.*, Im Himmel wie auf Erden. Studien zum Verhältnis von himmlischer und irdischer Welt im rabbinischen Judentum, 1989 (WUNT 2/34); *Gräßer*, Der Alte Bund 95–115; *Hofius*, Vorhang 50–60; *ders.*, Das »erste« und das »zweite« Zelt. Ein Beitrag zur Auslegung von Hbr 9,1-10, ZNW 61 (1970) 271–277; *Hurst, L.D.*, How ›Platonic‹ are Heb. viii.5 and ix.23f.?, JThSt 34 (1983) 156–168; *Kilpatrick, G.D.*, Διαθήκη in Hebrews, ZNW 68 (1977) 263–265 (= *ders.*, The Principles and Practice of New Testament Textual Criticism, 1990 [BEThL 96], 448–452); *Kutsch, E.*, Neues Testament – Neuer Bund? Eine Fehlübersetzung wird korrigiert, Neukirchen-Vluyn 1978; *Laub*, Bekenntnis 203–207; *Loader*, Sohn 148–151; *Lehne, S.*, The New Covenant in Hebrews, 1990 (JSNT.Suppl.Ser. 44); *Levin, Chr.*, Die Verheißung des neuen Bundes in ihrem theologiegeschichtlichen Zusammenhang ausgelegt, 1985 (FRLANT 137); *Luz*, Der alte und der neue Bund; *MacRae, G.W.*, Heavenly Temple and Eschatology in the Letter to the Hebrews, Semeia 12 (1978) 179–199; *Omanson, R.L.*, A Superior Covenant: Hebrews 8:1–10:18, RExp 82 (1985) 361–373; *Parsons, M.C.*, Son and High Priest: A Study in the Christology of Hebrews, EvQ 60 (1988) 195–216; *Pretorius, E.A.C.*, ΔΙΑΘΗΚΗ in the Epistle to the Hebrews, Neotest. 5 (1971) 37–50; *Riggenbach, E.*, Der Begriff διαθήκη im Hebräerbrief, in: FS Th. Zahn, Leipzig 1908, 289–316; *Rissi*, Theologie 55–59; *Rose*, Verheißung 72–80; *Sabourin, L.*, ›Liturge du sanctuaire et de la tente véritable‹, NTS 18 (1971/72) 87–90; *Schröger*, Schriftausleger 159–168; *Thomas, K.J.*, The Old Testament Citations in Hebrews, NTS 11 (1964/65) 303–325; *Vanhoye, A.*, La structure centrale de l'Épître aux Hébreux (Hébr. 8,1–9,28), RSR 47 (1959) 44–60; *ders.*, De epistola ad Hebraeos. Sectio centralis (Cap. 8–9), Rom 1965; *Wilcox, M.*, ›According to the Pattern (TBNYT) . . .‹: Exodus 24,40 in the New Testament and Early Jewish Thought, RdQ 13 (1988) 647–656; *Wolff, Chr.*, Jeremia im Frühjudentum und Urchristentum, 1976 (TU 118); *Wolmarans, J.L.P.*, The Text and Translation of Hebrews 8:8, ZNW 75 (1984) 139–144.

1 **Hauptsache aber bei dem Gesagten (ist): Wir haben einen solchen Hohenpriester, der sich zur Rechten des Thrones der Majestät in den Himmeln gesetzt hat,** 2 **ein Diener am (himmlischen) Allerheiligsten und am (ganzen) wahren Zelt, das der Herr errichtet hat, nicht ein Mensch.**

[79] Vgl. Barth, KD IV/1 306.

3 **Jeder Hohepriester nämlich wird zum Darbringen von Gaben und Op-**
fern eingesetzt; daher ist es notwendig, daß auch dieser etwas hat, was er
darbringen soll. 4 **Befände er sich nun auf Erden, so wäre er nicht ein-**
mal Priester, da es hier schon solche gibt, die gemäß dem Gesetz die Ga-
ben darbringen, 5 **welche (allerdings) an einem Abbild und Schatten der**
himmlischen Dinge ihren Dienst tun, wie denn Mose, als er daranging,
das Zelt zu errichten, die göttliche Weisung empfing:

> **»Sieh zu«, heißt es nämlich, »daß du alles nach dem Urbild ausführst,**
> **das dir auf dem Berge gezeigt wurde!«**

6 **Nun aber hat er einen um so erhabeneren (Priester-)Dienst erlangt, als**
er auch Mittler eines besseren Bundes ist, der auf Grund besserer Verhei-
ßungen gesetzlich festgelegt worden ist.
7 **Denn wenn jener erste (Bund) untadelig wäre, würde nicht Raum für**
einen zweiten gesucht werden. 8 **Denn sie tadelnd sagt er:**

> **»Siehe, es kommen Tage – spricht der Herr –,**
> **da will ich mit dem Haus Israel**
> **und mit dem Haus Juda einen neuen Bund schließen,**
> 9 **nicht nach der Art des Bundes, den ich mit ihren Vätern geschlossen**
> **habe**
> **an dem Tage, als ich sie bei ihrer Hand nahm,**
> **um sie aus dem Land Ägypten herauszuführen;**
> **denn sie sind nicht bei meinem Bund geblieben,**
> **und darum habe ich mich auch nicht mehr um sie gekümmert –**
> **spricht der Herr.**
> 10 **Denn das ist der Bund, den ich mit dem Hause Israel schließen**
> **werde nach jenen Tagen – spricht der Herr:**
> **Ich werde meine Gesetze in ihren Sinn geben**
> **und werde sie in ihre Herzen hineinschreiben,**
> **und ich werde ihr Gott sein,**
> **und sie werden mein Volk sein.**
> 11 **Und keiner wird mehr seinen Mitbürger**
> **und keiner seinen Bruder belehren und sagen: Erkenne den Herrn!**
> **Denn alle werden mich kennen,**
> **vom Kleinsten bis zum Größten unter ihnen.**
> 12 **Denn ich werde gnädig sein gegen ihre Ungerechtigkeiten,**
> **und ihrer Sünden werde ich nicht mehr gedenken.«**

13 **Indem er von »einem neuen« (Bund) spricht, hat er den ersten für ver-**
altet erklärt. Was aber veraltet ist und greisenhaft, das ist dem Untergang
nahe.

Analyse

Hatte c. 7 die *Person* Christi beschrieben, so beginnt in 8,1 eine bis 10,18 reichende zusammenhängende Beschreibung seines hohepriesterlichen *Werkes* (λειτουργία, 8,6), die sich mittels literarischer Klammern als Ausführung der

in 5,9f gegebenen Ankündigung zu erkennen gibt[1]. »Eine neue Idee taucht in diesem Abschnitt nicht auf, sondern wir haben nur die Durchführung des Vorhergehenden an der Hand des AT. Materials«[2]. Als vollendeter Sohn übt Jesus sein Hohepriestertum am himmlischen Allerheiligsten aus, ist als solcher Mittler eines besseren Bundes, der mit seinem Selbstopfer das endgültige Heil bewirkt hat. Die Beschreibung dieser »Hauptsache« (8,1)[3] geschieht in drei Abschnitten: (1) c. 8 faßt zunächst den besonderen *Ort* (Sühnestätte) der »Liturgie« ins Auge, (2) c. 9 ihre *Ausführung* (Sühnemittel) und (3) c. 10 ihr *Ergebnis* (Sühnewirkung). Das Verfahren bleibt das gleiche wie in c. 7: typologische Parallelisierung der alten und der neuen Ordnung, wobei eine Serie von Antithesen (Fleisch/Geist, Erde/Himmel, viele/einer) besonders auffällt[4].
Unser erster Abschnitt (c. 8) fungiert als thematische Exposition des Folgenden[5]. Er handelt vom wahren Heiligtum (8,1–5 vgl. mit 9,1–14.23–28), vom neuen Bund (V 6–13 vgl. mit 9,15–22) und vom notwendigen Opfer (V 3 vgl. mit 10,1–18). Der Aufbau des Textes, der (a) zuerst vom alten und neuen Priesterdienst (V 1–6), dann (b) vom alten und vom neuen Bund handelt (V 7–13)[6], ist im einzelnen sehr kunstvoll[7]: V 1–2 nennen das Thema des neuen Abschnitts: Jesus ist der im Himmel amtierende königliche Hohepriester[8]. V 3–13 liefern die Begründung für diese Verlagerung von der Erde in den Himmel: Christus kann nur im himmlischen Allerheiligsten Hoherpriester sein, da er dem gesetzlich verfaßten irdischen Priestertum gar nicht entspricht (7,14). In dualistischer Wertung ist der irdische Priesterdienst nämlich nur ein ungenügender Schattendienst (V 3–5)[9]. Als Bürge eines höherstehenden Bundes (7,11–25) hat Jesus jedoch einen erhabeneren Dienst übernommen (V 6). Dieser als vorgeschobene These gedachte Satz wird im folgenden durch Auslegung von Jer 31,31–34 exegetisch erhärtet (V 7–13). Der Beweisgang besteht aus Concessum (V 7), Schriftbeweis für die Nichterfüllung der Bedingung des Concessum (V 8–12) und einer auf V 7 zurückweisenden Conclusio (V 13)[10].
Daß urchristliche Ansätze einer kultisch ausgesagten Heilsbedeutung des Todes Jesu weiterentfaltet werden, kann man mit guten Gründen sagen (vgl. Röm 3,25 ἱλαστήριον; 1Kor 11,25 καινὴ διαθήκη; Mk 14,24 τὸ αἷμά μου τῆς

[1] Nachweis bei Vanhoye, Structure 138–161; vgl. ders.*, La structure centrale 46–56. Kritisch dazu M. Gourgues, Remarques sur la »structure centrale« de l'Épître aux Hébreux, RB 84 (1977) 26–37: 28–31; Attridge* 1–9. Zur Diskussion vgl. Lane I 202–204.

[2] Schweitzer 30.

[3] Im Gegensatz zu einem breiten Konsens sieht Lindars, The Rhetorical Structure 406 den Höhepunkt des Briefes nicht in dem Lehrstück 7,1–10,18, sondern in der großen Exposition des Glaubens 10,19–12,14. Anders m.R. MacLeod, The Doctrinal Center passim.

[4] Attridge* passim.

[5] März 51; vgl. Weiß 429f.

[6] Attridge* passim.

[7] Zum folgenden s. bes. v. Soden 57–59. NA[26] hebt die Sinnabschnitte im Druckbild richtig hervor.

[8] So Westcott 212 wegen der Anspielung auf Ps 110,1 (sitzend zur Rechten der Majestät).

[9] v. Soden 58.

[10] Ebd. 58f.

διαθήκης)[11]. Dagegen sind Apologetik oder Polemik nach irgendeiner Richtung nicht erkennbar[12]. Paraklese bleibt der beherrschende Gesichtspunkt: »Es geht um die Begründung von Heilsgewißheit für Sünder«[13].

a *Exposition: Alter und neuer Priesterdienst 8,1–6*

Erklärung 1

Durch die zwischenzeitliche Formulierung des κεφάλαιον (*Hauptsache*, »chief or main point«[14]) stellt der Verf. ein weiteres Mal sein rhetorisches Format unter Beweis: Er unterbricht für den Augenblick die Explikation des λόγος τέλειος und lenkt die Aufmerksamkeit der Hörer auf das, was bei seinen theologischen Erörterungen (ἐπὶ τοῖς λεγομένοις)[15] das Wichtigste ist.

κεφάλαιον

Die Satzeröffnung mit einem vorangestellten Nom. abs.[16] hebt die Zäsur stark hervor: κεφάλαιον, ein biblisch nur selten vorkommendes Wort[17], ist der übrigen Gräzität vertraut als Resümee einer Sache (summa summarum)[18], z.B. Aristot Metaph 7(8),1 (1042a 3f): ἐκ δὴ τῶν εἰρημένων συλλογίσασθαι δεῖ, καὶ συναγαγόντας τὸ κεφάλαιον τέλος ἐπιθεῖναι, als Hauptpunkt unter anderen (τὸ δὲ μέγιστον)[19] und als Hauptsache (caput rei)[20]. Von τὰ κεφάλαια ist z.B. die Rede, wenn durch Allegorese der den Mythen zugrundeliegende *Hauptgedanke* herausgefunden werden soll. So Plut Is et Os 20 (II 358e): ταῦτα σχεδόν ἐστι τοῦ μύθου τὰ κεφάλαια; vgl. Pind Pyth 4,116: κεφάλαια λόγων[21]. Ganz ähnlich spricht der Hebr vom κεφάλαιον des Gesagten. Er resümiert nicht, kennzeichnet nicht einen Hauptpunkt, führt auch nicht etwas Neues ein, »das d. Bisherigen d. *Krone aufsetzt*«[22], sondern er nennt das praecipuum[23], das »Wesentliche ..., dem alles Andere als sich daraus von selbst ergebend untergeordnet« ist[24], das,

11 Hegermann 162.

12 Conzelmann, Heiden 239 Anm. 121. Einschränkend Hegermann 161f: Der Hebr wende sich *implizit* »gegen die theologia gloriae der jüdisch-alexandrinischen Mose- und Aaron-Spekulationen und begegnet der zugehörigen jüdisch-alexandrinischen AT-Exegese auf ihrem eigenen Felde und mit ihren eigenen Mitteln«. Nur, wo läge das Motiv für einen solchen Streit?

13 Hegermann 161; Gräßer* 105.

14 Moult-Mill 342; vgl. Lane 204: »the crowning affirmation«.

15 Das Part. praes. blickt weder auf gerade Gesagtes zurück noch auf gleich zu Sagendes voraus, sondern lenkt den Blick auf die res disputata (Calvin, CR 83, 96), den insgesamt in Rede stehenden Gegenstand. Vgl. Riggenbach 219 mit Anm. 6 und die meisten.

16 Als grammatische Form auch Röm 8,3 und 1Petr 3,8. Vgl. noch Weish 16,17; Philo, Post 19; Jos Ap 1,36.

17 LXX 7mal, atl. Pseudepigraphen 2mal, im NT nur noch Apg 22,28 in der anderen Bedeutung *Geldsumme*.

18 Luther, WA 57/3, 195,8, vgl. 43,6f: summa et conclusio omnium. So haben viele der Älteren gedeutet, z.B. Erasmus 961; Calvin CR 83, 96 (»scopus«). S. Lünemann 257.

19 So deuten z.B. Schulz 204 und Lünemann 257.

20 Z.B. Menand Georg 75; Thuc 4,50,2; Isoc 4,149; Plat Phaed 44 (95B). Weitere Belege bei Wettstein II 411; Moult-Mill 342; Bauer, Wb 874; Bleek II/2 416f und Williamson, Philo 123–129.

21 G. Stählin, Art. μῦθος, ThWNT IV 783,24–31.

22 So Cremer-Kögel, Wb 597 und Graf 159.

23 Bengel 892.

24 Bleek II/2 419.

»worauf es ... ankommt«[25]. Schon die Lateiner haben das κεφάλαιον so verstanden – caput (r) bzw. capitulum (d Vg) –, und die meisten in der Neuzeit folgten ihnen.

Hauptsache des λόγος παρακλήσεως (13,22), des ganzen Hebr also, ist der zur Rechten Gottes inthronisierte Hohepriester Jesus, der dadurch Mitregent und »Fürbitter in Gottes nächster Nähe«[26] ist, also Hoherpriester von allerhöchster Qualität.
Die Wendung ἔχειν ἀρχιερέα kam bereits 4,14 vor (s. I 243). Wie dort erklärt sich auch hier ihr soteriologischer Zuspruch aus dem, was der in Ewigkeit vollendete Sohn hohepriesterlich mit seinem einmaligen Selbstopfer für die Seinen bewirkt hat – Aufhebung der Sünde (9,26) und damit freien Zutritt zum Thron der Gnade (4,16; 10,19f) – und was er fürbittend für sie tut (7,25; 9,24). Und wie 4,14 ist auch jetzt die mit der Himmelfahrt erreichte königliche Hoheit des Sohnes konstitutiv für die Hoheit seines priesterlichen Amtes[27]. Entsprechend liegt der Akzent auf der Erhöhung, die in Anlehnung an Ps 110,1 und unter deutlichem Rückgriff auf 1,3c[28] als »Sitzen zur Rechten des Thrones der Majestät (μεγαλωσύνη)[29] in den Himmeln« umschrieben wird (s. I 65f), d.h. »der auferstandene Christus setzt sich rechts neben Gott selbst auf den ›Thron der Herrlichkeit‹ (*kisse^c hak-kabôd*), der sich über der Merkaba, dem Thronwagen mit den vier Tieren, erhebt. Er erhält so die unmittelbarste Gottesgemeinschaft, die für einen Juden vorstellbar war«[30]. Anders als 7,26, wo der Plural οὐρανοί »die niederen Sphären der Himmelswelt« meint, bezeichnet er hier *die Himmelswelt* insgesamt (= ἐν ὑψηλοῖς 1,3)[31]. Daß unser Verf. das Priesteramt des Christus sedens in coelo[32] als caput rei bezeichnet, versteht sich bei seiner *kulttheologischen* Neuauslegung der Erniedrigungs-/Erhöhungschristologie als Hineingehen ins Allerheilig-

[25] Braun 227; vgl. Weiß 431.

[26] Graf 159.

[27] Vgl. Delitzsch 322.

[28] Wie dort lesen dann auch 33 vg^mss; Eus ὑψηλοῖς statt οὐρανοῖς. Dagegen 365 *pc* haben οὐρανίοις, was auch sonst für die sessio ad dexteram steht (Eph 1,20) und hier Angleichung an 8,5 sein könnte. Zum traditionsgeschichtlichen Problem des »Sitzens zur Rechten Gottes« vgl. M. Hengel, Psalm 110 und die Erhöhung des Auferstandenen zur Rechten Gottes, in: FS F. Hahn, Göttingen 1991, 43–73, bes. 57–66; Gourgues, A la droite de Dieu, bes. 114–118.

[29] Der Vergleich von 8,1 mit 12,2 einerseits, 1,3 mit 10,12 andererseits lehrt, daß μεγαλωσύνη = גבורה Umschreibung des Gottesnamens ist (Hofius*, Vorhang 59 Anm. 65). Hofius sieht sich damit »speziell in den Bereich altjüdischer Märkabhah-Esoterik« verwiesen, zumal weil vom θρόνος τῆς μεγαλωσύνης die Rede ist (ebd. 74 und ders., Katapausis 176 Anm. 316 mit über Bill. I 1006f hinausgehenden Belegen: hebrHen 15B,1.3.5; 28,3.9 und TestAdam 1,9; 2,9). Aber einem LXX-Theologen vom Format unseres Verf.s dürften solche Sprachbildungen ein Kleines gewesen sein. Zu גבורה (μεγαλωσύνη) in der LXX s. 1Chr 29,11; Ps 150,2 und weitere Belege bei Michel 102 Anm. 2.

[30] Hengel (s. Anm. 28) 47; ders., »Setze dich zu meiner Rechten!« Die Intronisation Christi zur Rechten Gottes und Psalm 110,1, in: M. Philonenko (Hg.), Le Trône de Dieu, 1993 (WUNT 69), 129–152, bes. 132.138 mit Anm. 83.

[31] Hofius*, Vorhang 51.59 und ihm folgend Braun 227f.

[32] Manche (z.B. Braun 229) nehmen am *sitzend* vollzogenen Kultdienst Anstoß. Unnötig, denn die sessio ad dexteram hebt auf die Intensität und nicht auf die Form der Nähe zu Gott ab.

ste (9,11f)[33]. Denn dann ist der *Ort* der Liturgie, zumal wenn vom ϑρόνος τῆς μεγαλωσύνης die Rede ist, der ausschlaggebende Gesichtspunkt für die soteriologische Wertung des sacerdotium[34]. Er entscheidet zugleich über die völlige Andersartigkeit und Überbietung des Kultgeschehens einst (alter Bund) und jetzt (neuer Bund). Jenes hat nichts (7,19; vgl. 9,9; 10,1), dieses aber »die, die geheiligt werden, für immer zur Vollendung gebracht« (10,14).

V 2 präzisiert in diesem Sinne die in V 1b gemachte Aussage: Unser Ho- 2a
herpriester ist τῶν ἁγίων λειτουργὸς καὶ τῆς σκηνῆς τῆς ἀληθινῆς.

Der Begriff λειτουργός meint von Hause aus einen Dienstleistenden, einen Arbei- λειτουργός
ter (CIG I 181,21; Dio C 38,41,7), dann den Verwalter (Liturg) eines Staatsdienstes, hat aber auch in der außerbiblischen Literatur ganz gelegentlich schon einen religiösen Einschlag, z.B. wenn vom λειτουργὸς τῶν ϑεῶν die Rede ist (Dion Hal Ant Rom 2,2,3; 2,73,2). Paulus kann die heidnischen Beamten »Liturgen Gottes« nennen (Röm 13,6) und sich selbst λειτουργὸς Χριστοῦ Ἰησοῦ (Röm 15,16). Und Protev 44,14 (= 23,1) heißt es: Ἐγὼ λειτουργὸς ὑπάρχω ϑεοῦ καὶ προσεδρεύω τῷ ναῷ αὐτοῦ. Der Hebr erweist sich auch hier an der LXX orientiert, wo die Wortgruppe λειτουργός/λειτουργέω κτλ. vornehmlich für die priesterlichen Dienste am Heiligtum verwendet wird (Jes 61,6; 2Εσδρ 20,40 [= Neh 10,40]; Sir 7,30; vgl. Ep Ar 95; für das Verb vgl. Ex 28,35; 29,30 u.ö.)[35]. Aber die »Hauptsache« sieht der Hebr nicht darin, daß Jesus λειτουργός ist, sondern daß er es am himmli-
schen Sanctissimum (τὰ ἅγια) ist[36]. Im diesseitigen Zelt oder Tempel ist τὰ ἅγια τὰ ἅγια
das hinter dem zweiten Vorhang gelegene Allerheiligste (ἅγια τῶν ἁγίων, 3Βασ 8,6; vgl. 2Chr 4,22; 5,7; Philo, All 2,56; Hebr 9,3), das in Lev 16 häufig nur τὸ ἅγιον genannt wird (16,2.3.16.17 u.ö.; vgl. noch Ez 41,21.23; Jos Bell 1,152)[37]. Der Hebr folgt dieser Terminologie, ersetzt den Singular aber durch den Plural (9,8.12.24f; 10,19; 13,11[38]), der in der LXX nur vereinzelt für das Allerheiligste

33 S. dazu Laub* 207–221, bes. 212f. Das kultchristologische εἰσέρχεσϑαι will also nicht einfach einem im Himmel waltenden Hohenpriester das Wort reden, sondern es dient umfassender der Auslegung von Erniedrigung und Erhöhung im Sinne der Selbstdarbringung ἐφάπαξ (9,12.26.28; vgl. 7,27). Vgl. Laub* 236–239; ders., »Ein für allemal . . .« 81–83.

34 Ebd. 61.

35 Cremer-Kögel, Wb 668f; Bauer, Wb 956f; Schrenk, ThWNT III 263,18f: Λειτουργός kam als Übersetzung für כֹּהֵן nicht in Frage, »weil es außer der kultischen zuerst eine politische und gemeinnützige Bedeutung hat«. Vgl. Strathmann, ThWNT IV 236–238; außerbiblische Sprachbelege bei Braun 228f; Spicq, Notes I 475–481.

36 Luthers Übersetzung »heilige Güter« (WA DB 7, 360f) ist ebenso falsch wie das maskulinische Verständnis von τῶν ἁγίων bei Cyr Al Cramer Cat 575f; Theodoret, PG 82, 736A u.a. (s. Braun 228). Zur Diskussion vgl. Glombitza, Erwägungen (s. Lit. zu 10,19–25) 132–150; Swetnam, Hebrews 9,2 (s. Lit. zu 9,1–10) 205–221, bes. 217; Attridge 217 mit Anm. 17.

37 Die hell.-außerbibl. Sprachbelege bei Braun 228 und Preisigke Wört III 369. Vgl. Procksch, ThWNT I 87–97; Kornfeld/Ringgren, ThWAT VI 1179–1204; Michaelis, ThWNT VII 369–396, bes. 376–378.

38 Den Beweis findet Hofius*, Vorhang 57 Anm. 60 m.R. in 13,11, wo Lev 16,27 zitiert wird, der dortige Singular τὸ ἅγιον aber als Plural erscheint. Vgl. A.P. Salom, *TA HAGIA* in the Epistle to the Hebrews, AUSS 5 (1967) 59–70.

steht (Ez 41,21)[39]. In ntl. Zeit war das Allerheiligste im Jerusalemer Tempel ein quadratischer, völlig dunkler und leerer Raum von 4,40m Seitenlänge, der hinter dem »Heiligen«, d.i. der heilige Ort mitten auf dem Tempelplatz, lag und dessen Eingang durch einen Vorhang geschützt war. Er galt als Ort der göttlichen Gegenwart schlechthin[40].

Aber Jesus ist Diener nicht nur am Allerheiligsten, sondern auch τῆς σκηνῆς τῆς ἀληθινῆς *(an) der echten Stiftshütte*[41].
Die doppelte Ortsangabe ist auffällig, deutet aber erstmals die in c. 9 (bes. V 11f) wichtig werdende *Zweiteiligkeit* des himmlischen Heiligtums an[42]. Meist wird das verbindende καί explikativ gefaßt, τὰ ἅγια und ἡ σκηνή also als synonyme Begriffe angesehen[43]. Beide bilden aber eine zu unterscheidende Einheit, wie 9,11f beweist[44]. Τὰ ἅγια und ἡ σκηνή verhalten sich demnach wie Teil und Ganzes, Inneres und Äußeres, Sancta sanctorum und Sancta (9,2f)[45]. Gestützt wird diese Vermutung durch die offensichtliche Orientierung unseres Verf.s am Geschehen des großen Versöhnungstages (Lev 16). Dort hat nämlich die Wendung τὰ ἅγια καὶ ἡ σκηνή ihre Entsprechung[46]. Lev 16,20 z.B. ist davon die Rede, daß der Hohepriester die Sühnehandlung vollende »für das Allerheiligste (τὸ ἅγιον) und für das Zelt des Zeugnisses (σκηνὴ τοῦ μαρτυρίου)«[47]. Letzteres kann nicht nur den vorderen Raum der Stiftshütte meinen, sondern bezeichnet »das (ganze) Zelt«[48]. Ähnlich ist es Lev 16,16.33. Das bedeutet, daß der Hebr unter der σκηνὴ ἀληθινή »das himmlische Heiligtum in seiner Gesamtheit« versteht und unter τὰ ἅγια »das Allerheiligste dieses Heiligtums«[49].
Jesus ist also »Liturg« (Priester) im Sanctissimum des himmlischen Heiligtums. Die doppelte Ortsangabe könnte für seinen Priesterdienst bedeuten: Diener am Allerheiligsten heißt Christus als der uns mittlerisch in der unmit-

39 In der LXX wurde ἅγιος gegenüber ἱερός für die Wiedergabe von *qdš* bevorzugt (vgl. J. Barr, Bibelexegese und moderne Semantik, München 1965, 280–283), weil »die at.liche Heiligkeit auf der historisch erfahrenen Nähe des heiligen Gottes beruht, der Israel in der Gemeinschaft mit ihm zu einem ›heiligen Volk‹ gemacht hat« (Kornfeld, ThWAT VI 1202).

40 Léon-Dufour, Wb 85.213f. Die Übersetzung *Stiftshütte* (für אֹהֶל מוֹעֵד im AT) hat Luther eingeführt in Anlehnung an die mittelalterliche Unterscheidung zwischen Pfarr- und Stiftskirchen. In Hebr 8,5; 9,2f übersetzt er σκηνή mit *Hütte*.

41 Bauer, Wb 957 (2.).

42 Schierse, Verheißung 56. Anders sieht Weiß 432 hier die Zweiteiligkeit noch nicht betont, sondern erst 9,2f.

43 Lünemann 259. Für epexegetisches καί Hughes 281 Anm. 54; Bruce 180; Peterson, Perfection 130f.

44 Delitzsch 323.

45 Ebd. 327f; vgl. auch Hofius*, Vorhang 56f; Loader, Sohn 163; Attridge 218.

46 Hofius*, Vorhang 59f.

47 »Zelt des Zeugnisses« wird im Hebr nicht gebraucht. Zur Diskussion der entsprechenden Tradition in der atl. Forschung s. Janowski, Sühne 391 (s.v. אֹהֶל מוֹעֵד).

48 Hofius*, Vorhang 60.

49 Ebd.; vgl. Riggenbach 220. Zur Vorstellung eines himmlischen Heiligtums im Frühjudentum s. 1QH 12,2f; TestLev 5,1; äthHen 71; slHen 55,2; syrBar 4,2–6. Für das rabbinische Judentum s. Ego* 27–61.73–110 und den Anhang ebd. 173–176.

telbaren Gottesgegenwart Vertretende, Diener des wahren Zeltes aber heißt er als Platzhalter im »Herrlichkeitshimmel«, in dem er mit den Seinen den ewigen Sabbat feiern will (4,9)[50]. Aber sehr wahrscheinlich ist das nicht. Denn alle Ortsangaben in V 1f wollen eher als »Qualitätsbestimmung« denn als »räumliche Vorstellung« begriffen werden. Jedenfalls liegt der Nachdruck beim himmlischen Heiligtum »auf seiner wesentlich himmlischen Art, die es in unüberbrückbaren Gegensatz treten läßt zu einer Kultstätte, die ›auf Erden‹ ist«[51].

Die als ἀληθινά bestimmten Dinge rücken nämlich für den Hebr in eine Reihe mit den ἐπουράνια (8,5; 9,23) und μέλλοντα (9,11 v.l.; 10,1; 11,20; 13,14). Im hellenistischen Sprachgebrauch bedeutet ἀληθινός »*echt* nicht mehr nur im allgemeinen Sinne, sondern meint, als Attribut der göttlichen Dinge, *das einzig wirklich Seiende, das Ewige*«[52]. Das rückt unseren Verf. in die Nähe zum johanneischen Dualismus (Joh 1,9; 6,32; 15,1; 1Joh 2,8; vgl. Corp Herm 1,30; 13,2). »Der Abstand zu dem irdischen Heiligtum und seinen Einrichtungen« – obwohl im Verhältnis von τύπος und ἀντίτυπος gefaßt (8,5) – »ist aufs schärfste markiert: Sie enthüllen sich als un-eigentlich, un-echt, un-wirklich«[53]. Am Urbild gemessen ist das Nachbild minderwertig. Philonisches bietet sich als Parallele an (Det 160; SpecLeg 1,66; Congr 89; Ebr 132)[54]. Trotzdem gibt man sich große Mühe, die Vorstellung vom himmlischen Zelt nicht in die Nähe der platonischen »Idee« kommen zu lassen[55], obwohl Plato den Begriff οὐράνιος gebraucht, um das wahrhaft und wirklich Seiende, die »Idee« zu bezeichnen (Symp 180E; vgl. CIG 3175)[56]. Dualistisch gewertet, ist das »wahre Zelt« an unserer Stelle jedenfalls das ewig bleibende himmlische Zelt, das der irdischen Stiftshütte qualitativ überlegen ist. ἀληθινός

Das zeigt klar die nähere Kennzeichnung ἣν ἔπηξεν ὁ κύριος (καὶ)[57] οὐκ ἄνθρωπος. Sie spielt auf Ex 33,7 an: Das Offenbarungszelt hat Mose »für sich 2b

[50] Delitzsch 327f. Eine schon ältere, noch von J.Chr.K. v. Hofmann, Der Schriftbeweis. Zweite Hälfte, Erste Abt., Nördlingen 1853, 405 u.ö. vertretene Exegese, die mit Hinweis auf Joh 1,14; 2,21; Eph 2,19–22 σκηνή auf den verklärten Leib Christi deutet (Christus λειτουργός seiner Gemeinde; vgl. das ausführliche Referat dieser Auffassung und ihre Kritik bei Delitzsch 324–327), begegnet heute nicht mehr. Sie ist auch zu weit hergeholt.

[51] Schierse, Verheißung 42; vgl. Braun 228: »platonisierend«. Zu letzterem s. bes. Cody, Heavenly Sanctuary 151f, der vor allem auf Plat Tim 29C verweist. Anders Lane I 206: keine alexandrinische Metaphysik, »but the writer's way of presenting the typological relation between the old and new covenants«.

[52] Bultmann, ThWNT I 250f; vgl. Schierse, Verheißung 48f. Außerbiblisches zu ἀληθινός bei Braun 229f.

[53] Schierse, Verheißung 48; vgl. Braun 229f.

[54] Carpzov 357f; Spicq, Le Philonisme 222–227; Cody, Heavenly Sanctuary 26–36; Braun 229.

[55] Z.B. Bonsirven 151; Michel 288f; Traub, ThWNT V 540f mit Anm. 18; Bruce 184. Ganz anders dagegen H. Lietzmann, An die Galater, ^{4}1971 (HNT 10), 33: Das himmlische Jerusalem *ist* »die platonische ›Idee‹ Jerusalem, deren schwaches Abbild die irdische Stadt ist«. Vgl. auch Cody, Heavenly Sanctuary 145–167; MacRae* 196; Braun 229f.

[56] Vgl. Traub, ThWNT V 537,17–25.

[57] Ob καί ursprünglich ist oder nicht, kann hier sowenig wie 5,12 aufgrund der äußeren Zeugen entschieden werden. Riggenbach 142 Anm. 75 meint, nach 12,8 müsse es eher stehen (ℵ^{2} A Ψ 𝔐 lat sy) als fehlen (P^{46} ℵ* B D 33.1739 *pc*; Eus). Das Asyndeton paßt zu einem guten Stilisten. Vgl. Zuntz, The Text 208; Attridge 216 Anm. 2.

außerhalb des Lagers« aufgeschlagen. Dagegen das himmlische »wahrhaftige Zelt« hat Gott selbst[58] errichtet. Das neutestamentlich nur hier vorkommende Verb πήγνυμι *zusammenfügen, bauen, errichten* steht gewöhnlich für das Aufschlagen eines Zeltes (Gen 26,25; Num 24,6 u.ö.; Jos Ant 3,247; von der Stiftshütte Ex 33,7 u.ö.; Philo, All 2,54)[59]. Dieses »handwerklich getönte Zeitwort« könnte der Hebr bewußt aufgenommen haben, »um den Urbild-Abbild-Gedanken ... zu unterstreichen«[60]. Daß dieser dualistisch gemeint ist, zeigt der ausdrückliche Hinweis darauf, daß das wahre Zelt im Himmel kein menschliches Fabrikat ist. Denn dann wäre es χειροποίητος *mit Händen gemacht* (9,11.24; vgl. Mk 14,58; 2Kor 5,1; in LXX vgl. Jes 16,12) – »ein in der antiken Literatur geläufiges Attribut für die Geringschätzung eines Tempelbauwerks«[61]. Nun aber hat das himmlische Sanctissimum das Prädikat, ein göttliches Werk zu sein. Damit unterstreicht der Hebr, »daß ›nur‹ der Himmel als Gottes wahres Heiligtum eine unsichtbare und urbildliche Schöpfung ist«, was eine »schlechthin entscheidende Auffassung« für die Weltsicht des Hebr bildet[62]. Nur die ἐπουράνια tragen das Qualitätsmerkmal »ewig«, die irdischen Dinge dagegen gehören prinzipiell zu den σαλευόμενα, den *erschütterbaren Dingen* (12,27). Daß der nach Melchisedekweise ewig bleibende Hohepriester Jesus (7,21) seinen »Amtssitz« an dem ewig bleibenden Sanctissimum im Himmel hat, paßt zueinander und vermag das Vertrauen des irdisch noch wandernden Gottesvolkes neu zu festigen. Um seinetwillen dürfte auch vom »Zelt« die Rede sein[63]. Denn anders als der Tempel ist es das Zeichen des Unterwegsseins (11,9), der Wanderschaft. Sie ist die bleibende Existenzform des Gottesvolkes in der Zeit, und zwar als »existentielle Notwendigkeit«, wie »das durch die Wüste ziehende Israel als Antityp der Christenheit« herausgestellt hat[64].

3 Die V 3–6 begründen, warum Jesu hohepriesterlicher »Amtssitz« im Himmel liegen muß[65]. Dabei ist nicht ganz klar, welchen Zweck die Aussage von V 3 verfolgt. Wenn er fehlte, würde ihn jedenfalls niemand vermissen, da V 4 »ganz passend und natürlich« an V 2 anschließt[66]. Vielleicht ist er wirklich nur eine »Nebenbemerkung zur Rechtfertigung des Ausdrucks λειτουργὸς V. 2«[67]. Jedenfalls lenkt V 3 den Blick auf den hohepriesterlichen Dienst ganz allgemein: Ureigenste Aufgabe eines jeden Hohenpriesters ist die Sündensühnung mittels Opferdarbringung, wie es in Wiederholung der 5,1 gemachten Aussa-

[58] Κύριος hier wie 12,14 von Gott. Der Hebr hat es sonst nur in atl. Zitaten. Vgl. Riggenbach 221 Anm. 15.

[59] Bauer, Wb 1321 (2.); vgl. Weiß 433 Anm. 20.

[60] Hegermann 163. Hebr »setzt ἔπηξεν also der Sache nach in Anführungsstriche« (ebd.).

[61] Schierse, Verheißung 42. Vgl. Apg 7,48; 17,24.

[62] Schierse, Verheißung 42.

[63] Bruce 182. Gegen Michaelis, ThWNT VII 377 Anm. 40. Richtig Michel 290.

[64] Käsemann, Gottesvolk 6f.

[65] Braun 230.

[66] Bleek II/2 429; de Wette 516 meint gar, daß V 3 »stört«. Anders Delitzsch 329f.

[67] Lünemann 260. So schon Bengel 893. Kritisch dagegen Laub, »Ein für allemal ...« 84 Anm. 35.

ge heißt. »Ohne solche Opfer hat offenbar die Bezeichnung Priester keinen Sinn.«[68] Also ist es *notwendig*[69], daß auch der himmlische Hohepriester *etwas* (τι) hat, was er darbringen kann. Ὅθεν ἀναγκαῖον liegt auf einer Linie mit ὅθεν ὤφειλεν (2,17) und ἔπρεπεν (2,10; 7,26) und zeigt seinerseits das Insistieren auf (theo-)logischer Denknotwendigkeit an (s. I 126f)[70]. Die Wendung ἔχειν... ὃ προσενέγκῃ *haben..., was er darbringen soll*[71] schließt ein kontinuierliches Opfern aus[72]. Der Hebr dürfte an den einmaligen, dann aber ein für allemal gültigen Kreuzestod denken. Von einer ewigen Selbstdarbringung kann jedenfalls keine Rede sein[73]. Allerdings wird der Hörer erst 9,14.25 und bes. 10,1–18 erfahren, was genau jenes τι ist: das σῶμα Ἰησοῦ Χριστοῦ (10,10)[74]. Aber schon aus 5,7 (Darbringung von Gebeten und Flehen als Lebenshingabe, s. I 298f)[75] und bes. 7,27 (ἑαυτὸν ἀνενέγκας) weiß er, daß Jesus beides in einem ist: Priester und Opfer[76]. Dabei denkt der Hebr nicht an einen besonderen »himmlischen« Kult des Erhöhten. Sondern er denkt an den als eschatologisches Opfer gedeuteten Kreuzestod (9,11.24) und legt dabei alles Gewicht auf das Hineingehen Jesu ins himmlische Allerheiligste, also in die unmittelbare Nähe Gottes selbst[77]. Auch wenn das dafür nötige Selbstopfer Jesu auf Erden geschehen ist, gehört es dennoch »nicht der irdischen, sondern der himmlischen Wirklichkeit an: es hat eschatologisch-ewige ›Qualität‹. Die Verbindung des Opfers Jesu mit dem himmlischen Heiligtum soll somit nicht den kultischen Dienst Jesu im Himmel lokalisieren, sondern die in der Erhöhung verankerte bleibende soteriologische Bedeutung seiner Selbsthingabe ausdrücken«[78].

Von der Opfer-Notwendigkeit schreitet V 4 zu einem eher seltsamen Gedan- 4
ken fort[79]: Für einen Opferdienst Jesu auf Erden gibt es keine Möglichkeit,

68 Calvin, CR 83, 97 (Übers. Lauterburg 89).

69 Ἀναγκαῖόν (ἐστιν) m. flgd. Inf. bezeichnet das, was zwingend geboten ist, was *sein muß* (Apg 13,46; 2Kor 9,5; Phil 2,25; vgl. Hebr 7,12; 9,16.23). Vgl. Bauer, Wb 101f (1.).

70 Hegermann 163; Attridge 218; anders Windisch 72: Hebr denke »nur an die gesetzliche Vorschrift«. Sicher nicht!

71 Hoffmann / v. Siebenthal § 290c. Der Aor. conj. steht statt des Ind. fut. (BDR § 379,1 mit Anm. 2).

72 Bruce 182f mit Anm. 20 u. 21; vgl. Weiß 435; Loader, Sohn 148–150.

73 Ausführliche Begründung bei Laub* 204–206. Zum Opfer ein für allemal s. B.J. Hilberath / Th. Schneider, Art. Opfer, Neues HThG III 287–298 (Lit.!). Zur Wirkung der Vorstellung auf das kirchliche Eucharistieverständnis vgl. H. Moll, Die Lehre von der Eucharistie als Opfer. Eine dogmengeschichtliche Untersuchung vom Neuen Testament bis Irenäus von Lyon, 1975 (Theoph. 26); Hilberath/ Schneider (s.o.) 291–298.

74 Die beliebte Deutung des τι auf das »Blut Jesu« (9,12) hat die Schwierigkeit, daß das Blut am großen Versöhnungstag nicht eigentlich »geopfert« wird. Vielmehr dient sein Hinsprengen vor die Bundeslade im Allerheiligsten der Stiftshütte (Lev 16,14f) der Entsühnung von Priesterschaft und Volk (Janowski, Sühne 271–274; Blank, Weißt du 43–53).

75 Vgl. dazu jetzt Estrada, Hebreos 117–142.

76 Vanhoye, De »aspectu«.

77 Dibelius, Der himmlische Kultus 172.

78 März 52; vgl. Laub 102–104 (»Kreuzesopfer und/oder ewige Selbstdarbringung«).

79 Μὲν οὖν *aber, nun* steht eher fortleitend als folgernd; vgl. Riggenbach 223. Das dagegen von D^1 Ψ sy^h gelesene γάρ scheidet nicht nur wegen der schlechteren Bezeugung aus,

weder in Ergänzung noch in Ablösung des hier amtierenden levitischen Priestertums. Nicht Jesu nichtlevitische Abstammung (7,13f) ist diesmal das Argument[80], sondern die Lokalität. *Auf Erden* (ἐπὶ γῆς) könnte er gar nicht (οὐδέ)[81] Priester sein[82]. Die diesen Hauptsatz begründende Parenthese ὄντων τῶν προσφερόντων κτλ. erstreckt sich bis V 5 Ende. Die Apodosis steht dann in V 6 (νυν[ὶ] δέ)[83]. Was mit dieser Begründung gesagt sein soll, kann nicht die banale Auskunft sein: Unten ist alles besetzt![84] oder: »Two divinely appointed orders of earthly priests« kann es nicht geben[85]. Nein! Der Akzent liegt auf ἐπὶ γῆς. *Auf Erden* kann Jesus deshalb nicht (Hoher-)Priester sein, weil er sich damit in die Reihe derer stellte, die als schwache Menschen gemäß einem sarkischen Gesetz ins Amt gekommen sind (7,16.28a). Das ist unmöglich. Denn als Priester nach Melchisedekweise ist Jesus κατὰ δύναμιν ζωῆς ἀκαταλύτου, nach einem ganz der göttlichen Sphäre angehörenden Gesetz, also einem genau gegenteiligen Gesetz zum »anderen Priester« geworden (7,15). Folglich kann er nicht »auf Erden« amtieren. Denn die hier stattfindende Darbringung der δῶρα *Opfergaben* geschieht ja nach dem gleichen Gesetz (κατὰ νόμον), nach dem die levitischen Priester angetreten sind, also gemäß einem sarkischen Gesetz. Folglich ist dieser Opferdienst auch nutzlos (7,11.19; 9,9; 10,1.4.11). *Diese* Liturgie zu perpetuieren kann nicht die Aufgabe des Sohnes Gottes sein. Im Gegenteil! Ziel seiner Sendung ist nicht weniger als die νόμου μετάθεσις (7,12; vgl. 10,9), die *Aufhebung* der alten Ordnung[86]. Die aber geschieht auf »höherer Ebene«, durch Jesu Priesterdienst im Himmel. Im dualistischen Denken des Hebr ist es der *Ort*, der über die Qualität des Priesterdienstes entscheidet.

Textkritik Die Textüberlieferung in V 4b schwankt. Wichtige Zeugen (D¹ Ψ sy) fügen τῶν ἱερέων (Ψ auch noch ἑτέρων) hinter ὄντων und den Artikel vor νόμον ein (א² D Ψ 𝔐): »Da (hier schon) die (anderen) Priester sind (die levitischen), welche nach (dem) Gesetz die Gaben darbringen . . .«[87]. Die erste Einschaltung könnte als verdeutlichende Glosse in die betreffenden Handschriften geraten sein, wodurch eine Tonverschiebung von der Darbringung auf die Darbringenden vorgenommen wurde[88]. Ob man

sondern auch aus sachlichen Gründen: V 4 läßt sich nicht als Begründung zu V 3 lesen. Vgl. Zuntz, The Text 203; Braun 231; Attridge 216 Anm. 3. Anders Kurtz 252 mit Anm.*: Γάρ weise auf V 1 und nicht auf V 3 zurück. So schon Bengel 893. In 4,3 steht γάρ gegen οὖν im Text.

80 Gegen Spicq II 235f; Bruce 183 u.a.

81 Zur Elision οὐδ' ἄν s. BDR § 17 Anm. 3.

82 »Geschweige denn Hoherpriester« (Bleek II/2 431; Michel 290 u.a.) ist eine Fehlinterpretation. Das steigernde οὐδέ bezieht sich nicht auf »Priester« (= Hoherpriester: Kurtz 253) allein, sondern auf den ganzen Satz; sonst müßte es οὐδ' ἱερεὺς ἂν ἦν heißen. Vgl. Lünemann 261; Riggenbach 223f. Der Wechsel von ἀρχιερεύς (8,1–3) zu ἱερεύς (8,4) zeigt keine (von 8,4 bis 9,10 reichende) Traditionsbenutzung an (mit Weiß 435 Anm. 27 gegen Schille, Erwägungen 90f).

83 Kurtz 253; Westcott 216; Seeberg 91.

84 Kuß 107f; Weiß 435f.

85 Westcott 216; vgl. Delitzsch 334.

86 Schlatter 340.

87 Vgl. Bleek II/2 432.

88 Braun 231; vgl. Riggenbach 223 Anm. 23; Theißen, Untersuchungen 32; Attridge 216 Anm. 4.

dagegen den Artikel vor νόμον liest (so 7,5.28; 9,19.22) oder nicht (so 10,8), macht kaum einen Unterschied[89]. Da der Hebr die Gesetzmäßigkeit des Priesterdienstes mehr im Auge hat als die konkrete Weisung der Tora, wird man den Artikel für sekundär halten können[90]. »Für den Sinn sind diese Varianten gleichgültig.«[91]

Zeitgeschichte

Gelegentlich wird die Meinung vertreten, das Argument von V 3.4 steche nur vor dem Hintergrund einer *aktuellen* Kultausübung, sei es der jüdische Opferdienst im Jerusalemer Tempel[92], sei es ein entsprechendes christliches »Phänomen«[93] oder sei es ein charismatisch überbordender Bezug der (vielleicht aus ehemaligen Essenern bestehenden?) »Lesergemeinde« zum himmlischen Hohenpriester vorbei an seinem Opfertod[94]. Nein! Auf ein etwaiges Verhalten der Hörer zu einem *gegenwärtigen* Kult wird in gar keiner Weise reflektiert[95]. »Hebrews argues on the level of general principles founded on the timeless legislation of the Torah.«[96]

Jesu hohepriesterlicher Liturgie auf Erden steht ein weiteres Hindernis entge- 5a
gen, das V 5 aus der Schrift (Ex 25,40) beweist: Die irdische Stiftshütte, bei der die levitischen Priester ihren Dienst tun[97], wäre gar nicht der angemessene Dienstort, weil sie nur ὑπόδειγμα καὶ σκιὰ ... τῶν ἐπουρανίων *Abbild und Schattenbild der himmlischen Dinge* ist, also ἅγιον κοσμικόν (9,1), nicht dagegen der originale τύπος selbst, der Mose auf dem Berg gezeigt worden war, die εἰκὼν τῶν πραγμάτων, sondern nur deren σκιά (10,1), eben das mit Händen gemachte ἀντίτυπον τῶν ἀληθινῶν *das Abbild des wahren Heiligtums* (9,24).

Alexandrinischer Dualismus

Die besondere Hochschätzung des Hebr bei den Alexandrinern Clemens und Origenes beruht mit Sicherheit auch darauf, daß man seine Denkweise als kongenial, nämlich platonisch, empfand[98], wobei Hebr 8,5 eine wichtige Rolle spielte[99]. Und wenn Euseb (Praep Ev 12,19) zu unserem Text auf Plat Resp 6, 500D–501C verweist[100], geschieht das mit gutem Grund: Die Hebr 8,5 obwaltende Diastase von Irdischem und

89 Vgl. Riggenbach 224 Anm. 25.

90 Braun 232; Attridge 216 Anm. 5.

91 Delitzsch 334.

92 So z.B. Kurtz 253; Windisch 72 und sehr bestimmt Strobel 164.

93 So Theißen, Untersuchungen 32 mit Hinweis auf 13,10.

94 So Rissi* 57–59 mit Verweis auf 1QH 3,22; 11,8; 1QH frag 2,10, wo von der »Gemeinschaft mit der Gemeinde der Himmelssöhne« gesprochen wird (ebd. 58). Die These ist ganz unwahrscheinlich!

95 So richtig v. Soden 58 u.a. Anders K.W. Clark, Worship in the Jerusalem Temple after A.D. 70, NTS 6 (1959/60) 269–280; A. Guttmann, The End of the Jewish Sacrificial Cult, HUCA 38 (1967) 137–148.

96 Attridge 219.

97 Λατρεύειν, von λάτρις (Diener), λάτρον (Lohn), meint eigentlich ein untergeordnetes Dienen um Lohn. Es hat im hell. Griechisch überwiegend und im bibl. (z.B. Lk 2,37; Apg 7,7; Hebr 10,2) ausschließlich die Bedeutung *der Gottheit dienen* (Bleek II/2 434). Mit dem Dat. des Heiligtums (vgl. noch 13,10) bezeichnet es speziell den priesterlichen Dienst. Vgl. Cremer-Kögel, Wb 669f; Braun 233.

98 Vgl. Overbeck, Zur Geschichte des Kanons 19 Anm. 2; 69f.

99 Zitate und Anspielungen auf Hebr 8,5 bei Origenes: Biblia Patristica III. Origène, Paris 1980, 453; Greer, Captain 8–18. Zu Origenes und Clemens s. Thompson, The Beginnings 159f.

100 Plato läßt hier die πόλις nach göttlichem Urbild (τῷ θείῳ παραδείγματι) entworfen sein (500E).

Himmlischem kommt dem im Alexandrinismus geltenden, von Plato hergeleiteten metaphysischen Gegensatz von κόσμος νοητός und κόσμος αἰσθητός, von »Idee und Erscheinung, Ewigem und Endlichem, Himmlischem und Kosmischem, Urbild und Abbild« sehr nahe[101]. Schon die Begrifflichkeit führt auf diese Spur.

ὑπόδειγμα Das in unserer Literatur seltene Wort ὑπόδειγμα (LXX 5mal, atl. Pseudepigraphen 2mal, NT 6mal, Apost. Väter 6mal), dem die LXX und Attizisten παράδειγμα vorziehen[102], heißt in der Bibel immer *Beispiel, Modell* (vgl. 4,11). In der dualistischen Bedeutung *Schattenbild, Abbild* kommt es biblisch nur Ez 42,15; Hebr 8,5 und 9,23 fast synonym mit εἰκών vor[103]. Dagegen spielt es zusammen mit τύπος bei Plato und der von ihm beeinflußten Denkweise (Philo und die christlichen Alexandriner Clemens und Origenes) eine wichtige Rolle[104]. Unser Text führt jedenfalls durch die Begriffe ὑπόδειγμα, σκιά, ἐπουράνια und τύπος nahe an die platonische Ideenlehre heran: Irdisches und himmlisches Heiligtum stehen sich nicht wie »unten« und »oben« gegenüber, also in positiver Entsprechung wie in Apokalyptik und Rabbinat, sondern wie (gutes) Original und (mindere) Kopie, wie Wirklichkeit und Schein, also in qualitativ-ontologischer Verschiedenheit[105]. Neben den genannten Begriffen zeigen das vor allem auch die Prädikate σάρκινος (7,16; vgl. 9,10.13) und χειροποίητος (9,11.24; vgl. 8,2). Vor allem beweisen 9,24 und 10,1 das dualistisch-metaphysische Verständnis von σκιά und ἐπουράνια. Dort stehen *gegensätzlich* einander gegenüber *der Himmel selbst* und *das mit Händen gemachte (irdische) Heiligtum* bzw. *die wirkliche Gestalt der Dinge selbst* und *der Schatten der künftigen Güter*. Das erinnert sehr an die für Realitäten gehaltenen σκιαί in Platos Höhlengleichnis (Resp 7, 514A–515D)[106]. Die ἐπουράνια bezeichnen im Hebr[107] durchweg die urbildlichen Wirklichkeiten, ja sie sind der

[101] Holtzmann, Theologie II 331f; vgl. Spicq I 72; Schierse, Verheißung 19–21; Laub* 231 u.a. Zuletzt Weiß 433f.436–438. Anders Goppelt, Typos 201 (»nicht metaphysische Spekulation«, sondern »heilsgeschichtliche Typologie«) und Williamson, Philo 563–570: Hebr »was not influenced by Platonic theory« (569). Ihm folgt Lane I 207f: »The distinction between ›earthly‹ and ›heavenly‹ in 8:1–5 is eschatological rather than philosophical.« Doch verfängt solche Argumentation überhaupt nicht, weil sie von der falschen Besorgnis geleitet ist, »Philosophisches« und »Biblisch-Eschatologisches« voneinander zu trennen wie Heterodoxes und Orthodoxes. Kritisch dazu m.R. Schierse, ThRv 70 (1974) 212f; Feld, Der Hebräerbrief 42.

[102] Spicq, Notes II (907–909; Belege!) 907.

[103] Spicq, SBi 137f; vgl. Schlier, ThWNT II 32f; Moult-Mill 656.

[104] A. v. Blumenthal, Τύπος und παράδειγμα, Hermes 63 (1928) 391–414. Die Belege aus Platon, Aristoteles und Philo auch bei R.J. McKelvey, The New Temple. The Church in the New Testament, 1969 (OTM 19), 38ff. Zu Origenes s. Greer, Captain 8–18; zu Philo (z.B. All 3,96.102; Som 1,206; Plant 27; Migr 12) s. U. Früchtel, Die kosmologischen Vorstellungen bei Philo von Alexandrien, 1968 (ALGHJ 2), 53–115.175f; Schulz, ThWNT VII 398f (zu σκιά); Williamson, Philo 142–159; Sowers, Hermeneutics 55–63; Weiß 436f.

[105] Luz* 330; Laub* 221f.226 und bes. 228–236.

[106] Moult-Mill 578 vergleicht mit σκιά in Hebr 10,1 Preisigke, Sammelbuch 344: Διόδωρος σκιὰν Ἀντιφίλου ἐποίησ(εν) und Vett Val p. 248,22: Ein Bild zeigt σκιὰν ἔργου καὶ ἀληθείας. Bauer, Wb 1510 (2.) verweist außerdem auf Synes. ep. 44 p. 182D: τοῦ θείου σκιὰ τὸ ἀνθρώπινον. Das reichliche Vergleichsmaterial bei Philo (s.u.) ist anders akzentuiert: Seine σκιά »steht nicht gegen die himmlischen Dinge«; so Braun 233; vgl. Schierse, Verheißung 19–21; Attridge 219.223. Im NT ist Kol 2,17 die nächste Parallele, vgl. Schweizer, Kol, EKK XII, ³1989, 120f. Weiteres bei Bleek II/2 435f; Schulz, ThWNT VII 396–401.

[107] Auch wo der Begriff sonst im NT vorkommt, nämlich nur 1Kor 15,40.48.49; Phil 2,10; 2Tim 4,18; Eph 1,3.20; 2,6; 3,10; 6,12; Joh 3,12, zeigt sich, daß er »zum Sprachschatz ›gnostisierender‹ Spekulation« gehört; so Schierse, Verheißung 46, dagegen Weiß 436 Anm. 31.

»eigentliche Ort und Gegenstand der Erlösung« (3,1; 6,4; 11,16; 12,22), an dem die »besseren Opfer« dargebracht werden (9,23)[108]. Umgekehrt ist die Stiftshütte das mit Händen gemachte »kosmische Heiligtum« (9,1), an dem ein zur Vollendung führender Priesterdienst gar nicht möglich ist[109].

Dafür ruft der Hebr die Schrift (Ex 25,40) als Zeugen auf. Einst, als Mose daranging, das Zelt herzustellen (μέλλων ἐπιτελεῖν τὴν σκηνήν)[110], empfing er die göttliche Weisung (κεχρημάτισται)[111], dies nach dem himmlischen Urbild zu tun. »Siehe«, heißt es, »du sollst alles machen nach dem Vorbild (τύπος), das dir auf dem Berge[112] gezeigt wurde« (Ex 25,40). Vermutlich meint der Hebr mit τύπος das wahre Zelt und nicht dessen Abbild[113], versteht den Text also metaphysisch-dualistisch: »Urbild dessen, was drunten ist, ist das, was droben. Denn alles ist droben, und drunten ist nichts, sondern es erscheint (nur so) denen, in denen keine Erkenntnis ist« (OdSal 34,4f)[114]. 5b

Ursprünglich bezieht sich die Bauanweisung von Ex 25,40 nur auf den goldenen Leuchter. Der Hebr supponiert ihr aber stillschweigend die Ex 25,8f auf das ganze Heiligtum bezogene Weisung: »Du sollst mir ein Heiligtum machen ... genau nach dem Muster (ὑπόδειγμα) der Wohnstätte und aller ihrer Gegenstände, das ich dir zeige.« Im übrigen stimmt das Zitat weder mit der LXX noch mit dem MT genau überein: Statt δεδειγμένον in der LXX (Perf. part. pass.) liest der Hebr δειχθέντα (Aor. part. pass. von δείκνυμι = *zeigen*). Und πάντα haben weder der MT noch die LXX, wohl aber Philo (All 3,102). Daß γάρ φησιν nicht zum Zitat gehört, sondern vom Verf. als Verknüpfung hinzugefügt wird, versteht sich[115]. Die Übereinstimmung des Zitats mit der Textform, die auch Philo benutzt (Quaest In Ex 2,52.82.90; All 3,102; Plant 27; VitMos 2,74.76), um den Kosmos (Plant 50.126; Her 199; Som 1,215; 2,248; Sobr 63; SpecLeg 1,66) oder die Seele (Cher 94; Imm 135; Som 1,149.215; Virt 188) als vom Urbild unterschiedenes Heiligtum Gottes zu kennzeichnen[116], kann so erklärt werden,

108 Schierse, Verheißung 47.

109 Käsemann, Gottesvolk 33.

110 Μέλλειν drückt eine beabsichtigte Handlung aus. Und ἐπιτελεῖν *ins Werk setzen* steht gerne bei gottesdienstlichen Verrichtungen (z.B. 9,6). Die sprachlichen Belege bei Bauer, Wb 612 (2.).

111 Von χρηματίζομαι *mir wird von Gott die Weisung gegeben* (z.B. Mt 2,12.22; Apg 10,22; Hebr 11,7). Vgl. BDR § 312 Anm. 1; Bauer, Wb 1766 (1.b.). S. auch Reicke, ThWNT IX 469f; Weiß 437 Anm. 35.

112 Auch ohne Namensnennung ist τὸ ὄρος wie 12,22 der Σινᾶ (Apg 7,30.38; Gal 4,24f); vgl. Bauer, Wb 1180; Spicq, Notes II 632–634. Der Hebr scheint ihn mit dem Himmel gleichzusetzen, vgl. Braun 235.

113 Mit Braun 234 und Weiß 437f gegen Bleek II/2 439f; Seeberg 91; Riggenbach 225; Hegermann 165; Bruce 184 Anm. 27; zum Sprachgebrauch s. Spicq, Notes II 894–897; Goppelt, ThWNT VIII 246–260.

114 Philonisches bei Braun 234f.

115 Vgl. Schröger* 159 Anm. 2.

116 Zu Ex 25,40 bei Philo s. Williamson, Philo 558–561: »For Philo Exod. 25.40 said something not about the relationship between a Heavenly Tabernacle and an earthly tabernacle copied from it, but about archetypal images, themselves copied from a heavenly pattern, which form the realities which the objects of the phenomenal world only imperfectly reflect« (561). Dagegen s. Bultmann, Exegetica 378; Braun 235; Thompson, The Beginnings 113–115. Zur Diskussion s. Feld, Der Hebräerbrief 38–42.

daß beide einem besonderen LXX-Text folgen[117] oder (wahrscheinlicher) daß der Hebr das πάντα aus Ex 25,8 (9) übernimmt und damit *alle* Werke des Mose bzw. alle Geräte der priesterlichen Liturgie (vgl. 9,23 mit 9,21) als minderwertig disqualifiziert[118]. Jedenfalls läßt er entgegen frühjüdischer und rabbinischer Textauslegung[119] das irdische Heiligtum vom Urbild her nicht auf-, sondern abgewertet sein: Es ist bloß minderwertige »Kopie«[120] des im Himmel befindlichen Originals. Entsprechend überlegen ist die Selbstdarbringung Christi dem Kult des alten Bundes, und zwar genau in dem Maße, wie sich die Wirklichkeit vom Symbol, der Himmel von der Erde, das Ewige vom Vergänglichen unterscheidet[121]. Sarkisch wie das Kultgesetz (7,16) ist auch der Kultort[122]. Er scheidet für den Priester nach Melchisedekweise als unangemessen aus. Für ihn mußte ein anderer τόπος auf »höherer« Ebene gesucht werden (vgl. 8,7).

τύπος (Ex 25,40) in Hebr 8,5

Das Dependenzverhältnis von oberer und unterer Welt, d.i. die Vorstellung, daß »alle irdischen Dinge und alles irdische Geschehen . . . in himmlischen Vorbildern vorgezeichnet« sind – Motto: »Alles, was es oben gibt, das gibt es auch unten«[123] –, ist der »Grundgedanke der altorientalischen Weltanschauung«[124]. Er ist sehr alt[125] und jüdischem Denken, vor allem dem apokalyptischen und rabbinischen, vertraut[126]. Wenn hier der prämundan erschaffene Tempel samt seinen Geräten bei der Errichtung des Stiftszeltes als Modell und Vorbild dient (Weish 9,8; vgl. 1Chr 28,19; syrBar 4,2–7; AscJes 7,10; Jos Ant 3,123; Bell 5,212f)[127], dann ist der primäre Sinn ein kultätiologischer: Das Wüstenheiligtum wird so legitimiert und der Jerusalemer Tempel, »der nach

117 Katz, Bib. 33 (1952) 525.

118 Riehm, Lehrbegriff 491; vgl. Schröger* 160 Anm. 3.

119 Vgl. Bill. III 702–704; Schröger* 161; Ego* 27–44.56–61, bes. 57. Das dort waltende Korrespondenzverhältnis von himmlischem Tempel als Vorbild und seinem irdischen Abbild basiert auf der »Identität von Bild und Sache« (Ego* 59f), im Hebr basiert es auf der Diastase von Bild und Sache.

120 Braun 232; vgl. Thompson, The Beginnings 104–109. Ablehnend Hurst*: Die Übersetzung »copy« sei das Ergebnis einer langen, mit Euseb einsetzenden Fehlinterpretation. Mehr als ein »vorgegebenes Skizzenmuster«, das der Hebr apokalyptisch verwende, sei nicht gemeint. Aber daß in Hebr 8,5 keine »apokalyptische« Denkweise vorliegt, betont Weiß 436 Anm. 31 m.R. gegen Michel, EWNT II 117.

121 Spicq, SBi 135; Casalini, Dal simbolo alla realtà (s. Lit. zu c. 9,1–10) 41–44.81–87.103f.118–123.

122 Riehm, Lehrbegriff 489–497.

123 Ego* 171; vgl. auch 27–44.56–61. Zur Sache s. auch D'Angelo, Moses 201–258.

124 A. Jeremias, Babylonisches im Neuen Testament, Leipzig 1905, 62; vgl. H. Bietenhard, Die himmlische Welt im Urchristentum und Spätjudentum, 1951 (WUNT 2), 13.124.129.138 u.ö.

125 Ca. 3000 v. Chr. empfing der Königspriester Goudéa in einer nächtlichen Vision den Bauplan für den Tempel, den er seinem Gott Ningirsou errichten sollte. Vgl. F. Thureau-Dangin, Les Cylindres de Goudéa, Paris 1905, 5–17. Zu analogen Texten – das Heiligtum Esagila-Etemenanki in Babylon betreffend – s. Spicq, SBi 138.

126 Schierse, Verheißung 13–19; D'Angelo, Moses 201–231. Rabbinica bei Bill. III 702–704 und Ego* passim. Zu entsprechenden samaritanischen Traditionen s. H.G. Kippenberg, Garizim und Synagoge. Traditionsgeschichtliche Untersuchungen zur samaritanischen Religion der aramäischen Periode, 1971 (RVV 30), 234–250, bes. 237. Zur Vorstellung eines himmlischen Tempels in den sog. Sabbatopferliedern (*širot ʿolat haššabbat*; Edition durch C. Newsom, Songs of the Sabbath Sacrifice: A Critical Edition, 1985 [Harvard Semitic Studies 27], 85–387) vgl. jetzt Ego* 13f und Löhr, Thronversammlung passim.

127 Vgl. Bruce 184 Anm. 30.

jüdischem Verständnis in direkter Kontinuität zu der Stiftshütte steht und ihr somit in Aufbau und Maß entspricht«[128]. Der entscheidende Passus dafür ist Ex 25,9.40 mit dem Terminus תַּבְנִית[129]. Mose wird am »siebten Tag« mit dem Bau des Heiligtums beauftragt (Ex 24,16b–18; 25,1–27,21), den er entsprechend dem transzendenten תַּבְנִית ausführen soll (Ex 25,9.40; vgl. 26,30; 27,8)[130]. Während es der biblische Kontext offenläßt, ob es sich beim תַּבְנִית um ein reales himmlisches Gebäude handelt oder lediglich um einen Bauplan[131], läßt die rabbinische Exegese hier keinen Zweifel: »Mose schaut bei seinem Aufenthalt auf dem Sinai, der traditionell als Himmelsreise verstanden wird, sowohl den himmlischen Tempel als auch die Lade, den Schaubrottisch und den Leuchter«[132]. Die Errichtung des irdischen Heiligtums in genauer Entsprechung zum himmlischen garantiert einmal die Übertragung der Unveränderbarkeit des ungeschichtlichen Urbildes auf dessen geschichtliche Nachahmung, zum anderen garantiert sie die Kultgemeinschaft des irdischen mit dem himmischen Hohenpriester und ebenso die des Gottesvolkes auf Erden mit dem im Himmel (Engel)[133]. Damit ist der Kult im umfassenden Sinne legitimiert: Im אֹהֶל מוֹעֵד (»Begegnungszelt«)[134] wohnt Gott wirklich inmitten seines Volkes und kann ihm durch dessen Mittler Mose und Aaron nahe sein[135].

Dem Hebr beweist Ex 25,40 – dualistisch exegesiert – so ziemlich das Gegenteil, nämlich die Nutzlosigkeit des alttestamentlichen Kults und seine Aufhebung durch das himmlische Hohepriestertum Christi[136]. Gleichwohl kann der Rückgriff auf Ex 25,40 nur schwer unterschätzt werden: Ohne das Entspre-

[128] Ego* 170. Dazu, daß möglicherweise die Stiftshütte der Urzeit gar nicht das ›Urbild‹ ist, »sondern die Kopie des jerusalemischen Tempels« (J. Wellhausen, Prolegomena zur Geschichte Israels, Berlin [6]1927, 36), vgl. Janowski, Sühne 336–339. Wichtig für den Vorstellungszusammenhang ist jedenfalls das frühjüdische Weltbild: Im 4. Stockwerk, also dem mittleren des siebengeschossigen Himmelsgewölbes, das sich über der auf der Urflut schwimmenden Erdscheibe erhebt, befindet sich senkrecht über dem irdischen Jerusalem die himmlische Stadt und das himmlische Heiligtum (Bill. III 701), in dem der Erzengel Michael, Israels Schutz- und Fürsprecherengel, den Opferdienst versieht (Hag 12b; Bill. III 700f). Vgl. Ego* 169.

[129] Die LXX gibt den Begriff in Ex 25,9 und 1Chr 28,11.12.18.19 mit παράδειγμα, in Ex 25,40 mit τύπος wieder (vgl. Apg 7,44). Die Begriffe wechseln beliebig; vgl. Schlier, ThWNT II 32,48f.

[130] Zum mutmaßlichen altorientalischen Hintergrund der תַּבְנִית-Vorstellung s. R.G. Hamerton-Kelly, The Temple and the Origins of Jewish Apocalyptic, VT 20 (1970) 1–15: 6f; allgemein vgl. M. Limbeck, Die Ordnung des Heils. Untersuchungen zum Gesetzesverständnis des Frühjudentums, Düsseldorf 1971, 57ff (Lit.!); speziell zu Hebr 8,5 s. Hofius*, Vorhang 18f.55f.72; Ego* 57; Attridge 222–224 (Exkurs: Der himmlische Tempel und seine Bedeutung).

[131] Zur Diskussion s. Schröger* 160 Anm. 4. Die Frage ist Hebr nicht zu stellen. Ihn interessiert nicht, *wie* es zur Kopie gekommen ist, sondern daß die Kopie nicht das Original ist.

[132] Ego* 170.

[133] Vgl. ebd. 169–172.

[134] Vgl. dazu M. Görg, Das Zelt der Begegnung. Untersuchung zur Gestalt der sakralen Zelttraditionen Altisraels, 1967 (BBB 27).

[135] Janowski, Sühne 311. Wichtig Ego* 59f: Aufgrund des Korrespondenzverhältnisses »ist der irdische Tempel nicht nur zeichenhafte Repräsentation des himmlischen Heiligtums, sondern damit geradezu identisch. Am Orte des Tempels durchdringen sich Immanenz und Transzendenz; unter dieser Voraussetzung ist der irdische Kult gleichzeitig himmlischer Kult«. Daran läßt sich das Ausmaß der Neuinterpretation im Hebr ermessen!

[136] Laub 99–101; vgl. Hofius*, Vorhang 72; Ego* 57.

chungsverhältnis von τύπος und ἀντίτυπος wäre die komparative Hermeneutik unseres Verf.s gar nicht möglich. Daß das Heiligtum des alten Bundes mitsamt seinem Kult nicht in menschlichen Entscheidungen gründet, sondern in der göttlichen Offenbarung einer transzendenten Wirklichkeit, ist überhaupt erst die Voraussetzung für den Vergleich der beiden Diatheken im Schema von »Andersartigkeit, Entsprechung und Überbietung«[137]. Die alte Ordnung hat – gerade weil sie »Gegenbild« der himmlischen ist (9,24) und Mose als θεράπων hat, »der die zukünftigen Offenbarungen bezeugen soll« (3,5; auf 3,1–6 blickt der Hebr zurück) – ihre »Größe und Göttlichkeit« und weist insofern über sich hinaus[138]. Sie wird durch die »bessere« ἐλπίς (7,19) und διαθήκη (7,22; 8,6) sowie durch »bessere« ἐπαγγελίαι (8,6) und θυσίαι (9,23) auf-gehoben, nicht aber durch etwas völlig anderes ersetzt. Insofern gilt wohl, daß »die sakralen Institutionen dieser Welt mit Christus sinnlos« geworden sind. »Aber an die Stelle des gestürzten kosmischen Kultes tritt ein anderer, der von Christus im Himmel vollzogen wird«[139].

Die den metaphysisch-ontologischen Dualismus platonisch-alexandrinischer Provenienz rezipierende spekulative Theologie des Hebr verfolgt gleichwohl kein kosmologisches, sondern ein dezidiert parakletisches Interesse. »Redemption, not cosmology is the main interest of the author of Hebrews.«[140]

6 Die Ausführung der bis jetzt nur angedeuteten antithetischen Parallelisierung von irdischem und himmlischem Heiligtum stellt der Verf. bis c. 9 zurück. Statt dessen rückt er den 7,22 erstmals und nur beiläufig erwähnten Begriff διαθήκη in den Mittelpunkt, ohne freilich das Thema zu wechseln[141]: Jesu hohepriesterliches Werk am himmlischen Sanctissimum kulminiert in der Realisation des eschatologischen Sündenvergebungsbundes. V 6 fungiert als vorgeschobene These, die nach rückwärts und nach vorwärts Anschluß hält[142] – nach rückwärts durch das νυν[ὶ] δέ, das gegen μέν in V 4 steht[143], und durch Stichwortverknüpfung mit V 2 (λειτουργία/λειτουργός). Den Anschluß nach vorne bilden die κρείττονες ἐπαγγελίαι V 6c, die mit dem ausführlichen Jeremia-Zitat in V 8–12 erläutert werden.

[137] Schierse, Verheißung 43f, Zitat: 10.

[138] Schlatter, Glaube 521; vgl. Calvin, CR 83, 98: »Der alte Opferdienst war keineswegs überflüssig, da er auf etwas Höheres, nämlich auf die himmlische Wahrheit hinwies« (Übers. Lauterburg 90).

[139] Käsemann, Gottesvolk 35. Hegermann 165 hebt m.R. hervor, daß diese Sicht nur innerhalb der christologischen Perspektive ihre Gültigkeit hat.

[140] Ch.T. Fritsch, TO ἈΝΤΙΤΥΠΟΝ, in: FS Th.C. Vriezen, Wageningen 1966, 100–107: 102f; ihm folgt Weiß 438 Anm. 39. Zum anders gezielten Platonismus im Hebr vgl. bes. Nash, The Notion 102–104.

[141] Gegen Michel 292 und bes. Rose* 78 Anm. 96, der in 8,7–13 ein anderes Thema angeschlagen sieht.

[142] Vanhoye, Structure 142f.

[143] Braun 236.

Da Jesu Auffahrt in den Himmel länger zurückliegt, dürfte νυνί[144] nicht temporal gemeint sein, sondern wie 9,26; 11,16 logisch, den *jetzt* gültigen Sachverhalt einführend[145]. Diesen Sachverhalt erfaßt der Hebr gemäß der für ihn charakteristischen komparativen Hermeneutik: Jesu λειτουργία *hohepriesterliches Amt*[146], das er nicht usurpierte (5,4f), sondern rechtens erlangt hat[147], ist *in dem Maße* (ὅσῳ)[148] *vorzüglicher*[149], als es nicht auf dem Boden des irdischen Kults ausgeübt wird (V 4), sondern im Zusammenhang der κρείττων διαθήκη, *die auf dem Grund höherer Verheißungen* (ἐπὶ κρείττοσιν ἐπαγγελίαις) *gesetzlich festgelegt worden ist*[150].

Sachlich geht V 6 nicht über die Aussage von 7,22 hinaus, präzisiert sie aber. μεσίτης
Daß Jesus statt als ἔγγυος *Bürge* nun als μεσίτης *Mittler* der »besseren Diatheke«[151] prädiziert wird, macht kaum einen Unterschied. Denn μεσίτης, der biblisch selten vorkommende[152] vieldeutige Begriff der hellenistischen Rechtssprache (z.B. Diod S 4, 54,7; PLond II 254, Nr. 370,6.9.14; Jos Ant 4,133)[153], läßt in der Verbindung mit Diatheke weniger an Vermittlung, sondern eher wie ἔγγυος an *Garantie* (Diod S 4,54,7 μεσίτης = Garant) und Verwirklichung denken. Mit seinem hohepriesterlichen Selbstopfer hat Jesus die »bessere Diatheke« rechtskräftig (9,15) und wirksam gemacht (12,24), tritt er als der Erhöhte in der unmittelbaren Nähe Gottes für die Seinen ein und ver-

[144] In früheren Textausgaben stand das von P^{46*} B D* bezeugte νῦν. Jedoch das verstärkende attische νυνί (BDR § 64 Anm. 4), das von P^{46c} ℵ D^2 Ψ 𝔐 gelesen wird, dürfte älter sein; vgl. Braun 236.

[145] Bauer, Wb 1105 (2.b.); vgl. Stählin, ThWNT IV 1101f. Daß das νῦν δέ die platonische Typologie umkippen lasse in eine horizontalzeitliche, ist durch nichts gerechtfertigt. Gegen F. Siegert, Argumentation bei Paulus, gezeigt an Römer 9–11, 1985 (WUNT 34), 223 und Weiß 439.

[146] Bauer, Wb 956 (1.); Balz, EWNT II 858f (Lit.!); Spicq, Notes I 476–481.

[147] Statt des hellenistischen Perf. τέτυχεν *er hat erhalten, erlangt* lesen B D^2 365.945.1175 *pm* die ebenfalls hellenistische Form τέτευχεν (jon.) und P Ψ 6.33.104.326.629.630.1739. 1881.2495 *al* das attische τετύχηκεν. Vgl. BDR § 101 Anm. 78; Bauer, Wb 1653; Zuntz, The Text 119f. Gebildete Gräzisten stehen da im Hintergrund.

[148] BDR § 293,1 mit Anm. 3. Das den Komparativ verstärkende zusätzliche καί (BDR § 442 Anm. 23) fehlt in D* K 326.2495 *pc*.

[149] Den seltenen Komparativ διαφορώτερος hat im NT nur der Hebr hier und 1,4 (= 1Clem 36,2). S. I 66. – Wie sonst oft (z.B. 1,4–14; 9,13f; 10,11f) argumentiert der Hebr auch jetzt gemäß antiker Rhetoriktheorie nach dem Muster der Synkrisis (*comparatio*). Vgl. dazu Lausberg, Handbuch § 799; F. Focke, Synkrisis, Hermes 58 (1923) 327–368.

[150] Übers. nach Braun 235; vgl. Bauer, Wb 1097 (2.).

[151] Zum Begriff s. zu 7,22 und Gräßer* 102–106; Roloff, 1Tim, EKK XV, 121f (Material!).

[152] »Mittler«, im Hebr nur in Verbindung mit διαθήκη (8,6; 9,15; 12,24), macht die Hälfte der sechs ntl. Belege für μεσίτης aus (sonst nur noch Gal 3,19.20; 1Tim 2,5). Die LXX hat den Begriff nur Hiob 9,33, die atl. Pseudepigraphen haben ihn zweimal: Test Dan 6,2 und AssMos (Fragmenta) 2,17,17 (διαθήκης αὐτοῦ μεσίτης); vgl. Denis, Concordance 541.901.

[153] Die Belege reichlich bei Spicq, Notes II 549–552; ders., Art. Médiation IV. Dans le NT, DBS 5, 1020–1083; Schierse, HThG II 169–172; Oepke, ThWNT IV 602–629; Braun 237. Michel 292, in gewisser Weise auch Hegermann 166f, beharrt gleichwohl auf der Herkunft aus bibl. Mittlervorstellungen (Mose, Engel usw., vgl. AssMos 1,14; 3,12; Philo, VitMos 2,166; Gal 3,19f; Bill. III 556; vgl. Attridge 221). Aber ist wirklich denkbar, daß »der Rechtsgedanke ... lediglich eine Auslegung (ist), nicht die Grundlage der Begriffe« (Michel 292)? Doch wohl kaum. Vgl. Nash, The Notion 89–115; Weiß 441f.

bürgt bzw. »garantiert« die Fortdauer des Sündenvergebungsbundes[154]. Theophylact spricht nicht unpassend vom *Mittler und Geber*[155]. Die von Hebr ganz unkultisch, nämlich rechtstechnisch vorgenommene Herausstellung des Korrespondenzverhältnisses von Amt und Diatheke ist im Zusammenhang auffällig. Bengel hat sie präzise erfaßt: Naturam testamenti sequitur ratio officii (*wie das Testamtent* [διαθήκη], so das Amt)[156].

Zur natura testamenti, dem Wesen der Diatheke also, gehört, daß sie die »besseren Verheißungen«[157] als Rechtsgrundlage hat. Der Begriff νομοθετέω kommt im Neuen Testament nur noch 7,11 vor. Seine Wiederholung an unserer Stelle ist bedacht: Antithetisch-parallel zur Kulttora als dem Fundament des alttestamentlichen Priestertums reklamiert er die κρείττονες ἐπαγγελίαι als höherwertige Kulttora des besseren Bundes[158]: Der erste Bund hatte als Rechtsgrundlage den νόμος ἐντολῆς σαρκίνης, die zur Sphäre des Fleisches gehörende Tora (7,16), der zweite aber den danach gekommenen λόγος τῆς ὁρκωμοσίας, das *Wort der eidlichen Versicherung* (7,28). Während an unserer Stelle die Verheißung Rechtsgrundlage der Diatheke ist, ist in 9,15 umgekehrt die Diatheke Voraussetzung für den Empfang der Verheißung. Ob so oder so herum: Neben der »Korrespondenz«, ja »teilweisen Identität von ἐπαγγελία und διαθήκη« kommt an beiden Stellen der juridische Charakter beider Größen klar zum Vorschein[159]. Die daraus zu ziehende Folgerung ist diese: Ἐπαγγελία ist das *»Statut der künftigen Heilsordnung«*; sie begründet »den Weg des Glaubens auf unerschütterlichem, gleichsam durch himmlisches Recht verankertem Boden«[160]. Deshalb gebührt ihr das Prädikat κρείττων *besser*. Auch der erste Bund hatte als göttliche Setzung begründete Verheißungen, die auf das Leben in der Gottesgemeinschaft gezielt waren. Nam certum est, patribus, qui sub lege vixerunt, eandem vitae aeternae spem fuisse propositam, sicuti communis fuit adoptionis gratia *die Väter, die unter dem Gesetz lebten, hatten doch sicherlich die gleiche Hoffnung des ewigen Lebens wie wir; es galt ihnen auch die gleiche Gnade der Kindschaft*[161]. Gleichwohl sind die Verheißungen des zweiten Bundes »besser«, weil sie (a) vom Kyrios selbst erstmals bezeugt und von den Hörern »be-

154 Vgl. Rose* 77 Anm. 92; anders Attridge 221.

155 PG 125, 291B.

156 Bengel 893 (Übers. Werner 652).

157 Zum Begriff ἐπαγγελία s. I 200f.

158 Die gegenüber 7,11 andere Bedeutung von νομοθετέω – dort »das Gesetz empfangen«, hier »durch Gesetz verordnen, einführen, begründen« – sollte man also gar nicht betonen. Gegen Rose* 72 Anm. 68 und Weiß 440.

159 Käsemann, Gottesvolk 11–19, Zitat: 14; vgl. H.W. Hollander, Hebrews 7,11 and 8,6, BiTr 30 (1979) 244–247, bes. 246f.

160 Käsemann, Gottesvolk 15.

161 Calvin, CR 83, 100 (Übers. Lauterburg 91). Falsch ist es, wenn Rose* 73 mit den Komparativen nicht einen relativen, sondern einen »absoluten Unterschied« angezeigt sieht. Im Hebr ist der »Gegensatz« des Neuen zum Alten die Überbietung, nicht das absolut andere. Richtig Bleek II/2 444.

festigt« wurden (2,3)[162]; (b) einen festen Inhalt (καθαρισμὸς τῶν ἁμαρτιῶν 1,3), ein klar umrissenes Ziel (κατάπαυσις 4,1) und eine verbürgte Verwirklichung haben (8,6); (c) wie die Einsetzung Jesu ins Hohepriesteramt (7,20f.28) mit einer himmlischen Eidesleistung verbunden sind (6,13–18)[163]. Das bedeutet dann, daß die christliche ἐπαγγελία »so sehr aus der ungewissen Sphäre bloß irdischer Zusagen herausgehoben wird, *daß sie nur auf der Basis eines himmlischen, Gottes zukünftigen Willen enthüllenden Proklamationsaktes konstituiert wurde*«[164]. Sie ist jeder irdischen Verheißung qualitativ unendlich überlegen.

Die κρείττονες ἐπαγγελίαι von 8,6 werden in 8,8–12 und dann noch einmal in 10,16f näher bestimmt als die irdisch schon erfüllte Zusage der Sündenvergebung[165]. Davon zu unterscheiden ist aber die noch ausstehende Verheißung des endgültigen Zur-Ruhe-Kommens (4,1; 11,13.39)[166]. Der Hebr hält also am paradoxen Charakter der Verheißung fest: Sie setzt ins Haben und ins Warten zugleich. Das entspricht genau dem eschatologischen Charakter seines λόγος τῆς ἀκοῆς (4,2): Als das unverbrüchliche Wort Gottes, auf das allein der Glaube sich gründet[167], gibt es Anteil am endgültigen Heil nie anders, als daß es in den Stand der Hoffnung setzt (3,6; 6,11.18; 7,19; 10,23; vgl. Röm 8,24). Auch sie gilt dem Hebr als κρείττων (7,19), ja sie ist mit der ἐπαγγελία identisch[168].

b *Probatio: Alter und neuer Bund 8,7–13*

Als Begründung (γάρ) der vorgeschobenen These V 6 dient unserem Verf. ein langes, urchristlich hier erstmals ausdrücklich angewandtes alttestamentliches Zitat – Jer 31(38),31–34 LXX –, das ausgerechnet wegen seines Stichwortes »*neuer* Bund« für die Nachgeschichte der Bundesverheißung innerhalb der jüdischen Tradition zwar kaum eine Rolle spielt – das Stichwort taucht erst in Qumran als Selbstbezeichnung der Gemeinde wieder auf (CD 6,19; 8,21; 19,33f; 20,12; 1QpHab 2,3)[1] –, das der Hebr aber gerade wegen die-

[162] Die neuerliche Deutung des κύριος von 2,3 auf Gott scheint mir diskutabel: M. Bachmann, »... gesprochen durch den Herrn« (Hebr 2,3). Erwägungen zum Reden Gottes und Jesu im Hebräerbrief, Bib. 71 (1990) 365–394.

[163] Vgl. Käsemann, Gottesvolk 12f.

[164] Ebd. 14.

[165] Schniewind/Friedrich, ThWNT II 581; Käsemann, Gottesvolk 17 und die meisten. Anders Rose* 72–80, der in den κρείττονες ἐπαγγελίαι von 8,6 »eine sachliche Parallele zu κρείττων ἐλπίς« von 7,19 sieht (76), während mit 8,8–12 ein neues Thema angeschlagen werde (78 mit Anm. 96). Das Mißverstehen der komparativen Hermeneutik als schroffer Antithetik führt zu dieser falschen Exegese.

[166] Gyllenberg, Christologie 664f.667; Käsemann, Gottesvolk 16–19; Schierse, Verheißung 138–141; Hegermann 107–110. S. I 200f.

[167] Hegermann 166.

[168] Hofius*, Vorhang 86; Rose* 75f.

[1] Vgl. Braun, Qumran I 261f. In der zwischentestamentlichen Literatur fehlt der Begriff. Der ältere Midrasch zitiert Jer 31,31–34 »verhältnismäßig selten« (Bill. III 704).

ses Stichwortes an den Anfang (V 8–12) und an das Ende seiner Erörterung (10,16f) setzt (Ringkomposition)[2]. Auffallend daran ist nicht, daß die »besseren Verheißungen« in dem selten bemühten Text[3] gesucht und gefunden werden, sondern wie sie verwertet werden: als *Konkursanzeiger* des alten Bundes[4]. Als wolle er jede Wertung vermeiden, spricht der Hebr einleitend nur vom *ersten* und *zweiten* Bund (vgl. auch 8,13; 9,1.15.18). Aber es ist dies eine aus der Sache selbst geforderte, im übrigen traditionsunabhängige Sprechweise[5], die der antitypologischen und dialektischen Verhältnisbestimmung der beiden Diatheken Rechnung trägt: Der erste Bund ist das negative Gegenbild des zweiten, der ihn zugleich aufhebt und doch wiederum überbietet[6]. Die einfache Zählung bedeutet also keineswegs eine bloße Numerierung. Nicht anders als beim ersten und zweiten Zelt (9,2.6.8) ist sie vielmehr zuhöchst qualifizierend gemeint, nämlich die große Diastase »irdisch-himmlisch« ausdrückend. Das Erste ist das Minderwertige, das durch ein Zweites ersetzt werden muß[7]. Zur Erhärtung führt der Hebr einen apagogischen Beweis, der als exegetisches Verfahren Tradition hat (z.B. Philo, Her 278; vgl. Hebr 4,8; 8,4 u.ö.) und diesmal ganz parallel dem in 7,11f geführten ist[8]: Wäre der erste Bund ἄμεμπτος gewesen, *ohne Mangel* also[9], hätte nicht Raum (τόπος) für einen zweiten gesucht werden müssen[10]. Da letzteres aber geschehen ist, kann der erste Bund nicht einwandfrei gewesen sein[11]. Die Kritik an ihm (εἰ γὰρ ... ἦν ἄμεμπτος, irreale

Grund: Jer 31,31 verheißt zunächst einen »*neuen* Bund«, der anders bestimmt sein sollte als der ehemals geschlossene (V 32), der dann aber doch »nicht anders bestimmt ist als durch die Wieder-Geltung der altbekannten Bundesformel (V 33b)« (Levin* 257).

2 Luz* 328; Vanhoye, Structure 143 (Inklusion V 7.13: πρώτη).

3 Das gilt auch für das NT. Neben Hebr 8,8–12; 9,15; 10,16f nehmen ausdrücklich Bezug auf Jer 31,31–34 oder einzelne Verse daraus nur Mt 23,8; 26,28parr; 1Kor 11,25; Röm 2,15; 11,27; Joh 6,45. Zum »Bundesschweigen« bei Jesus s. Gräßer* 9f.126f.

4 Gräßer* 110. – Riggenbach 230f findet wegen αὐτούς in V 8 nicht den Bund selbst, sondern nur die »Bundbrüchigkeit Israels« bemängelt (so auch Chrysostomus, PG 63, 112; Cramer Cat 216; Luther, WA 57/3, 45,12f; Seeberg 92; Westcott 219; Grundmann, ThWNT IV 577,11–15; Hegermann 168 u.a.). Aber warum wird er dann durch einen anderen ersetzt? Eine Substitution ist keine »indirekte« Kritik (so Riggenbach 231), sondern eine ausdrückliche Verurteilung. Richtig Erasmus 962; Cyrill, Cramer Cat 584; Calvin, CR 83, 100f; Braun 238; Weiß 443f.

5 Sie kommt so biblisch nicht mehr vor, auch nicht in den atl. Pseudepigraphen, bei Philo, Josephus und den Apostolischen Vätern. Vgl. Michaelis, ThWNT VI 866–869.

6 Käsemann, Gottesvolk 35 und wie er viele, die damit eine schroffe Polemik gegen den alten Bund ausschließen.

7 Es mag diese Einsicht gewesen sein, die zur Änderung von δευτέρας in ἑτέρας (B*) geführt hat: Kein erneuerter oder zweiter, nur ein *anderer* Bund kann dem Elend abhelfen. Weiss 205f Anm.* hält diese Lesart für die ursprüngliche, während Attridge 225 Anm. 1 in ihr »a simple error« sieht. Die Minuskel 365 liest δεύτερος: Wäre der erste Bund tadelsfrei gewesen, hätte man keinen *zweiten* (Topos) gesucht.

8 Chrysostomus, PG 63, 112.

9 »Das Wort ist echt griechisch, aber auch im Hellenistischen gebräuchlich« (Bleek II/2 446). Biblisch ist es selten: 18mal LXX (gehäuft in Hiob), 5mal NT (1Thess 3,13; Phil 2,15; 3,6; Lk 1,6; Hebr 8,7), nicht in den atl. Pseudepigraphen. Vgl. Grundmann, ThWNT IV 576–578.

10 Logisches Subjekt des ζητεῖν ist natürlich Gott. Zu τόπος vgl. 12,17 und die ähnlichen Wendungen Röm 12,19; Apg 25,16 und Westcott 220; Köster, ThWNT VIII 206.

11 Windisch 73: Der »geschichtlich-tatsächliche Beweis für die Unzulänglichkeit der alten Religionsstiftung« tritt neben den »viel schlagenderen metaphysischen« Beweis von V 6.

Periode)[12] greift auf früher Gesagtes zurück: Die alte Ordnung hat das Verhältnis zu Gott nicht endgültig regeln können (7,19)[13]. Darum sucht Gott Raum für eine zweite. Τόπος steht in diesem Zusammenhang in uneigentlicher Bedeutung von der *Möglichkeit*, die Gott einräumt[14] (vgl. 12,17: τόπον εὑρεῖν = Gelegenheit finden), meint also die »Gelegenheit zum Auftreten und zur Betätigung« der Christusdiatheke[15]. Andere Deutungen wie die auf den Wendepunkt in der Heilsgeschichte[16] oder auf die Herzen der Menschen im Unterschied zu den steinernen Tafeln (2Kor 3,3)[17] oder auf den himmlischen Tempel[18] sind verfehlt. Es geht um die Feststellung, daß der zweite Bund den ersten *verdrängt* (8,13; vgl. Barn 13,1.6)[19].

Mit der Zitateinleitung μεμφόμενος γὰρ αὐτοὺς λέγει wird die ursprüngliche 8a
Heilsprophetie Jer 31(38),31–34 zur *Scheltrede* umfunktioniert[20]. Sie zielt nicht nur – wie αὐτούς nahelegt – auf die Ungehorsamen des »Hauses Israel und Juda«, sondern vor allem auf »jene erste« (V 7) verfehlte Heilsordnung[21], die darum mit feierlicher Eidesleistung außer Kraft gesetzt wird (3,11.18; 4,3; 7,12.18). Das dem ἄμεμπτος (V 7a) korrespondierende μεμφόμενος γὰρ αὐτούς[22] bezieht sich also auf den ganzen V 7 zurück[23]; es ist durch die Wirkungslosigkeit der ersten Diatheke motiviert[24], die deshalb durch die qualitativ überlegene Christusdiatheke ersetzt werden mußte. Und ebendas hat der Prophet vorausgeschaut. Wie das? Nun, indem der Hebr vom eschatologischen Christusereignis auf den Jeremia-Text *zurückblickt* (nota bene: nur so!)[25], wird er ihm zum autoritativen Zeugnis dafür, daß die νόμου μετάθεσις

[12] Sie ist im NT selten, vgl. BDR § 360 Anm. 1.5.
[13] Riggenbach 230.
[14] Bengel 893 erklärt zu ἐζητεῖτο: »Aptum verbum. omnia occuparat prius illud« (*der Ausdruck ist passend; das alte hatte allen Raum ausgefüllt, man mußte Raum suchen.* Übers. Werner 652). Ähnlich Weiss 205. Raumnot war auch das Argument in 8,4. Vgl. Bauer, Wb 1640 (1.f.); Köster, ThWNT VIII 206; Weiß 444 Anm. 59.
[15] Riggenbach 230 Anm. 40; vgl. Weiß 444: τόπος = »Wirkungsraum«.
[16] Delitzsch 340: »die rechte Stelle seines (erg. Bundes) Eintritts«; vgl. Kurtz 257.
[17] Bleek II/2 445 mit dem unzutreffenden Verweis auf V 10 = Jer 31,33, wo ja gar nicht die διαθήκη, sondern die νόμοι ins Herz eingeschrieben werden.
[18] v. Soden 59; Spicq II 239f.
[19] Braun 238. Anders Attridge 226; er findet auch Positives am alten Bund herausgestrichen.
[20] Gräßer* 108–110.
[21] Weiß 444. Insofern stimmt die Absicht des zitierten Textes mit der Beweisabsicht des Hebr nicht überein. Dort ist das Thema die Erneuerung des *Volkes* mittels einer besseren Anwendung der alten Heilsmittel. Hier ist das Thema die Erneuerung der *Heilsmittel selbst*, wohingegen das Gottesvolk bis 10,19 gar nicht mehr in den Blick genommen wird.
[22] Da μέμφομαι und auch λέγειν normalerweise den Dativ bei sich haben (BDR § 152,1 mit Anm. 1), könnte auch der von P^{46} ℵ B D^2 𝔐 gelesene Dativ αὐτοῖς ursprünglich sein, das dann wohl mit λέγει zu verbinden ist. Wolmarans* verteidigt die Lesart αὐτοῖς mit der logischen Struktur der Argumentation des Hebr und übersetzt so: »For he (God), finding fault with (the first covenant), says to them (the people of Israel)« (140). Das prophetische Verheißungswort demonstriert also die Unvollkommenheit des ersten Bundes. So auch Weiß 444 Anm. 61.
[23] Gegen Riggenbach 230, der es nur auf V 7b zurückbezieht.
[24] Lünemann 266.
[25] Zur Legitimität dieser theologischen Hermeneutik (»Eisegese«) s. Levin* 265f.

(7,12), der Wechsel der Heilsordnung also, dem Plan Gottes entspricht und stattgefunden hat.

8b-12 Jer 31(38),31–34 wird fast wörtlich nach der Septuaginta zitiert. Die unerheblichen Abweichungen sind in drei von neun Fällen durch die breitere Textgeschichte der Septuaginta gedeckt; »die verbleibenden sechs Fälle können als stilistische Freiheiten beim Zitieren gelten; sachliche Bedeutung hat keine«[26]. Schematisch dargestellt ist der Befund der beachtenswerten Varianten folgender[27]:

LXX	*Hebr*
φησὶν κύριος (V 31.32.33)	λέγει κύριος (V 8.9.10)
διαθήσομαι τῷ οἴκῳ (V 31)	συντελέσω ἐπὶ τὸν οἶκον (V 8c)
ἣν διεθέμην (V 32)	ἣν ἐποίησα (V 9)
διδοὺς δώσω (V 33)	διδοὺς (V 10)
γράψω (V 33)	ἐπιγράψω (V 10)
οὐ διδάξουσιν (?) (V 34)	οὐ μὴ διδάξωσιν (V 11)

Textvergleich Wenn das διαθήσομαι der LXX absichtlich in συντελέσω verändert worden ist (in V 10 steht allerdings wieder διαθήσομαι, nicht συντελέσω), so könnte damit die eschatologische Endgültigkeit der zweiten Diatheke angedeutet sein[28]. Dagegen dürfte die Veränderung von γράψω in das stärkere Verb ἐπιγράψω kaum beabsichtigt sein. Denn hier schwanken nicht nur die neutestamentlichen Textzeugen (P^{46} B Ψ; Cl lesen ebenfalls das Simplex γράψω), sondern auch die der LXX (A: ἐπιγράψω; B: γράψω). Ob so oder so: Das Problem des Jeremia-Zitates im Hebr ist nicht die Textüberlieferung, sondern die Textausbeutung. Sie ist nirgendwo so dünn wie bei diesem längsten atl. Zitat im NT. Von den vier Verheißungen interessiert den Hebr nämlich nur die Vergebungsverheißung (V 12). Die drei übrigen – Toraverheißung (V 10a.b), Bundesformel (V 10c) und Erkenntnisverheißung (V 11) – bleiben ohne Echo[29]. Das wird durch die stark gekürzte Zitatwiederholung in 10,16f unterstrichen: Neben der Vergebungsverheißung ist nur noch die Tora-

[26] Hegermann 168. Zur Benutzung von Jer 31,31–34 in Frühjudentum und Frühchristentum vgl. Wolff* 116–147, darin speziell zu Hebr 142–146; McCullough, Old Testament Quotations 364–367.

[27] Vgl. Graf 164 Anm. 1. Zu den Textvarianten s. E. Ahlborn, Die Septuagintavorlage des Hebräerbriefes, Diss. Göttingen 1966, 75–81; Thomas* 310–313; Weiß 445; Schröger* 163f. Dessen Behauptung, die Worte καὶ τῶν ἁμαρτιῶν αὐτῶν (V 12b) fänden sich nur beim Hebr (164), ist falsch. Sowohl der MT als auch die LXX lesen sie.

[28] Bleek I 361; so auch de Wette 518; Delitzsch 342; v. Soden 59; Weiß 445 u.a.; auch Schröger* 164 Anm. 1. Aber συντελέσω findet sich auch in LXX, Syrohexapla und Symmachus (Braun 239). Und in Jer 34(41),8.15 wird כָּרַת בְּרִית von der LXX ebenfalls mit συντελεῖν διαθήκην wiedergegeben; vgl. Bleek II/2 449f. Statt ἐποίησα (V 9) lesen einige Minuskeln und Kirchenväter (von NA[26] nicht aufgeführt, doch s. Braun 240) wie die LXX διεθέμην. Möglicherweise spiegeln die Textunterschiede nur die uneinheitliche Textüberlieferung. Daß der Hebr speziell der LXX-Texttradition des Codex Alexandrinus folgt, ist wahrscheinlich; vgl. Weiß 445.

[29] Anders de Wette 517 (»der Verf. zielt auf die ganze Verheissung bei Jeremia«; neben der Sündenvergebung meine er »zugleich die innere Gemeinschaft und Harmonie mit Gott«). Ähnlich Schierse 73f und Attridge 226.

verheißung wiederaufgenommen, die aber in der Auslegung unberücksichtigt blieb[30].

Im Zentrum des Hebr steht eben nicht die *Stiftung* der Sinai-Diatheke per Toraübermittlung, sondern ihr In-Kraft-Treten durch das Besprengungsblut (Ex 24,8), dem in der Zion-Diatheke das Blut des Kreuzesopfers Jesu entspricht (9,12.14). Nicht Bund und Tora – so die »deuteronomistische« Heilsprophetie des Jeremia[31] –, sondern Bund und Opferblut sind »das eigentliche Leitthema« im folgenden Abschnitt 9,1–10,18, zu dem unser Text überleitet[32].

Gegenüber Jeremia ist die Zitatabsicht eine andere. Dort geht es um Trost[33], hier um Kritik. Der Hebr will aus der Schrift begründen, daß der obsolet gewordene erste Bund nach Gottes Willen sein verdientes Ende gefunden hat. An seine Stelle tritt der durch Christus realisierte eschatologische Sündenvergebungsbund (10,18). Das wird hervorgehoben, während die andere Tatsache, der Bundesbruch, das sündige Verlassen der Verheißung seitens des Gottesvolkes als Mitursache der ἀθέτησις, demgegenüber zurücktritt. Davon war in 3,7–4,13 ausführlich die Rede, woran jetzt durch das Gegenbild der erfüllten Verheißungen lediglich noch einmal erinnert wird[34].

Die Abendmahlstexte 1Kor 11,25; Lk 22,20 (vgl. Mt 26,28; Mk 14,24) zeigen, daß Jer 31,31–34 »einer der frühesten und bis heute wichtigsten Deute-Texte für das Heilsereignis (ist), das in Kreuz und Auferstehung Jesu Christi angebrochen ist«[35]. Möglicherweise in Fortführung dieser Tradition setzt der Hebr zu einer kultischen Neuauslegung der Heilsprophetie des Jeremia an[36], dem die Sündenvergebung als Heilsfundament gilt (Stellung am Schluß). Dabei ist im einzelnen folgendes wichtig:

30 Levin* 268.

31 Zur »deuteronomistischen« Konzeption von Jer 31,31–34 vgl. S. Herrmann, Die prophetischen Heilserwartungen im Alten Testament. Ursprung und Gestaltwandel, 1965 (BWANT V/5 [85]); W. Thiel, Die deuteronomistische Redaktion von Jeremia 26–45, 1981 (WMANT 52); S. Böhmer, Heimkehr und neuer Bund. Studien zu Jeremia 10–31, 1976 (GTA 5).

32 So Laub 105; vgl. Lehne* 93–117, die die zentrale Bedeutung der Bundesvorstellung für die Theologie des Hebr aufzeigt.

33 Ursprüngliche Zielsetzung ist die Erneuerung des zerstörten Verhältnisses Israel/ Judas zu Jahwe (Levin* 132). Die in Aussicht gestellte בְּרִית חֲדָשָׁה ist die Restitution des ehemaligen Bundes unter besseren Bedingungen. Erst die aus spätalttestamentlicher Verheißung stammende Erläuterung der Bundesverheißung durch die ins Herz geschriebene Tora (Jer 31,33a) faßt wie das NT insgesamt den neuen Bund als *qualitativ* neues Gottesverhältnis auf (Levin* 60.265–279; vgl. Gräßer* 127–134; anders Hegermann 168f). Die neuere Literatur zum »neuen Bund« in Jer 31 nennt Levin* 18 Anm. 33.

34 Käsemann, Gottesvolk 33.36.

35 Vgl. Levin* 12 sowie seine Deutung der Abendmahlstexte (ebd. 270–274); vgl. auch Lehne* 80–88.

36 Sicher ist das keineswegs. Während z.B. Riggenbach 228 und Windisch 74 die Abendmahlstradition fortgeschrieben sehen, äußern Michel 295, Weiß 445f u.a. Zweifel daran. Zum Problem vgl. Wolff* 145f. Sorgfältige traditionsgeschichtliche Erhebungen zur Bundesvorstellung im Hebr s. jetzt bei Lehne* passim. Sie kann zeigen, wie stark das Offenbarungs- und Priesterschaftsverständnis, ja auch die Paränese des Hebr davon bestimmt werden (18).

8b.c.d καινὴ διαθήκη Die ἡμέραι *Tage*, die in der Heilsprophetie angekündigt werden (ἔρχονται), sind für den Hebr Gegenwart, sofern die »Reinigung von Sünden« (1,3) und damit die von der levitischen Priesterschaft schuldig gebliebene τελείωσις (7,11) jetzt Faktum ist. Entsprechend weist das συντελέσω *ich will zum Vollzug bringen* des Zitates nicht in die Zukunft, sondern auf die *jetzt* durch den Bürgen Jesus realisierte und funktionierende »bessere Diatheke«, d.i. der Sündenvergebungsbund (7,22; 8,6; 10,18). Er bedeutet freilich keine Aufhebung des eschatologischen Vorbehaltes. Das durch ihn erschlossene Heil gibt es nicht anders denn als »bessere Hoffnung« (7,19), die sich dort erfüllt, wo am »Bekenntnis der Hoffnung« *unwandelbar* festgehalten wird (10,23; vgl. 3,6.14). Das *Neue* der καινὴ διαθήκη sieht der Hebr darin, daß »ein neuer und lebendiger Weg«, auf dem wir zu Gott nahen (7,19), wirklich eingeweiht ist (10,20). Ihm ist der neue Bund die Verkörperung der δύναμις ζωῆς ἀκαταλύτου, die den νόμος ἐντολῆς σαρκίνης (7,16), die Verkörperung des alten Bundes, außer Kraft gesetzt hat. Mit diesem Verständnis der Neuheit greift der Hebr in Übereinstimmung mit dem übrigen NT weit über das Vorgegebene hinaus. Hier überall ist das Adjektiv καινός mit einer besonderen Betonung aufgegriffen, die das AT im Zusammenhang mit der Bundesvorstellung so noch nicht kennt, nämlich als »Inbegriff des ganz Anderen, Wunderbaren, das die Endheilszeit bringt«[37]. Der vornehmlich zeitliche Aspekt des hebräischen חָדָשׁ wird freilich schon von der LXX in Richtung auf eine qualitative Aussage verändert, wenn sie als Übersetzung nicht νέος, sondern καινός wählt[38]. Für das damalige Zeitverständnis, das im 1. Jh. n.Chr. durch das Gefühl geprägt war, in der Äonenwende zu stehen, hatte das Adjektiv einen besonderen Klang. Dies läßt den verheißenen neuen Bund nicht als Bundeserneuerung verstehen, sondern als einen wesenhaft anderen Bund, »der den alten nicht wieder aufrichtet, sondern ersetzt«[39].

9 Mit V 9, der (zunächst) negativen Charakteristik der Diatheke (die positive folgt in V 10–12), könnte der Hebr erneut auf den Abfall zu Kades-Barnea (Num 14) zurückblicken, den er 3,7–4,11 bereits als *das* Beispiel des Ungehorsams vorgestellt hatte[40]. Mit Jer 31,32 wird dieser Ungehorsam jetzt charakteristischerweise umschrieben als οὐκ ἐνέμειναν ἐν τῇ διαθήκῃ μου (vgl. auch Dtn 27,26). Darin sieht der Hebr gewiß den klassischen Fall von Unglaube. Denn Pistis ist für ihn in erster Linie Standhaftigkeit (3,6.14; 10,35–39)[41]. Israel in der Wüste ist *das* ὑπόδειγμα solchen Unglaubens (4,11). Deshalb hat Gott es »preisgegeben«[42]. Für immer? Nein, es sollte nur »nicht ohne uns zur Vollendung gelangen« (11,40). »Das Bedenken, dass doch Israels Bundestreue

[37] Behm, ThWNT III 451; vgl. Levin* 270.

[38] Ebd. Kritisch dagegen R.A. Harrisville, The Concept of Newness in the New Testament, JBL 74 (1955) 69–79: Für NT, Papyri und frühe Väter lasse sich καινός (quality) und νέος (time) nicht unterscheiden. Vgl. Lehne* 53 mit Anm. 88.

[39] Levin* 270.

[40] Kurtz 258 und viele andere bis hin zu Attridge 227.

[41] Gräßer, Glaube 62f.144f.

[42] Hegermann 169. – Ἠμέλησα αὐτῶν (V 9e) wörtlich: *ich habe mich nicht um sie gekümmert* so, wie Israel das so große Heil *unbeachtet* ließ (ἀμελήσαντες 2,3); vgl. Bauer, Wb 87; Spicq, Notes I 67–69. Das μέλησα αὐτῶν der LXX wäre zutreffende Übersetzung von בָּעַלְתִּי בָם nur, wenn בָּעַל ב *Ekel, Überdruß empfinden* hieße (Bleek II/2 453) und nicht, wie es meist und wohl zu Recht übersetzt wird, *sich als Herr erweisen über* (Levin* 142f).

Gottes Bundestreue nicht aufheben dürfte, erledigt sich leicht; die Bundestreue Gottes erweist sich ja ebendarin, dass er seine Gnadenabsicht, zu deren Vollführung der erste Bund sich als unzureichend ausgewiesen hat, nun durch einen zweiten vollführen will und also Gnade durch Gnade überbietet.«[43] Der neue Bund wurde ja nicht *gegen* Israel geschlossen, sondern mit ihm und allen Völkern.

Die jetzt beginnende positive Charakteristik des neuen Bundes könnte – die 10-12
Vergebungsverheißung (V 12b) ausgenommen – unausgelegt bleiben, da der Hebr selbst sie keinerlei Echo finden läßt[44]. Zusammenhänge mit seinen sonstigen Aussagen, die der aufmerksame Hörer bzw. Leser feststellen kann[45], werden von ihm selbst jedenfalls nicht hergestellt. Er läßt sich von der Konzentration auf die Kulttora und das Wesen des Bundes als himmlischen Kultmysteriums nicht ablenken und zitiert Jer 31,31–34 mit dem *einen* Ziel, die Aussage von V 13 als Quintessenz des Ganzen zu erreichen: Weil die zweite Diatheke »neu« heißt, muß die erste veraltet sein (vgl. die allgemeine Wahrheit 7,7)[46]. Und selbst noch die Sündenvergebung (V 12b), auf der von Anfang an das Hauptgewicht liegt (1,3c: καθαρισμός; vgl. 2,17: εἰς τὸ ἱλάσκεσθαι τὰς ἁμαρτίας), wird im vorliegenden Zusammenhang nicht weiter ausgeführt, sondern erst in 10,17f als das alles entscheidende Qualifikationsmerkmal der von Jeremia verheißenen neuen Diatheke besonders hervorgehoben[47]. Der Hebr begnügt sich mit der bloßen Auflistung dessen, was den ersten Bund grundsätzlich verschieden vom zweiten sein läßt. Es ist ein Vierfaches: a) die in Herz und Sinn geschriebene, also nicht äußerlich bleibende, 10b
sondern verinnerlichte Tora (V 10c.d; vgl. Ez 11,19f; 36,26f), wodurch die Sehnsucht nach einem unzerstörbaren (eschatologischen) Gottesverhältnis gestillt wird[48]. Ob man das im Sinne des Hebr auf die Gewissensreinigung

[43] Delitzsch 343.

[44] Michel 295 und Weiß 446 verzichten wohl deswegen auf jede Einzelauslegung. Anders Bleek II/2 454–461; Delitzsch 341–347; von den neueren Strathmann 117 (»entscheidend wichtig«) und Bruce 186–195. Zu den wenig wichtigen textkritischen Varianten in NA^{26} vgl. Attridge 225 Anm. 4–10.

[45] Beim ins Herz geschriebenen Gesetz (V 10d) mag er an die Erleuchtung der Getauften denken (6,4; 10,32) oder an das »aufrichtige« bzw. »feste Herz« (10,22; 13,9); und mit der unmittelbaren Gotteserkenntnis (V 11c) mag er die »Erkenntnis der Wahrheit« (10,26) assoziieren, die den Lehrer überflüssig macht (5,12), jedoch nicht die intensive brüderliche Ermahnung (3,7–19; 5,11–6,12; 10,22–31; 12,12–29). Vgl. Braun 241; Gräßer* 109; Hegermann 169; Lehne* 30f.

[46] Ganz anders Jer 31! »Die Eigenschaft des gebrochenen Bundes ist nach eindeutiger Aussage des Textes nicht, daß er alt oder anders, sondern daß er gebrochen ist. Deshalb und nur deshalb ist der Schluß eines neuen Bundes erfordert« (Levin* 141). Ziel der deuteronomistischen Bundestheologie ist die *restitutio*, Ziel der Bundestheologie im Hebr dagegen die *substitutio*.

[47] Von 10,17 her dürfte die gegen den LXX-Text vorgenommene Erweiterung καὶ τῶν ἀνομιῶν αὐτῶν (so $\aleph^2$ A D 𝔐 vg^{ms} sy^{h}) sekundär in unseren Text eingetragen sein. Vgl. Riggenbach 235 Anm. 56; Attridge 225 Anm. 10.

[48] Levin* 264. Zur »Tora im Herzen (Jer 31,33a)« vgl. ebd. 257–264. Nur durch diesen Glauben erhält die Bundesverheißung »eine auch inhaltlich neue Bestimmung«; er bildet im heute vorliegenden Text »auch seinen inhaltlichen Schwerpunkt« (257). Zur frühjüdischen Auslegung s. Lehne* 35–59, speziell zur rabbinischen Bill. III 89f.704.

(9,14; vgl. 9,9; 10,2) und den geistlichen Gottesdienst (9,14; 13,15f) deuten darf[49], lassen wir offen.

10c b) Das zweite ist die intakte Bundesgemeinschaft: »Ich werde ihr Gott und sie werden mein Volk sein« (V 10e.f; vgl. Ex 6,7; 29,45; Lev 26,12; Dtn 26,17f; Jer 7,23; 30,22; Ez 11,20; Hos 2,23; Sach 8,8; 13,9; 2Kor 6,16; Offb 21,3). Sie ist *die* Heilsgarantie schlechthin. Nachdem der Bund gebrochen wurde, ist seine unkonditionierte Erneuerung »ein Akt der vergebenden Liebe« Gottes, »der seinen Grund und Bestand allein auf Jahwes Seite hat«[50].

11 c) Das dritte ist die spontane, unvermittelte und allgemeine Gotteserkenntnis
12 (V 11) und d) das vierte schließlich die Sündenvergebung (V 12), die den *tragenden* Grund für alles Vorherige abgibt:

»Denn ich will ihre Schuld vergeben,
und ihrer Sünde will ich nicht mehr gedenken« (Jer 31,34b MT)[51].

»Die Wendung ist neu und unverbraucht«[52], ihr Gewicht schwer zu überschätzen. Calvin nannte sie mit Recht das fundamentum huius beneficii[53]. Nachdem die alte Ordnung obsolet geworden ist, kann vom Heil nicht anders die Rede sein, als daß von Sünde und Vergebung gesprochen wird, womit Gott, und nur er, in freier Gnade einen neuen Anfang macht als »Akt souveräner und einseitiger Zuwendung«[54].

Neuer Bund Was für Jeremia »nach diesen Tagen« die Neuheit der בְּרִית חֲדָשָׁה sein wird, ist also »die Art und Weise der Tora-Offenbarung. *Jetzt* ist die Tora für Israel ein Äußeres, auf Leder geschrieben und unter Mühen zu lernen. Jetzt vermag auch der vollkommenste Gehorsam die Gottesferne im Letzten nicht zu überwinden. Jetzt ist alle Freude an Gottes Gesetz bedroht durch die Möglichkeit, das Gesetz zu verfehlen. Jetzt ist das Brüten über der Tora, auch wenn bisweilen und nicht nur bisweilen das ewige Licht da hereinfällt, Teil des ängstlichen Harrens der Kreatur. *Dann* aber wird die Tora für Israel das Innerste sein, von Gott auf die Herzen geschrieben. Die Kluft zwischen Gottes Gebot und dem Wollen des menschlichen Herzens wird von Gott selbst geschlossen werden. Dann wird alle Unzulänglichkeit der Erkenntnis und des Gehorsams ein Ende finden, wird einmünden in die vollkommene Gottesgemeinschaft der zukünftigen Welt. Keiner wird mehr den anderen lehren: ›Erkennt Jahwe!‹, keiner wird sich mehr rühmen müssen: ›Deine Tora habe ich im Herzen!‹, keiner wird mehr über der Tora

[49] Vgl. Bruce 189–191.

[50] Levin* 141; vgl. Bruce 191; Schmidt, Zukunftsgewißheit (s. Lit. zu 10,1–18).

[51] Die LXX variiert die erste Zeile: »Ich werde gnädig sein ihren Ungerechtigkeiten« (ἀδικίαι). So auch Hebr 8,12a.

[52] Levin* 135 mit der Begründung: »Für den Bibelleser, der in der neutestamentlichen Tradition steht, ist kaum mehr zu erkennen, in welchem Maße die Botschaft der Vergebung damals als unerhört neues, befreiendes Evangelium gehört worden ist. Die Begriffsgeschichte zeigt, daß in den seinerzeit vorliegenden Texten des Alten Testaments von Vergebung so gut wie nie die Rede war. Selbst in der exilischen und späteren Literatur begegnet das Thema fast ausschließlich in der Bitte oder unter Bedingung oder in kultischer Verklausulierung, am deutlichsten in Bekenntnis, Dank und Lob. So ist die unbedingte Vergebungs*verheißung* als freie Zusage Gottes weithin ohne Parallele« (ebd. 134).

[53] CR 66, 695 (in den Praelectiones in Ieremiam Prophetam II).

[54] Levin* 142.

brüten Tag und Nacht, in ungestillter Sehnsucht, sondern sie werden durch Gottes eschatologische Heilstat alle, ›von ihrem Kleinsten bis zu ihrem Größten‹, die Tora im Herzen tragen, werden unmittelbar sein zu dem offenbaren, seinem Volk Israel gnädigen Gott.«[55]

Hebr streicht das alles nicht besonders heraus, hat aber auch keinen Grund, es zu verneinen. Worin er das Neue sieht, hat er mit dem als ἔγγυος (7,22) bzw. μεσίτης (8,6) der besseren Diatheke gedeuteten Hohenpriester Jesus bereits angedeutet und wird er in c. 9 weiter ausführen: Es ist die alle bisherige Kult- und Glaubenswirklichkeit übersteigende unmittelbare Zugänglichkeit Gottes (10,19f)[56]. Er wird sie in 9,18–22 durch Zusammenschluß von Jer 31 mit Ex 24,8 auch expressis verbis kultisch beschreiben[57]. Denn ihm steht fest: Ohne daß das »Blut des Bundes« vergossen wird, gibt es keine Vergebung (9,22). Ist es aber einmal vergossen, bedarf es keines Sündopfers mehr. »Denn wo Vergebung ist, da findet auch keine Darbringung für Sünde mehr statt« (10,18)[58]. Die remissio peccatorum, grundgelegt im καθαρισμός des Karfreitag (= großer Versöhnungstag) und dauerhaft garantiert durch die Liturgie des himmlischen Hohenpriesters (8,2f), der der Mittler des besseren Bundes ist (8,6), ist und bleibt das κεφάλαιον aller Ausführungen des Hebr (8,1).

V 13 ist eine »exegetische Glosse zu Jeremia 31«[59], die zu V 7 zurücklenkt 13
(Inklusion durch Wiederholung des Stichwortes πρώτη)[60]. Das »Mißverhältnis« zwischen dem ausführlichen Zitat und dieser lapidaren Feststellung fällt natürlich auf, stellt aber das eigentliche Argumentationsziel um so deutlicher heraus: Der zweite Bund ist nicht die restitutio des ersten, sondern seine substitutio. Diese exegetische Kernaussage steckt freilich nur im Rahmen, nicht im Zitat selbst. Es hätte genügt, wenn der Hebr nur Jer 31(38),31 mit dem Stichwort καινὴ διαθήκη zitiert hätte, um zu der Quintessenz zu kommen: ἐν τῷ λέγειν[61] καινὴν πεπαλαίωκεν τὴν πρώτην (V 13a). Die für den Hebr charakteristische logische Schlußfolgerung[62] ist bemerkenswert: Wenn ein zweites *neu* genannt wird, kann das erste demgegenüber nur alt sein[63].

[55] Ebd. 264.
[56] März 53.
[57] Auf die Fusion von Bund und Kult, die schon zu atl. Priestertraditionen gehört (Ex 25–31; 35–40; Lev; Num 1–10), achtet bes. Lehne* 15 u. passim.
[58] Ob unser Verf. »in echt paulinischer Weise von dieser Wahrheit durchdrungen ist« (so Delitzsch 346)?
[59] Windisch 74.
[60] Vanhoye, Structure 143.
[61] Subjekt für diesen Infinitiv wie für das Hauptwort πεπαλαίωκεν ist Gott als derjenige, der das Zitat spricht (λέγει V 8); so Bleek II/2 461; vgl. BDR § 404,2 mit Anm. 6. Das Sprechen Gottes hat »vollziehenden Charakter«, nicht bloß konstatierenden (Weiß 447).
[62] Vgl. nur 8,3.4 u.ö.
[63] Calvin, CR 83, 105. Ein ähnliches Beweisverfahren bei Philo, Her 279; Sacr 77f. Vgl. auch Just Dial 11,2 und den rabbinischen Grundsatz: »Ein Testament hebt ein andres auf« (Bill. III 549).

παλαιόω Das Verb παλαιόω *alt machen, für veraltet erklären* (an unserer Stelle im Perf.: »die Veraltung ist abgeschlossen«[64]) scheint als Akt. nur in der LXX (Dt 8,4 v.l.; 29,4; Jes 50,9; Neh 9,21; Hi 9,5 u.ö.) und im NT vorzukommen (nur noch Lk 12,33)[65] und bezeichnet etwas, »was d. Vergangenheit zwar noch nicht anheimgefallen ist, aber bald anheimfallen muß«[66]. Daß der Hebr dies vom ersten Bund annimmt, zeigt die zusätzliche Erläuterung in V 13b: Er ist *das vor Alter Unbrauchbare* (τὸ παλαιούμενον)[67], ja, er ist *alt und greisenhaft* (γηράσκον)[68]. Cremer-Kögel zitieren dazu Plutarch, Con. disp. 7,3,4 (702.C): Τὸ δὲ (scil. ἔλαιον) οὐκ ἔχον διαπνοὴν ... ταχὺ παλαιοῦται καὶ ἀπογηράσκει[69]. Die Stelle zeigt ihnen, daß καὶ γηράσκον *mehr und mehr alt werden*[70] Verstärkung von παλαιούμενον und die Zeitangabe ἐγγὺς ἀφανισμοῦ nicht Apposition ist, sondern Prädikat. Also: »was alt u. abständig wird, ist dem Verschwinden nahe«[71]. Es gehört zum Bereich des Irdisch-Vergänglichen. Antiquatur, et senescit, prope interitum est (Vg.)! Eine bemerkenswerte terminologische Variation der Zweiäonenlehre! Die Zeit des auslaufenden, bald verschwindenden alten Bundes ist der καιρὸς ὁ ἐνεστηκώς, die noch *gegenwärtige, bestehende Zeit* (9,9). Demgegenüber ist die christliche Gegenwart der καιρὸς διορθώσεως, die eben anhebende, zukunftsträchtige *Zeit der richtigen Ordnung*[72].

Nirgendwo sonst finden sich ähnlich harte Worte über den ersten Bund, der danach auf gleichsam natürliche Weise zu seinem Ende kommt. Der wesenhaft neue, unvergängliche, irdischer Naturgesetzlichkeit nicht unterworfene, weil *himmlische* Bund[73] ist an die Stelle des ersten getreten, der sich verbraucht hat. Beide können sowenig wie das Aaron- und Melchisedekpriestertum zugleich nebeneinander bestehen, weswegen für den anderen Bund Raum gesucht werden mußte (vgl. 8,7: τόπος)[74]. Der Eindruck ist nicht unbegründet, daß V 13 »résonne comme les notes d'un glas funèbre (Moffatt)«[75].

Zusammenfassung Die herausragende Stellung unseres Kapitels im Hebr liegt auf der Hand. Denn es bringt alles bisher Gesagte auf den Punkt: Christi Himmelfahrt, kultisch ausgelegt als die Inthronisation zum himmlischen Hohenpriester, ist das κεφάλαιον. Sie ist *Hauptsache* deshalb, weil dadurch die σωτηρία (2,3) im

64 Braun 246.
65 Cremer-Kögel, Wb 839f. Vgl. H. Schmoldt, Art. עתק, ThWAT VI 487–489; Seesemann, ThWNT V 717; Weiß 447 Anm. 68.
66 Cremer-Kögel, Wb 840.
67 Bauer, Wb 1226 mit Verweis auf Hell. 7 (1934) 179.
68 Bauer, Wb 316.
69 Cremer-Kögel, Wb 840.
70 BDR § 331 Anm. 1.
71 Cremer-Kögel, Wb 840. Ἀφανισμός *Vernichtung* ist hap. leg. im NT, aber in der LXX und auch sonst verbreitet. Belege bei Attridge 229 Anm. 48.
72 Schierse, Verheißung 92. Zur lokalen Färbung der ursprünglich zeitlichen Begriffe, die mit dem kosmologischen Dualismus zusammenhängen dürfte, vgl. Theißen, Untersuchungen 91–93.
73 Lehne* 122.
74 Zur Theologie des Bundes im NT überhaupt samt Liste des Vorkommens dieses Terminus bei Philo, Josephus, in den Pseudepigraphen, in Qumran und bei den Kirchenvätern s. Hughes, Hebrews IX 15ff. (s. Lit. zu 9,1–10), ferner N. Lohfink, Der Begriff »Bund« in der biblischen Theologie, PhTh 66 (1991) 161–176.
75 Spicq, SBi 143.

Vergleich zur altbundlichen Heilsökonomie zu dem wird, was sie jetzt ist: zur nicht mehr überbietbaren, eschatologisch gültigen Erlösung (2,15). Der weiteren Fundamentierung dieser frohen Botschaft dient die zentrale Aussage unseres Kapitels, das ist das Überholtsein des irdischen Kults. Selbst das hier so ausführlich wie sonst neutestamentlich nur noch 2Kor 3 aufgeworfene Bundesthema meint in der Sache den Kult und nichts sonst. Die Unwirksamkeit des irdischen Kults – er bringt nichts zur Vollendung (7,19), d.h. er stiftet ein »Gedächtnis der Sünden«, nimmt sie aber nicht hinweg (10,3f) – hat letzten Endes die erste Diatheke desolat werden lassen. Deshalb hat Gott selbst ihre Ablösung verheißen lassen (Jer 31,31–34). Alle irdischen Konstituenten des ersten Bundes sind bei dem zweiten durch himmlische ersetzt: Dort bildet der »Nomos eines fleischlichen Gebotes« (7,16) die gesetzliche Grundlage, hier beruht dagegen die »Gesetzgebung« auf »höheren Verheißungen« (8,6), für die sich Jesus als der Sohn Gottes verbürgt (7,22). Dort gibt es Priester (Mehrzahl), die ob ihrer Sterblichkeit der ständigen Regeneration bedürfen (7,23). Hier finden wir den *einen* zur Rechten Gottes erhöhten Hohenpriester nach Melchisedekweise als Liturgen (8,2). Jene bringen ständig wiederholte Opfergaben dar (7,27; 8,4; 10,1), »fremdes Blut« (9,25), das unmöglich Sünden hinwegnehmen kann (10,4). Dieser aber hat sich selbst *ein für allemal* als Opfer dargebracht (7,27), durch das er die Seinen für immer vollendet hat (10,14). Jene haben ihren Dienstort am ἅγιον κοσμικόν (9,1), das nur eine Kopie des himmlischen Originals ist (8,5), Christus aber amtiert im himmlischen Sanctissimum, also beim Urbild selbst (8,2). In der Sache ist das die gleiche radikale Antithetik wie in 2Kor 3: auf der einen Seite Dienst des Todes, auf der anderen Dienst der Gerechtigkeit[1]. Beide Diatheken stehen auch nicht im Verhältnis von vorläufiger und endgültiger Ordnung, von Verheißung und Erfüllung oder von Gesetz und Evangelium zueinander. Vielmehr ersetzt die zweite Diatheke die erste (8,12; 10,9: ἀναιρεῖ τὸ πρῶτον ἵνα τὸ δεύτερον στήσῃ). Denn der im irdischen Heiligtum sich abspielende Kult vermag sowenig zu erlösen wie der zur Aufrichtung der eigenen Gerechtigkeit führende Nomos (Phil 3,9; Röm 10,3). »Das at.liche Gottesvolk gelangt nach Paulus wie nach Hebr. nicht zum Ziel, weil es vom Gesetz wie vom Kult her auf Erden sucht, was es nur vom Himmel her finden kann«[2].

Der *neue Bund* ist also die entscheidende Kategorie, durch die der alte aufgehoben ist, »d.h. sowohl beseitigt als auch in seinem typologischen Sinn enthüllt«[3]. Insofern ist 8,13 nur bedingt ein Spitzensatz antijüdischer Polemik. Denn die radikale Antithetik dient hermeneutisch (nicht polemisch!)[4] der parakletischen Absicht, im Interesse der

[1] Zum Folgenden s. Gräßer* 104.107.112–115.

[2] Käsemann, Gottesvolk 37.

[3] Conzelmann, Heiden 239.

[4] Der Hebr gehört überhaupt nicht zur Gattung der aktuellen Auseinandersetzung mit der Synagoge. Bei einer aktuellen Polemik wäre schwer erklärbar, warum der Gegensatz Juden/Heiden sowie Judenchristen/Heidenchristen fehlt; so richtig Conzelmann, Heiden 239; vgl. auch Schreckenberg (s. I 31 Anm. 5) 104f.

müde gewordenen Glaubensschar die Neuheit, Einzigartigkeit und Überlegenheit des von Christus gestifteten neuen Bundes herauszustreichen. Das setzt freilich voraus, »daß die Heilseinrichtungen des AT nicht der beliebige Kult eines vorderasiatischen Volkes sind, sondern die Heilsvermittlung des bisherigen freilich auf Israel beschränkten Bundes zwischen Gott und Mensch«[5]. Auch der erste Bund war göttliche Setzung. Deshalb die Komparativik: bessere Hoffnung (7,19), Diatheke (7,22; 8,6), Verheißungen (8,6) und Opfer (9,23). Und mit »Schatten und Beispiel« (8,5; 9,23; 10,1) bzw. »Gegenbild der himmlischen Güter« (9,24) wird ja zweifellos Israels Besitz insofern seine Göttlichkeit und Größe belassen, als diese Begriffe ihn als Nachahmung des himmlischen Urbildes und Verweis auf das Kommende erscheinen lassen[6].

Wirkungsgeschichte

Aber nicht diese *positive*, sondern die *negative* Beurteilung hat in der Wirkungsgeschichte von c. 8 zu Buche geschlagen. Für Origenes z.B. haben 8,5 und 10,1 – das Alte ist nur ein Schatten, nicht die Wirklichkeit selbst – eine eminente Bedeutung[7]. Seine Auslegung der Stelle geht weit über das hinaus, was der Hebr damit meint, sofern er nicht nur Jerusalem, den Tempel und das jüdische Opfersystem dadurch abgeschafft sieht, sondern *alles* im Alten Testament nur noch als wertlosen Schatten zu begreifen vermag[8]. Und wie Origenes[9] deuten auch Luther[10] und Calvin[11] das schattenhafte Gesetz von Gal 3,24 her als Vorbereiter (παιδαγωγός) auf die Gerechtigkeit und als »Gesetz der Sünde«, dem »des Neuen Testamentes Gnade« gegenübersteht[12]. Dabei wird Mose zum minister peccati[13].

Antijudaismus?

Bis in unsere Gegenwart nimmt die antijüdische Polemik ihre Argumente vor allem aus 8,7.13. Ein böses Beispiel bietet Delitzsch: ». . . dieses allmälige (!) παλαιοῦσθαι καὶ γηράσκειν des A(lten) B(undes) ist ein Hauptgesichtspunkt, unter den die alttest. Heilsentwickelung gestellt sein will. Dass das Gesetz eine bleibende Gemeinschaft mit Gott zu stiften, ein neues Leben zu erzeugen unfähig ist, das zeigte dem Volke Israel seine eigne Geschichte, die Natur ist ungebrochen geblieben und die Sünde durchs Gesetz nur noch sündiger geworden. Dass der äussere Werkdienst werthlos ist ohne das Innenleben eines neuen Herzens, welches das Gesetz zwar fordert, aber nicht zu geben vermag, das zeigte die in den schönsten Zeiten der isr. Geschichte bei aller Gesetzlichkeit herrschende Sittenlosigkeit.«[14] Auch Strathmann findet hier »ein vernichtendes, jedoch wohl begründetes Urteil« über den »Sinai-Bund« gesprochen[15]. Auf jüdischer Seite findet man bis zum heutigen Tage in Hebr 8,13 die Abrogation der jüdischen Religion formuliert[16].

5 Goppelt, Theologie 575.
6 Käsemann, Gottesvolk 36.
7 Greer, The Captain 8–18.
8 Ebd. 9f.; vgl. auch I 30–32.
9 Greer, The Captain 15.
10 WA 57/3, 196.
11 CR 83, 98f.
12 Luther, WA 57/3, 196,2f.
13 Ebd.
14 349.
15 117.
16 Vgl. Schreckenberg (s. I 31 Anm. 5) 92.

Nun kann man schlecht bestreiten, daß die Argumentationsweise des Hebr das Christentum in gewisser Weise »als die aufhebende Vollendung Israels« erscheinen läßt[17]. Aber man darf die Dialektik nicht außer acht lassen. Der alte Bund war ebenfalls göttliche Setzung, weniger gute als die neue, aber doch eine solche, die durch Vollzug des Kultes an der göttlichen Offenbarung partizipieren ließ und an den Heilsgaben Anteil vermittelte[18]. Darum wird auch im Hebr nirgendwo Israel der Titel »Gottesvolk« entzogen[19]. Der Hebr polemisiert nicht gegen das nachchristliche Judentum. Seine Diastase lautet himmlisch/irdisch, nicht jüdisch/christlich[20]. Er malt den himmlischen Kult vor dem Hintergrund des irdischen, um seinen überragenden Glanz deutlich werden zu lassen.

Dogmatisch gewann der Bundesbegriff erst in der reformierten Föderaltheologie des 16.–17. Jh.s konstitutive Bedeutung. Zwingli hat ihn anläßlich der Auseinandersetzung mit den Wiedertäufern eingeführt: Entsprechend der alttestamentlichen Beschneidung sei die Taufe das Bundeszeichen. Ab der Mitte des 16. Jh.s liegt der Schwerpunkt allerdings woanders: »im Verständnis des ›Bundes‹ als einer von Gott erlassenen, vertragsrechtlich geregelten Allianz, deren Bedingungen der Mensch einzuhalten verpflichtet ist«[21]. In der Folgezeit wurde der foedus operum bzw. naturae (von Gott mit Adam vor dem Sündenfall geschlossen) unterschieden vom foedus gratiae, der in Christus besteht. Bei Coccejus (1603–1696) kommt die Föderaltheologie zu voller Blüte. Er lehrte die sukzessive Abrogation des Werkbundes durch den Gnadenbund.

Die Unterscheidung von Natur- und Gnadenbund hatte auch negative Wirkungen, z.B. bei der theologischen Begründung der Apartheidsideologie Süd-Afrikas. Eine Lösung der Schwierigkeiten bietet K. Barth, indem er den foedus gratiae in Jesus Christus als »inneren Grund der Schöpfung« und die Schöpfung als »äußeren Grund des Bundes« deutet[22].

Zur Wirkungsgeschichte unseres Textes gehören schließlich auch die heutigen Bezeichnungen »Altes« und »Neues Testament«, die seit Clemens v. Alexandrien belegt sind[23]. Sie gehen nicht auf 2Kor 3,14 zurück, sondern gründen in einer Bundestheologie, die gegen Ende des 2. Jh.s in Kleinasien heimisch

[17] Ebd. 104. Kritisch in dieser Hinsicht J.Chr. Beker, The New Testament View of Judaism, in: J.H. Charlesworth (Hg.), Jews and Christians. Exploring the Past, Present, and Future, New York 1990, 60–75: 66f. Seine These: Für den jüdisch-christlichen Dialog ist der Hebr wenig förderlich (65).

[18] Bes. Käsemann, Gottesvolk 35f hebt das hervor. Vgl. auch die wichtigen Ausführungen bei Levin* 274–279.

[19] H. Küng, Die Kirche, Freiburg 1967, 146.

[20] Käsemann, Gottesvolk 34. Aber schon bei Chrysostomus wird daraus Triumphalismus: Οὐρανία γάρ ἐστιν ἡ Ἐκκλησία, καὶ οὐδέν ἐστιν ἄλλο ἢ οὐρανός (PG 63, 112).

[21] Heron, EKL 1, 570.

[22] Entfaltet in KD III/1 258ff.103ff. Zur Sache vgl. auch Heron, EKL 1, 570–572; J.F.G. Goeters, Art. Föderaltheologie, TRE 11, 426–452 (Lit.).

[23] Zur Entstehungsgeschichte s. Eus Hist Eccl 5,16,3–5; 6,26,13f.

war[24]. Die für unsere Bibeln üblich gewordenen Bezeichnungen muß man nicht aus Scheu vor Antijudaismus rückgängig machen und durch »Hebräische und Griechische Bibel« ersetzen wollen[25]. Das ist auch deshalb töricht, weil jene Bezeichnungen – mißt man sie an ihrem Ursprung – gar nicht das Alte Testament zugunsten des Neuen abwerten, »sondern den heilsgeschichtlichen Zusammenhang beider Testamente herausstellen« wollen[26]. Wohl ist der durch Kreuz und Auferstehung Jesu vermittelte und verbürgte Bund der *wahrhaft neue*, durch den jeder andere Heilsweg, auch der alttestamentliche, zum *alten* geworden ist[27]. Dadurch werden Altes und Neues Testament aber nicht beziehungslos. Denn es ist ja gerade die alttestamentliche Verheißung eines neuen Bundes, die die Christenheit des *neuen* Heils in Christus *gewiß* macht. Das kann sie, weil es »das Wesen des neuen Heils in Christus (ist), daß es die vor und ohne Christus bestehende Heilserwartung und so auch die Heilserwartung des Alten Testaments nicht ins Unrecht setzt, sondern ins Recht«. »Wenn darum die Christenheit das Alte Testament als ihr Christusbuch liest, wird es trotz aller Gewaltsamkeiten, die dabei nach unseren exegetischen Maßstäben unterlaufen, nicht vergewaltigt, sondern kommt in seiner Wahrheit zur Sprache.«[28]

2 *Der alte und der neue Kult 9,1–28*

Analyse Das Thema wechselt vom überlegenen λειτουργός (8,2) zur überlegenen λατρεία (9,1). Nach der Exposition dieses Themas in 8,1–6 folgt in 9,1–10,18 seine Durchführung. Bei fast unmerklichem Übergang von ἡ πρώτη διαθήκη (8,13) zu ἡ πρώτη σκηνή (9,2) wird der Gegensatz der beiden Diatheken (8,7–13) am zweiteiligen Bundeszelt unter speziell kultischem Gesichtspunkt weiter ausgeführt[1]. Und zwar ist (a) vom irdischen Kult im alten Bund als einem Sinnbild des Vergänglichen die Rede (V 1–10)[2]. Vor diesem Hintergrund

[24] Vgl. W.C. van Unnik, Ἡ καινὴ διαθήκη – a Problem in the early history of the Canon, StPatr 4, 1961 (TU 79), 212–227; H. Frh. v. Campenhausen, Die Entstehung der christlichen Bibel, 1968 (BHTh 39), 303–311.

[25] Vgl. die Handreichung für die Mitglieder der Landessynode, der Kreissynoden und der Presbyterien in der Evangelischen Kirche im Rheinland Nr. 39: Zur Erneuerung des Verhältnisses von Christen und Juden, Mülheim 1980, 20.

[26] Levin* 267 Anm. 4.

[27] Dies und alles Folgende in enger Anlehnung an Levin* 275–277; vgl. auch E. Käsemann, Paulinische Perspektiven, Tübingen [2]1972, 284f; Gräßer* 112–115, bes. 114.

[28] Levin* 276.277.

[1] Theißen, Untersuchungen 69. Anders Bleek-Windrath 333, der den Gedanken des Bundes »hier nicht weiter verfolgt« sieht. Die starke literarische und thematische Verzahnung der c. 8 und 9 (Vanhoye, Structure 138–161) jedoch beweist das Gegenteil. Ähnlich Dussaut, Synopse 66–72. Vgl. auch Vanhoye*, La structure centrale 44–60; Weiß 428–430. Beide weisen auf eine »chiastische Gliederung« hin: a (8,3–5) b (8,6–13) c (9,1–10) / C (9,11–14) B (9,15–22) A (9,23–28) mit Hauptakzent auf c/C (9,1–10/9,11–14) als der »Mitte« des Hebr (Weiß 430).

[2] Barrett, Eschatology 392.

(»Negativfolie«[3]) steht dann der dreigliedrige Abschnitt vom endgültig wirksamen himmlischen Opferdienst Jesu (V 11–28). Vorab (b) wird die Liturgie des Neuen Bundes vorgestellt (V 11–14), danach (c) sein Mittler (V 15–22) und schließlich (d) der himmlische Kult selbst (V 23–28). Dabei spitzt sich alles auf die Kultordnung des großen Versöhnungstages (Lev 16) zu, die Entsühnung durch das Blut (V 6–8). Sie ist Deutekanon für Jesu Selbstopfer, das sich wie ein roter Faden durch das ganze Kapitel zieht (V 11.12.24–26), ergänzt durch den Gedanken des Bundesblutes (Ex 24,8): Wie einst durch dessen Aussprengen der erste Bund in Kraft gesetzt worden war (V 18–22), so ist jetzt durch Jesu Blut die zweite Diatheke als Erfüllung des in Jeremia verheißenen Sündenvergebungsbundes rite installiert (V 24–28).

Literatur: Beaude, Sacerdoce 1318–1334 (Lit.!); *Casalini, N.,* Dal simbolo alla realtà. L'espiazione dall' Antica alla Nuova Alleanza secondo Ebr 9,1–14. Una proposta esegetica, 1989 (SBFA 26); *Cody, Heavenly Sanctuary; Fitzer, G.,* Auch der Hebräerbrief legitimiert nicht eine Opfertodchristologie. Zur Frage der Intention des Hebräerbriefes und seiner Bedeutung für die Theologie, KuD 15 (1969) 294–319; *Fritsch, Ch.T.,* TO 'ANTITYΠON, in: FS Th.C. Vriezen, Wageningen 1966, 100–107; *Fritz, V.,* Tempel und Zelt. Studien zum Tempelbau in Israel und zu dem Zeltheiligtum der Priesterschrift, 1977 (WMANT 47); *Gräßer,* Rechtfertigung; *Hofius,* Der Vorhang 60–75; *ders.,* Das »erste« . . . Zelt (s. zu 8,1–13); *Hurst,* How ›Platonic‹ (s. zu 8,1–13); *Kilpatrick, G.D.,* Διαθήκη in Hebrews, ZNW 68 (1977) 263–265 (= *ders.,* The Principles and Practice of New Testament Textual Criticism, 1990 [BEThL 96], 448–452); *Kutsch, E.,* Neues Testament – Neuer Bund? Eine Fehlübersetzung wird korrigiert, Neukirchen-Vluyn 1978; *Laub,* »Ein für allemal . . .«; *Lach, S.,* Les ordonnances du culte israélite dans la lettre aux Hébreux, in: Sacra Pagina II, 1959 (BEThL 13), 390–403; *Lohse, E.,* Märtyrer und Gottesknecht. Untersuchungen zur urchristlichen Verkündigung vom Sühntod Jesu Christi, [2]1963 (FRLANT 64); *McRae,* Heavenly Temple; *Moe, O.,* Das irdische und das himmlische Heiligtum. Zur Auslegung von Hebr. 9,4f., ThZ 9 (1953) 23–29; *Schmitz, O.,* Die Opferanschauung des späteren Judentums und die Opferaussagen des Neuen Testamentes, Tübingen 1910, 259–299; *Schröger,* Gottesdienst; *Selby, G.S.,* The Meaning and Function of Συνείδησις in Hebrews 9 and 10, RestQ 28 (1985/86) 145–154; *Swetnam, J.,* On the Imagery and Significance of Hebrews 9,9–10, CBQ 28 (1966) 155–173; *ders.,* Hebrews 9,2 and the Uses of Consistency, CBQ 32 (1970) 205–221; *ders.,* Christology; *Thompson, J.W.,* Hebrews 9 and Hellenistic Concepts of Sacrifice, JBL 98 (1979) 567–578; *Vanhoye,* La structure centrale (s. Lit. zu 8,1–13); *ders.,* Expiation ancienne et sacrifice du Christ, ASeign 72 (1964) 18–35; *ders.,* Anamnèse historique; *Wenschkewitz,* Spiritualisierung; *Young, N.H.,* The Gospel according to Hebrews 9, NTS 27 (1981) 198–210.

[3] Braun 247.

a *Die Liturgie des Alten Bundes 9,1–10*

1 **Es hatte nun zwar auch der erste (Bund) gottesdienstliche Rechtsord-**
nungen sowie das irdische Heiligtum. 2 **Denn es wurde ein Zelt aufge-**
richtet, der erste (Raum), in dem sich sowohl der Leuchter als auch der
Tisch und die Brotauflage befanden, welches ›(das) Heilige‹ genannt wird.
3 **Hinter dem zweiten Vorhang jedoch (lag) ein Zelt, das sogenannte ›Al-**
lerheiligste‹, 4 **enthaltend einen goldenen Räucheraltar und die Bun-**
deslade, die ringsum mit Gold überzogen war; darin waren ein goldener
Krug, der das Manna enthielt, und der Stab Aarons, der gesproßt hatte,
und die Tafeln des Bundes, 5 **während über ihr die Kerubim der Herr-**
lichkeit waren, die den Sühneort überschatteten; darüber ist jetzt nicht
im einzelnen zu reden.
6 **Nachdem nun dieses so eingerichtet ist, gehen in den ersten Zeltraum**
einerseits die Priester immerzu hinein und vollziehen die gottesdienstli-
chen Handlungen, 7 **andererseits (geht) in den zweiten (Raum) einmal**
im Jahr allein der Hohepriester, (und das) nicht ohne Blut, das er dar-
bringt für sich und die unwissentlichen Verfehlungen des Volkes, 8 **wo-**
durch der Heilige Geist andeutet, daß der Weg in das Heiligtum noch
nicht offenbart worden ist, solange das erste Zelt noch Bestand
hat, 9 **welches ein Sinnbild (ist) für die gegenwärtige Zeit, dementspre-**
chend sowohl Gaben als auch Opfer dargebracht werden, die nicht die
Kraft haben, den Kultdiener im Gewissen zur Vollkommenheit zu füh-
ren, 10 **da es sich, neben Speisen und Getränken und verschiedenen**
Waschungen, nur um Rechtsordnungen des Fleisches (handelt), die bis
zur Zeit (der) richtigen Ordnung auferlegt sind.

Analyse Der achtergewichtige Textabschnitt ist sorgfältig strukturiert. Inklusionen markieren den Rahmen (δικαιώματα V 1.10) und die Unterabschnitte (κατασκευάζειν V 2.6; λατρεία/λατρεύειν V 1.6.9)[4]. V 1 ist Überschrift. Sie nennt als Verhandlungsgegenstände die Kultbestimmungen und den Kultort des *ersten* Bundes (Stichwortverknüpfung mit 8,13), die in chiastischer Reihenfolge behandelt werden. Mit der Beschreibung der Stiftshütte, ihrer Bauweise (zwei Räume, V 2a.3a), ihrer Benennung (Heiliges und Allerheiligstes, V 2c.3b) und ihres Inventars, (V 2b.4f) beginnt es (V 1–5). Die detaillierte Schilderung der Bundeslade, ihres Inhalts (V 4c.d) und Aufbaus (V 5a), fällt zunächst auf. Mit einer rhetorischen Wendung (V 5b) bricht sie der Verf. jedoch jäh ab, »um zum Wichtigsten überzugehen«[5], dem Priesterdienst am Heiligtum (V 6–10). Aber nicht eigentlich auf diesen Sachverhalt, sondern auf dessen ganz bestimmte Deutung bzw. auf eine geheimnisvolle Offenbarung (δηλόω V 8) will

[4] Näheres dazu bei Vanhoye, Structure 144–146; Weiß 448f; noch subtiler Dussaut, Synopse 69–72, bes. 69f.

[5] Theißen, Untersuchungen 69; vgl. Weiß 449.

der Verf. hinaus, die der Nebensatz V 9a ausspricht: Das erste Zelt und damit der alttestamentliche Kult ist ein Gleichnis der vergehenden Welt[6].
Die zweideutige Berichtsform, die das Alte (8,13; 9,1f) zugleich als das Gegenwärtige erscheinen läßt (8,3–5; 9,6–10.22; vgl. 5,1–4; 7,5–8; 10,1–4.8.11), hat ihren Grund darin, »daß die vergangene Kultordnung für die Gegenwart transparent werden soll«[7]. Sachverhalte der Vergangenheit werden zum Symbol gegenwärtigen Geschehens. »Alles Vergängliche / ist nur ein Gleichnis, / das Unzulängliche, / hier wird's Ereignis«[8].

α *Das irdische Heiligtum 9,1–5*

Der thematische Eingangssatz läßt das einseitig kultische Interesse des Hebr Erklärung
1 an der Bundesvorstellung erkennen. Denn keines der 8,8b–12 genannten Elemente, sondern der rite vollzogene irdische Kult wird zur Verhandlung aufgerufen – und zwar in einer (auch textlich) weitgreifenden Gegenüberstellung zum himmlischen Kult: εἶχε μὲν οὖν κτλ. (V 1) – Χριστὸς δέ (V 11). Nimmt man hingegen das (räumlich näherliegende) δέ von V 6 als Entsprechung zu μέν in V 1[9], dann wäre ein Widerspruch markiert zwischen korrekter Kultordnung und ungenügender Kultwirkung. Aber das ist weniger wahrscheinlich. Vielmehr steht »der gesetzlichen Ordnung und Ausstattung des Alten Bundes das einmalige Opfer des Neuen Bundes gegenüber«[10]. Εἶχε *er hatte* ist betont vorangestellt und hebt hervor, daß es dem alten Bund nicht an göttlicher Legitimation fehlte. Das Imperfekt zeigt indes eine durative Vergangenheit an[11], hier im Gegensatz (μέν) zu dem Verb der Vollendung in V 12: (Χριστὸς δὲ) εἰσῆλθεν ἐφάπαξ *Christus ist ein für allemal in das Allerheiligste hineingegangen*. Ein perfekter neuer Bund steht einem imperfekten ersten Bund gegenüber, auf den unser Verf. *zurückblickt*[12]. Weil ἡ πρώτη auf das entsprechende Wort in 8,13 zurück- und nicht auf das in 9,2 vorausblickt, ist sinngemäß διαθήκη zu ergänzen und nicht, wie es in einer ganzen Anzahl von Minuskeln ausdrücklich geschieht, σκηνή[13]. Abgesehen von der schlechteren äußeren Bezeugung ergäbe das auch einen unpassenden Sinn: »Es müßte ἡ πρώτη σκηνή hier dann von dem alten Heiligthume im Gegensatze ge-

6 Ebd.

7 Theißen, Untersuchungen 69f. Rückgriff auf eine »Vorlage« oder Tradition ist gerade hier ganz unwahrscheinlich; mit Weiß 449 gegen Schille, Erwägungen 90f.

8 So der Chorus mysticus in Goethes Faust II, 5. Akt.

9 So z.B. Westcott 243.

10 Michel 304f, dem Hofius*, Zelt 277 Anm. 35 folgt.

11 Hoffmann / v. Siebenthal § 198k; BDR § 327,1; vgl. Weiß 450 Anm. 4.

12 Für Bleek II/2 466f u.a. ist er faktisch noch existent, nur »rechtlich erloschen«. Deswegen hieße es εἶχε statt ἔχει, das genausogut habe stehen können. Kaum!

13 NA^{26} nennt 6^{mg}.81.104.326.365.629.630. 2464 *al* vg^{ms} bo^{ms}. Die Lesart ἡ πρώτη σκηνή ist erst seit den Biblia Complutensia (1520) und der Ausgabe des Rob. Stephanus (1550) *recepta* geworden, während der Erasmische Text, dem Luther folgt (das erste, nämlich Testament), nur ἡ πρώτη hatte (Delitzsch 350).

gen das des N.T. genommen werden, und somit in einem andern Sinne, als worin dieselbe Formel gleich V. 2 steht, was durchaus unwahrscheinlich ist«[14]. Es geht um den ersten Bund. Er hat – oder falls das die negative Beurteilung mildernde καί ursprünglich sein sollte[15] – *auch* er hat iure divino bestanden. Aber unser Verf. hat keinen Anlaß, das in 8,6–13 Gesagte vor dem Mißverständnis zu schützen, als sei der alte Bund *an sich* nichtig und eitel, weswegen das die Kritik abschwächende καί sekundär sein dürfte[16]. Er hatte zwar *Kultbestimmungen* (δικαιώματα λατρείας)[17] und ein *irdisches Heiligtum* (ἅγιον κοσμικόν), aber beides von minderer Qualität.

Mit dem neutestamentlich nur hier vorkommenden Begriff δικαιώματα λατρείας hält der Hebr fest, daß der levitische Kult gemäß göttlicher Anordnung, also torakonform vollzogen wurde. Δικαίωμα meint im allgemeinsten Sinne (»nach häufigem Hellenistischen Gebrauche«[18]) *das, was recht ist.* In der LXX bezeichnet es zumeist die *Rechtssatzung,* die *Rechtsforderung* (als Übersetzung von חֹק *Bestimmung, Regel, Vorschrift,* חֻקָּה *Vorschrift, Satzung,* מִצְוָה *Auftrag, Gebot,* מִשְׁפָּט *Schiedsspruch, Rechtsbestimmung*). Das dürfte auch dem Hebr vorschweben[19]. Er faßt die justificationes culturae (Vg.) ins Auge und denkt dabei neben den Kult-, Speise- und Reinheitsvorschriften besonders an den Opferdienst, speziell an die Kultvorschriften (Ex 29,38–30,38) und das Ritual für den großen Versöhnungstag (Lev 16)[20]. Darauf führt jedenfalls die Wortverbindung δικαιώματα λατρείας. In der LXX ist λατρεία Wiedergabe von עֲבֹדָה *Dienst* (z.B. gottesdienstliche Handlungen 1Chr 28,13; vgl. noch Ex 12,25.26; 13,5; Jos 22,27). Neutestamentlich steht es für die *gottesdienstliche Betätigung* (Röm 9,4; 12,1), speziell das προσφέρειν τῷ θεῷ (Joh 16,2; vgl. Hebr 9,6.9)[21].

Die Auskunft, daß die gottesdienstlichen Ordnungen des alten Bundes »von positiver, auf göttliche Offenbarung, göttliche Willenserklärung zurückge-

[14] Bleek II/2 466. So schon die Peschitta (4. Jh.) und seit Theodoret, PG 82, 737D und Chrysostomus, PG 63, 117A die meisten. Vgl. Bleek II/2 465f; Braun 247.

[15] Es fehlt in P^{46vid} B 6.629.1739.1881 *pc* sy^p co, wird aber gelesen von א A D 𝔐 latt sy^h. Trotz dieser ungefähr ausgeglichenen äußeren Textbezeugung hält NA^{26} καί für nicht gesichert. So auch Zuntz, The Text 209f und ihm folgend Braun 247 und Attridge 230 Anm. 1. »Aber für die Echtheit der Partikel fällt ins Gewicht, daß sich ihre Weglassung leichter erklärt als ihre Hinzufügung. Man konnte daran Anstoß nehmen, daß der Vf dem NB wie dem AB nicht bloß δικαιώματα λατρείας, sondern auch ein ἅγιον κοσμικόν beizulegen schien. In Wirklichkeit tut er das freilich nicht, sondern stellt nur fest, daß auch die atl Gottesstiftung so gut wie die ntl einen gottgeordneten Kultus und das dazugehörige Heiligtum besaß« (Riggenbach 237). Die Entscheidung ist also schwierig.

[16] Gegen Kurtz 261.

[17] So die Übersetzung bei Bauer, Wb 398 (1.). Λατρείας dürfte von δικαιώματα abhängiger gen. sing. sein und kein acc. pl. (»Rechte, und Gottesdienst«, so z.B. Luther, WA DB 7, 363). In der Vorlesung von 1517/18 allerdings folgt Luther der Vg.: iustificationes culturae (WA 57/3, 47,5f).

[18] Bleek II/2 468.

[19] Der Begriff ist ntl. selten: 5mal Röm, 1mal Lk (1,6), 2mal Hebr (9,1.10), 2mal Offb (15,4; 19,8). Vgl. Schrenk, ThWNT II 223–227. Zum außerbiblischen Vorkommen s. Spicq, Notes III 146–148.

[20] Hofius*, Zelt 275 Anm. 25.

[21] Cremer-Kögel, Wb 670; vgl. Strathmann, ThWNT IV 58–66; Weiß 450 Anm. 5.

hender Rechtskraft« sind[22], wird indes durch den Kontext wieder neutralisiert, wenn nicht storniert. Denn V 10 präzisiert: *Die Kultbestimmungen* sind δικαιώματα σαρκός, d.h. Bestandteil des νόμος ἐντολῆς σαρκίνης (7,16), jenes Nomos also, der als »Exponent der alten Diatheke« figuriert[23], weil er der Sphäre der Sarx angehört.
Auf *diesen* Nomos geht denn auch das Heiligtum (ἅγιον) des alten Bundes zurück, das der Hebr deswegen als *irdisch* (κοσμικόν) prädiziert.

Τὸ ἅγιον, in der LXX Wiedergabe von מִקְדָּשׁ *heilige Stätte, Heiligtum* oder קֹדֶשׁ *Heiligtum* (z.B. Num 3,38)[24], kommt ntl. in dieser Bedeutung nur im Hebr vor, und zwar mit drei Ausnahmen (8,2; 10,19; 13,11) ausschließlich in c. 9 (7mal). Auch Philo (All 3,125) und Josephus (Bell 4,159) haben den Begriff[25]. Überhaupt könnte das vom Hebr in diesem Zusammenhang gebrauchte κοσμικός an die kosmische Symbolik eines Philo erinnern[26]. Aber dessen Tempelspekulation (z.B. SpecLeg 1,66–78; VitMos 2,67ff.77f. 88; Congr 116ff) ist denn doch anders geartet: Der Vorhof gilt ihm als Symbol der sinnlichen, das Heiligtum selbst als Symbol der intelligiblen Welt[27]. Für den Hebr hingegen besagt κοσμικός in bezug auf die Stiftshütte, daß sie *irdisch*, ja »widergöttlich« ist (Tit 2,12; 2Clem 5,6; 17,3)[28], der Sphäre des Kosmisch-Welthaften zugehört, jedenfalls mit dem Charakter dieser Schöpfung aufs engste verbunden ist (9,11)[29]. Für Priester, die ἐπὶ γῆς sind (8,4), ist eben ein *irdisches* Heiligtum der angemessene Dienstort[30]. Seinem Charakter nach gehört er zu den ἐπίγεια (Joh 3,12; 1Kor 15,40; 2Kor 5,1; Phil 2,10; 3,19; Jak 3,15). Er steht dem nicht mit Händen gemachten (9,11.24) wahrhaftigen Zelt (8,2), überhaupt den ἐπουράνια (8,5; 9,23) dualistisch abgewertet gegenüber[31]. Der hier vollzogene Kult ist ungenügend (9,8.9: μήπω bzw. μή; 9,10: μόνον). Weil das ἅγιον κοσμικόν eine materielle Institution ist, deshalb ist es ineffektiv[32]. Das vergoldete Inventar (V 4) kann diesen Mangel wohl verblenden, aber nicht

τὸ ἅγιον

22 So ohne jede Einschränkung Delitzsch 351 und viele andere. Zurückhaltend in dieser Hinsicht Kertelge, EWNT I 810. Ganz gegenteiliger Meinung ist allerdings Thompson, The Beginnings 105 (»pejorative terms«).
23 Barrett, Eschatology 392.
24 Weiteres bei Bauer, Wb 17 (2.a.b.).
25 Weiteres bei Braun 228.
26 Windisch 75; Sowers, Hermeneutics 108f.
27 McRae* 185; vgl. auch Wenschkewitz* 82–86; U. Früchtel, Die kosmologischen Vorstellungen bei Philo von Alexandrien, 1968 (ALGHJ 2), 75–81.
28 Braun 248; vgl. Seesemann, ThWNT III 897f; Bauer, Wb 904.
29 Käsemann, Gottesvolk 33. Die Väter (z.B. Theodoret, PG 82, 737D; Oecumenius, PG 119, 369A) meinten, das ἅγιον hieße κοσμικός, weil es die Welt symbolisch abbilde. Dagegen Delitzsch 352. Jos Ant 3,180f (vgl. Bell 4,324) hatte die Vorstellung, das Bundeszelt und die Kultgewänder und -geräte dienten zur ἀπομίμησις καὶ διατύπωσις τῶν ὅλων; speziell repräsentiere die Aufteilung des Zeltes die Scheidung zwischen dem den Menschen zugänglichen Bereich einerseits (Erde/Meer) und dem allein Gott zugänglichen Bereich andererseits (Himmel). Vgl. Lünemann 285; Riggenbach 249 Anm. 93; Hofius*, Zelt 276.
30 Thompson, The Beginnings 105.
31 Windisch 75; Gyllenberg, Christologie 674f; Cody* 145–151; Schierse, Verheißung 27f; Theißen, Untersuchungen 78; Zimmermann, Bekenntnis 182; Braun 248. Anders Hofius*, Zelt 275 Anm. 23; Rissi, Theologie 37f. Zur Diskussion s. Laub, Bekenntnis 192 mit Anm. 52; Gräßer, Der Alte Bund 50 Anm. 200.
32 Thompson, The Beginnings 105, der die Affinität zur platonischen Tradition hervorhebt. Vgl. ders.* passim.

aufheben, wie Bengel richtig erkannt hat: Constabat ex materia pretiosa; sed tamen ex materia *es bestand aus kostbaren Stoffen, war aber eben doch materiell*[33].
Eine auf die Materialität der Heiligtümer zielende Kritik findet sich vor allem in der platonischen Tradition (z.B. Eur frag. 968; Plut Tranq An 477C; Philo, Plant 126; SpecLeg 1,66, VitMos 2,108)[34]. Die Kirchenväter greifen diese Kritik auf (z.B. Cl Al Strom 5,74,2 [GCS 15, 375,25–376,2]; vgl. auch Corp Herm 12,22f; 13,19). »The common feature in these Hellenistic texts [einschließlich Hebr!] is the denial of the validity of any earthly cult on metaphysical grounds«[35].

2a Von dieser Materialität handeln die V 2–5. Sie beschreiben die *Stiftshütte* (ἡ σκηνή; vgl. zu 8,2.5), das tragbare Heiligtum der Wüstenzeit (Ex 25f; vgl. Apg 7,44; Offb 15,5), hinsichtlich seiner Bauweise und seines Inventars[36]. Nicht am salomonischen oder herodianischen Tempel, sondern am *Offenbarungszelt* (אֹהֶל מוֹעֵד), dem »Sinai auf der Wanderung« also[37], demonstriert der Hebr die Obsoletheit des irdischen Kultes (8,5; 13,10). Wichtigster Ansatzpunkt dafür ist die *Zweiteiligkeit* des Heiligtums: Es wurde *eingerichtet* (κατεσκευάσθη)[38] eine πρώτη σκηνή, ein erstes Zelt (V 2), und eine (δευτέρα) σκηνή, ein (zweites) Zelt (V 3)[39]. Inzwischen gilt als philologisch gesichert[40], daß der Hebr mit »erstem Zelt« (V 2.6.8) und »zweitem Zelt« (V 3.7) nicht zwei voneinander getrennte selbständige Zelte meint[41], sondern die beiden Abteilungen des *einen* Zeltes, also Hekhal (הֵיכָל) und Debir (דְּבִיר; 1Kön 6,17–19)[42]. Aber absichtsvoll bringt er die Geschiedenheit der beiden Räume so stark zum Ausdruck, »daß fast der Eindruck entstehen könnte, es handle sich um zwei Zelte«[43]. Denn der Hebr will ja mit seiner Zeltbeschreibung auf eine ganz bestimmte symbolische Bedeutung hinaus (V 9f), die der kosmologischen Stiftszelt-Symbolik eines Josephus (Ant 3,123.180f) und Philo (VitMos 2,81f) nicht unähnlich ist[44]. Dafür ist ihm die schon bei der ersten Nennung des himmlischen Heiligtums

33 895 (Übers. Werner 655); vgl. Delitzsch 352f, der darauf hinweist, daß so schon von vielen Alten erklärt wurde.

34 Näheres bei Thompson* 573–578. Dagegen Hurst*.

35 Thompson* 578.

36 Fritz* 112–129. Einen Grundriß des priesterschriftlichen Begegnungszeltes findet man bei Janowski, Sühne 223. Zum einzelnen vgl. Lach* passim.

37 Zu diesem Ausdruck und der sachlichen Bedeutung des Heiligtums s. Janowski, Sühne 295–346; Fritz* 100–109.

38 Κατεσκευάσθη blickt auf 8,5 zurück, führt die *Einrichtung* bzw. *Ausstattung* des Heiligtums also auf göttliche Anweisung zurück. Vgl. Bauer, Wb 850 (3.); Balz, EWNT II 662.

39 In V 3 ist das Zahlwort sachlich zu ergänzen, das aus sprachlich-ästhetischen Gründen hier fehlen dürfte. Vgl. Hofius*, Zelt 271 Anm. 2; Attridge 232 bei Anm. 27.

40 Nachweis mit Sprachbelegen aus Jos Bell 5,184.186.193f.208f durch Hofius*, Zelt 274f; vgl. Braun 249; Attridge 232 Anm. 29.

41 So z.B. Erasmus 963: aliud tabernaculum (zu V 3).

42 Beide Ausdrücke wurden jedoch für den salomonischen Tempel, nicht aber für das Wüstenheiligtum gebraucht. Vgl. Attridge 232 Anm. 26.

43 Schierse, Verheißung 29; vgl. Laub 108.

44 Vgl. Lünemann 285; Riggenbach 249 Anm. 93; Schierse, Verheißung 28–30. Anders Hofius*, Zelt 275f; ders.*, Vorhang 50–73, für den die Symbolik nicht kosmologisch, sondern »heilsgeschichtlich orientiert ist« (Zelt 276; auch Weiß 454). Aber das sind für den Hebr keine Gegensätze. Vgl. Laub, Bekenntnis 191–196; Gräßer, Der Alte Bund 50 Anm. 200.

in 8,2 angedeutete Zweiteiligkeit der Stiftshütte (Ex 26,33) und nicht ihre historische Einrichtung an sich »das wichtigste Datum«[45]. Und zwar wichtig im Sinne eines *Gegensatzes* der beiden Zeltteile: Der vordere ist Sinnbild der vergehenden Welt[46], der hintere »Sinnbild des Himmels«[47]. Tatsächlich erhebt sich hinter der Zwei-Zelte-Theorie »die umfassendere Anschauung einer Zwei-Welten-Lehre«[48]. Und »wie die ganze sichtbare Schöpfung einmal in der großen μετάθεσις (12,27) abtreten muß, um dem unerschütterlichen Reich Platz zu machen, so ist mit Christus schon das erste Zelt aufgehoben und das neue himmlische an seine Stelle getreten« (10,9)[49].

Vor diese Hauptaussage schiebt der Hebr jedoch eine »ziemlich ausführli- 2b
che und von geheimnisvoller Feierlichkeit getragene Beschreibung der Hütte und ihrer Geräte«[50], die indes die bewußte Tendenz der ganzen Schilderung eher fördert als hemmt. Denn auch beim Inventar geht es um das für das Heiligtum Typische und Bedeutungsvolle, nicht um die historische Einrichtung als solche. Deshalb zeichnet der Hebr das Bild einer nüchternen und ärmlichen Ausstattung des vorderen Zeltes (er verschweigt, daß auch die hier stehenden Geräte vergoldet waren, Ex 25,23f.31.38f)[51], läßt aber hinter dem trennenden Vorhang »die verborgene und unzugängliche, golden-glänzende Herrlichkeit des Allerheiligsten erstehen«[52].

Zum Inventar des Vorderzeltes zählen nach unserem Text drei Stücke: der (siebenarmige) *Leuchter* (ἡ λυχνία = הַמְּנוֹרָה Ex 25,31–39; 37,17–24 [LXX 38,13–17]; Jos Ant 14,72)[53], der *Tisch* (ἡ τράπεζα = הַשֻּׁלְחָן Ex 25,23–29; 37,10–16 [LXX 38,9–12]; 1Clem 43,2)[54] und die *Auflage der Brote* (ἡ πρόθεσις τῶν ἄρτων = מַעֲרֶכֶת לֶחֶם 2Chr 13,11; vgl. Ex 25,30; Lev 24,6f)[55].

[45] Schierse, Verheißung 28; vgl. auch 56.

[46] So Theißen, Untersuchungen 69; vgl. Schierse, Verheißung 35f.

[47] Schierse, Verheißung 32; vgl. Gyllenberg, Christologie 674f; Käsemann, Gottesvolk 144f; Theißen, ThLZ 99 (1974) 427; Braun 258f.

[48] Schierse, Verheißung 59. Hegermann 171 spricht von »vorausgesetzte(r) kosmologische(r) Spekulation«.

[49] Schierse, Verheißung 52.

[50] Ebd. 28. Zum Zelt und seiner Einrichtung s. Fritz* 129–147.

[51] Vgl. Schierse 75; Laub 109f – eine bestimmte theologische Intention führt Regie!

[52] Schierse, Verheißung 29. Vielleicht ist das auch der Grund, warum der Hebr in V 4 den goldenen Räucheraltar entgegen Ex 40,26 (vgl. aber 40,5) im Allerheiligsten plaziert. Schlatter 346 Anm. 1 hält es für möglich, »daß der Verfasser schon hier an denjenigen Gottesdienst denkt, der am Versöhnungstag geschah, an dem im Allerheiligsten ein Rauchopfer dargebracht wurde. Dann trug aber der Hohepriester eine goldene Schale mit dem Rauchwerk in das Allerheiligste, während sich für das täglich darzubringende Rauchopfer ein goldener Altar im heiligen Teil des Zelts befand.«

[53] Vgl. Fritz* 160–163; Bill. III 705–718; Michaelis, ThWNT IV 325–329.

[54] Beschreibung: Fritz* 139–143, bes. 139f; vgl. Bill. III 718f; Goppelt, ThWNT VIII 211.

[55] Vgl. Fritz* 141–143; Bill. III 719–733; Maurer, ThWNT VIII 165f. Die Nennung des Leuchters *vor* der des Schaubrotetischs ist auffällig (diff. Ex 25,23–39; 37,10–24). Sie erklärt sich aus der durch Philo, Her 226 (τριῶν ὄντων ἐν τοῖς ἁγίοις σκευῶν, λυχνίας, τραπέζης, θυμιατηρίου) bezeugten jüdischen Tradition. Vgl. Jos Bell 6,388 und Weiß 451 Anm. 12.

Menorah Die Menorah ist *das* Symbol der Hoffnung Israels (Sach 4,1–14). Im salomonischen Tempel gab es deren zehn (1Kön 7,49; 2Chron 4,7), im herodianischen Tempel wieder nur eine (Jos Bell 5,216; 7,148; vgl. 1Makk 1,21; 4,49; Bleek II/2 475f). Der rabbinischen Literatur gilt die Menorah mit der immer brennenden Lampe als Unterpfand der göttlichen Gegenwart[56]. Nach der Zerstörung des zweiten Tempels wurde sie eines der am häufigsten abgebildeten jüdischen Motive und damit das älteste Symbol des jüdischen Volkes. Seit 81 n.Chr. ist sie auf dem Triumphbogen des Titus in Rom abgebildet[57]. Eine dieser Abbildung nachgebildete Menorah ist offizielles Emblem des Staates Israel.

Die πρόθεσις τῶν ἄρτων ist unklar. Ist die *Auflage der zwölf Brote* gemeint (Ex 40,23; vgl. 2Makk 10,3; Mt 12,4parr; Philo, SpecLeg 2,161), die an jedem Sabbat zugerichtet wurden, dann die Woche über liegenblieben, um schließlich von den Priestern im Heiligtum verzehrt zu werden (Lev 24,5–9)[58]? Oder ist ein weiteres Gerät gemeint, nämlich neben dem *Tisch* (Ex 25,23) noch die τράπεζα τῆς προθέσεως (Ex 39,18[17]; 1Chr 28,16; 2Chr 29,18; 1Makk 1,22), also der *Schaubrotetisch*[59]? Wahrscheinlich ist das letztere. Dabei hat der Hebr entweder die Verdoppelung gar nicht empfunden, sondern die Aufstellung der Brote »als eigene Gegenständlichkeit« gefaßt[60], oder (und das liegt näher) er hat für den ins Allerheiligste verwiesenen Räucheraltar bewußt das zweite Gerät doppelt benannt[61], um die Symmetrie zu wahren: Je drei (Zahl der Vollkommenheit) Kultgegenstände befinden sich im »Heiligen« und im »Allerheiligsten«[62]. Aber ob so oder so: Ritual und Symbolik der Geräte[63], auch die »kosmologische« Deutung eines Philo und Josephus beispielsweise[64], bleiben unbeachtet und liegen insofern auch außerhalb der Aufgabe des Auslegers[65].

[56] Vgl. Bill. III 716; Michel 299 Anm. 2.

[57] Vgl. die Abbildung in: FS J. Jeremias, 1960 (BZNW 26), nach S. 70. Zu den wichtigsten antiken Darstellungen s. J. Maier / P. Schäfer, Kleines Lexikon des Judentums, 1981 (BKG 16), 207.

[58] So z.B. Bleek II/2 476f; Weiß 451 Anm. 13. Der Ritus der Schaubrote, auch heilige Brote genannt, bleibt umstritten. Daß Brote zur Übergabe an Gott einfach auf einen Tisch gelegt werden, ist eine für Ägypten und Mesopotamien charakteristische, für Israel aber unübliche Opferart. »Sie ist ein Merkmal unter anderen dafür, daß man sich das Zelt als Wohnort Gottes vorstellte, dem man Getränke und Brot bereitstellte« (Firmage/Milgrom, ThWAT VI 384 s.v. עָרַךְ). Vgl. Fritz* 142f.

[59] So z.B. Braun 250.

[60] Michel 299 Anm. 3.

[61] So Windisch 75; Braun 250; vgl. Bill. III 737.

[62] Die Handschriften B sa^mss fügen hinter τῶν ἄρτων »und der goldene Räucheraltar« sekundär ein und korrigieren zugleich dessen sachlich falsche Lokalisierung im Allerheiligsten (V 4) – »eine unbrauchbare und nur wegen ihrer verwunderlichen Keckheit bemerkenswerthe Beseitigung der vorhandenen Schwierigkeit« (Delitzsch 355; vgl. Metzger, Textual Commentary 667; Attridge 230 Anm. 4; Braun 250).

[63] Bengel 895 z.B. deutet Leuchter und Tisch als Typus lucis et vitae *Vorbilder des göttlichen Lichtes und Lebens* (Übers. Werner 655).

[64] Sie deuten z.B. die sieben Lampen auf die sieben Planeten, die zwölf Schaubrote auf den Tierkreis und das Jahr (Jos Ant 3,145; Bell 5,217; Philo, VitMos 2,102f; Her 226). Vgl. Attridge 232; Michel 299 Anm. 1 u. 2.

[65] So richtig Delitzsch 355; Weiß 452. Trotzdem üben nicht wenige Kommentatoren gerade hier ihre exegetische Gelehrsamkeit (z.B. Riggenbach 240–247; Windisch 75f;

Der Hebr begnügt sich mit der bloßen Inventarisierung und ist selbst dabei nicht auf Vollständigkeit aus (V 5b!)[66]. Wollte er auch hier andeuten, daß Vielzahl (viele Priester, viele Opfer, viele Kultgeräte), die nichts vollendet (7,19), gegen Einzahl steht (ein Hoherpriester, der sich selbst ein für allemal zum Opfer bringt), die eine »ewige Erlösung« bewirkt (9,12)? Vielzahl also als Minderwertigkeit, Einzahl als Vollkommenheit[67]? Jedenfalls ist die Qualifizierung (»irdisch«, V 1), nicht die detaillierte Spezifizierung beabsichtigt.

Der mit alltäglichem kultischen Gerät bestückte vordere Zeltteil wird 2c
»Heiliges« genannt, wie der Hebr ausdrücklich bemerkt (ἥτις λέγεται ῞Αγια, V 2c). Das unbestimmte generelle ἥτις ersetzt in der späteren Gräzität und im Neuen Testament besonders bei Lukas, aber auch hier das einfache Relativpronomen[68]. In der altkirchlichen Exegese wurde ἥτις mit der näherstehenden »Auflegung der Brote« verbunden und dann mittels des als fem. sing. verstandenen ἁγία[69] auf das eucharistische Brot[70] gedeutet. Aber das dürfte dem Verf. ganz fern liegen, da er auf die Benennung der zwei Zeltteile und damit auf ihre *Qualität* abhebt, wobei er die traditionellen Bezeichnungen wählt: Der erste Raum heißt ῞Αγια (הקודש bzw. aram. קודשא), der zweite, hinter dem δεύτερον καταπέτασμα gelegene Raum ῞Αγια ῾Αγίων (קודש הקדשים bzw. קודש קודשין[71]). Die Wiedergabe des singularischen הקודש bzw. קודשא durch den Plural ῞Αγια[72] ist nicht weiter auffällig; auch Philo hat die pluralischen Formen[73]. Außerdem sind

Michel 298–301). Daß etwa die Nennung der »Cherubin« (V 5) Bekanntschaft mit der Merkaba-Mystik (vgl. Ez 1; 10) signalisiere (Michel 303f), ist reine Phantasie. Vgl. Weiß 452 Anm. 19.

66 Michel 301 hält es für denkbar, daß Hebr 9,2 aus einer ursprünglich reicheren LXX-Aufzählung »bestimmte Glieder herausgenommen habe, die für ihn wichtig waren«. Er möchte den Hebr in einer besonderen »kultischen Tradition« sehen, die die Zweiteiligkeit des Zeltes betonte, den Räucheraltar hingegen zurücktreten ließ und dafür stärker die »Wüstentradition« herausstellte (Stiftshütte, Stab Aarons, Krug mit Manna) (ebd.). Wahrscheinlich aber ist es der Hebr selbst, der diese Akzente setzt.

67 Vgl. Michel 297; Gräßer, Der Alte Bund 50.

68 Bauer, Wb 1188 (3.).

69 So lesen auch die Minuskeln 365 629 *al* und b. Aber auch Luther, WA DB 7, 363; Synge, Hebrews 26; Vanhoye, Structure 144 Anm. 1.

70 Neuerdings Swetnam*, Hebrews 9,2 208–213; ders.*, Christology 82–84; kritisch dazu R. Williamson, The Eucharist and the Epistle to the Hebrews, NTS 21 (1975) 300–312: 304f. Für den Sprachgebrauch von ἅγιος (ἅγια) = geheiligte Speise in der LXX verweist Swetnam*, Christology 82 Anm. 30 auf Lev 24,9; Ex 29,32f und andere Stellen wie z.B. auch Mt 7,6 und Did 9,5.

71 Vgl. Bill. III 704f; Hofius*, Vorhang 56.

72 Der Artikel, der in B ergänzt wird, wodurch aus der Qualitätsbezeichnung der t.t. wird (Riggenbach 240 Anm. 71), kann fehlen (1Chr 6,49; 2Chr 35,15 LXX; ψ 19,3; 21,4; Philo, VitMos 2,114), »zumal beim Prädikatsnomen« (Braun 250). ῞Αγια mit Art. bezeichnet im Hebr sonst (9,24.25; 13,11) das Allerheiligste; vgl. Hofius*, Vorhang 57. Die Lesart ἅγια ἁγίων in P^{46} A D* vg^{ms} könnte wie Lev 24,9 auf die Schaubrote bezogen sein und deren Erwähnung motivieren wollen (Riggenbach 240 Anm. 71; Braun 250), wenn sie nicht doch auf Konformation mit V 3 beruht.

73 Vgl. die Belege bei Schrenk, ThWNT III 234.

»im judengriechischen Sprachgebrauch für das Heilige τὸ ἅγιον und τὰ ἅγια, für das Allerheiligste τὸ ἅγιον τῶν ἁγίων und τὰ ἅγια τῶν ἁγίων nebeneinander gebräuchlich«[74].

3 Das größere Interesse gilt indes dem ausführlich beschriebenen zweiten Zeltteil (V 3–5). V 3 erwähnt kurz seine Lage (*hinter dem zweiten Vorhang*) und seinen Namen (*Allerheiligstes*). Μετὰ δὲ τὸ δεύτερον καταπέτασμα wird in der Regel lokal verstanden[75]. Da μετά c. acc. jedoch selten diese Bedeutung hat (neutestamentlich nur hier), temporaler Gebrauch hingegen das Übliche ist, könnte auch der zeitliche Sinn erwogen werden: »Nach dem 2. Vorhang kommt man zu. . .«[76]. Jedenfalls hebt der Hebr auf das *Getrenntsein* der beiden Zeltteile ab ganz wie Ex 26,33b: »Der Vorhang (פָּרֹכֶת, LXX: καταπέτασμα) trenne euch das Heiligtum vom Allerheiligsten«[77]. Nur der Hohepriester durfte ihn am großen Versöhnungstag durchschreiten (Lev 16,2.12–15; Hebr 9,7).

καταπέτασμα Das καταπέτασμα, eigentlich »das nach unten Ausgebreitete«, »das Herabgebreitete, Herabhängende«, besaß von allen Geweben im Heiligtum den höchsten Grad der Heiligkeit[78]. Es bestand aus violettem und rotem Purpur, Karmesin und gezwirntem Byssus (Ex 26,31)[79] und diente als Schranke, um Eingang und Sicht zu verhindern, markierte zugleich aber auch den Ort, »in/auf dem Gott thronte«[80].

Diesen Vorhang vor dem Allerheiligsten nennt der Hebr ganz unkonventionell das δεύτερον καταπέτασμα. Die Numerierung fehlt in der LXX und dem sonstigen Neuen Testament sowie bei Philo, Josephus und den Apostolischen Vätern. Diskutiert wird lediglich darüber, ob es sich um einen Doppelvorhang (so Mischna und Talmude) oder um einen einzigen Vorhang gehandelt hat (so Josephus)[81]. Der Hebr aber spricht klar von einem *zweiten* Vorhang. Als *ersten* dürfte er den *äußeren* Vorhang (מָסָךְ) am Eingang vor dem Vorraum angesehen haben (Ex 26,36f), während es tatsächlich noch einen allerersten Vorhang am Eingang zum Vorhof gab (Ex 35,17)[82]. Die Zählung dient derselben Absicht

74 Hofius*, Vorhang 56f; vgl. A.P. Salom, *TA HAGIA* in the Epistle to the Hebrews, AUSS 5 (1967) 59–70. Zum religionsgeschichtlichen Hintergrund vgl. C.R. Koester, The Dwelling of God. The Tabernacle in the Old Testament, Intertestamental Jewish Literature, and the New Testament, 1989 (CBQ.S 22).

75 Vgl. Bauer, Wb 1032 (B.I.).

76 So BDR § 226 mit Anm. 1. Michel 301 (miß?)versteht auch diese Übersetzung lokal.

77 S. I 384f; ferner Hofius*, Vorhang 57f mit Anm. 61.

78 Belegt wird das durch die Tatsache, daß die *pārokæt* als Hülle für die Lade während der Wüstenwanderung diente (Num 4,5). Vgl. Gane/Milgrom, ThWAT VI 756.

79 Genaue Beschreibung Ex 26,31–37 und dazu Gane/Milgrom, ThWAT VI 755–757 (Lit.). Im Griechischen heißt *Vorhang* gewöhnlich παραπέτασμα oder αὐλαία. Eine Inschrift aus Samos von 346/45 v.Chr., die das Inventar des Tempels der Hera beschreibt, belegt allerdings einen frühen sakralen Gebrauch von καταπέτασμα auch in der griechischen Welt; so Deißmann, LO 80; vgl. Schneider, ThWNT III 630,20–23.

80 Gane/Milgrom, ThWAT VI 756. Die Vorhänge an den drei Türen des Ikonostas der Ostkirche gehören zur Wirkungsgeschichte des καταπέτασμα. S. zu 10,20 und Schneider, ThWNT III 632,16–20.

81 Belege ebd. 631,10f mit Anm. 8–13; vgl. Michel 301.

82 Vgl. den Grundriß bei Janowski, Sühne 223. Zu den Vorhängen überhaupt s. Bill. I 1043–1046.

wie die Redeweise vom ersten und zweiten Zelt, nämlich das sanctum und das sanctissimum als profanum und sacrum so scharf wie möglich voneinander zu scheiden. Die Zahl unterstreicht die Funktion: Der Vorhang ist *Trennwand.* Und da sie gemäß der Symbolik des Hebr (V 2.8) Irdisches und Himmlisches voneinander trennt, isoliert sie nicht nur, sondern disqualifiziert auch religiös das sanctum (῞Αγια) und seinen Kult (V 9b)[83]. Was vor der Trennwand liegt und geschieht, hat »nur sarkischen Wert und Interimsdauer«[84]. Und indem Jesus in seiner Todesstunde diese Trennwand überwindet, öffnet er »den neuen und lebendigen Weg« (10,20a) und läßt vollkommene Gemeinschaft mit Gott möglich werden (vgl. Mk 15,38parr)[85].

Luther fragt bei allen Geräten der Stiftshütte nach der Symbolik und kommt bei den Vorhängen zu einer sonderbaren Auslegung: »Der *erste Vorhang* vor dem Heiligen stellte die Verhüllung des Glaubens an die künftige Kirche, das künftige Euangelium und die künftigen Sakramente dar; denn das schaute die Synagoge noch nicht als gegenwärtig. Deshalb ist eben dieser im Leiden Christi ›zerrissen von oben an bis unten aus‹ (Matth. 27,51); denn da ging die Kirche hervor und die Synagoge hatte ein Ende. Der *zweite Vorhang* hingegen vor dem Allerheiligsten bezeichnet unseres Glaubens Verhüllung, darin Christus herrscht als Mensch; der wird gleicherweise fortgerissen werden dann, wenn Christus erscheinen wird in Herrlichkeit. So erkennen wir Christum nach dem Fleische und nach der Gottheit, aber nicht anders denn durch den Glauben, nach 2. Kor. 3,18: ›Wir aber spiegeln (eben durch den Glauben) mit aufgedecktem Angesichte des Herrn Herrlichkeit und werden verwandelt in dasselbe Bild von einer Klarheit zu der anderen‹«[86].

Die Benennung des zweiten Zeltteils als *das (so)genannte ›Allerheiligste‹* (ἡ λεγομένη ῞Αγια ῾Αγίων) ist in der Sache unstreitig, nicht jedoch (wie in V 2!) in der Textüberlieferung. Wichtige Unzialen wie א² B D¹, aber auch K L, die Minuskel 1241 und andere lesen anstelle des gut bezeugten ῞Αγια ῾Αγίων (א* A D* I^vid 𝔐) den LXX-Wortlaut τὰ ἅγια τῶν ἁγίων (z.B. 3Βασ 8,6; 2Chr 4,22; 5,7; vgl. Philo, All 2,56; Mut 192). Die Majuskel P sowie die Minuskel 1739 samt wenigen anderen lesen dasselbe ohne den Artikel vor ἅγια. Der Papyrus 46 hat statt dessen ανα, vermutlich ein bloßer Lesefehler (ΑΓΙΑ › ΑΝΑ)[87], den zu verteidigen aben- Textkritik

[83] Braun 250; vgl. Young* 200–202; Thompson* 568f. Zur Dichotomie von irdisch/himmlisch in der Tempel-Symbolik vgl. das Material bei Attridge 222–224 (Exkurs: Der himmlische Tempel und seine Bedeutung). Sie fand besondere Ausformung in gnostischen Texten wie Hyp Arch 94,10–14 (NHC 2,4); EvPhil 69,14–70,4; 84,21–85,21 (NHC 2,3) = § 76; 125a; GinzaR 103,23–26; 212,7f; OdSal 17,8(9)f; vgl. Cody* 45f; Schierse, Verheißung 35–39; Attridge 184f (Exkurs: Der Vorhang und seine Symbolik). Zur Kritik s. Hofius*, Vorhang 49; Loader, Sohn 182f.

[84] Graf 167.

[85] Gnilka, Mk, EKK ³II/2 324.

[86] Vogelsang 125f (WA 57/3, 202,8–18).

[87] Einen ähnlichen Lesefehler hat P⁴⁶ in 10,14 (ἀνασωζόμενος für ἁγιαζόμενος). Vgl. Zuntz, The Text 18f.

teuerlich ist[88]. Soll man aufgrund dieser Textlage vermuten, daß die schwierigere Lesart ἅγια »wahrscheinlich korrekt« ist?[89] Kaum!

»Allerheiligstes« heißt der hintere Zeltteil deshalb, weil er der Ort der ständigen Gegenwart Gottes ist (Ex 25,8), der über der Lade zwischen den Kerubim erscheint (Ex 25,22a) und mit seiner Herrlichkeit die Wohnstätte erfüllt (Ex 40,34). »Mit dem Zeltheiligtum in seiner Mitte ist Israel heiliges Gottesvolk«[90]. Die Heiligkeit des Ortes meint natürlich nicht moralische Untadeligkeit, sondern kultische Reinheit, die von hier »in konzentrischen Ringen und genau abgestuften Graden« ausstrahlt[91].
An der priesterschriftlichen Konzeption, die den Zeltbau dem Jerusalemer Tempel angepaßt und durch Jahwe selbst am Sinai gestiftet sein läßt, ist dem Hebr vor allem eben diese Verankerung alles kultischen Geschehens in einer ausdrücklichen Willenskundgebung Jahwes wichtig[92]. Diesen Gedanken hebt der Hebr mit dem κατεσκευάσθη (V 2) und dem Zitat von Ex 25,40 in 8,5 ausdrücklich hervor. Nicht auf die Einzelheiten, sondern auf den Stiftungsgedanken kommt es ihm an. Israels Kult ist nicht Willkür, sondern göttliche Setzung. Er weist selbst noch in der unnötigen Weise seiner Ausübung über sich hinaus (7,11f; vgl. 8,6).

4 An Symbolen im Allerheiligsten, die mit der Präsenz der Gottheit verbunden und durch den Vorhang jedem menschlichen Blick entzogen sind[93], nennt der Hebr drei: den goldenen Räucheraltar (1), die ganz mit Gold überzogene Bundeslade (2) und die Kerubim der Herrlichkeit (3). Und um die Höherwertigkeit des ›Allerheiligsten‹ gegenüber dem ›Heiligen‹ herauszustreichen, wird die Vergoldung der Geräte jetzt ausdrücklich erwähnt, während sie dort (V 2) verschwiegen wurde[94].

θυμιατήριον (1) Θυμιατήριον ist eigentlich der *Ort* oder auch das *Werkzeug zum Räu-*
4a *chern*[95], also die *Räucherpfanne* (מִקְטֶרֶת Ez 8,11; 2Chr 26,19)[96]. Der Hebr aber
dürfte mit dem χρυσοῦν θυμιατήριον den Ex 30,1–16 beschriebenen golde-

[88] Gegen H.C. Hoskier, A Commentary on the Various Readings in the Text of the Epistle to the Hebrews in the Chester-Beatty Papyrus P^{46} (circa 200 A.D.), London 1938, 6–28.

[89] So Attridge 230 Anm. 5, 234.

[90] Fritz* 150. Zur Besonderheit der Priesterschrift in dieser Hinsicht vgl. ebd. 147–157.

[91] K. Koch, Art. אֹהֶל, ThWAT I 128–141: 140. Zur Sache vgl. auch G. v. Rad, Zelt und Lade, NKZ 42 (1931) 476–498 (= ders., Ges. Stud. z. AT, ^{3}1965 [TB 8], 109–129; danach zitiert); H.-J. Kraus, Gottesdient in Israel. Grundriß einer Geschichte des alttestamentlichen Gottesdienstes, München ^{2}1962; K. Koch, Art. Stiftshütte, BHH III 1871–1875; W. Michaelis, Zelt und Hütte im biblischen Denken, EvTh 14 (1954) 29–49; E. Kutsch, Art. Zelt, RGG^{3} 6, 1893f (Lit.); D. Kellermann, Art. מִשְׁכָּן, ThWAT V 62–69 (Lit.), letzterer bes. zur Bauweise und den Maßen der Wohnstätte Jahwes (ebd. 66f).

[92] Vgl. Fritz* 146.149f.

[93] Gane/Milgrom, ThWAT VI 756.

[94] »Ist Gold das Zeichen des Allerheiligsten für den Hebr?« (Michel 301 Anm. 2) Anders Braun 251: »Das viele Gold ... kontrastiert um so schärfer zur Heilsungenügsamkeit des atlichen Kultes 9,1–10«.

[95] Bauer, Wb 742; vgl. K. Wigand, Thymiateria, BoJ 122 (1913) 1–97.

[96] Vgl. R.E. Clements, Art. קטר, ThWAT VII 10–18 (Lit.).

nen *Räucheraltar* meinen (vgl. Ex 31,8 u.ö.; Philo, VitMos 2,94.101; 105; Her 226f; SpecLeg 1,231; Jos Ant 3,147f; Bell 5,218)[97]. Die Bedeutung des auch in Kanaan, Babylonien und Ägypten bekannten Räucheropfers[98] dürfte im Duft des aufsteigenden Rauches gelegen haben: »Das Räucherwerk wird für Jahwe zum angenehmen Geruch verbrannt, mit ihm wird Jahwe beruhigt, besänftigt und wohlgestimmt«[99]. Seine Wirkungsgeschichte reicht bis zum apotropäisch und symbolisch gebrauchten Weihrauch, den man seit dem 4./5. Jh. auch in der christlichen Liturgie gebraucht[100].

Eine Vermutung, warum der Hebr den Räucheraltar entgegen 9,6 (das tägliche Rauchopfer der Priester geschieht im Vorraum) im Allerheiligsten lokalisiert[101], haben wir oben ausgesprochen (S. 115 Anm. 52). Diese Plazierung kann durchaus bona fide vorgenommen worden sein[102]. Denn neben den eindeutigen Lokalisierungen in Ex 40,26 und der jüdischen Tradition (*vor* dem Allerheiligsten)[103] stehen die zweideutigen in Ex 37,25–28 (keine Ortsangabe), Ex 40,5 (vor der Lade)[104] und in Ex 30,6 (ἀπέναντι τοῦ καταπετάσματος τοῦ ὄντος ἐπὶ τῆς κιβωτοῦ τῶν μαρτυρίων; das kann drinnen oder draußen sein)[105]. Hinzu kommen die verschiedenen Übersetzungen von Lev 16,14 in LXX-Handschriften (mal spritzt der Hohepriester das Blut gegen das ἱλαστήριον, mal gegen das θυσιαστήριον)[106] und schließlich noch die Texte, die den Räucheraltar *innerhalb* des Allerheiligsten lokalisieren (syrBar 6,7; vgl. 2Makk 2,4–8; Offb 8,3). Der auctor ad Hebraeos muß also tatsächlich nicht »ein Monstrum von Unwissenheit« gewesen sein, wenn er den Altar im Debir lokalisiert[107]. Daß dies ideell gemeint sei[108] oder daß er damit auf das spezielle Weihrauchritual am großen Versöhnungstag anspielen wolle – der Hohepriester bringt dann Räucherwerk auf einer Pfanne ins Allerheiligste (Lev 16,12; Yom 4,3; 5,1) –, wird vermutet[109], ist aber kaum wahrscheinlich, auch nicht, daß der Hebr bewußt umräumt[110] oder einem Gedächtnisirrtum unterliegt[111]

[97] Abb. bei Galling, BRL 190. Zu den Räucheraltären überhaupt Fritz* 52–54.

[98] Vorschriften für das Räucheropfer: Ex 30,30–38. Ingredienzien für die Herstellung des Räucherwerkes: Ex 35,8.28. Zur Darbringung vgl. Num 7.

[99] Fritz* 54; vgl. M. Löhr, Das Räucheropfer im Alten Testament, Halle 1927; W. Zwickel, Räucherkult und Räuchergeräte. Exegetische und archäologische Studien zum Räucheropfer im Alten Testament, 1990 (OBO 97).

[100] Vgl. W.W. Müller, Art. Weihrauch, PRE.S 15, 1978, 700–777; B. Kötting / O. Böcher, Art. Weihrauch, RGG^3 6, 1571.

[101] Aus dem ihn B *pc* wieder herausnehmen. S. zu V 2.

[102] Moe* 26 liest aus ἔχουσα (statt ἐν ᾗ wie V 2) heraus, daß keine lokale, sondern sachliche Zugehörigkeit gemeint sei. Reine Vermutung!

[103] Philo, Her 226; VitMos 2,101–104; Jos Bell 5,218; Ant 3,147.198.

[104] Daß dieser Text den Hebr beeinflußt haben könnte, meint Moe* 23–29.

[105] Vgl. Attridge 234f.

[106] Nachweise ebd. 235 Anm. 67.

[107] So richtig Delitzsch 358.

[108] So z.B. Seeberg 97.

[109] Zuletzt von H.S. Camacho, The Altar of Incense in Hebrews 9:3–4, AUSS 24 (1986) 5–12.

[110] Z.B. Moe* 25; Braun 251: »Absicht wie bei dem καθ᾽ ἡμέραν 7,27«.

[111] Z.B. Synge 54.

oder nur schlecht informiert ist[112]. Er wird einer entsprechenden Tradition gefolgt sein[113]. Die Auslegung Brauns wäre dann zu modifizieren: Indem der Hebr dieser Tradition folgt, will er das Allerheiligste aufwerten, aber nicht, um daraus positive Schlüsse zu ziehen[114], »sondern: um den Kontrast eines so reich ausgestatteten Heiligtums zu seiner Heilsunwirksamkeit zu verdeutlichen«[115]. Im übrigen hat der Hebr gar kein aktuelles Interesse, über die Kultgegenstände präzise zu berichten. Ihn interessiert nicht das Inventar, sondern die Sinnbildfunktion des ἅγιον κοσμικόν: Es steht für den sarkisch-irdischen Charakter der bisherigen Heilsordnung und weist darin über sich hinaus (9,8f)[116].

Bundeslade (2) Die Lade des Bundes (אֲרוֹן הַבְּרִית Ex 39,14 LXX u.ö.; Jos 3,6 u.ö.), *die ganz mit Gold verkleidet war* (ἡ κιβωτὸς τῆς διαθήκης περικεκαλυμμένη πάντοθεν χρυσίῳ Hebr 9,4)[117], ist nach Ex 25,10 der auf göttliches Geheiß am Sinai zuerst angefertigte Kultgegenstand[118].

Unser Wissen über Ursprung, Frühgeschichte und ursprüngliche Bedeutung der Lade, die später im Allerheiligsten des salomonischen Tempels stand (1Kön 8,6), bei dessen Zerstörung in Verlust geriet (vgl. Jer 3,16) und im zweiten Tempel nicht ersetzt wurde[119], ist allerdings wenig sicher. Sie war ein Kasten aus Akazienholz mit den Maßen 1,25 x 0,75 x 0,75 m, innen und außen mit Gold verkleidet und mittels Stangen transportabel (Ex 25,13–15; 2Sam 6,13; 1Kön 8,7)[120]. Daß sie in der Geschichte Israels eine hervorragende Rolle gespielt hat, leidet indes keinen Zweifel. Dem Jahwisten

112 Bleek-Windrath 342; vgl. Schweitzer 31: Da Ex 26,25 vom Räucheraltar nichts gesagt werde, habe der »Autor e silentio geschlossen, dass der Räucheraltar im Allerheiligsten stand«. Dagegen freilich schon Delitzsch 359. März 55 vermutet, daß unser Verf. Lev 16,12f mißverstand und deshalb den Räucheraltar mit dem Sühneritus in Verbindung brachte. Denkbar!

113 Nach P. Kahle, Untersuchungen zur Geschichte des Pentateuchtextes, ThStKr 88 (1915) 33 Anm. 35 setzt Hebr 9,3 Benutzung des samaritanischen Pentateuchs voraus. Vgl. Attridge 234 Anm. 62. Zur Verwandtschaft des Hebr mit der samaritanischen Theologie vgl. E.A. Knox, The Samaritans and the Epistle to the Hebrews, ChM NS 41 (1927) 184–193; Ch.H.H. Scobie, The Origins and Development of Samaritan Christianity, NTS 19 (1972/73) 390–414: 409–414. Ihm folgt O. Cullmann, Der johanneische Kreis. Zum Ursprung des Johannesevangeliums, Tübingen 1975, 58 (C. rechnet den Hebr zur johanneischen Gruppe).

114 Gegen Delitzsch 358 und Moe* 23–29, für die mit dem Räucheraltar das Symbol der Gebete der Heiligen ins Allerheiligste kommt, das damit für *alle* Beter geöffnet wird. Die Auslegung scheitert indes an V 8: Auf der Zeltebene ist der Zugang zum wahren Heiligtum generell verschlossen.

115 So Braun 251; vgl. Hegermann, Christologie 347: Die Symbolik dominiert.

116 Vgl. Cody* 146f; Laub 111; März 55f.

117 Bauer, Wb 1305 (s.v. περικαλύπτω).

118 Beschreibung: Ex 25,10–14.16; dazu Fritz* 129–139; Janowski, Sühne 290–294; Zobel, ThWAT I 391–404 (Lit.).

119 Der Debir im zweiten Tempel war leer (Jos Bell 5,219; vgl. Bill. III 181f) bzw. enthielt an der Stelle der Bundeslade bloß einen Stein, שְׁתִיָּא *Grundstein* genannt (Yom 5,2; vgl. Bleek-Windrath 343). Zur Geschichte der Lade und der mit ihr verbundenen Vorstellungen s. M. Dibelius, Die Lade Jahwes, 1906 (FRLANT 7); J. Maier, Das altisraelitische Ladeheiligtum, 1965 (BZAW 93). Zur Forschungsgeschichte s. R. Schmitt, Zelt und Lade als Thema alttestamentlicher Wissenschaft, Gütersloh 1972, 49–174.

120 Zobel, ThWAT I 394. Auch Aussehen und Form der Lade sind nicht bekannt, vgl. Fritz* 130.

und Elohisten galt sie als Verkörperung der vollgültigen Gegenwart Gottes: »Wo die Lade ist, da ist Jahwe«[121] (vgl. Num 14,10–45; 2Sam 7,6). Dagegen war sie für das dtn-dtr Schrifttum und bei P in erster Linie Gesetzesbehälter (אֲרוֹן הָעֵדֻת *Lade der Bundesurkunde* Ex 25,22a) und galt als das wichtigste Gerät in der Stiftshütte (Ex 25,16; Dtn 10,1–5; 1Kön 8,9)[122]. Was die Lade an Gegenständen im einzelnen enthielt, wird uneinheitlich überliefert und gedeutet (Gottesbild, Bundesschatz, Bundesdokumente, Schleuder bzw. Meteorsteine, heilige Steine vom Sinai)[123].

Der Hebr läßt in dem Kasten drei »Erinnerungszeichen an die wunderbare Führung Israels in der Wüste«[124] deponiert sein: (1) einen goldenen Krug mit dem Manna (στάμνος χρυσῆ ἔχουσα τὸ μάννα, vgl. Ex 16,33 LXX), (2) den Stab Aarons, der gesproßt hatte (ἡ ῥάβδος ᾿Ααρὼν ἡ βλαστήσασα), (3) die Tafeln des Bundes (αἱ πλάκες τῆς διαθήκης). 4b

(1) Manna (מָן Ex 16,31), die wundersam vom Himmel gefallene Nahrung (Ex 16,13–20; vgl. Num 11; Dtn 8) und vermutlich identisch mit dem natürlichen Tamariskenmanna (Honigtau der Mannaschildlaus, Trabutina mannipara)[125], wird von Aaron auf göttliches Geheiß in ein goldenes Gefäß (στάμνος χρυσῆ liest nur die LXX, nicht der MT) zur Aufbewahrung für kommende Generationen geschüttet und vor die Bundesurkunde gestellt (Ex 16,32–34 LXX; vgl. Philo, Congr 100)[126] – wohl deshalb, weil es ein Symbol des die Seele nährenden »honigsüßen« Gotteswortes ist (Ex 16,16–20.31.32–34; vgl. Ps 19,11; 119,103; Spr 24,13f; Sir 24,20). Als »Brot vom Himmel« (Neh 9,15; Ps 105,40) bzw. als »Himmelsgetreide« oder »Brot der Starken oder Engel« (Ps 78,23–25) und »Engelsspeise« (Weish 16,20) gilt es dem Frühjudentum als Nahrung der zukünftigen Welt (vgl. Offb 2,17)[127]. Daß das Manna seinen Platz in der Lade hat, weiß allein der Hebr (woher?). Im übrigen NT kommt es ebenfalls nur gelegentlich vor (Joh 6,31.49.58, Offb 2,17; der Sache nach auch 1Kor 10,3). Manna

(2) Auch der auf wundersame Weise grünende Stab Aarons (ἡ ῥάβδος ᾿Ααρὼν ἡ βλαστήσασα)[128], mit dem Mose auf göttliches Geheiß ein Murren der Gemeinde beendet hatte (Stab-Mantik, Num 17,16–26 [P])[129], wurde vor der Bundesurkunde, also vor der Lade im Allerheiligsten, aufbewahrt »als ein Zeichen für alle Aufsässigen« (Num 17,25). Der Sinn der Erzählung ist umstritten. Soll gezeigt werden, daß die Aaroniden die einzigen legitimen Priester sind[130]? Oder geht es darum, daß die Levi- Aaronsstab

[121] v. Rad, Zelt und Lade (s.o. Anm. 91) 115; vgl. Fritz* 133.

[122] Vgl. Fritz* 136f; Janowski, Sühne 290–294.

[123] Zobel, ThWAT I 400f. Die unterschiedlichen Auffassungen über den Inhalt der Lade sind zusammengestellt bei Maier (s. Anm. 119) 55–57.

[124] Riggenbach 246.

[125] MEL 15, 571; vgl. Maiberger, ThWAT IV 968–975 (Lit.); Meyer, ThWNT IV 466–470.

[126] Nach Yom 3,7 wird es im Allerheiligsten deponiert (Bill. III 739).

[127] Vgl. Maiberger, ThWAT IV 974f.

[128] Nach Num 17,23 hat er auch Zweige getrieben, geblüht und Mandeln getragen.

[129] Vgl. G.J. Wenham, Aaron's Rod (Numbers 17,16–18), ZAW 93 (1981) 280f. Die Darstellung in 1Clem 43,1–6 ist gegenüber der atl. Darstellung erweitert und dürfte anderweitigen jüdischen Traditionen entstammen. Vgl. Philo, VitMos 2,178–180; Jos Ant 4,63–66. Rabbinisches bei Bill. III 739f. Zum religionsgeschichtlichen Hintergrund der Stab-Mantik und den entsprechenden Texten s. Braun 252.

[130] So M. Noth, Das vierte Buch Mose (Numeri), ^{4}1982 (ATD 7), 115; vgl. Riggenbach 246; Attridge 236.

ten im Verhältnis zu den Laien einen Vorzug haben (durch die Erwähnung Aarons als des »Fürsten« des Stammes Levi)? Oder geht es umgekehrt darum, daß Aaron in den Stamm Levi integriert wird[131]? Wiederum ist es ein Sonderwissen (woher?) des Hebr, daß der Aaron-Stab in der Lade lag, während er nach traditioneller Auslegung von Ex 16,32–34 und Num 17,25 im Allerheiligsten aufbewahrt wurde[132]. Aber alles das scheint unseren Verf. nicht zu interessieren.

Wirkungsgeschichte

Um so üppiger blüht die christliche Phantasie. Der Aaron-Stab wird zum grünenden Holz des Kreuzes (IgnTrall 11,2; Sib 5,257). Und Acta Pilati 19 (in der Nähe des Tores zum Paradies soll Seth um heilendes Öl vom »Baum des Erbarmens« bitten) wird im Mittelalter so weitergeführt, daß es zur allegorischen Identifikation des Paradiesbaumes, des sprossenden Aaron-Stabes und des Kreuzes kommt[133]. In der Tannhäuser-Sage schließlich ist der grünende Stab Zeichen sündentilgender Gnade Gottes[134].

Tafeln des Bundes

(3) Bei den *Tafeln des Bundes* (αἱ πλάκες τῆς διαθήκης Dtn 9,9 LXX; vgl. 2Kor 3,7) geht der Hebr mit der Tradition: Sie befinden sich in der Lade (Dtn 10,3–5; Philo, Fug 100 u.ö.; Jos Ant 3,184 u.ö.)[135]. Für die Priesterschrift wird die ganze Stiftshütte dadurch zur מִשְׁכַּן הָעֵדוּת *Wohnstätte des Zeugnisses* (Ex 38,21; Num 1,50 u.ö.) oder zum אֹהֶל הָעֵדוּת *Zelt des Zeugnisses* (Num 9,15 u.ö.), vielleicht mit einer Tendenz, die das Zelt zum »Reliquienschrein« macht[136]. Aber auch diesem Sachverhalt schenkt der Hebr weiter keine Aufmerksamkeit. Er scheint als Allgemeinwissen vorauszusetzen, daß mit den Bundestafeln jene zwei Tafeln aus Stein (Ex 34,1) gemeint sind, die mit den »zehn Worten des Bundes« beschriftet sind (Ex 34,28; Dtn 10,4; vgl. Ex 31,18; 32,16; 34,1; TestAss 2,10; Philo, Her 167; Jos Ant 3,184; 4,303).

5a *Auf ihr,* der Lade (ὑπεράνω δὲ αὐτῆς)[137], befindet sich der *Sühneort,* welchen *Kerubim der Herrlichkeit überschatten* (Χερουβὶν δόξης κατασκιάζοντα τὸ ἱλαστήριον)[138]. Daß der Hebr zuletzt (Klimax!)[139] darauf verweist, spricht für seine Orientierung an der Priesterschrift. Für sie ist die Lade der wichtigste Kultgegenstand, weil in ihr die עֵדֻת die *Bundesurkunde*[140] und über ihr der Sühneort und die Kerubim sind (Ex 25,17–21).

[131] H. Simian-Yofre, Art. מַטֶּה, ThWAT IV 818–826 (Lit.), bes. 821; Schneider, ThWNT VI 966–972.

[132] Riggenbach 247; vgl. auch Attridge 236–238 (Exkurs: The Anomalies of Hebrews 9:2–4 and Numbers).

[133] Vgl. F. Kampers, Mittelalterliche Sagen vom Paradiese und vom Holze des Kreuzes Christi in ihren vornehmsten Quellen und in ihren hervorstechendsten Typen, Köln 1897 (VGG 1).

[134] Schneider, ThWNT VI 970,23–26.

[135] S.o. und Zobel, ThWAT I 399f; K. Galling, Art. Lade Jahves, RGG² 3, 1449f; Janowski, Sühne 290–294.

[136] D. Kellermann, Art. מִשְׁכָּן, ThWAT V 67.

[137] Die schon attische Zusammensetzung ὑπερ-άνω *oben auf* ist im NT abgeschwächt zu *auf* (BDR § 215,2).

[138] Zu den Worten auf -ήριον als Bezeichnung eines *Ortes,* an dem etwas geschieht, s. BDR § 109,8 mit Anm. 10.

[139] Attridge 238.

[140] עֵדֻת ist in der Bedeutung unsicher, vgl. Fritz* 137; dagegen Zobel, ThWAT I 399f.

kapporæt

Ihre Bedeutung hat die כַּפֹּרֶת[141.142] vor allem wegen ihrer Funktion im Kultritual des *Jom Kippur* Lev 16[143]. Der Hohepriester opfert einen Stier und einen Bock, wobei er vom Blut der Tiere nimmt und es im Allerheiligsten an die *kapporæt* spritzt. Dieser Blutritus hat für Priester und Volk sühnende Wirkung (Lev 16,16f). In der Forschung ist dabei umstritten, ob die *kapporæt* nur als Sühne*ort* figuriert[144] oder ob sie »jenseits vordergründiger Dinglichkeit« die »symbolische Veranschaulichung eines theologischen Inhaltes« ist, nämlich »Grenzmarkierung zum Transzendenzbereich und deshalb . . . Ort der Kondeszendenz Gottes«[145].

Kerubim

Für letzteres könnten (die)[146] Χερουβὶν δόξης sprechen, die den Sühneort mit ihren ausgebreiteten Flügeln *beschatten* (סָכַךְ Ex 25,20)[147].
Das hebräische Wort כְּרוּב (von der Wurzel *krb segnen*?) ist t.t., der eine Klasse von Mischwesen bezeichnet, die mit der Gottheit verbunden sind (z.B. als Reittiere Ps 18,11; 2Sam 22,11; als Thronwagen Ez 10,1–22 usw.[148]). Auf der *kapporæt* markieren sie den Ort, an dem Jahwe weilt und von dem aus er mit Mose redet (Ex 25,22; vgl. Num 7,89; 1Sam 4,4; 2Sam 6,2; 1Chr 13,6)[149]. Das Epitheton δόξα[150] trägt dem Rechnung und qualifiziert die Kerubim als Träger der כְּבוֹד יְהוָה, der göttlichen Herrlichkeit, die in der frühjüdischen Theologie שְׁכִינָה heißen wird, *das Wohnen* des trotzdem transzendent bleibenden Gottes in seiner Gemeinde[151].

141 Von der Wurzel כפר, deren Grundbedeutung (*bedecken, entsühnen*) nicht sicher zu ermitteln ist. Vgl. Lang, ThWAT IV 303–318 (Lit.), bes. 305f; Janowski, Sühne 15–16.185–189.

142 Die LXX übersetzt das Wort durchweg mit ἱλαστήριον.

143 Zum Ritual vgl. Herrmann, ThWNT III 309f.319; Lang, ThWAT IV 312f; zur theologischen Bedeutung vgl. Janowski, Sühne 265–276.347–354; Wilckens, Röm I, EKK VI/1 (^{2}1987), 190–193 (zu Röm 3,25) und den Exkurs »Sühne im AT« ebd. 236–239; Fritz* 137f.

144 Viele Ausleger, vgl. Lang, ThWAT IV 313. Ihre Beschreibung in Ex 25,17–21 läßt eher im technischen Sinn an eine Deckplatte für die Lade denken. Vgl. Herrmann, ThWNT III 320; Zobel, ThWAT I 394.

145 Janowski, Sühne 347 im Anschluß an H. Gese, Zur biblischen Theologie, 1977 (BEvTh 78), 85–106: »Die Sühne«.

146 Zum fehlenden Art. s. BDR § 254,1. Er würde hier τά lauten, worauf das beigegebene Partizip κατασκιάζοντα weist. Das Maskulinum οἱ ist weniger üblich (z.B. Ex 25,19; Jos Ant 3,137); vgl. Bauer, Wb 1757f; Lohse, ThWNT IX 427 Anm. 3. Soll man vom Neutrum auf die Gestalt schließen (keine Knaben- oder Jünglingsgestalten, sondern geflügelte Wesen)? So Michel 303 Anm. 2 und ihm folgend Lohse, a.a.O. 428 Anm. 11.

147 סָכַךְ hat im Grundstamm vor allem die Bedeutung *schirmend absperren* (Kronholm, ThWAT V 839.841).

148 Zum Verzicht auf ikonographische Konkretheit s. Janowski, Sühne 343.

149 Freedman/O'Connor, ThWAT IV 322–334 (Lit.), bes. 326.337. Die Beschreibung der Kerubim im Allerheiligsten des P-Zeltes ebd. 329; vgl. Fritz* 21–23.138f. Zur berühmten Rekonstruktion von H. Greßmann, Die Lade Jahwes und das Allerheiligste des Salomonischen Tempels, 1920 (BWAT 26), Vorsatzblatt Abb. 1; AOB Abb. 513 vgl. O. Keel, Jahwe-Visionen und Siegelkunst. Eine neue Deutung der Majestätsschilderungen in Jes 6, Ez 1 und 10 und Sach 4, 1977 (SBS 84/85), 15–45 (reich bebildert), bes. 16 Anm. 4. Rabbinisches und Philonisches bei Lohse, ThWNT IX 427f; sonstiges bei Braun 253. Vgl. Janowski, Sühne 279–290.339–346; O. Keel, »Mit Cherubim und Serafim«. Ein Exegetenstreit und seine theologischen Hintergründe, BiHe 28 (1992) 171–174.

150 Ohne Zusatz steht es von der göttlichen Herrlichkeit (1Sam 4,21f; Sir 49,8) und ist wohl nicht Umschreibung eines Adjektiv-Begriffes (= ἔνδοξος *ruhmvoll, glänzend, herrlich*), was sprachlich auch möglich wäre. Vgl. Bleek-Windrath 346.

151 Vgl. ebd. Zur כְּבוֹד יְהוָה in der Priesterschrift s. Janowski, Sühne 303–328.

Alles das gehört zu den Einzelheiten, bei denen der Hebr sich jetzt nicht aufhalten will. Nur – die Alternative »Sühneort« oder »Veranschaulichung eines theologischen Inhaltes« könnte er kaum nachvollziehen: Die *kapporæt* ist ihm beides. Jedenfalls versteht er sie als selbständiges Kultgerät neben Räucheraltar und Lade. Schon von daher kann er sie nicht im technischen Sinne als bloße *Deckplatte* der Lade verstanden haben[152]; sie hat für ihn kulttheologischen Sinn. Ist sie doch derjenige Ort, an dem das entscheidende Opfer geschieht (9,7). Himmlische Kultgüter kennt auch der Hebr (9,23; auch einen Altar?)[153]. Aber bei Jesu hohepriesterlicher λειτουργία im himmlischen Allerheiligsten wird das ἱλαστήριον mit keinem Wort mehr erwähnt[154]. Von allen Kultgegenständen dort ist nur noch der *Vorhang* und sein Durchschreiten wichtig. Das aber beweist: Die symbolische Bedeutung der einzelnen Kultgegenstände des Stiftszeltes ist dem Hebr nicht wichtig. Die Symbolik der Hütte als ganzer ist sein Ziel (9,8f)[155]. Und die liegt abseits aller traditionellen symbolischen Deutung. Dabei ist immer zu bedenken, daß der Hebr auf Heiligtum und Kult des alten Bundes »nur wegen der christologischen Bezugnahme auf den Jom Kippur ein(geht)«[156].

5b Die Beschreibung der Stiftshütte bricht jäh ab. *Von* (all) *diesen Dingen*, nämlich vom Zelt und seinen sämtlichen Inhalten[157], will der Hebr jetzt nicht im einzelnen sprechen (οὐκ ἔστιν νῦν λέγειν κατὰ μέρος). Das νῦν mag anzeigen, daß ihre Thematisierung nicht grundsätzlich verneint wird. Nur *jetzt*, »an dieser Stelle der Predigt«, ist dazu nicht die Zeit (vgl. 11,32; 13,22) oder der Ort bzw. *es ist unmöglich*[158], das alles Stück für Stück *im einzelnen* (κατὰ μέρος) *vorzutragen* (λέγειν wie 5,11)[159]. Mit der von antiken Rednern und Schriftstellern gern gebrauchten Floskel[160] will der Hebr sich nicht entschuldigen, »dass er die typologische Exegese dieser Einzelheiten übergeht«[161], schon gar nicht will er den alttestamentlichen Kult herabsetzen[162] oder »seine Schriftgelehrsamkeit bekunden und seine Leser unterhalten«[163], »sondern: die hohe Qualität des alten Heiligtums und trotzdem seine radikale Heilsunwirksamkeit

[152] Auch »Sühnegerät« (Braun 253) trifft den Sinn des Hebr nicht.

[153] S. 13,10 und Braun 463.

[154] Auch den von der judenchristlichen Tradition in Röm 3,25f gedachten Gedanken, daß Christus die *kapporaet* ist, wodurch die kultische Entsühnung des großen Versöhnungstages abgelöst und überboten ist, denkt der Hebr nicht, obwohl er ihn in der Sache vertritt (9,11–14.24.28).

[155] Wie die in alter Zeit (miß)verstanden wurde, referiert Luther in seiner Auslegung: WA 57/3, 196f (Vogelsang 120f).

[156] März 54f.

[157] Περὶ ὧν ist rückbezüglich auf alles seit V 1 Gesagte. So Bengel 68 und ihm folgend die meisten.

[158] Bauer, Wb 451 (7.).

[159] S. I 320.

[160] Die Belege – z.B. Plat Theaet 157B; 2Makk 2,30; Polyb Hist 1,67,13; Philo, Quaest in Ex 2,59–68; Jos Ant 12,245 und viele andere – bei Bauer, Wb 1024 und Braun 254.

[161] So Schweitzer 32.

[162] So Kosmala, Hebräer 39 Anm. 3.

[163] Windisch 76, der hinzufügt: »Doch will er vielleicht auch andeuten, daß er namentlich über die Cherubim tiefe Geheimnisse mitteilen könnte«.

wird eh auch ohne Detail-Belehrung deutlich werden, wenn nun der atliche und ntliche Kultus zur Sprache kommt«[164].

Calvin folgert aus dem jähen Abbruch Pädagogisches für Theologen: »Über das richtige Maß hinaus zu spekulieren, wie einige es tun, ist ... nicht bloß unnütz, sondern sogar gefährlich. Es gibt sonst genug Dinge, die nicht dunkel sind und die dazu dienen, uns im Glauben zu erbauen. Darum muß man vorsichtig sein und in aller Nüchternheit nicht mehr wissen wollen, als Gott zu offenbaren für gut fand.«[165]

β *Das irdische Heiligtum als Sinnbild 9,6–10*

Die in V 1–5 betont herausgestellte Geschiedenheit der zwei Zeltteile galt der Vorbereitung des jetzt formulierten Hauptgedankens: Die Stiftshütte ist ein Sinnbild (παραβολή V 9) für den vergehenden alten und den anbrechenden neuen Äon[1]. Sie ist es auch durch die Art und Weise der Kultausübung. Denn zwischen Kult*ort* und Kult*art* besteht ein Korrespondenzverhältnis: Der räumlichen Abstufung des Zeltes entspricht die gestaffelte Kultordnung für den ›clerus minor‹ im vorderen und den Hohenpriester im hinteren Zeltteil. Während sie für die priesterschriftliche Tradition die *Mitte* des Kults ist (»Sühne als Heilsgeschehen«[2]), sieht der Hebr darin ein Indiz für »das generelle heilsgeschichtliche Ungenügen der alten Ordnung: Der Zugang zu Gott bleibt verschlossen«[3]. Und zwar nicht nur für das Volk, sondern – so ist die »Zugangsverengung« in V 7 gemeint[4] – für jeden.

Zum Beweis greifen V 6.7 aus den in V 1 erwähnten δικαιώματα λατρείας 6.7
zunächst den Priesterdienst heraus und beschreiben ihn in der knappsten Form. Er ist der Zweiteiligkeit des Zeltes entsprechend von zweifacher Art: »Nachdem dieses aber so eingerichtet war« (τούτων δὲ οὕτως κατεσκευασμένων) – mit dieser Wendung wird rekapitulierend auf die *materielle* Näherbestimmung des ἅγιον κοσμικόν in V 2–5 zurückverwiesen[5] –, ergab sich folgende Ordnung: »Einerseits (μέν) gehen in das erste Zelt ständig (διὰ παντός = *immer*)[6] die Priester hinein (εἰσίασιν)[7] und verrichten die gottesdienstli-

[164] Braun 254.

[165] CR 83, 107 (Übers. Lauterburg 98).

[1] Diese heilsgeschichtliche Sicht (z.B. Klappert, Eschatologie 25; Theißen, Untersuchungen 105) muß man nicht gegen das dualistische Verständnis – πρώτη σκηνή = Hinweis auf den irdisch-vergänglichen Bereich (Braun 258f) – in Anspruch nehmen (gegen Hofius*, Vorhang 60–65). Wir haben es im Hebr mit einer Verschränkung beider Typologien zu tun. So richtig Laub* 78.

[2] Janowski, Sühne 355–362.

[3] März 55.

[4] Braun 258 nach Zimmermann, Bekenntnis 186 gegen Michel 306.

[5] Lünemann 282. Genaueres zur Textstruktur bei Vanhoye, Structure 144–147.

[6] Wie 13,15. Bauer, Wb 359 (II.1.a.). Der Intensität des Kultes kontrastiert drastisch »seine Effektlosigkeit« (Braun 254).

[7] Daß das Verb im Präsens steht, erlaubt keinerlei zeitgeschichtliche Rückschlüsse. Gegen K.W. Clark, Worship in the Jerusalem Temple after A.D. 70, NTS 6 (1959/60) 269–280: 275f und A. Guttmann, The End of the Jewish Sacrificial Cult, HUCA 38 (1967) 137–148 (intakter Tempelkult in Jerusalem nach 70 n. Chr.). Vgl. Braun 255.

chen Handlungen (τὰς λατρείας ἐπιτελοῦντες)«. Es sind dies im wesentlichen die allsabbatliche Neuauflegung der Schaubrote (Lev 24,5–9), das tägliche Anzünden des Leuchters (Ex 27,20f; 30,7f) und das jeden Morgen und Abend darzubringende Räucheropfer (Ex 30,7f; vgl. Yom 2,4; 3,4f). »Andererseits« (δέ) geht ins Allerheiligste hinein »einmal im Jahr allein der Hohepriester, nicht ohne Blut (οὐ χωρὶς αἵματος), das er darbringt (προσφέρει wie 5,1; s. I 272) für sich und die Unwissenheitssünden (ἀγνοήματα)[8] des Volkes«. Letzteres bedeutet eine die Unwirksamkeit des alttestamentlichen Kultes unterstreichende Einschränkung gegenüber Lev 16,34, wonach das Blut πάσας τὰς ἁμαρτίας sühnt (vgl. Barn 7,4; Philo, Post 48; SpecLeg 2,196). Trotzdem ist an das Ritual des *Jom Kippur* gedacht[9], durch das der Hohepriester »Sühne schafft für sich und sein Haus und für die ganze Versammlung Israels« (Lev 16,17b)[10]. Mit οὐ χωρὶς αἵματος gibt der Hebr einen ersten Hinweis auf das für seine Erlösungslehre zentrale Theologumenon von der sühnenden Kraft des »Blutes«, das von jetzt an im Mittelpunkt steht (nach 9,12 vgl. 9,13.14.18.19.20.21.22.25; 10,4.19.29; 13,11.12.20)[11]. Allein durch das »Blutvergießen« kann das Volk geheiligt werden (13,12), weil es ohne »Blutvergießen« keine Sündenvergebung gibt (9,22).

Blut als Sühnemittel

Daß Blut sühnend wirkt, ist gemeinantike Auffassung[12]. Im Hintergrund der Sühnetheologie des Hebr steht indes der Opferritus des *Jom Kippur* (s. I 281f), wobei »durch die Applikation des חַטָּאת-Blutes an Altar und Heiligtum eine *stellvertretende Lebenshingabe* vollzogen wird, durch die der Sünde-Unheil-Zusammenhang aufge-

[8] 'Αγνόημα ist ein *Vergehen aus Unwissenheit* (Bauer, Wb 20; anders Zimmermann, Bekenntnis 186. Doch vgl. die ἀγνοοῦντες καὶ πλανώμενοι in Hebr 5,2 und dazu I 277f; Casalini* 58f). Das Wort ist bibl. selten (6mal LXX, NT nur hier). Auch in den Pseudepigraphen des AT und bei den Apost. Vätern gibt es jeweils nur einen Beleg (Jos As 13,12; Herm sim 5,7). Zur Sache ausführlich Löhr, Umkehr 37–40: 'Αγνόημα meint »in tiefer existentieller Unwissenheit begangene Verfehlungen« und ist *nicht* t.t. für sühnbare Schwachheitssünde (37).

[9] Von Schierse 76f zu Unrecht bezweifelt: Hebr wolle »nur ganz allgemein sagen, daß Sündopferblut zum Eintritt in das Allerheiligste unbedingt nötig ist«. Nein, er greift auf Lev 16 zurück; Braun 258.

[10] S. I 272–274.281 und Janowski, Sühne 265–276.347–350. Zur Aufnahme des Gedankens in Röm 3,25 vgl. ebd. 350–354. Auf Hebr 9 geht Janowski leider nicht ein.

[11] Zum Vergleich: Den 17 Belegstellen des Hebr stehen in den Protopaulinen nur 5 gegenüber (Röm 3,25; 5,9; 1Kor 10,16; 11,25.27). Vgl. Ph. Hughes, The Blood of Jesus and His Heavenly Priesthood in Hebrews, BS 130 (1973) 99–109.195–212.305–314; 131 (1974) 26–33; H. Cazelles, Art. Sang, DBS 11 (Fascicules 64B–65, 1991), 1332–1353 (Lit.!); zum Hebr: 1349f.

[12] Die Belege bei H.L. Strack, Das Blut im Glauben und Aberglauben der Menschheit. Mit bes. Berücksichtigung der »Volksmedizin« und des »jüdischen Blutritus«, 1891, (unter dem Titel: Der Blutaberglaube in der Menschheit) ^{8}1900 (SIJB 14); F. Rüsche, Blut, Leben und Seele. Ihr Verhältnis nach Auffassung der griechischen und hellenistischen Antike, der Bibel und der alten Alexandrinischen Theologen. Eine Vorarbeit zur Religionsgeschichte des Opfers, 1930 (SGKA.E 5); M.P. Nilsson, Geschichte der griechischen Religion I, 1941 (HAW V/2,1), 80–100, bes. 96; Behm, ThWNT I 171–176; Bauer, Wb 42f; J.H. Waszink, RAC 2, 459–473; H. Wißmann,

hoben wird«[13]. Blut kann als Sühnemittel gelten, weil es Träger des Lebens ist (Lev 17,11b; vgl. Gen 9,4; Dtn 12,23; Jub 6,7; Jos Ant 1,102)[14]. Seine Sühnewirkung leitet der priesterliche Verfasser einzig aus dem positiven Willen Gottes ab: »Und ich (Gott) selbst habe es euch auf/für den Altar gegeben, damit es euch persönlich Sühne schafft« (Lev 17,11a)[15]. Jedenfalls wird mit der Gabe des zur Entsühnung des Heiligtums, der Priester und des Volkes bestimmten Blutes das im αἷμα (דָּם) enthaltene Leben (נֶפֶשׁ) »die Basis des kultischen Sühnegeschehens«[16]. Zur sühnenden Wirkung sagen die Rabbinen mit Bezug auf Lev 17,11: »Es gibt keine Entsühnung (kprh), es sei denn durch (oder: im) Blut« (Men 93b; Yom 5a; Zev 6a u.ö.; vgl. Hebr 9,22).

Daß der Hebr diese Vorstellungen vor Augen hat, beweist das in 9,13; 12,24 ausdrücklich erwähnte *Besprengungsblut.* Aber er begnügt sich mit der knappen Angabe: »nicht ohne Blut, das er darbringt . . .«. Das wesentliche Element jenes Sühnegeschehens am Jom Kippur, die Blutapplikation im Allerheiligsten, wird also ausdrücklich herangezogen; allerdings ist αἷμα für den Hebr nicht die durch den Kreuzestod erworbene Sühnegabe, die Jesus mit in den Himmel nähme[17], sondern »die konkrete Formel für den Tod Jesu als Opfer«[18]. Die durch diese Zuspitzung eintretende Akzentverschiebung ist gewollt: Nicht die Blutapplikation an die *kapporæt,* sondern der *Eintritt* (εἴσειμι) ins Allerheiligste und damit die Überwindung seiner Verschlossenheit ist für den Hebr die Hauptsache (vgl. 8,1)[19].

Wirkungsgeschichte

Mit der Vorstellung von der Kostbarkeit des Blutes Christi (1Petr 1,19) kommt es zu einer direkten Wirkung auf die *Eucharistie,* die Thomas von Aquin zusammenfaßt: Pretium autem redemptionis nostrae est sanguis Christi vel vita eius corpo-

TRE 6, 727–729 (Lit.); O. Böcher, ebd. 729–736. Viel Material bietet der Exkurs »Sühneblut« bei Braun 256–258.

[13] Janowski, Sühne 242 Anm. 287 (von 241); vgl. den ganzen Abschnitt: »›Das Blut sühnt durch das Leben‹ – Lev 17,11 als Summe der kultischen Sühnetheologie«, ebd. 242–247. Zur diesbezüglichen hellenistischen Opferkritik (s. die Texte bei Thompson* 573–578) ist bes. typisch Heracl frag 5 (Diels-Kranz I 151): »Aber Reinigung von (Blutschuld) suchen sie, indem sie sich mit neuem Blut besudeln, wie wenn einer, der in Kot getreten, sich mit Kot abwaschen wollte. Für wahnsinnig würde ihn doch halten, wer etwa von den Leuten ihn bei solchem Treiben entdeckte. Und sie beten auch zu Götterbildern da, wie wenn einer mit Gebäuden eine Unterhaltung pflegen wollte, weil man nicht Götter erkennt und Heroen als das, was sie sind.« Weiteres bei Colpe/Berger, Textbuch 305.

[14] Religionsphänomenologisch liegt dem das Prinzip zugrunde, »daß nur gleichermaßen Wertvolles satisfaktionsfähig ist (›Leben gegen Leben‹)«: Berger/Colpe, Textbuch 305.

[15] Übers. Janowski, Sühne 246. Rabbinisches zur Sühnewirkung bei Bill. III 175–178.

[16] Janowski, Sühne 247 (dort gesperrt). Zur Sache auch Bergman/Kedar-Kopfstein, ThWAT II 248–266 (Lit.).

[17] Gegen Braun 440.

[18] Schmitz* 295; ihm folgt Laub* 82. Von einer ewigen Selbstdarbringung *nach* dem Kreuzestod Jesu kann also keine Rede sein (ebd. 77). So auch Young* 207–209.

[19] Schlatter 350f; Schierse, Verheißung 34; Laub 110; ders.* 70f.

ralis, quae est in sanguine (STh III 48,5c)[20]. Zur Voraussetzung hat das die Übertragung der Opfervorstellung auf die Eucharistie, die bereits Did 14 vorliegt: Die allsonntägliche Mahlfeier ist Erfüllung des Gebotes Mal 1,11: »an jedem Ort wird meinem Namen . . . eine reine Opfergabe dargebracht«. Auch 1Clem 44,4 könnte die Eucharistie meinen[21]. Inzwischen ist es im ökumenischen Dialog zu Klärungen hinsichtlich des lange Zeit umstrittenen Opfercharakters des Herrenmahls gekommen[22]. Die vor- und nachtridentinischen »Meßopfertheorien« (der Akzent liegt auf *Opfer*!) weichen einem sakramententheologischen Konsens, wonach in der Eucharistiefeier nicht eine Wiederholung des Kreuzesopfers geschieht, sondern die Anamnese des einmaligen Kreuzestodes[23].

Die alttestamentliche Kultordnung entspricht also der Einrichtung des ἅγιον κοσμικόν. Dieses zeigt schon durch seine äußere Anlage und seinen inneren Betrieb einen provisorischen und transitorischen Charakter an; es weist »auf einen zukünftigen höhern Zustand« hin[24].

8–10 Wir haben es in unserem Textabschnitt mit der theologisch bedeutsamsten[25], aber auch grammatisch »schwerstverständlichen Periode« des Hebr[26] zu tun. Gleichwohl ist er nicht unverständlich.

»Scheinbar als Nebengedanke« wird jetzt »das Hauptmoment« formuliert, um dessentwillen das ἅγιον κοσμικόν überhaupt beschrieben wurde[27]. Dieses Hauptmoment ist seine doppelte Sinnbildfunktion (παραβολή V 9a): Der vordere Zeltteil ist Symbol des καιρὸς ἐνεστηκώς, dessen Charakteristikum das Negativum von V 8 ist. Der hintere Zeltteil ist entsprechend Symbol des καιρὸς διορθώσεως (V 10b), in dem sich »etwas Positives« erfüllt[28]. »Das kultische Bild wird zum eschatologischen Geheimnis, alter Bund und erstes Zelt zum Gleichnis dieser vergehenden Welt«[29].

Die bei der Ausformulierung dieses Hauptmomentes verwendeten Präsentia (εἰσιέναι V 6; δηλοῦντος V 8; προσφέρει V 7.9; ἔτι ἐχούσης στάσιν V 8) beschreiben »nicht, was zur Zeit des Vf sich ereignet, sondern was nach der hl. Schrift zu gesche-

[20] Zum Blut in der katholischen Tradition s. Michel, TRE 6, 737–740, in der evangelischen Tradition Schneider, ebd. 740–742 (Lit.).

[21] Weiß, ThWNT IX 70,41–47.

[22] K. Lehmann / E. Schlink, Das Opfer Jesu Christi und seine Gegenwart in der Kirche. Klärungen des Opfercharakters des Herrenmahls, ²1983 (DiKi 3), darin Hahn, Das Verständnis des Opfers 51–91; vgl. B.J. Hilberath / Th. Schneider, Opfer, in: Neues HThG 3, 1985, 287–298.

[23] Einen hermeneutischen Diskussionsbeitrag liefert E. Jüngel, Das Opfer Jesu Christi als sacramentum et exemplum, in: ders., Wertlose Wahrheit. Zur Identität und Relevanz des christlichen Glaubens. Theologische Erörterungen III, 1990 (BEvTh 107), 261–282; vgl. auch Josuttis, Über alle Engel 84–107.

[24] de Wette 520; vgl. bes. Casalini* 55–59.

[25] Oepke, Gottesvolk 68; vgl. Schierse, Verheißung 32.

[26] Schierse, Verheißung 31. Windisch 77 will sogar Textverderbnis nicht ausschließen, zumindest aber V 9a einklammern, um einen Ausweg zu finden.

[27] Lünemann 284; vgl. Theißen, Untersuchungen 69.105f.

[28] v. Soden 62; vgl. Käsemann, Gottesvolk 34–37; Zimmermann, Bekenntnis 186; Casalini* 59–74.

[29] Theißen, Untersuchungen 69.

hen hat und geschieht, gleichviel wie es mit der tatsächlichen Ausübung der betreffenden Vorschriften in der Gegenwart des Vf bestellt sein mag«[30]. Es geht nicht um die historische, sondern um die wesenhafte Wirklichkeit des alttestamentlichen Kultes, letztlich um »den kosmischen Charakter aller sakralen Institutionen dieser Welt«, die zu verlassen dem neuen Gottesvolk seinem Charakter gemäß befohlen ist (13,9–14)[31]. Wieder liegt also keine aktuelle antijüdische Polemik vor. Es geht nicht um die Stiftshütte als solche[32], sondern um ihre *Bedeutung*, wie der in V 9 zum Ausdruck kommende Abstand zwischen Bild und Sache klar erkennen läßt. Hier wie auch sonst dient die Typologie der Verdeutlichung einer höheren Wirklichkeit, ist also letztlich ein hermeneutisches »Hilfsmittel zur gleichnishaften Veranschaulichung des Heilswerkes Christi«[33], das mittels der »figura« der altbundlichen Sühneliturgie »figuriert« wird[34]. Das aber ist nicht durch irgendeinen Antijudaismus, sondern durch den Offenbarungsbegriff des Hebr veranlaßt, zielt nicht auf das zur Zeit des Verf.s lebende Judentum, sondern auf den alttestamentlichen Nomos und damit auf das sarkisch verfaßte »Weltgeschehen insgesamt«[35], »wo noch sakrale und kosmische, also die Gnade nicht gewinnende Opfer stattfinden. Der Gnadenthron befindet sich außerhalb der Sphäre, wo Menschen noch etwas haben und leisten, nämlich dort, wo Christus gestorben ist«[36]. Anders gesagt: Die im Rahmen der Christologie gemachten kulttheologischen Ausführungen des Hebr sind rein argumentativ gemeint, nicht historisch oder biographisch. Sie stellen eine geschichtlich notwendige, systematische Auseinandersetzung mit dem Opferbild und Priestertum dar: Christus ist das Ende des Kultes als Heilsweg. Könnte der Hebr »nicht in einer Welt, die voll täglicher Opferdarbringung war, die Gemeinde mit seiner theologischen Beweisführung haben stärken wollen, daß es dort, wo die Vergebung der Sünden erfolgt – und sie ist in Jesus Christus tatsächlich erfolgt – kein Opfer mehr für die Sünden gibt?«[37] Die Frage ist zu bejahen. Somit geht es also um Paraklese, um die eigene eschatologische Standortbestimmung zwischen den Zeiten: Was sich κατὰ νόμον ἐντολῆς σαρκίνης (7,16) als unmöglich erwiesen hat, die Öffnung des verschlossenen Debir durch den irdischen Ho-

30 Riggenbach 249.

31 Käsemann, Gottesvolk 34.

32 Dann würde man παράδειγμα oder ὑπόδειγμα, nicht aber παραβολή erwarten (Cremer-Kögel, Wb 194).

33 Behm, ThWNT III 186,10f.

34 Casalini* 103–123. Zur hermeneutischen Funktion der Typologie im Hebr als Ausdruck der eschatologischen Vollendungsgewißheit vgl. L. Goppelt, Art. τύπος κτλ., ThWNT VIII 246–260: 259f und Casalini* 15–19. Wichtig Goppelt, Typos 214f: »Die Typologie ist ein komparatives Verhältnis, das aber nicht so sehr quantitativ als qualitativ abgestuft ist. Der Typus ist wesentlich nicht das verkleinerte Abbild des Antitypus, sondern die einer anderen heilsgeschichtlichen Ebene angehörende Vorausdarstellung, die den Umriß, die Grundzüge (σκιά, παραβολή – εἰκών) des kommenden Wesenhaften andeutet und mit dessen Erscheinung jede selbständige Bedeutung verliert. Vollends wenn wir die Verwendung dieser Termini zur Beschreibung des Verhältnisses zwischen oberem und unterem Heiligtum berücksichtigen, ergibt sich, allein aus dem Hbr ganz unabhängig von der Beziehung zum Alexandrinismus, was uns von Anfang an immer wieder begegnete: Die Erscheinung der Antitypen bedeutet den Hereinbruch einer neuen, ›himmlischen‹ Welt in diese Zeit.«

35 Hegermann 174; vgl. Weiß 456f.

36 Käsemann, Gottesvolk 34.

37 Fitzer* 308; vgl. auch 318f. Nur nebenbei sei gesagt, daß die kultkritische Tendenz des Hebr sachlich koinzidiert mit Jesu Stellungnahme zu Tempel und Kult: »Aufgrund des anbrechenden eschatologischen Handelns Gottes verliert der traditionelle Ort des Kultes und der Opferpraxis seine Bedeutung« (Hahn, Das Verständnis des Opfers [s.o. Anm. 22] 65).

henpriester, das ist dem himmlischen Hohenpriester in der δύναμις ζωῆς ἀκαταλύτου (7,16) gelungen (6,20; 10,19f) und dient dem wandernden Gottesvolk als Grund seiner Hoffnung (6,19)[38].

8 Τοῦτο weist nicht auf die Beschreibung der Stiftshütte zurück, sondern auf ihre Sinnbildfunktion voraus[39]: Solange der vordere Zeltraum (ἡ πρώτη σκηνή)[40] noch existiert (ἔτι . . . ἐχούσης στάσιν)[41] und damit »die vom *tremendum* durchwaltete Zugangsverengung V 7«[42], nämlich die nur einmal im Jahr allein vom levitischen Hohenpriester mögliche Begehung des Allerheiligsten, ist der Weg ins Heiligtum (ἡ τῶν ἁγίων ὁδός)[43], d.i. hier das himmlische Sanctissimum (V 2)[44], noch nicht offenbar geworden (μήπω πεφανερῶσθαι)[45]. Bei dieser typologischen Betrachtung wird der Gipfel des alttestamentlichen Kultes, das Hineingehen des Hohenpriesters ins Allerheiligste (V 7f), zum eigentlichen Tiefpunkt: Er zeigt die Verschlossenheit des Debir an.

[38] Käsemann, Gottesvolk 34; vgl. Theißen, Untersuchungen 69; Bieder, Pneumatologische Aspekte 258.

[39] So die meisten.

[40] So Hofius*, Vorhang 62; anders Laub 111: das gesamte Zeltheiligtum des ersten Bundes. Ob so oder so: In jedem Falle spielt die kosmologische Stiftszeltsymbolik (das erste Zelt ist Sinnbild der Erde: Gyllenberg, Käsemann, Schierse) kräftig herein: Das ἅγιον κοσμικόν symbolisiert »das Schein-Wesen des Irdischen, ›dieser Schöpfung‹« (Schierse, Verheißung 28). Auch hier verschränken sich heilsgeschichtliche und kosmologische Interpretation. Mit Schierse, Verheißung 31; Laub, Bekenntnis 191–196 und Braun 248 gegen Hofius*, Zelt 275; ders.*, Vorhang 64f.

[41] Στάσις in der Bedeutung *unveränderter Bestand* (vgl. Dio C 40,23,3: στάσιν βεβαίαν ἔχειν) kommt ntl. nur Hebr 9,8 vor, relativiert durch ἔτι. Vgl. ἱστάναι 10,9. Außerbiblische Belege für diesen Sprachgebrauch bei Delling, ThWNT VII 568,26–33.

[42] Braun 258.

[43] In dieser Wendung bezeichnet ὁδός die Möglichkeit des εἰσιέναι, also den *Zugang* im Sinne von *eintreten können/dürfen*. Das johanneische ὁδός-Verständnis ist keine Parallele. Vgl. Michaelis, ThWNT V 77,30f, 88 Anm. 147. – Zum Gen. der Richtung vgl. BDR § 166,2; s. auch 10,19; Mt 10,5. Und vom »Weg der Heiligen« (so Käsemann, Gottesvolk 19) ist nicht die Rede; vgl. Weiß 457 Anm. 33.

[44] Theophylakt erklärt: ἡ εἰς τὸν οὐρανὸν εἴσοδος (PG 125, 301B). So mit den meisten (z.B. Braun 260) gegen (z.B.) Schulz 210, der τῶν ἁγίων maskulinisch versteht: Der Weg der Heiligen ist noch nicht offen, nämlich zur δευτέρα σκηνή und dem ἱλαστήριον, ebd. Anm. 5; versehentlich auch Käsemann, Gottesvolk 19. Westcott 252 deutet aufs irdische Heiligtum als ganzes, und Luther, WA DB 7,365 versteht es neutrisch: »Heiligkeit«. – Den atl. vorgeprägten, abgekürzten Sprachgebrauch הַקֹּדֶשׁ / τὸ ἅγιον bzw. τὰ ἅγια statt קֹדֶשׁ הַקֳּדָשִׁים / τὸ ἅγιον τῶν ἁγίων bzw. τὰ ἅγια τῶν ἁγίων für das Allerheiligste (z.B. Lev 16,16.17 u.ö.; s.o. zu V 2c) hat der Hebr auch 9,12.24.25; 10,19 und 13,11 für das himmlische Allerheiligste, 9,24.25 und 13,11 freilich auch für das irdische Allerheiligste. Also muß der Zusammenhang entscheiden. Er tut es an unserer Stelle eindeutig zugunsten des himmlischen Sanctissimum: Der Weg εἰς τὸ ἐσώτερον τοῦ καταπετάσματος (6,19, vgl. 10,19) ist dem Gottesvolk noch verschlossen. Vgl. Bleek II/2 515.

[45] Daß hier die profane Bedeutung οὔπω φανερά (Delitzsch 369) vorliegen könnte: der Weg ins Heiligtum ist *noch nicht sichtbar, noch nicht bekannt geworden* (Bauer, Wb 1700 [1.b.]), ist unwahrscheinlich. Das als Einschnitt betonte Christusereignis (vgl. 9,26; 1Petr 1,20; Tit 1,3; 2Tim 1,10) läßt eher an eine theologische Bedeutung denken: Der Weg der Erlösung ist noch nicht *offenbart*. Es gilt noch nicht: ἐκαίνισεν ἡμῖν ὁδὸν κτλ. (10,20). So Schulz 210 Anm. 6; vgl. Müller, EWNT 3, 990; Bultmann/Lührmann, ThWNT IX 4f. Zum Unterschied zwischen φανεροῦν (es betont mehr die *Tatsache* des Kundwerdens) und ἀποκαλύπτειν (es hebt stärker auf die *Art* ihrer Vermittlung ab, das Heraustreten aus der Verborgenheit) vgl. Cremer-Kögel, Wb 1109f.

Es gibt keinen freien, allgemeinen Zugang zu Gott. »Das Vorderzelt ist ein verkörpertes Verbot«[46]. Diesen Sachverhalt macht der Hebr allerdings nicht als eigene exegetische Erkenntnis geltend, sondern als göttliche Offenbarung (δηλοῦντος τοῦ πνεύματος τοῦ ἁγίου).

Das hier gebrauchte Verb δηλόω, das nach geläufigem Sprachgebrauch die profane Bedeutung *anzeigen, mitteilen* hat, steht im späteren Griechisch auch für die Kundmachung kultischer Geheimnisse (Paus 4,33,5; 9,25,6) oder göttlicher Offenbarungen (Diod S 18,60,4; vgl. ψ 50,8; Dan 2,28–30)[47]. Im Neuen Testament ist es kaum von ἀποκαλύπτειν zu unterscheiden (vgl. Mt 11,25par)[48]. Der Hebr dürfte bei der Wortwahl den wesentlich rationalen Charakter (*deuten, erklären*) mitgehört haben, wie er z.B. Dan 2,5ff; 7,16 LXX (Deutung von Traum und Vision) oder Jos Ant 3,187 (Erklärung der hohepriesterlichen Tracht) vorliegt. Für die allegorische Interpreation des Alten Testaments jedenfalls (Barn 9,8; 17,1) ist δηλόω die angemessene Vokabel. δηλόω

Subjekt des δηλόω ist in unserem Falle der Heilige Geist. Denn die παραβολή als Hilfsmittel für das Verständnis der Geheimnisse Gottes, vor allem bei der allegorischen Deutung des Alten Testaments (Barn 17,2), setzt eine bestimmte γνῶσις voraus (z.B. Barn 6,9f; 17,2) oder einen Deuteengel (z.B. Herm sim 8,3,2 u.ö.)[49] oder eben den Heiligen Geist als Hermeneut, wie an unserer Stelle. Πνεῦμα ἅγιον ist dann nicht als der »die heil(igen) Schriftsteller erfüllend(e) ... Urheber und Anordner des mosaischen Cultus« aufgeboten[50], auch nicht als »Beistand und Leitung« beim Werk des Mose (vgl. 8,5)[51], sondern als das den verborgenen Sinn der Schrift *bezeugende* und *vergegenwärtigende* Pneuma (10,15)[52], das zugleich autorisierter Hermeneut ihrer παραβολαί ist, deren eines die hier in Rede stehende Stiftshütte ist. Ihre unaufgehobene Zweiteilung ist das *gleichnishafte Zeichen* (παραβολή)[53] für den verschlossenen Himmel und darin zugleich παραβολή, »vorbildlicher Hinweis, auf das Vollkommene in der Gegenwart« (V 9)[54], d.i. die Aufhebung der Trennwand durch Christus (6,19f; 9,11f). Die πρώτη σκηνή hat damit ihre στάσις verloren, die πιστεύσαντες (4,3) aber ihren priesterlichen Beruf gefun-

[46] Graf 170.

[47] Philo hat zur Bezeichnung der im AT vorliegenden Offenbarung die Formel ὡς δηλοῖ τὸ λόγιον (Fug 157; Migr 85). Vgl. Bultmann, ThWNT II 60f; Weiß 456 Anm. 32, der mit δηλοῦν »eine bestimmte Art von Schriftauslegung (im Anschluß an die exegetische Methodik der Stoa, vgl. Cornut Theol Graeca 6.33) bezeichnet« findet.

[48] Herm mand 4,3,3 u.ö. ist δηλοῦν das Amt des Offenbarungsengels. Vgl. Preis Zaub XIII 614: δήλου μοι πάντα.

[49] Hauck, ThWNT V 758f.

[50] So z.B. de Wette 520.

[51] So z.B. Lünemann 284.

[52] S. I 174f; vgl. Bultmann, ThWNT II 61,18–21; Schweizer, ThWNT VI 444,20f.

[53] Wörtlich die *Nebeneinanderstellung*, in transitiver Bedeutung dann *die Vergleichung*, schließlich dann *das Gegenbild, der Typus, das Sinnbild* (vgl. 11,19). Vgl. Bauer, Wb 1238 (1.); Hauck, ThWNT V 748,19–22; Goppelt, ThWNT VIII 259 Anm. 68.

[54] Goppelt, Typos 214. Zu diesem zweifachen symbolischen Charakter des atl. Kultes vgl. vor allem Barrett, Eschatology 392, ferner J.P. Michaud, ›Parabole‹ dans l'épître aux Hébreux, SémBib 46 (1987) 19–34.

den, der ihnen den freien Zugang zum Thron der Gnade erlaubt (4,16; 10,19.22; vgl. 1Petr 2,9; Offb 1,6). Ebendieses unterscheidet den καιρὸς διορθώσεως vom καιρὸς ἐνεστηκώς (V 9f), von dem jetzt die Rede ist.

9a Das Relativpronomen ἥτις[55] nur auf die πρώτη σκηνή zu beziehen[56] und nicht – was auch möglich wäre – auf den gesamten Inhalt von V 8[57] ist syntaktisch am einfachsten: *Dieses* Vorderzelt, von dem gerade die Rede war, hat nur parabolischen Sinn. Παραβολή mit *Gegenbild* zu übersetzen[58] mag zu restriktiv sein[59]. Trotzdem hat der Begriff mit dem entsprechenden t.t. der griechischen Rhetorik (collatio, similitudo) wenig zu tun[60]. Unser Verf. hebt vielmehr auf die symbolische Bedeutung der πρώτη σκηνή ab, wie sie in anderer Weise auch Philo kennt[61]. Sie ist Symbol *im Blick auf* (εἰς wie 7,14)[62] den καιρὸς ὁ ἐνεστηκώς, zu dem der καιρὸς διορθώσεως V 10fin den Gegensatz bildet.

καιρὸς ὁ ἐνεστηκώς

Vom καιρὸς ὁ ἐνεστηκώς ist im NT nur an unserer Stelle die Rede. Ein in dieser Weise durch das Partizip ἐνεστηκώς[63] determinierter Kairos meint nach geläufigem Sprachgebrauch die *Gegenwart*[64]. Der Begriff dient unserem Verf. sowenig als Wechselbegriff für »diesen Äon« (עוֹלָם הַזֶּה), wie der antithetisch dazu gebildete Begriff καιρὸς διορθώσεως Wechselbegriff zum »zukünftigen Äon« (עוֹלָם הַבָּא) ist[65]. Zwar ist formal die Analogie zum apokalyptischen Äonen-Dualismus unübersehbar: Hier wie da handelt es sich um zwei zeitlich struktuierte, gegensätzliche »Weltzeiten«, deren De-

[55] Als Ersatz für ἥ. Vgl. BDR § 293,2.c mit Anm. 9.

[56] So die griechischen Exegeten durchweg und von den neueren z.B. Delitzsch 370; Riggenbach 251 mit Anm. 99; Moffatt 118; Theißen, Untersuchungen 69f; Braun 260; Attridge 241. Sie dürfen sich durch D* d e bestätigt fühlen, weil diese Textzeugen hinter ἥτις spezifizierend πρώτη einfügen, vielleicht beeinflußt durch πρώτης in V 8 (Attridge 230 Anm. 8).

[57] So Windisch 77; Michel 307; Loader, Sohn 164f. Das Argument, daß im anderen Falle von τύπος und nicht von παραβολή die Rede sein müßte (Cremer-Kögel, Wb 194), kann man freilich auch umdrehen (Riggenbach 251 Anm. 99).

[58] Hauck, ThWNT V 748,19.

[59] Attridge 241 Anm. 132.

[60] Vgl. Hauck, ThWNT V 742f.

[61] Her 112: »Da er aus Mitleid aus unserem Geschlecht, auf daß es eines bessern Geschikkes teilhaftig werde, das Bild der göttlichen Tugend vom Himmel zur Erde herniedersenden wollte, läßt er sinnbildlich (συμβολικῶς) das heilige Zelt mit den darin befindlichen Geräten als Abbild und sichtbare Darstellung der Weisheit anfertigen« (Übers. Cohn). Vgl. Windisch 77; Sowers, The Hermeneutics 94–97.

[62] Also nicht *bis*. Bauer, Wb 1238 (1.): *ein auf die gegenwärtige Zeit* (hinweisendes) *Gegenbild*. Vgl. Braun 260.

[63] Von ἐνίστημι Perf. *vorhanden sein, gegenwärtig sein*. Vgl. Bauer, Wb 538 (1.).

[64] Polyb 1,60,9; 21,3,3; Philo, Sacr 47; Migr 43; Jos Ant 16,162; vgl. 1Clem 55,1; Gal 1,4. Zur Sache s. J. Barr, Biblical Words for Time, London ^{2}1969.

[65] Gegen Lünemann 286; Michel 307; Gräßer, Glaube 161f; Hofius*, Vorhang 64; Theißen, Untersuchungen 69 u.a., die auf die Gegenüberstellung von ἐνεστῶτα – μέλλοντα (1Kor 3,22; Röm 8,38; vgl. Barn 17,2; Philo, Plant 114; Jos Ant 7,391) verweisen könnten. Allenfalls Mk 10,30 par Lk 18,30 könnte der Ausdruck ὁ καιρὸς οὗτος (als opp. zu dem folgenden ὁ αἰὼν ὁ ἐρχόμενος) im Sinne von ὁ αἰὼν οὗτος gebraucht sein (Bauer, Wb 802f [4.]). Aber von dem allen redet der Hebr eben nicht. Vgl. W. Harnisch, Verhängnis und Verheißung der Geschichte. Untersuchungen zum Zeit- und Geschichtsverständnis im 4. Buch Esra und in der syr. Baruchapokalypse, 1969 (FRLANT 97), 97 Anm. 4; Weiß 459.

termination nicht nur eine chronologische, sondern vor allem auch eine qualitative Differenz zum Ausdruck bringen will[66]. Aber schon die Tatsache, daß der Hebr den αἰών-Begriff hier meidet, nicht ὁ αἰὼν ὁ ἐνεστώς sagt wie Paulus (Gal 1,4) und statt καιρὸς διορθώσεως auch nicht αἰὼν μέλλων wie 6,5, zeigt, daß er nicht einfach die apokalyptische Zwei-Äonen-Lehre rezipiert, wonach dieser Äon ganz im Zeichen der Ferne Gottes steht, der zukünftige hingegen ganz im Zeichen des neu ansetzenden Erlösungshandelns Gottes (z.B. 4Esr 6,9; 8,1; vgl. 7,12f.50; syrBar 15,7f; im NT z.B. Eph 1,21; Mk 10,30par)[67]. In der christologischen Perspektive des Hebr ist die Gegenwart nicht einfach die Zeit des Gerichts und der Gottferne, sondern »in gewisser Weise schon eine Zeit des Heils«[68], ohne daß er freilich das dialektische Verständnis des Verhältnisses von Gegenwärtigkeit und Zukünftigkeit des Heils, wie es etwa bei Paulus und Johannes vorliegt, durchhielte. Die sachliche Bestimmung der Existenz zwischen den Zeiten weicht vielmehr einer chronologischen: Sofern die Gegenwart ein »Zwischen« ist, »ist sie nur eine Zwischenzeit, eine noch für eine Weile bestehende Frist, in der sich der Glaubende durch seine ὑπομονή bewähren muß (10,36 usw.)«[69]. Das bedeutet: Im Gegenüber des καιρὸς ἐνεστηκώς und des καιρὸς διορθώσεως meldet sich das inzwischen gewandelte Eschatologieverständnis des Hebr zu Wort. Das Christentum ist ihm zur historischen Epoche in der Zeit geworden. »Die historische Neuheit verdrängt die eschatologische«[70]. Dabei ist der καιρὸς ἐνεστηκώς nicht einfach die christliche Gegenwart[71], auch nicht die nur einst[72], sondern die auch jetzt noch präsente Zeit des sarkisch orientierten, heilsunwirksamen Opferkultes, und zwar im Gegensatz zur nicht einfach nur zukünftigen[73], sondern bereits gegenwärtigen *Zeit der richtigen eschatologischen Ordnung*[74], mit der die 7,12 in Aussicht gestellte μετάθεσις eintritt: Das ἀληθινόν (8,2) tritt an die Stelle des ὑπόδειγμα (8,5) und der σκιά (8,5; 10,1), der Neue Bund läßt den Alten verschwinden (8,13) dadurch, daß *Christus als Hoherpriester für die wirklichen Güter auftrat* (9,11)[75].

V 9b hebt noch einmal das besondere (negative) Merkmal der alten Ordnung 9b.10
hervor: Gemäß der parabolischen Bedeutung des Vorderzeltes[76], also κατὰ

[66] Vgl. nur Röm 12,2; 1Kor 3,19; 5,10; 7,31; 2Kor 4,4; Eph 2,2; Joh 8,23; 9,39 u.ö.

[67] Rabbinisches bei Bill. IV 799–976. Qumranisches bei H.D. Preuß, Art. עוֹלָם, ThWAT V 1144–1159: 1157–1159. Zur Vorstellung der zwei Äonen s. Bousset-Greßmann, Religion 243–254; Sasse, ThWNT I 204–207; bes. Harnisch (s. Anm. 65) 106–142; K. Müller, Art. Apokalyptik III. Die jüdische Apokalyptik. Anfänge und Merkmale, TRE 3, 202–251, bes. 224–227.

[68] Bultmann, Theologie 518; so auch Attridge 241f.

[69] Bultmann, Theologie 519.

[70] Conzelmann, Heiden 239 Anm. 122 mit Verweis auf Barn 2,6; 5,7; 7,5; Herm vis 3,8,9; 12,3; sim 8,6,2; Tert Adv Iud 3. Vgl. Gräßer, Glaube 158–171, bes. 161f u. I 54f. Zur Eschatologie des Barnabasbriefes s. H. Lohmann, Drohung und Verheißung. Exegetische Untersuchungen zur Eschatologie bei den Apostolischen Vätern, 1989 (BZNW 55), 195–241.

[71] Gegen Delitzsch 372; Riggenbach 250; Windisch 77; Kuß 116; Bieder, Aspekte 257; Laub, Bekenntnis 193; Attridge 241 und Weiß 459, die den καιρὸς ἐνεστηκώς mit dem καιρὸς διορθώσεως identifizieren. Unmöglich!

[72] Calvin, CR 83, 108; Gräßer, Glaube 161f; Hofius*, Vorhang 64.

[73] Gegen Bieder, Aspekte 258.

[74] Preisker, ThWNT V 452,4.

[75] Vgl. v. Soden 62; Braun 260f.264; ähnlich Strobel 172f; Hegermann 174; März 55f.

[76] Καθ' ἥν rückbezüglich auf παραβολή (Bleek II/2 522; Braun 261; Attridge 242 und die meisten). Aber auch beim ebenfalls möglichen Bezug auf τῆς πρώτης σκηνῆς V 8 (wegen des Parallelismus mit ἥτις V 9a: Riggenbach 252; Peterson, Perfection 258 Anm. 52;

νόμον ἐντολῆς σαρκίνης (7,16), wird der Kult vollzogen[77]. Und das bedeutet: Er ist unwirksam (7,18.19a). Diese Ineffektivität wird jetzt in bemerkenswerter Weise spezifiziert: Die alttestamentlichen Opfer sind nicht imstande (μὴ δυνάμεναι), haben nicht die Kraft, den Kultteilnehmer (τὸν λατρεύοντα)[78], d.i. »sowohl der Priester als auch der darbringende Gläubige«[79], im Gewissen zu vollenden (κατὰ συνείδησιν τελειῶσαι). Durch den Gegensatz in V 10 ist das zuletzt Gesagte »vollkommen klar«[80]: Die Opfer bewirken nur die *Reinheit des Fleisches* (9,13); sie bleiben den δικαιώματα σαρκός (9,10) entsprechend *äußerlich*. Hingegen der ἔσω ἄνθρωπος (Röm 7,22; 2Kor 4,16) hört nicht auf, Sünder[81] und damit geschieden von Gott zu sein (9,14b; 10,2.22; vgl. demgegenüber die Ordnung des neuen Bundes 8,10–12). Gestützt wird das negative Urteil durch 10,4 (vgl. auch 9,13f), was freilich jüdischem Denken nicht gerecht wird. Der alttestamentliche Kult hat nicht nur äußere Reinheit vermittelt, sondern wirkliche Tilgung der Schuld (z.B. ψ 50,19.21; Yom 8,8f)[82]. Daß das negative Urteil nur in der christologischen Perspektive gilt, hat Calvin z.St. richtig gesehen: »Wer etwa fragt, warum der Apostel von den göttlich eingesetzten Ordnungen und Satzungen so wenig ehrend, ja fast verächtlich spricht und ihnen keine Kraft zuschreibt, dem ist zu antworten, daß hier davon die Rede ist, was sie ohne Christus sind (id fit quoniam ea a Christo separat). Wir wissen aber, daß, wie auch Paulus (Gal. 4,9) sagt, die irdischen Satzungen, für sich allein genommen, schwach und dürftig sind (egena esse mundi elementa)«[83].

συνείδησις Mit der Formel κατὰ συνείδησιν τελειοῦν *vollkommen machen in Hinsicht auf das Gewissen*[84] wird die Ganzheit der Entsühnung umschrieben, der καθαρισμός von 1,3, der das Hinzutreten zu Gott end-gültig freigibt[85]. Συνείδησις ist ein fundamentaler

Weiß 459 Anm. 41; Young* 201) oder auf τὸν καιρόν (so die sekundäre Lesart καθ' ὄν von D² 𝔐 [d] syʰ bo; auch Theodoret PG 82, 740D; vgl. dazu Riggenbach 252 Anm. 2) ändert sich der Sinn nicht: »immer ist die Situation der effektlosen atlichen Opfer gemeint« (Braun 261).

77 Hier wie 5,1 umschrieben als δῶρά τε καὶ θυσίαι προσφέρονται, als *die* Priesterfunktion. S. I 272–274. Parallel ist τῇ σκηνῇ λατρεύειν 13,10 (Theißen, Untersuchungen 78).

78 Der λατρεύων ist hier und 10,2 der *Gottesdiener*, der sich mit dem gesetzlichen Kultus befaßt (Bauer, Wb 950). Das gilt allgemein, nicht exklusiv priesterbezogen (gegen Michel 308: »der Priester im Opferakt«).

79 Schweitzer 33; auch Lane II 224 u.a. Wilckens, Neues Testament 793 übersetzt: »Gottesdienstteilnehmer«; vgl. Attridge 242: the worshipper.

80 Schulz 211 Anm. 8.

81 Zur Sünde als einer Affektion des Gewissens vgl. Schierse, Verheißung 37f.

82 Vgl. die Abschnitte »Die Opfer« und »Sünde und Sühne« bei G.v. Rad, Theologie des Alten Testaments I, München 1957, 249–271; C.-H. Hunzinger, Art. ῥαντίζω, ThWNT VI 976–984: 982; ausdrücklich auch Braun 262.

83 Übers. Lauterburg 100 = CR 83, 108.

84 Bauer, Wb 1615 (2.e.) und 827 (II.6.). Vgl. zu κατὰ συνείδησιν Vett Val 210,1 und formal auch Jos Ant 16,103. Der acc. graecus in 1Tim 4,2 ist vergleichbar; s. Braun 262.

85 So viele, z.B. Bleek II/2 523; Lünemann 287; Riehm, Lehrbegriff 585f.675f; Riggenbach 254; Schierse 77; Loader, Sohn 164–166; Laub 119–121 und bes. Käsemann, Gottesvolk 155 (s.u. zu V 14c).

anthropologischer Begriff, der das menschliche Sein als solches charakterisiert[86]. Im Gewissen hat der Mensch einen verantwortlichen Mit-Wisser um sein eigenes Verhalten. Sein Gewissen ist »das als Zeuge auftretende eigene Bewußtsein«[87], sodann – religiös – »das Urteil ... des Menschen über sich selbst in seinem vorhandenen Verhältnis zu Gott«[88]. Das AT kennt die Sache (meist übernimmt das *Herz* eine entsprechende Funktion, z.B. 1Kön 2,35; 8,38; Koh 7,22; vgl. 1Sam 24,6 u.ö.), aber nicht den Begriff, den auch die LXX nur ganz spärlich gebraucht (Koh 10,20 [als Wiedergabe von מַדָּע *Gedanke*]; Weish 17,10; Sir 42,18 v.l.)[89]. Hingegen in der hellenistischen Welt, besonders der Popularphilosophie, aber auch im hellenistischen Judentum (Philo und Josephus) ist der Begriff geläufig[90]. Er dürfte durch Paulus (14 Vorkommen) in die christliche Sprache eingeführt sein[91]. Erstmals als ausgeführte religiöse Lehre erscheint der Gewissensbegriff dann im Alexandrinismus. Für Philo ist die συνείδησις der ἔλεγχος in der menschlichen Seele, das Wertvollste im Menschen, deckt Sünde auf, straft, führt zur Reue und Buße, bekehrt, bessert, mahnt zur Umkehr und spornt zur Tugend (z.B. Decal 87)[92].

Denkbar ist, daß der Hebr hier anknüpft[93]. Wichtig für sein Verständnis des Gewissens ist die Gegenüberstellung von σάρξ und συνείδησις (vgl. noch 9,13f und dazu 1Petr 3,21)[94] und damit die kultische Relevanz des Gewissens, die schon Philo kennt (Praem 84; SpecLeg 1,203). Erst durch die Reinigung des Gewissens von toten Werken (9,14), das ist die rest-lose Sündenvergebung (10,2), wird die vollendende Weihe (τελείωσις) der Christen, d.i. ihre Kultfähigkeit und damit ihr Eintritt in die himmlische Welt, hergestellt[95].

[86] Bultmann, Theologie 217; Vgl. Rissi, Theologie 94.

[87] Cremer-Kögel, Wb 396.

[88] Ebd. 398.

[89] Die Bedeutung von *madda* in Koh 10,20 ist freilich umstritten. Vgl. Botterweck, ThWAT III 511. Im übrigen hat keine der alten Kulturen einen einheitlich bestimmten Ausdruck für Gewissen.

[90] Vgl. Maurer, ThWNT VII 897–918; Chadwick, RAC 10, 1025–1107; Spicq, Notes II 854–858. Zur Geschichte des Wortgebrauchs von συνείδησις s. J.-G. Blühdorn, Art. Gewissen I. Philosophisch, TRE 13, 192–213: 198f.

[91] Vgl. O. Seel, Römertum und Latinität, Stuttgart 1964, 127; Bultmann, Theologie 217; Lüdemann, EWNT III 721; anders freilich Roloff, 1Tim, EKK XV 68–70. Zur Sache vgl. M. Kähler, Das Gewissen, Halle 1878 (= Darmstadt 1967); C.A. Pierce, Conscience in the New Testament, 1955 (SBT 15); J. Stelzenberger, Syneidesis im Neuen Testament, 1961 (AMT 1); P. Hilsberg, Das Gewissen im Neuen Testament, ThV 9 (1977) 145–160; H.-J. Eckstein, Der Begriff Syneidesis bei Paulus. Eine neutestamentlich-exegetische Untersuchung zum »Gewissensbegriff«, 1983 (WUNT 2/10); M. Wolter, Art. Gewissen II. Neues Testament, TRE 13, 213–218 (Lit.).

[92] Vgl. W. Völker, Fortschritt und Vollendung bei Philo von Alexandrien, 1938 (TU 49/1), 47–126; R.T. Wallis, The Idea of Conscience in Philo of Alexandria, Berkeley 1975 (CHSHMC 13) 1–8; A. Pelletier, Deux expressions de la notion de conscience dans le judaisme hellénistique et le christianisme naissant, REG 80 (1967) 363–371; Blühdorn, TRE 13, 201f. Weiteres s.v. conscience bei Radice/Runia, Philo 416.

[93] Vgl. G.S. Selby, The Meaning and Function of Συνείδησις in Hebrews 9 and 10, RestQ 28 (1985/86) 145–154, bes. 145f. Seine Definition für »Gewissen« im Hebr: »conscience is the individual's personal cognizance of sin« (147). Ähnlich auch Weiß 460 Anm. 43.

[94] So schon Calvin, CR 83, 108: notanda est antithesis inter carnem et conscientiam; vgl. Schweizer, ThWNT VII 142f und bes. Schierse, Verheißung 38–40; Wolter, TRE 13, 218.

[95] Vgl. Dibelius, Der himmlische Kultus 165.167f; Theißen, Untersuchungen 97; Wolter, TRE 13, 218. – Ob zur Interpretation der

Parallel zum Gewissen kann der Hebr vom »Herzen« sprechen (3,7–12; 10,22; 13,9)[96]. Man braucht (gut alttestamentlich) ein reines Herz (Ps 24,4; vgl. TestJos 4,6) bzw. (gut hellenistisch) ein reines Gewissen, um am Kult teilzunehmen[97].

Dabei bedeutet die τελείωσις κατὰ συνείδησιν keine Überhöhung des Menschlichen. »Sondern τελείωσις (erg.: κατὰ συνείδησιν) ist die Vermenschlichung«[98]. Tatsächlich faßt der mit Bedacht geprägte Ausdruck »in Kürze die ganze Soteriologie des Autors zusammen«[99]. Denn jene Vermenschlichung ist nichts anderes als die Aufhebung des existentiellen Entfremdetseins von Gott. Und die ist »kein bloß kultisch-religiöses Problem, sondern betrifft die Lage des Menschen überhaupt«[100]. In sachlicher Nähe zu der paulinischen καινὴ κτίσις (2Kor 5,17; Gal 6,15) bzw. zur Erneuerung des ἔσω ἄνθρωπος (2Kor 4,16) ist die τελείωσις κατὰ συνείδησιν trotz unverkennbarer Ethisierung – »anstelle des bösen Inneren erhält der Mensch durch die Reinigung ›ein gutes Gewissen‹ (9,14; 13,18), anstelle der toten Werke vollbringt er ›gute Werke‹ (10,24)«[101] – doch ebenfalls *opus gratiae.* Es sind die *Getauften* (6,1f; 10,22b), die als ἁγιαζόμενοι und μέτοχοι πνεύματος ἁγίου (6,1) die Vollkommenen κατὰ συνείδησιν sind, d.h. sie haben keine συνείδησις ἁμαρτιῶν mehr (10,2), kein Wissen um die Sünden[102], wohl aber ἐπίγνωσις τῆς ἀληθείας (10,26). Macht man sich klar[103], daß das »Herz« dann »gereinigt« ist, wenn die συνείδησις πονηρά (10,22) getilgt ist, daß dieser Vorgang wiederum umschrieben werden kann als Befestigung des Herzens durch die χάρις (13,9), so ist am Tage, daß (nicht anders als in Röm 6,11ff) die eschatologische Erneuerung des gesamten Menschen gemeint ist (vgl. noch Kol 3,10). Der Gewissenswandel bzw. die Gewissensvollendung im Hebr signalisiert also keine bloß moralische Wende, insistiert auch nicht auf *besseren* irdisch-kultischen Praktiken (vgl. die Abweisung des irdischen Kultes in 13,9–14), sondern meint den im Gegenüber zu Gott erneuerten ganzen Menschen[104]. Terminologisch ist das nicht die *Glaubensgerechtigkeit.* Das markiert den *eigenen* Weg, den der Hebr in der

Gegenüberstellung σάρξ – συνείδησις im Sinne einer dualistischen Anthropologie (das Fleisch gehört zur irdischen, das Gewissen zur himmlischen Welt) Anlaß besteht (so Schierse, Verheißung 119; vgl. Thompson, The Beginnings 108f) oder nicht (so Weiß 460 Anm. 43), wird kontrovers diskutiert.

[96] Vgl. Theißen, Untersuchungen 77; Rissi, Theologie 94; Braun 262 mit Hinweis auf Sir 42,18 ; Hiob 27,6b MT/LXX.

[97] Die Alte Kirche übernimmt diesen Gedanken: Did 4,14; 1Clem 45,7; Barn 19,12; Ign Trall 7,2; Orig Hom in Lev 13,5 (GCS 29, 476,1).

[98] Schweitzer 50 (bei Durchzählung der nichtpaginierten »Recapitulation« seiner Hebr-Vorlesung). Τελειοῦν ist in 9,9 also nach 7,19 (vgl. 10,1; 11,40) zu verstehen (s.o. S. 46f).

[99] Hegermann 175.

[100] Ebd.

[101] Rissi, Theologie 94.

[102] Vgl. Maurer, ThWNT VII 917.

[103] Das folgende nach Gräßer* 90f.

[104] »Man muß sich klarmachen, was hier in einer Schicht des Neuen Testamentes, der so oft Frühkatholizismus nachgesagt wird, zutage tritt. Was im Griechentum der Umwelt überhaupt nicht und im hellenistischen Judentum nur als Ausnahme und Grenzfall erscheint, wird hier zum Normalfall des Lebens proklamiert: das gute und reine Gewissen als Heilung des in sich zerspaltenen Menschen und damit eine neue Existenz durch die Tat Gottes in Christus« (Maurer, ThWNT VII 918,14–20).

Entfaltung seiner Soteriologie geht[105]. Es markiert aber nicht den Weg sachlichen Widerspruchs zur paulinischen Rechtfertigungstheologie. Denn beides, die *fides ex auditu* bei Paulus und die *conscientia perfecta ex opere Christi* im Hebr (*per hostiam suam* 9,26), bedeutet im Blick auf die menschlichen Heilsanstrengungen jenes *redigi in nihilum*, welches der Empfang der Gnade voraussetzt und mit sich bringt.

Der syntaktisch schwierige V 10[106] verdeutlicht das bisher zu den δικαιώμα- 10
τα λατρείας (V 1) Gesagte und stellt nun auch terminologisch klar, daß der alttestamentliche Kult ein irdisch begrenztes Interim[107] und ein nur äußerlich wirksames, aber über sich hinausweisendes Provisorium ist[108]. Die Gaben und Opfer (V 9) liegen auf einer Linie[109] mit Speisen (βρώματα), Getränken (πόματα) und Waschungen (βαπτισμοί). Hier wie dort handelt es sich *lediglich, nur* (μόνον) um zeitlich befristete δικαιώματα σαρκός[110], also auf das Fleisch, nicht auf das Gewissen bezogene Satzungen. Damit ist die Zwei-Zelte-Theorie vollends zu einem *anthropologischen Dualismus* in Beziehung gesetzt: Die kultischen Handlungen am vorderen Zelt bewirkten kultische Reinheit (9,10.13), nicht aber die vollkommene Entsühnung (Gewissensvollendung, 9,9; 10,1.4)[111]. Die kann erst geschehen, wenn der Weg in das Allerheiligste geöffnet ist, nämlich im mit dem Kommen Christi angebrochenen καιρὸς διορθώσεως, der sich gerade darin vom καιρὸς ἐνεστηκώς unterscheidet.

Einzelheiten: Mit βρώματα, πόματα und διάφοροι βαπτισμοί werden jene Elemente der Kult-Tora ins Auge gefaßt, die als Riegel gegen die gemeinschaftstrennende Kraft der Unreinheit fungieren. In der christologischen Perspektive des Hebr aber sind sie mit der gesamten Kult-Tora relativiert (einschränkendes μόνον): Das eigentliche Kultanliegen, die wahre »Eröffnung

105 Zu den Akzentverschiebungen gegenüber Paulus s. Käsemann, Ruf der Freiheit 135–155; Gräßer* 91f.

106 Schon die Textvarianten erleichtern: D² 𝔐 a vg sy^h, indem sie die δικιώματα σαρκός den anderen Dativen akkomodieren und mit ihnen koordinieren (καὶ δικαιώμασιν), ℵ² B *pc*, indem sie ein καί vor δικαιώματα setzen: Als »Fleischessatzungen« werden jetzt auch (καί) die hinzugekommenen Opfer bezeichnet (Weiss 218 und 219 Anm.: nur diese Zeugen haben »das Richtige«), und schließlich D*, das den Singular δικαίωμα liest. Vgl. Metzger, Textual Commentary 668; Attridge 230 Anm. 10; Weiß 461 Anm. 46. Ausführliche Diskussion der syntaktischen Probleme bei Bleek II/2 523–527; Riggenbach 253f und Casalini* 68–71.

107 Zur Kult-Tora als Interimsgesetz verweist Windisch 77 auf CD 6,10; 12,23–13,1 und Mt 5,18; Apg 6,14.

108 März 56. Zum transitorischen Charakter vgl. bes. Preisker, ThWNT V 452; Zimmermann, Bekenntnis 188. Hughes 324 betont gar die antizipatorische Funktion: Die alten δικαιώματα »performed a sacramental function as signposts directing the worshippers to the all-sufficing provision which in the intention of God was already available to them«.

109 Ἐπί dürfte hier eher kumulativen (= *hinzu zu, zusammen mit*: Riggenbach 254 Anm. 8; Schlatter 347) als kausalen Sinn haben (= *auf Grund von*: BDR § 235,2 mit Anm. 3; Weiß 460 Anm. 44 und Bauer, Wb 582 [II.1.b.γ.]). Luther (WA DB 7, 365) faßt μόνον ἐπὶ κτλ. eng mit τὸν λατρεύοντα zusammen: ». . . den, der den Gottesdienst tut allein mit Speise und Trank. . .«

110 Syntaktisch gehört das einschränkende und betont vorangestellte μόνον mit δικαιώματα σαρκὸς κτλ. zusammen, und zwar als Apposition zu δῶρά τε καὶ θυσίαι (V 9).

111 Schierse, Verheißung 38.

von Gottesnähe und Gottesgemeinschaft«, bewirkt sie nicht[112]. Sowenig unserem Verf. an der genauen Inventarisierung der Stiftshütte lag (9,5b), sowenig liegt ihm jetzt an einer präzisen Erfassung der rituellen Gesetzgebung. Ohnehin interessiert sie ihn nur, sofern sie den *Leib* (das Äußere) im Unterschied zum Gewissen (den inneren Menschen) betrifft. Deshalb redet er mit der ganz ungewöhnlichen Begriffszusammenstellung βρώματα καὶ πόματα ganz allgemein und nicht eingeschränkt auf Opfer- und Passamahlzeiten[113] von Speiseregelungen (z.B. Lev 11; Dtn 14; als rituelles Problem im Neuen Testament Mk 7,19; Röm 14,15.20; 1Kor 8,8.13; 1Tim 4,3; Hebr 13,9; das Nebeneinander von βρῶμα [βρῶσις] und πόμα [πόσις, ποτόν] 1Kor 10,3f; Röm 14,17; Kol 2,16; IgnTrall 2,3) und Getränkebestimmungen (z.B. Lev 11,34; Hag 2,12f)[114]. Und daß Lustrationen (βαπτισμοί)[115] für die rituelle Reinheit unverzichtbar sind (z.B. nach Totenberührungen oder geschlechtlichen Funktionen oder Ausflüssen, vgl. Ex 29,4; Lev 11,25.28.32.40; 14,6–9; Num 8,7; 19 u.a.), bedarf nur eines Hinweises[116]. Von den Waschungen in Qumran (z.B. 1QS 3,4f.8f) mag der Hebr Kenntnis haben[117]. Aber seine Kritik richtet sich nicht gegen diese oder jene konkrete Vorgegebenheit, schon gar nicht gegen einen innergemeindlich überzogenen Sakramentalismus[118]. Sie trifft jeden Kult, der mit irdischen Mitteln himmlische Gaben meint erlangen zu können. Speise, Getränke und Waschungen sind dafür das klassische Modell. Sie sind wie die Gaben und Opfer unzulängliche, vom λόγος ἐντολῆς σαρκίνης (7,16) auferlegte (ἐπικείμενα), also durchaus göttliche Anordnung befolgende δικαιώματα σαρκός[119]. Diesen Begriff mit »äußerliche Vorschriften« zu übersetzen (EÜ) reicht nicht aus. Man muß ihn vielmehr aus dem dualistischen Gegenüber von »Irdisch/Himmlisch« verstehen, und zwar nicht als bloße Lo-

112 Hegermann 175.

113 Mit Weiss 218; Kurtz 275 u.a. gegen de Wette 521; Bleek II/2 529 u.a., »obwohl auch kein Grund ist, dieselben auszuschliessen« (Weiss, ebd.).

114 Βρῶμα (אָכְלָה) ist bes. die feste *Nahrung*. Vgl. Ottosson, ThWAT I 252–259; Behm, ThWNT I 640–643 und viel Material bei Braun 262f. Zu πόμα (מַשְׁקֶה) *Trank, Getränk* vgl. Goppelt, ThWNT VI 145.

115 Zum Begriff βαπτισμοί s. 6,2 und I 341f.

116 Vgl. auch Bill. I 695–704; IV 227; Sib 3,591–593 und weiteres Material bei Braun 263.

117 Vgl. Hegermann 175 Anm. 194; Bruce 210 Anm. 65. Zur Sache s. Braun, Qumran I 29f.

118 Gegen Swetnam*, On the Imagery, der wegen der βαπτισμοί an die christliche Taufe denkt, und Theißen, Untersuchungen 67–72, der im Wortlaut des Textes Umschreibungen für Taufe und Abendmahl sieht (71). Aber das ist wegen der negativ-kritischen Perspektive, in der der Hebr die alten Kultsatzungen sieht, ganz unwahrscheinlich. Er übt zwar »Sakramentsreserve« (vgl. 6,4; 13,9), »aber er kann hier doch nicht dem ganzen Zusammenhang nach eine innerchristliche Kontroverse aufgreifen und meinen, daß Jesu Inthronisierung zum Zeitpunkt der richtigen Ordnung V 10 Sakramente aufhebt, die vor ihm ja gar nicht existierten« (Braun 261). Zur Kritik vgl. auch Laub, Bekenntnis 194 Anm. 59; Weiß 461 Anm. 47 und Attridge 243.

119 Das Part. ἐπικείμενα (als perf. pass. von ἐπιτίθημι *auferlegen* gebraucht, Hoffmann / v. Siebenthal § 125e) entspricht dem ἐχούσης στάσιν (V 8): Wie das irdische Heiligtum sein »legal standing« hat (Hughes 325 Anm. 75), so ist auch die Kult-Tora eine legal auferlegte Ordnung. Oder ist auch der Nebenbegriff des Drückenden und Beschwerlichen damit verbunden (so Kurtz 275 mit Verweis auf Apg 15,10.28)?

kalisierung genommen, sondern als platonisierende Qualifizierung[120]: Die Vorschriften sind ganz auf die irdisch-vergängliche, dem Himmel entgegengesetzte Sphäre der σάρξ bezogen. Sie entsprechen dem ἅγιον κοσμικόν (9,1), nicht der σκηνὴ ἀληθινή (8,2), der σκιά, nicht der εἰκὼν τῶν πραγμάτων, der *wirklichen Gestalt der Dinge* selbst (10,1) oder den ἀληθινά (9,24). Ihre Frist läuft ab mit dem καιρὸς διορθώσεως, der »Aufrichtung der eschatologischen Heilsordnung«[121].

Die Gegenüberstellung der beiden καιροί in Hebr 9,9.10 variiert nicht – wie oben gezeigt – das apokalyptische Zwei-Äonen-Schema, sondern das Gegenüber des Alten und des Neuen Bundes[122]. Der καιρὸς διορθώσεως (hap. bibl.)[123] ist die mit der καινὴ διαθήκη (vgl. 8,6f) angebrochene »Zeitperiode«[124], die die παλαιὰ διαθήκη verschwinden läßt (8,13)[125]. Eingeleitet ist dieser Prozeß mit der in 7,12 in Aussicht gestellten μετάθεσις, die mit Christus, dem Hohenpriester der wirklichen Güter (9,11), begann[126]. Das erklärt den Standort der christlichen Gemeinde: Sie kann und darf nicht mehr mit dem »fleischlichen Gebot« operierend auf dem Boden der alten Ordnung stehen. Ihr Platz ist ἔξω τῆς παρεμβολῆς (13,13); »außerhalb des Lagers, außerhalb des Gesetzes, außerhalb des menschlichen Opferbereiches blickt sie allein auf Christus und sein Werk«[127]. Die dabei von ihr dargebrachten Gaben sind nicht mehr die Blutopferriten, sondern Lob, Bekenntnis und gute Werke (13,15.16; vgl. 6,9f)[128].

b *Die Liturgie des Neuen Bundes 9,11–14*

Literatur: Andriessen, P., Das größere und vollkommenere Zelt (Hebr 9,11), BZ 15 (1971) 76–92; *Casalini,* Dal simbolo (s. Lit. zu 9,1–10); *Fitzer,* Auch der Hebräerbrief (s. ebd.); *Grayston, K.,* Salvation Proclaimed III. Hebrews 9 11–14, ET 93 (1981/82) 164–168; *Laub,* »Ein für allemal ...«; *McGrath, J.J.,* »Through the Eternal Spirit«: An Historical Study of the Exegesis of Hebrews 9:13–14, Diss. Rome 1961; *Swetnam,* Christology and the Eucharist; *ders.,* Sacrifice and Revelation in the Epistle to the Hebrews: Observations and Surmises on Hebrews 9,26, CBQ 30 (1968) 227–234; *ders.,* »The Greater and More Perfect Tent«. A Contribution to the Discussion of Hebrews 9,11,

120 So Laub 112.

121 Käsemann, Gottesvolk 30 Anm. 6. Der καιρὸς διορθώσεως ist also mehr als nur die Zeit »der Richtigstellung, der Korrektur« (so Hegermann 176). Sachlich entspricht ihm vielmehr der καιρὸς εὐδοκίας (ψ 68,14), der καιρὸς δεκτός bzw. die ἡμέρα σωτηρίας (Jes 49,8 LXX; 2Kor 6,2). So richtig Weiß 461 Anm. 49.

122 Richtig erkannt von Calvin z.St.: »Der Ausdruck ›Zeit der Besserung‹ erklärt sich aus der Weissagung des Jeremia (31,31)« (Übers. Lauterburg 100).

123 Windisch 77 verweist auf Philo, Op 59 (χρόνος κατορθώσεως) und Jos Ap 2,183; vgl. Weiß 461 Anm. 48.

124 Weiss 219. Schon das »Ende der Tage« in 1,2 ist so gemeint. S. I 55.

125 Polemik gegen den qumranischen Versöhnungstag (Spicq, Apollos 375–377) liegt nicht vor (Braun, Qumran I 262f).

126 So v. Soden 62 und viele bis hin zu Braun 264; Hegermann 175f; Attridge 243, der den »legal sense« des Begriffes καιρὸς διορθώσεως betont: »That legal language should be used for the abrogation of a legal system is, no doubt, an intentional irony.«

127 Michel 309.

128 Vgl. Bieder, Aspekte 257.

Bib. 47 (1966) 91–106; *Vanhoye, A.*, Esprit éternel et feu du sacrifice en He 9,14, Bib. 64 (1983) 263–274; *ders.*, »Par la tente plus grande et plus parfaite. . .« (He 9,11), Bib. 46 (1965) 1–28; *Young*, The Gospel (s. Lit. zu 9,1–10).

11 **Christus aber, erschienen als Hoherpriester der wirklichen Güter,
ging durch das größere und vollkommenere Zelt, das nicht mit Händen
gemacht ist, das heißt, das nicht zu dieser Schöpfung gehört,** 12 **auch
nicht kraft des Blutes von Böcken und Kälbern, sondern kraft seines eige-
nen Blutes ein für allemal in das Heiligtum hinein und erreichte eine
ewige Erlösung.** 13 **Denn wenn schon das Blut von Böcken und Stieren
und Kuhasche, mit der die Verunreinigten besprengt werden, zur Rein-
heit des Fleisches heiligt,** 14 **um wieviel mehr wird das Blut Christi, der
kraft (des) ewigen Geistes sich selbst als untadeliges (Opfer) Gott darge-
bracht hat, unser Gewissen von toten Werken reinigen, damit (wir nun)
dem lebendigen Gott dienen.**

Analyse Unter der Überschrift Χριστὸς δέ bildet dieser Abschnitt die formale und sachliche Mitte des Hebr insgesamt[1]. »Christus aber (ist) erschienen als Hoherpriester«. Damit ist der 7,12 angezeigte »Wechsel« der ἱερωσύνη und des νόμος perfekt. Und zwar in dreifacher Hinsicht: 1. Der eschatologische Kult hat mit Christus einen *neuen Träger*, der anders als der aaronitische Hohepriester in der Kraft unzerstörbaren Lebens agiert (7,16b). 2. Der eschatologische Kult hat auch einen *neuen Ort*. Er geschieht nicht mehr am irdischen Heiligtum (9,1), sondern am himmlischen (9,12). 3. Der eschatologische Kult hat schließlich auch eine *neue Opferweise*: Nicht mehr ἀλλότριον αἷμα wird dargebracht (9,25), sondern ἴδιον αἷμα (V 12). Christus ist Priester und Opfer zugleich. Der bisher nur einmal (in 9,7) erwähnte Begriff αἷμα erscheint jetzt beinahe in jedem Vers. *Die* Liturgie des Neuen Bundes ist demnach die des Blutes Christi, d.i. sein einmaliges irdisches Opfer im Tod am Kreuz[2].

Der Aufbau des Textes ist klar: Voran steht eine thesenartige Umschreibung des Heilswerkes (propositio V 11f), auf die eine Begründung nach dem bewährten Schlußverfahren a minori ad maius folgt (expositio V 13f). Für das Verständnis wichtig ist die antithetische Parallelität zu 9,1–10, also zum Geschehen am großen Versöhnungstag Lev 16[3]: (α) Im Gegensatz zur alljährlichen Begehung des Allerheiligsten durch den irdischen Hohenpriester (V 7) ist Christi Himmelfahrt der end-gültige Eintritt ins himmlische Heiligtum und damit die eschatologische Aufhebung des Jom Kippur (V 11f). (β) Im Gegensatz zu den alttestamentlichen Gaben und Opfern (V 9) bewirkt Christi

[1] Vgl. Weiß 462.
[2] Vgl. Fitzer* 309; vgl. Vanhoye, Structure 147f; Rissi, Theologie 80f; Casalini* 76–91; bes. Laub* 76–78.
[3] Genaueres zur symétrie concentrique in V 11f, zur symétrie parallèle in V 13f und zum parallélisme antithétique zwischen 9,11–14 und 9,1–10 bei Vanhoye, Structure 149–151; noch differenzierter Dussaut, Synopse 73–83, bes. 73f.

Selbstopfer Reinigung des Gewissens von toten Werken, um dem lebendigen Gott zu dienen (V 13f). Damit erledigt sich jede Art irdischen Kultes (10,18)[4].

α Das zentrale Heilsereignis: Christi Weg ins Allerheiligste 9,11–12

Mit V 11f stehen wir im Zentrum des Hebr. Thesenartig formulieren sie die Summe seiner Theologie[5], und zwar in antithetischer Entsprechung zum Geschehen des großen Versöhnungstages. Darauf deutet das dem μέν in 9,1 korrespondierende δέ[6].

11a Das die Antithese eröffnende, betont vorangestellte Χριστός hat sachliche Bedeutung[7]: Im Vergleich der Bünde steht dem gesetzlich verfaßten Opferinstitut des Alten (7,11f) der Neue Bund nicht ebenso als *Institution* gegenüber, sondern als konkrete *Person*[8]. Darin zuletzt sieht Hebr den *qualitativen* Umschlag des ordo salutis vom νόμος ἐντολῆς σαρκίνης zur δύναμις ζωῆς ἀκαταλύτου (7,16)[9].

Ehe das Heilsereignis selbst zur Sprache kommt (V 11b.12), wird der Mittler desselben (8,6) prädiziert als παραγενόμενος ἀρχιερεὺς τῶν γενομένων ἀγαθῶν: Christus trat »als Hoherpriester für die wirklichen Güter«[10] geschichtlich in Erscheinung. Παραγίνομαι *ankommen, erscheinen, auftreten* meint also den irdischen Auftritt[11], nicht den himmlischen[12]. Der gern notierte Widerspruch zu 7,13; 8,4.6 (Jesus ist Hoherpriester seit seiner Erhöhung), gleichgültig, ob ihn der Hebr bemerkt hat oder nicht[13], ist sachlich belanglos. Denn das exegetisch gewonnene Prädikat »aufgetreten als Hoherpriester« wird gar nicht als biographisches Datum geltend gemacht (7,14!), sondern als Argument einer (spannungsvollen) Christologie, die Christus »werden« läßt (2,17; 5,9; 6,20), was er von Anfang an »war« (10,5–10). »Es gehört zur Aporie

[4] Vgl. Fitzer* 311.

[5] So Schierse, Verheißung 54; Laub* 67: »In dem Text drängt sich die ganze Hohepriester-Christologie des Hebr brennpunktartig zusammen.« Vgl. auch Graf 176; Grayston* 165; Weiß 462f; Lane II 233–235.

[6] S.o. zu 9,1 und Vanhoye, Structure 150; Casalini* 77.

[7] Für Vanhoye, Structure 237 ist dieses erste Wort allein Zentrum des ganzen Briefes, was vielleicht doch eine Überinterpretation ist. Vgl. Attridge 245 Anm. 6. Im übrigen ist Χριστός zum Beinamen geworden. Das Wissen darum, was das Wort ausdrückt, ist geschwunden (Grundmann, ThWNT IX 560).

[8] Riggenbach 256f weist ausdrücklich darauf hin.

[9] So Schierse, Verheißung 55.

[10] Übers. Braun 264.

[11] Bauer, Wb 1241 (2.) mit Hinweis auf Mt 3,1 und Lk 12,51. Daß es gleichbedeutend mit ἀνίστασθαι in 7,11.15 sei, leuchtet nicht ein (gegen Kurtz 276). – Die Papyrus-Sprachbelege bei Spicq, SBi 152f betonen das Moment des Auftretens vor dem Richter und die Rückkehr, weswegen Spicq das Wort auch auf die Rückkehr Christi an seinen angestammten himmlischen Platz deutet (153).

[12] Mit Delitzsch 377 u.a. gegen Bleek II/2 537; Weiß 464 u.a.

[13] Letzteres nimmt Braun 33 an. Tatsächlich hat sich die Frage dem Hebr gar nicht gestellt! So richtig Laub, Bekenntnis 217–219. – Zur chronologischen Aporie der Hebr-Christologie s. I 248f und ausführlich dazu den gleichnamigen Exkurs bei Braun 32f.

aller christologischen Aussage, daß sie in den Formen des Werdens beschreiben muß, was je schon ist«[14]. Jetzt jedenfalls, in Überbietung des alttestamentlichen Opferkultes, gilt unserem Verf. der sich am Kreuz in historisch-heilsrelevanter Einmaligkeit selbst opfernde Jesus (9,25f.28; 10,12) von vornherein, d.h. schon beim Kreuzestod[15], als Hoherpriester der *wirklichen* oder *zukünftigen* Güter.

Textkritik Beide Lesarten sind gut bezeugt und finden Anhänger unter den Exegeten und Übersetzern. Das von (P^{46}) B D* 1739 *pc* $sy^{(p.)h}$ gebotene γενομένων ἀγαθῶν, also die *wirklichen* oder (schon) *entstandenen Güter*, ist die schwierigere Lesart. Windisch hält sie für »unverständlich«[16]. Den größeren Anhang hat deshalb das von ℵ A D^2 I^{vid} 𝔐 lat $sy^{h\ mg}$ co gelesene μελλόντων ἀγαθῶν[17]. Trotzdem gerät diese Lesart eher unter Verdacht, sekundäre dogmatische Korrektur zu sein, als jene. Sie paßt die Vorstellung (vielleicht mit Blick auf 10,1)[18] der stark futurischen Eschatologie des Hebr an[19], wohingegen die γενόμενα ἀγαθά vom unmittelbaren Kontext mit seinem textbestimmenden Gegenüber von »Irdisch – Himmlisch« als ursprünglich nahegelegt werden: Zur »Zeit der Neuordnung« (V 10) gehört, daß die »Wirklichkeit gewordenen Güter« an die Stelle der »Schatten« (10,1) und »fleischlichen Satzungen« (9,10) getreten sind[20]. Beiden Lesarten gerecht werdend kann Erasmus erklären: Christus enim pontifex sponsor et auctor, non purificationis

[14] Schierse, Verheißung 55; vgl. Fitzer* 309. – Als Erklärung für die chronologische Unschärfe werden genannt: 1. die Zusammenschau zweier Christologien im Hebr, der Hypostasen- und der Erhöhungschristologie (z.B. Windisch 12f und Schenke, Erwägungen 427; ähnlich Laub, Bekenntnis 217: »theologische Sacheinheit« von »Erniedrigung und Erhöhung in der Anschauung vom hohepriesterlichen εἰσέρχεσθαι«); 2. ein obwaltendes, letztlich »apokalyptisch-esoterisches Entsprechungsdenken«, wonach das irdische Geschehen (z.B. der Kreuzestod) zugleich ein himmlisches ist (z.B. die Darbringung des Opferblutes 9,14.24f. So z.B. Bühner, Der Gesandte [s. Lit. zu 7,1–10] 399–401; Rissi, Theologie 81). Letzteres könnte erklären, warum chronologische Aporien auftreten, Reflexionen über Zeitpunkte sich aber dennoch erübrigen.

[15] Vgl. Laub* 83–85; Loader, Sohn 185–187.244–250.

[16] 77. Trotzdem folgen ihr in der Alten Kirche z.B. Or Cyr Oec, in der Neuzeit Westcott 255f; Zuntz, The Text 119; Metzger, Textual Commentary 668; Strobel 175f; Laub 113; Bruce 211 Anm. 68; Braun 265; Attridge 244 Anm. 1, 245; Wilson 149; Lindars, Theology 95 mit Anm. 98; Weiß 464f mit Anm. 9; Lane II 229 Anm. b.

[17] Von den Alten z.B. Eus Chr Ephr, die Reformatoren Luther (WA 57/3, 49, auch in seinen Bibelübersetzungen, WA DB 7, 364/365) und Calvin (CR 83, 109) sowie in der Neuzeit Bengel 897; de Wette 521; Bleek II/2 537f; Moffatt 120; Montefiore 151; Riggenbach 257; Michel 310; Zimmermann, Bekenntnis 189f; Hegermann 177; Casalini* 81; die EÜ und März 56. Also die übergroße Mehrzahl! – Zur Vetus Latina s. Frede, Vetus Latina (s. I 13, inzwischen komplett erschienen: Freiburg 1991), 1391–1394. – Zur Diskussion insgesamt Casalini* 78–81.

[18] B. Aland brieflich 5.8.1991. – Anders freilich Wilson 149; Weiß 464 Anm. 9.

[19] Zur Zukünftigkeit des Heils im Hebr vgl. Bultmann, Theologie 519; Rissi, Theologie 127.

[20] Bruce 212; Laub 113 und Strobel 175f; dessen Hinweis, daß »gewordene Güter« eine philonische Wendung ist (All 3,86f), hat Gewicht. Wilson 149 wirft auch das Alter und die Verschiedenheit der unsere Lesart bezeugenden Text-Typen in die Waagschale. – Zur Diskussion vgl. J.M. Bover, Las variantes μελλόντων y γενομένων en Hebr. 9,11, Bib. 32 (1951) 232–236 (er entscheidet sich für γενομένων).

corporeae, neque bonorum huius seculi, quae finem habent, sed aeternorum ac coelestium bonorum ...[21]. In der Tat: Das Substantiv, nicht das Adjektiv trägt den Ton[22].

Christus hat die wirklichen ἀγαθά vermittelt, das sind die im Alten Bund verheißenen, aber nicht realisierten Gaben der messianischen Zeit (vgl. Röm 10,15 = Zitat aus Jes 52,7; ferner Bill. III 282), die unser Verf. auch »ewige Erlösung« (9,12) und »ewiges Erbe« nennt (9,15)[23].

Nach dem Liturgen (8,2) rückt jetzt die Liturgie (8,6) ins Blickfeld. Und zwar 11b
in genauer Entsprechung und deutlicher Überbietung des Sühnegeschehens am großen Versöhnungstag (Lev 16). Die Entsprechung liegt in der Parallelität des hohepriesterlichen Tuns, also der Opferdarbringung im Allerheiligsten (V 12, vgl. mit V 7). Das Überbietende (διαφορώτερος 8,6) liegt in der qualitativen Andersartigkeit

1. des Kult*ortes* (V 11b.c, vgl. mit V 6)
2. des Kult*opfers* (V 12a.b, vgl. mit V 7b)
3. des Kult*vollzugs* (V 12c, vgl. mit V 7a)
4. der Kult*wirkung* (V 12d, vgl. mit V 9f).

(1) Zentrales Moment der Liturgie bleibt also ἡ τῶν ἁγίων ὁδός (9,8) *der* 11b.c
Weg ins Allerheiligste, allerdings auf anderer Ebene, nämlich διὰ τῆς μείζονος καὶ τελειοτέρας σκηνῆς *durch das größere und vollkommenere Zelt.* Da das himmlische Heiligtum gegenbildlich zum irdischen vorgestellt ist (8,5; 9,24), kann damit nur das »Vorzelt« gemeint sein, natürlich nicht dem Himmel, sondern dem himmlischen Debir vorgelagert, demnach im Himmel selbst (9,24) und identisch mit dem Ort, an dem der zur Rechten des Thrones erhöhte λειτουργός seines Amtes waltet, d.i. die σκηνὴ ἡ ἀληθινή (8,2)[24]. In dualistischer Wertung heißt sie μείζων *größer,* τελειότερος *vollkommener* und schließlich οὐ χειροποίητος *nicht handgemacht.* Μείζων bezeichnet weniger eine räumliche als eine seinsmäßige »Ausdehnung«[25]. Mit dem »größeren« Zelt ist eine das Irdische wesenhaft überbietende Wirklichkeit erschlossen[26].

[21] Paraphrases 965; so auch Vanhoye, Prêtres anciens 213. In diesem Sinne zwischen beiden Lesarten vermittelnd ist auch der Emendationsvorschlag von H. Sahlin, der γεννωμένων für γενομένων bietet: die »*in statu nascendi* befindlichen Güter« (NT 25 [1983] 84).

[22] Delitzsch 379.

[23] Vgl. Riggenbach 257; Michel 310; Hofius, Vorhang 66; Strobel 176; Casalini* 78.

[24] Vgl. Hofius, Vorhang 66; Rissi, Theologie 37f; Löhr, Thronversammlung 190–192. – Daß und wie »die auf Analogie angelegte himmlische Topographie in Unordnung« gerät (Braun 259 mit Hinweis auf G. Theißen, Besprechung von Hofius, Vorhang, ThLZ 99 [1974] 426–428: 427), wird kontrovers diskutiert. Während z.B. Michel die οὐρανοί von 4,14 und 7,26 als Zwischensphäre von den Himmeln in 8,1; 9,23; 12,23.25 abhebt (204f.280f.323f), lehnt Hofius, Vorhang 69 die Unterscheidung ab (vgl. auch die von ihm gezeichnete himmlische Topographie ebd. 71). Diskussionsübersichten zur umstrittenen Exegese des V 11 bei Hofius, Vorhang 50–58; Andriessen*; Feld, Hebräerbrief 82–85; Laub* 74–78.

[25] Zu vergleichen ist der joh Sprachgebrauch 1,50; 5,20; 10,29; 14,12.28; 1Joh 3,20; 4,4; 5,9. – Im messianischen Tempelwort Mt 12,6 ist Jesus selbst das »mehr«. Vgl. Schierse, Verheißung 49f.

[26] Vgl. ebd. 50.

Desgleichen bezeichnet der ebenso »metaphysisch« gemeinte Komparativ τελειότερος keine nur quantitative, sondern eine qualitative Steigerung des Inventars der irdischen Stiftshütte. Τελειότερος nimmt das ἀληθινός von 8,2 auf. »Vollendeter, vollkommener« heißt das himmlische Vorzelt, »weil in ihm das, wovon die Stiftshütte nur schattenhaftes Abbild ist, zu seiner wahren Wirklichkeit kommt«[27]. Und auch οὐ χειροποίητος bringt nur auf einen kurzen Begriff, was 8,2 gesagt war: Das wahre Zelt wurde nicht von Menschen, sondern von Gott selbst errichtet (vgl. 9,24)[28]. Dieser letzte Zusatz ist entscheidend: Der dem Debir vorgelagerte Raum, den Jesus zu durchschreiten hat[29], ist »nicht von dieser Schöpfung«, also völlig aus dem Bereich des irdisch Sichtbaren herausgehoben, der jenseitigen Welt zugehörend, wie das epexegetisch stehende τουτ᾽ ἔστιν κτλ. ausdrücklich unterstreicht[30]. Mit κτίσις bezeichnet der Hebr dualistisch die Gesamtheit des Geschaffenen im Gegensatz zu αὐτὸς ὁ οὐρανός (9,24)[31], wobei das zugefügte αὕτη die Abwertung des Diesseitigen zusätzlich unterstreicht – *diese* Schöpfung gehört zu den »erschütterbaren Dingen«, die einst den unerschütterbaren weichen müssen (12,27). Der Kultort des Hohenpriesters der wirklichen Güter muß aber auf der gleichen Ebene des Himmlisch-Wirklichen liegen, weil vom irdischen Vorzelt aus kein unmittelbarer Zugang zum himmlischen Sanctissimum führt und die τῶν ἁγίων ὁδός ein *verschlossener* Weg bleibt (9,8)[32]. Damit hat es jetzt ein Ende. Im heilseffizienten Durchschreiten des himmlischen Zeltes – vielleicht ist es der Himmel der Engel[33] oder (wenig wahrscheinlich) der

[27] Ebd. Die komparative Aussage »größer und vollkommener« will also »nicht nur eine Größenangabe von himmlisch-unvorstellbaren Dimensionen sein . . ., sondern vor allem theologischer Ausdruck wesensmäßiger Überlegenheit« (ebd. 49).

[28] Zu χειροποίητος, den biblischen (bes. Mk 14,58; Apg 7,48; 17,24; 2Kor 5,1) und außerbiblischen Belegen s. Schierse, Verheißung 42f; Bauer, Wb 1757; Lohse, ThWNT IX 425f; Braun 265f. – Philonisches bei Carpzov 409–411.

[29] In 4,14 (vgl. 6,19f; 7,26) haben wir mit dem Durchschreiten der οὐρανοί einen anderen Akzent, kein anderes Thema (s. I 245f mit Anm. 37)! Das Thema ist dort (»vertikale Reise des Erhöhten«) wie hier (horizontale Reise; vgl. Löhr, Thronversammlung 189) die Öffnung des Weges zum Thron der Gnade. Aber während dort der *Anführer* und *Vorläufer* Jesus (2,10; 6,20) als Wegbahner zum Himmel erscheint, tritt er hier als Liturg im Himmel auf, der die εἴσοδος τῶν ἁγίων (10,19) endgültig sicherstellt. Ganz gleich, wie man hier und da die religionsgeschichtlichen Parallelen zieht – zum Königsweg bei Philo und der Himmelsreise in der Gnosis (so Käsemann, Gottesvolk 45–58) oder zur Merkabah-Mystik (so Hofius, Katapausis 91–101 und Schenke, Erwägungen 433f; zur Diskussion s. Gräßer, Das wandernde Gottesvolk passim) –, das hinter der soteriologischen Konzeption des Hebr stehende Daseinsverständnis ist durch den antikosmisch-eschatologischen Dualismus geprägt (2,14f) und nicht durch die Apokalyptik (gegen Michel 312), wie u.a. die dualistische Terminologie anzeigt. Vgl. Schierse, Verheißung 35.

[30] Vgl. Schierse, Verheißung 43; Thompson, The Beginnings 106f, der zu χειροποίητος die »pejorative connotation throughout Jewish literature« betont (Lev 26,1 LXX; Jes 46,6 LXX; Weish 14,8; Sib 3,606.618). Vgl. Lohse, ThWNT IX 426; Weiß 465 Anm. 11.

[31] S. I 237 und Bauer, Wb 926 (1.b.β.).

[32] Vgl. Schierse, Verheißung 52.57 u.ö.

[33] So Andriessen* 85f. »Die Heilsbedeutung des Durchgangs durch die Himmel« (89) sieht er in folgendem: »Christus hat mit dem Durchschreiten des Himmels der Engel die-

7. Himmel gemäß apokalyptischer Vorstellung (z.B. TestLev 2f)[34] oder das im höchsten Himmel gelegene wahre Heiligtum in seiner Ganzheit[35], wohl kaum aber der Leib und die Menschheit Christi[36] oder das irdische Leben Jesu »als die absolut und unumgänglich notwendige Basis für den Eintritt in das Allerheiligste«[37] und schon gar nicht der verherrlichte Leib Christi[38] oder der eucharistische[39] – läßt der Hebr angezeigt sein, daß damit die sperrende στάσις des irdischen Vorzeltes auf-gehoben ist[40]. Die Kultbedeutung des Durchgangs durch den Himmel ist also die, daß der Gemeinde jetzt ein ungehinderter Zugang zum Thron der Gnade (4,16; 7,25; 10,22) und in ihren Versammlungen (10,25) die Vorwegnahme des eschatologischen Einzugs ins himmlische Sanctissimum (12,22f) möglich ist[41].
Entsprechend der Zweiteilung des Stiftszeltes wiederholt sich also auf höherer Ebene das Geschehen des Jom Kippur. »Oben« haben wir »ein genau entsprechendes Positiv des alttestamentlichen Schemas«: Der Hohepriester durchschreitet das Vorzelt, um ins Allerheiligste zu gelangen. »Hier kommt

sen zum Lebens- und Kultraum für alle Kinder Gottes gemacht, die er gern seine Brüder nennt (2,11; 12,17). Die Himmelsbewohner von früher (die Engel) sind die niedrigen Diener bei der Feier der uns vorbehaltenen Heilsgeheimnisse geworden. Wir leben jetzt bereits in den Himmeln, und unser Ehrendienst ist himmlische (das heißt nach Hb: wahrhaftige und unvergängliche) Liturgie: 3,1; 6,4; 8,5; 9,23« (91). Kritisch Weiß 466 Anm. 14.

34 So J. McRay, Atonement and Apocalyptic in the Book of Hebrews, RestQ 23 (1980) 1–9: 5. Zur Zählung der Himmel im Judentum vgl. Bill. III 531–533; Traub, ThWNT V 511f.

35 So Hofius, Vorhang 71. Anders Rissi, Theologie 39: Übereinander liegende Himmelssphären hätten keinen Anhalt am Text. Jesu Bewegung sei horizontal, nicht vertikal. Sympathisch Löhr, Thronversammlung 189: »Wenn der auctor ad Hebraeos hier nicht von (benannten oder numerierten) Himmelssphären spricht, so sollte man ihn beim Wort nehmen. Selbst Paulus redet hier deutlicher (2.Kor 12,2).« Ähnlich Weiß 466.

36 So durchweg die Väterexegese, z.B. Chrysostomus, PG 63, 119; Theophylact, PG 125, 305A; Oecumenius, PG 119, 376B (σκηνὴν τὸ σῶμα Χριστοῦ λέγει, διὰ τὸ ἐν αὐτῷ κατῳκηκέναι πᾶν τὸ πλήρωμα τῆς θεότητος σωματικῶς) u.a.; aber auch Calvin, CR 83, 109f; Bengel 897 u.a. Vgl. Lünemann 289, der weitere Namen und Auslegungen nennt.

37 So Schierse, Verheißung 57; ders. 81; ähnlich Laub* 82f.

38 Vanhoye*, »Par la tente« passim. Zur Kritik vgl. Andriessen* 76–83.

39 Swetnam*, »The Greater« 104; ders.*, Christology passim. – Alle Deutungen auf den Leib Christi haben gegen sich (1) die Antithese, in welche τὰ ἅγια (V 12) zu σκηνή (V 11) tritt; (2) den Zusatz ταύτης τῆς κτίσεως; (3) den Vergleichspunkt mit dem Jom Kippur: In der Liturgie des Großen Versöhnungstages, an der sich der Hebr orientiert, ereignet sich nichts, was ein Hinweis auf Christi *Leib* sein könnte. Nur das *Blut* spielt eine heilbringende Rolle, während das Fleisch der Tiere außerhalb des Lagers verbrannt wurde (13,11). Im anderen Falle wäre auch zu erwarten gewesen, daß es neben διὰ δὲ τοῦ ἰδίου αἵματος hieße: διὰ τῆς ... σκηνῆς τοῦ ἰδίου σώματος. So richtig Andriessen* 82; vgl. auch Lünemann 289. Zur Diskussion vgl. Gourgues, A la droite de Dieu 116f Anm. 95f; Laub, Bekenntnis 185–200.

40 Διά ist also lokal und nicht wie in V 12 instrumental oder polyvalent aufzufassen (gegen Vanhoye, Structure 157 Anm. 1; vgl. ders.*, »Par la tente« passim), und »die Vorstellung eines hindurchführenden Weges ist unbedingt aufrechtzuerhalten« (Schierse, Verheißung 55; vgl. Andriessen* 82f). Vgl. Grayston* 166; Weiß 465.

41 Vgl. Dahl, A New and Living Way 409; ihm folgt Hofius, Vorhang 73. Zur Diskussion vgl. N. Casalini, Ebr 9,11: La tenda più grande e più perfetta, SBFLA 36 (1986) 111–170. Er lehnt jede christologische, kosmologische und realistische Deutung ab. »Zelt« meine einfach den Ort der Gegenwart Gottes.

erst das, was in der Stiftshütte angedeutet und nicht erreicht wurde, zu seinem eigentlichen Wesen: Allerheiligstes, Vorhang und wahres Zelt.«[42] Aus der alttestamentlichen Sühnehandlung ist ein eschatologisches Kultmysterium geworden, eine grandiose kulttheologische Interpretation der Heilsbedeutung des Kreuzes[43]. Nur, es ist *nicht* die »entscheidende . . . Frage«, ob das geheimnisvolle Durchschreiten der σκηνή *vor* oder *nach* dem Kreuzestod liegt[44]. Mit allem *zusammen*, mit irdischem Leben, Kreuz und Himmelfahrt, ist Jesus der καθαρισμὸν τῶν ἁμαρτιῶν ποιησάμενος (1,3c). Karfreitag und Himmelfahrt sind als der große Versöhnungstag des Christentums zur Einheit zusammengezogen[45]. Dabei ist – ähnlich der johanneischen Christologie (z.B. Joh 3,14; 12,23; 13,31f) – auch im Hebr das Kreuz *gleichzeitig* ein himmlisches Geschehen, das christologisch »den irdisch Gehorsamen mit dem himmlisch Inthronisierten« verbindet (5,8f)[46]. Die Zerlegung des synchronen Vorgangs in einen diachronen Ablauf – hier: irdischer Tod, Durchschreiten der Himmel, Darbringung des Blutes im Allerheiligsten – stellt lediglich eine Explikation des letztlich in apokalyptischem Entsprechungsdenken wurzelnden Grundsatzes der Verschränkung von irdischem und himmlischem Geschehen dar[47].

12a (2) *Das Kultopfer.* Am Großen Versöhnungstag nahm Aaron, der kultische Repräsentant Israels, mittels des Blutes seines eigenen Sündopferstiers (פַּר הַחַטָּאת, LXX: μόσχος ὁ περὶ τῆς ἁμαρτίας, Lev 16,11)[48] und mittels des Blutes des Sündopferbockes des Volkes (שְׂעִיר הַחַטָּאת, LXX: χίμαρος ὁ περὶ τῆς ἁμαρτίας, Lev 16,15) die Entsühnung von Priesterschaft und Volk an der כַּפֹּרֶת im Allerheiligsten vor (Lev 16,2f.14f; vgl. Yom 61a)[49]. Dieses Ritual sieht der Hebr dadurch überboten, daß Jesus nicht fremdes Leben (ἀλλότριον αἷμα 9,25), sondern das eigene (ἴδιον αἷμα) opfert. Priester und Opfer sind eins! Mit dieser unerhörten »Einzigartigkeit«[50] legt er die Heilsbedeutung des Kreuzes kulttypologisch neu aus, und zwar in Fortsetzung urchristlicher Ansätze[51]. Am Yom Kippur wurde die Sühnung nicht eigentlich durch die Tötung des Opfertieres bewirkt, sondern durch die Blutapplikation, d.i. die

[42] Schierse, Verheißung 52.

[43] So Laub* passim; vgl. Schierse, Verheißung 34.

[44] Gegen Schierse, Verheißung 56.

[45] Vgl. Michel 309, dem Käsemann, Gottesvolk 148 folgt.

[46] Vgl. Bühner, Der Gesandte (s. Lit. zu 7,1–10) 399f. Wegen dieser Gleichzeitigkeit tritt die Auferstehung ganz zurück (nur 13,20).

[47] Vgl. ebd. 399. Anders J. Jeremias, Zwischen Karfreitag und Ostern, ZNW 42 (1949) 194–201: 201; ihm folgt Hofius, Christushymnus 85 Anm. 42. Beide sehen eine Ascensio-Vorstellung bei der Verbindung von irdischem Kreuz und himmlischer Vollendung am Werk, in der die Auferstehung wichtig bleibt.

[48] Vgl. Beyse, ThWAT VI 725–731.

[49] Vgl. Bill. III 174–178; Janowski, Sühne 265–276.361. Der Begriff »Sündopfer« ist nicht unumstritten. Besser: »Reinigungsopfer«. Vgl. Löhr, Umkehr 26 Anm. 95.

[50] Strobel 173.

[51] Vgl. Röm 3,25; 8,3; 2Kor 5,19a.b.21; Mk 10,45; 14,22–25parr; Apg 20,28; Eph 1,7; 5,2; 1Petr 1,18f; Offb 1,5. – Lohse, Märtyrer 138–141.179–182; M. Hengel, The Atonement, London 1981; H. Merklein, Studien zu Jesus und Paulus, 1987 (WUNT 43), 1–106; C. Breytenbach, Versöhnung. Eine Studie zur paulinischen Soteriologie, 1989 (WMANT 60), bes. 187–192. – Zum Diskussionstand s. J. Becker, Die neutestamentliche Rede vom Sühnetod Jesu, ZThK.B 8 (1991) 29–49.

Übereignung des geopferten Lebens an Gott. Indem der Hebr das verkürzt aufnimmt (ohne das Hinsprengen des Blutes an den Altar, vgl. 9,24f)[52], zeigt er an, daß nicht die Substanz des Blutes, sondern allein die Tatsache der Lebenshingabe Jesu für ihn theologisch von Belang ist[53]. Blut steht auch sonst für »Tod« (z.B. Gen 37,22; Num 35,33; Jes 59,7; Ez 5,17 u.ö.; äthHen 89,54; TestSim 4,8 u.ö.) und dessen Sühnkraft (vgl. 4Makk 6,29; 17,22; ySan 30c,28)[54]. Der Begriff geht nicht auf eine Ausmalung des im wesentlichen unblutigen Kreuztodes zurück. Sondern »Blut Christi« will hier wie im sonstigen Neuen Testament nichts anderes bezeichnen als den Tod Christi in seiner Heilsbedeutung (vgl. 9,14 mit V 15 und 9,16f mit V 18)[55].

Daß Blut imstande ist, ein gestörtes Gemeinschaftsverhältnis zwischen der Gottheit und ihren Verehrern wiederherzustellen, ist eine gemeinantike Vorstellung[56]. Die als konstitutiv gedachte Beziehung des Blutes zum Leben – Blutverlust bedeutet Lebensentzug, Blutzufuhr Lebensmehrung – spielt dabei eine entscheidende Rolle. Daraus schließt man, »daß im Blut das Leben selbst präsent« ist (Lev 17,11)[57]. Das entbindet eine gleichsam »homöopathische« Logik (Blut sühnt Blut, z.B. Philo, SpecLeg 3,150: αἵματι γὰρ αἷμα καθαίρεται), für die ein »allopathisches Pharmakon nicht in Betracht kommt«. Ein solches zu fordern käme der »Selbstaufgabe« gleich, denn diese Forderung nähme jenen Schluß aus Lev 17,11 nicht ernst: ἡ γὰρ ψυχὴ πάσης σαρκὸς αἷμα αὐτοῦ ἐστιν ... τὸ γὰρ αἷμα αὐτοῦ ἀντὶ τῆς ψυχῆς ἐξιλάσεται[58]. Das erklärt die in vielfältigen Formen praktizierten Blutopfer, sei es in Ägypten[59], bei den frühen Griechen[60], in den späteren Myste-

52 Ob der Hebr überhaupt einen Altar im himmlischen Debir annimmt? Wohl kaum. Vgl. Löhr, Thronversammlung 194f.

53 So Lohse, Märtyrer 174; vgl. Riggenbach 260f Anm. 19; Bruce 213f; Hegermann 179; Weiß 467.

54 Vgl. Lohse, Märtyrer 106f; L. Morris, The Biblical Use of the Term »Blood«, JThSt 3 (1952) 216–227; 6 (1955) 77–82; Laub, Bekenntnis 196f.

55 So Behm, ThWNT I 173; ihm folgt Lohse, Märtyrer 138. Vgl. auch Riggenbach 260; Laub 117–119. – Zur Sühnevorstellung, ihrer Entstehung und Entwicklung bis hin zu Qumran und Urchristentum, ihrer Wirkungsgeschichte und heutigen theologischen Rezipierbarkeit s. den Exkurs »Zum Verständnis der Sühne-Vorstellung« bei Wilckens, Röm I, EKK VI/1 233–243.

56 S. zu 9,7 und Windisch 82–85; Braun 256–258; J.H. Waszink, Art. Blut, RAC 2, 459–473. Zu demselben Stichwort auch RGG$^{1-3}$ und TRE 6 (Lit.!).

57 H. Wißmann, Art. Blut I. Religionsgeschichtlich, TRE 6, 727–729: 727,44. – Zur Gleichung Blut = Leben vgl. noch Gen 9,4 LXX; Jub 6,7; Philo, SpecLeg 4,122f; Det 91f (Blut = Substanz der Lebenskraft, im Anschluß an Gen 4,10 und Lev 17,11); Her 56f; Jos Ant 1,102; 3,260.

58 J.-P. Jörns, Der Sühnetod Jesu Christi in Frömmigkeit und Predigt, ZThK.B 8 (1991) 74.

59 Z.B. die dortigen Stieropfer. Vgl. Mitteis-Wilcken I Nr. 87–89.

60 Zu den Opferarten vgl. M.P. Nilsson, Geschichte der griechischen Religion I, 1941 (HAW V/2,1), 121–146. – Bei dem Toten-, dem Eid- wie dem Speiseopfer war das Tieropfer (neben dem gelegentlichen Menschenopfer; vgl. neben dem Mythos von der Opferung der Iphigeneia in Aulis oder dem Opfertod des Menoikeus vor allem Apollod. 3,13,7; Herodot. 7,39) die vornehmste religiöse Handlung. Das Dictum des Heraklit (s.o. S. 129 Anm. 13; vgl. auch Schol. Plat. Minos 315C: ὅσαι τοὺς ἐναγεῖς καθαίρουσιν αἷμα ἐπιχεύουσαι τοῦ ἱερείου) dürfte sich »gegen einen allgemein üblichen Brauch gewandt« haben (Nilsson, ebd. 96). Das übliche Reinigungsopfer war ein kleines Ferkel, oft auch ein Hund, also ein besonders billiges oder verachtetes Tier (vgl. Plut Quaest Rom 68, 280B; Theophr Char 16). Vgl. Nilsson, ebd. 80–100,

rienkulten[61] und im jüdischen Kult[62]. Der Religionskundler unterscheidet bei den »Verwendungsweisen des Blutes in Kult und Aberglaube« vier Momente: »a) die energetische, stärkende Verwendung des B.; b) die kathartisch-apotropäische, wonach entweder das vorhandene Böse fortgeschafft oder künftigem Übel vorgebeugt wird; c) die sakramentale, wonach man entweder durch Aufnahme des B. die eigene Kraft zu erhöhen sucht oder sich mit anderen Kräften (mit der Gottheit oder mit anderen Menschen) vereint; d) die analogische, die zu magischen Zwangshandlungen führt«[63]. Dem nach der Überlieferung (Jub 6,1f) von Noah eingeführten Blutopfer im *jüdischen Kult* wird vor allem kathartisch-apotropäische Wirkung zugeschrieben. Man denke nur an die lustrierende Besprengung von Heiligtum, Altar und Vorhang (Ex 29,20f; Lev 3,2.8.13; 4,6; 16,15–19; 17,6.11; Num 19,4), die Reinigung nach Aussatz (Lev 14,4–7.14.49–52), die Priesterweihe (Ex 29,20f; Lev 8,23f) und die lebensrettende Blutpraktik des Passa (Ex 12,7.13.22f). Ungeachtet »aufgeklärter« Kritik[64] übernehmen Frühjudentum und NT diese Auffassungen mit nur unwesentlichen Modifikationen[65]. Indes läuft nebenher die bereits im AT anhebende Spiritualisierung der Blut- und Opferriten (»Gehorsam ist besser als Opfer«, 1Sam 15,22; vgl. Hos 6,6; Mi 6,6–8 u.ö.; Mt 9,13; 12,7; Hebr 10,5–7): »An die Stelle magisch-kultischer Praktik tritt die ethische Läuterung der Gesinnung«[66]. Die Qumraniten ersetzten nicht ohne Not (Trennung vom Tempel!) das kultische Opfer durch Gesetzeswerke, rechten Wandel und Lob-

bes. 94–97. Weiteres Material bei W. Fauth, Art. Opfer, KP 4, 307–310 (Lit.!); Windisch 82; Braun 256; Thompson, Hebrews 9 (s. Lit. zu 9,1–10). – Zur Sache vgl. noch W. Burkert, Homo Necans. Interpretationen altgriechischer Opferriten und Mythen, 1972 (RVV 32); R.K. Yerkes, Sacrifice in Greek and Roman Religions and Early Judaism, New York 1952; W. Burkert, Art. Griechische Religion, TRE 14, 235–253 (Lit.!).

61 Vgl. das als Weiheritus am Priester vollzogene Taurobolium Prud Perist X 1011–1048 (CChr.SL 126, 365f; Übers. bei J. Leipoldt / W. Grundmann, Umwelt des Urchristentums II, Berlin 1967, 90f). Weiteres bei M.P. Nilsson, Geschichte der griechischen Religion II, 1950 (HAW V/2,2), 624–627. – Vgl. auch den berühmt gewordenen Hexameter aus dem Mithräum von Santa Prisca: et nos servatio ... sanguine fuso (*und du rettest uns ... durch vergossenes Blut*). Vielleicht hat das fehlende Wort aeternali gelautet (»ewiges Blut«)? Vgl. W. Burkert, Antike Mysterien. Funktionen und Gehalt, München 1990, 94; H.D. Betz, The Mithras Inscriptions of Santa Prisca and the New Testament, NT 10 (1968) 62–80: 77f.

62 Vgl. nur Lev 16 und dazu Jub 6; Yom 5a.61a; Men 5b; auch Philo, SpecLeg 3,150. – Zum Blutopfer in anderen Kulturen und im Aberglauben s. die in Anm. 60 und zu 9,7 genannte Literatur.

63 Waszink (s. Anm. 56) 459.

64 Z.B. Diog L 6,42: »Er sah jemanden, der sich mit Wasser ringsum religiös reinigte, und sagte dazu: ›Du Unglückseliger, weißt du nicht, daß du durch eine solche Reinigung weder von den Sünden in der Grammatik freikommen kannst noch von denen im Leben?‹« (zit. nach Berger/Colpe, Textbuch 305). Auch Philo kann die nur äußerliche Reinigung kritisieren: »Und dazu noch säubern sie zwar ihren Körper durch Bäder und Reinigungsmittel, die Leidenschaften der Seele aber wegzuschaffen, durch die ihr Leben beschmutzt wird, haben sie weder den Willen noch das Bestreben. Und weißgekleidet, mit fleckenlosen Gewändern angetan, eilen sie, in die Tempel zu kommen, aber auch ihre sündenbefleckte Seele scheuen sie sich nicht in das Allerheiligste hineinzubringen« (Cher 95, zit. nach ebd.). Der Hebr nimmt (mit anderer Begründung) diese Kritik auf. Vgl. Thompson (s. Anm. 60).

65 O. Böcher, Art. Blut II. Biblische und frühjüdische Auffassungen, TRE 6, 729–736 (Lit.!).

66 Ebd. 734,54f und die Belege 735,1–6: Aus der siebenfältigen Blutrache für Kain (Gen 4,15.24a) wird die siebenmalige (Lk 17,4) bzw. siebzigmal siebenmalige Vergebung (Mt 18,22). Und die Taufe wird zur »Todestaufe« für den sündigen »alten Menschen« (Röm 6,4.8; Kol 2,20; 3,3; vgl. Gal 2,19); zur Spiritualisierung vgl. auch Wenschkewitz passim.

preis (4QFlor 1,6f; 1QS 3,4–12; 8,3f; 9,4f; CD 11,20 u.ö.)[67]. Etwas davon findet sich auch im Hebr (10,5–10; 13,12–17), freilich mit anderer Begründung: Durch die »Darbringung des Leibes Jesu Christi ein für allemal« (10,10; vgl. 7,27; 9,12; 10,1.5) ist »das erste«, nämlich der irdische Opferkult, für immer aufgehoben und »das zweite« aufgerichtet (10,9), d.i. der opferfreie Gottesdienst (13,15f) als Beteiligung am himmlischen Kultmysterium (12,22–24)[68].

Der Hebr akzeptiert den sog. Blutkanon: »Ohne Blutvergießen geschieht kei- 12b
ne Vergebung« (9,22b). Indes zeigt der formale Widerspruch, in dem sich 9,22 zu 10,4 befindet, daß er ihn in einem anderen Sinne versteht, nämlich direkt auf den geschichtlichen Kreuzestod Christi bezogen und nicht auf eine davon abgelöste Opferhandlung nach der Himmelfahrt[69]. Was diesen Eindruck erweckt, nämlich die Darbringung des Blutes im himmlischen Heiligtum (9,12.24f), hebt lediglich die unbedingte Überlegenheit des Heilstodes über die durch das Opferblut geleistete alttestamentliche Sühne hervor[70]. Diese überlegene Sühnehandlung vollzieht sich nicht δι᾽ αἵματος τράγων καὶ μόσχων, sondern διὰ ... τοῦ ἰδίου αἵματος. Der Hebr schreibt sehr mit Bedacht[71] διά *mittels, kraft*[72] und nicht ἐν αἵματι (so 9,25 im Blick auf das »fremde Blut«) oder μετὰ αἵματος (vgl. 10,22)[73] und vermeidet so das Mißverständnis, als sei neben dem Heilsmittler ein davon zu unterscheidendes Heilsmittel im Spiel. Nein, nur der Typus fordert, daß Jesus nicht ohne Blut das himmlische Sanctissimum betritt (8,3: das dortige τι wird durch ἴδιον αἷμα konkretisiert)[74]. In der Sache aber ist gemeint, daß Jesus *mittels* seines Blutes, d.i. die stellvertretende Lebenshingabe, das Allerheiligste (τὰ ἅγια) betritt und damit

[67] Vgl. Klinzing, Die Umdeutung 93–106; Böcher, TRE 6, 733,1–6.

[68] Vgl. Fitzer* 318f; Dibelius, Der himmlische Kultus 174–176: Der Hebr »redet vom christlichen Gottesdienst wie ein alter Kalvinist oder Methodist« (ebd. 174). Vgl. Schröger, Gottesdienst passim.

[69] Richtig Lohse, Märtyrer 175 und sehr überzeugend in dieser Richtung Laub* passim.

[70] Vgl. Lohse, Märtyrer 174f.

[71] Vgl. Bruce 213.

[72] Beide διά m. Gen. in V 12 sind instrumental; vgl. Hofius, Vorhang 67 mit Anm. 110; Lindars, Theology 94 und viele Kommentatoren (z.B. Delitzsch, Westcott, Riggenbach, Michel, Laub, Montefiore, Kuß, Hegermann, Bruce, Weiß). Weil 9,7 aufgegriffen wird, plädiert eine große Anzahl von Exegeten für die Übersetzung »mit« als die bei weitem natürlichste (z.B. Windisch, Spicq, Wilson, Attridge, Cody, Heavenly Sanctuary 170; Andriessen* 82; Loader, Sohn 167 mit Anm. 23 und auch die EÜ).

[73] Das hat zu absonderlichen Auffassungen vom materiellen bzw. verklärten Blut Christi geführt (vgl. Delitzsch 387–393). Z.B. bei Thomas v. Aquin, STh III 54,3: Das vergossene Blut sei wieder in den Leib aufgenommen worden. Oder bei Bengel in einem Exkurs zu 12,24: »Zur Zeit des Eingangs oder der Himmelfahrt hatte Christus ein vom Leibe abgesondertes Blut. Der Leib war ohne Blut; aber dennoch nicht entseelt, sondern lebendig« (Übers. Werner 696). Oder Delitzsch 392: Im Leichnam verbliebene Blutreste sicherten die Identität mit dem dargebrachten verklärten Blut. – Alles das erledigt sich, wenn beachtet wird, daß unter dem Bild des Blutes Christi nichts anderes als sein Tod verstanden wird; vgl. Riggenbach 260f Anm. 19; Schlatter 350.

[74] Vgl. v. Soden 63.

die παρρησία εἰς τὴν εἴσοδον τῶν ἁγίων (10,19) ein für allemal (ἐφάπαξ) sicherstellt.
Dem hohepriesterlichen Tun am Jom Kippur steht also das des Karfreitag gegenbildlich gegenüber. Jenes ist von »schattenhaft-abbildlicher«, dieses von »wesenhaft-urbildlicher« Geltung[75]. Das ergibt sich aus der dualistisch formulierten Wertung: Dem Phänomen der Vielheit (Blut von Bökken und Jungstieren)[76] und Mannigfaltigkeit (κατ᾽ ἐνιαυτόν 9,25; 10,1.3) »als dem Symbol der Minderwertigkeit und Vergänglichkeit« *dort* steht das Phänomen der Einheit (ἴδιον αἷμα) und Einzigkeit (ἐφάπαξ 7,27; 9,12; 10,10) »als Sinnbild der Vollkommenheit, Wahrheit und Ewigkeit« *hier* gegenüber[77]. Entsprechend anders ist die Wirkung: καθαρότης τῆς σαρκός dort (9,14), αἰωνία λύτρωσις hier (9,12d). Daß das ἴδιον αἷμα (auch 13,12; vgl. Apg 20,28; Eph 1,7; Kol 1,20) gegenüber dem ἀλλότριον αἷμα (9,12) diese *eschatologische* Sühnkraft hat, liegt also nicht[78] an der überlegenen ethischen Persönlichkeit Jesu[79]. Vielmehr ist das »Leben«, durch welches das Blut sühnt (Lev 17,11) – Grundsatz jeder Sühnetheologie –, im Falle Jesu die δύναμις ζωῆς ἀκαταλύτου (7,16b) im Gegenüber zum Leben der Tiere, das nur gemäß dem νόμος ἐντολῆς σαρκίνης geopfert werden kann und deshalb unfähig ist, Sünden wegzunehmen (10,4). Christus aber hat in der Kraft unzerstörbaren Lebens den Tod für alle geschmeckt (2,9) und so διὰ τοῦ θανάτου ... τὸν τὸ κράτος ἔχοντα τοῦ θανάτου vernichtet (2,14b). *Dieses* »Opfer« weist über den Tod hinaus[80]. Wie immer im Neuen Testament gehören also auch hier Kreuz und Auferstehung zusammen – »im Unterschied zum kultischen Sühnopfer, bei dem allein im Tod des Tieres die Pointe der Heilshandlung liegt«[81]. Der Hebr kreiert oder etabliert also in keiner Weise eine »Opfertodtheologie«, sei es als satisfactio, sei es als Gnädigmachung der Gottheit von seiten der Menschen[82]. Sondern er legt die Heilsbedeutung des Kreuzes aus, indem er das Bild vom Hohenpriester Christus Interpretation des zentralen Leitverses

[75] Kurtz 279.

[76] Das sind keine »inexact reminiscences« an den Großen Versöhnungstag, an dem ein Jungstier (Lev 16,11) und ein Ziegenbock (Lev 16,15) zum Reinigungsopfer, ein weiterer Ziegenbock für den Asaselritus (Lev 16,8.20–22) sowie zwei Widder zum Brandopfer (Lev 16,24) verwendet wurden, sondern bewußte Variationen (gegen Attridge 248).

[77] Th. Lohmann, Zur Heilsgeschichte des Hebräerbriefes, OLZ 79 (1984) 117–125: 119 mit Verweis auch auf 7,27; 9,6.25; 10,1.5f.11–14 u.a.; vgl. auch Windisch 90f und Lohse, Märtyrer 173.175f.

[78] Auch 9,14 nicht! S. dort.

[79] Beliebter Gedanke in der älteren Exegese, vgl. z.B. Kurtz 162f, aber auch noch Riggenbach 265 (»sittliche ... Selbsthingabe«) und Lohse, Märtyrer 173 Anm. 5. – Ob der Tod des Gerechten (das Material bei Lohse, Märtyrer 78–87) und die Heilkraft des Märtyrerblutes hereinspielen (z. B. 4Makk 17,22 u.ö.; vgl. Bill. II 279.281f und Lohse, Märtyrer 66–78), ist für den Hebr sehr fraglich.

[80] So Braun 269.

[81] Becker (s.o. Anm. 51) 45. Ihm folgt Jörns (s.o. Anm. 58) 90.

[82] So bes. Fitzer*.

1,3c sein läßt: καθαρισμὸν τῶν ἁμαρτιῶν ποιησάμενος. Damit ist klar, daß der im Sohn eschatologisch handelnde *Gott* die Versöhnung stiftet[83].

(3) *Der Kultvollzug.* Χριστὸς δὲ ... εἰσῆλθεν ἐφάπαξ εἰς τὰ ἅγια. Dieser grammatische Hauptsatz ist zugleich auch die Haupt-Sache, denn er formuliert »das eigentliche Anliegen des Heilsgeschehens«[84]. Das εἰσελθεῖν hat Jesus endgültig zum δυνάμενος κατὰ συνείδησιν τελειῶσαι τὸν λατρεύοντα qualifiziert (vgl. V 9c) und damit zum Annihilator der schwachen und nutzlosen alten Ordnung (vgl. 7,18). Kultvollzug 12c

Das eine geprägte Formulierung aufgreifende ἐφάπαξ (neben 7,27; 9,26.27.28 und 10,10 vgl. noch Röm 6,10; 1Petr 3,18) steht vor dem Hintergrund des καθ᾽ ἡμέραν (7,27; 10,11), des πολλάκις (9,25) und vor allem des κατ᾽ ἐνιαυτόν (10,1.3), betont also das *einmal* im Sinne von *ein für allemal*[85]. Es kritisiert nicht nur die wertlose Vielheit, es liquidiert sie. Ja, es »richtet sich gegen jeden antiken Kult, gegen das ganze kultische Wesen: es bedarf dessen nicht mehr! Wo Sündenvergebung ist, braucht es keine Sündenopfer mehr (10,18); wo sich der Eintritt in den Himmel selbst vollzieht, ist es nicht mehr nötig, in sein irdisches Abbild einzugehen (9,24)«[86]. Ἐφάπαξ und αἰωνία λύτρωσις entsprechen sich also gegenseitig: Eine end-gültige Erlösung macht eine Wiederholung des Eintritts Christi ins himmlische Sanctissimum überflüssig.

(4) *Die Kultwirkung* wird durch die abschließende Partizipialwendung formuliert: αἰωνίαν λύτρωσιν εὑράμενος[87]. In der Sache wird damit 7,25 wiederholt: Jesus »kann für immer diejenigen retten, die durch ihn zu Gott hintreten, da er immerdar lebt, um für sie einzutreten«. Die »ewige Erlösung« meint also nicht so sehr das immerwährende Heil im Jenseits. Sondern im Zusammenhang der Diastase »irdisch/himmlisch« ist αἰώνιος dem εἰς τὸ παντελές (7,25) gleich: eine vollkommene, wirkliche, bleibende Erlösung, gemessen weniger nach der Zeit (Erlösung ohne Ende)[88] als nach der Qualität (Erlösung ein für allemal)[89]. Es dürfte sich um einen aus der Liturgie herrührenden und an das λύτρον-Wort (Mk 10,45par) erinnernden Satz handeln[90]: Christus ist »einmal (als Opfer) dargebracht worden, die Sünden vieler zu tragen« (9,28, Kultwirkung 12d

83 Vgl. Lohse, Märtyrer 178, der mit Hinweis auf 9,27f und 9,15 ganz mit Recht die paränetische Absicht der Kulttheologie betont: Es geht um Stärkung des Glaubensmutes (ebd. 175f.177 Anm. 7 u. bes. 181f).

84 Schierse, Verheißung 34.

85 Anders Seeberg 101: »Mit einem Mal«. Kaum! – S. I 347f mit Anm. 10.

86 Dibelius, Der himmlische Kultus 173. Vgl. auch Fitzer* 311.

87 Vgl. Casalini* 87–91. Eine Ergänzung durch ἡμῖν ist erwägenswert: Jesus hat eine Erlösung gefunden »für uns, zu unseren Gunsten«. Vgl. Windisch 78; Weiß 468 Anm. 18. Dahinter steht Jes 45,17: Gott wirkt die »ewige Erlösung« für sein Volk. Zur Auslegung im Frühjudentum vgl. Bill. III 741.

88 So Bauer, Wb 54 (3.). Vgl. Bengel 898: »Nicht nur auf einen Tag oder ein Jahr« (Übers. Werner 658).

89 So Laub 121; vgl. Lünemann 290; Delitzsch 387 und Weiß 468, die die Korrespondenz von ἐφάπαξ und αἰώνιος ausdrücklich betonen. – Zum Begriff »ewige Erlösung« in jüdischen Quellen s. pal. Tg. zu Gen 48,18; 1QM 1,12; 15,1; 18,11; vgl. Dan 9,24. S. Attridge 249 Anm. 63.

90 Vgl. Lohse, Märtyrer 113–192, bes. 180; Attridge 249.

Anspielung auf Jes 53,12)[91]. Λύτρωσις *Auslösung, Erlösung* (hebr. פְּדוּת Ps 111,9; 130,7; vgl. 1QM 1,12; 14,5[92]) ist in den Papyri t.t. des Rechts- und Geschäftslebens[93]. In der biblischen Gräzität ist das Wort selten (11mal LXX, 3mal NT). Es gehört ebensowenig wie das Kompositum ἀπολύτρωσις – beides sind ausgesprochene Lukas-Worte (Lk 1,68; 2,38; 21,28; dazu das Verb λυτροῦσθαι Lk 24,21 und λυτρωτής Apg 7,35)[94] – zu den Hauptbegriffen der Heilsverkündigung[95]. Von den drei Vorkommen gehen zwei auf die Erlösung aus Bedrängnis (Lk 1,68; 2,38) und nur Hebr 9,12d auf die Befreiung von der Sündenschuld[96]. Das dafür geleistete λύτρον ist Jesu Blut (= Tod, 9,15; vgl. 1Petr 1,19; Eph 1,7; Kol 1,14; Tit 2,14; 1Tim 2,5f; Mk 10,45 par Mt 20,28)[97]. Und immer ist es der die Sünde strafende Gott (Hebr 10,30), dem die Lösung geleistet wird, nicht etwa der Satan[98].

Christus, der Hohepriester der wirklichen Güter, hat die Befreiung von der Sündenschuld *erlangt* (εὑρίσκειν). In dieser Bedeutung gebrauchen die Attiker das Medium, das im Neuen Testament und bei den Apostolischen Vätern in diesem Sinne nur hier vorkommt (Hebr 4,16; 12,17 und sonst im Neuen Testament steht das Aktiv)[99]. Es behält diese Wortbedeutung auch dann, »wenn der erreichte Gewinn nicht der eigenen Person zugute kommt«[100]. Denn natürlich hat Christus die ewige Erlösung nicht für sich selbst verschafft, »sondern für sein Volk«. Denn als »Sündloser« hatte er sie gar nicht nötig[101]. Εὑράμενος ist neben εἰσῆλθεν jedenfalls keine zweite, sondern ein und dieselbe Aktion[102].

[91] Daß die dem ältesten Kerygma angehörende Formel ὑπὲρ τῶν ἁμαρτιῶν im Hebr nur auf die sühnende Darbringung der Opfer Anwendung findet (5,1; 7,27; 10,12), bemerkt Lohse, Märtyrer 180. – Zur Traditionsgeschichte s. einerseits L. Goppelt, Versöhnung durch Christus, in: ders., Christologie und Ethik. Aufsätze zum Neuen Testament, Göttingen 1968, 147–164, andererseits D. Lührmann, Rechtfertigung und Versöhnung. Zur Geschichte der paulinischen Tradition, ZThK 67 (1970) 437–452 (bezieht auch Hebr 9,11–15 mit ein), ferner J. Roloff, Anfänge der soteriologischen Deutung des Todes Jesu (Mk. X.45 und Lk. XXII.27), NTS 19 (1972/73) 38–64 (= ders., Exegetische Verantwortung in der Kirche. Aufsätze, Göttingen 1990, 117–143).

[92] Vgl. Stamm, THAT 2, 389–406; s. auch Cazelles, ThWAT VI 514–522 (Lit.!). Urdatum der Erlösung im AT ist die Herausführung aus Ägypten (Dtn 7,8; 9,26; 13,6; 15,15 u.ö.).

[93] Vgl. Moult-Mill 383; Spicq, Notes III 429–435, bes. 433f.

[94] Vgl. Delitzsch 385.

[95] Vgl. Büchsel, ThWNT IV 358.

[96] Der Befund beim Verb und beim Kompositum ἀπολύτρωσις ist ähnlich. (Cremer-Kögel, Wb 704–707); vgl. P. Vielhauer, Art. Erlösung III. Im NT, RGG^3 2, 588–590; C. Andresen, Art. Erlösung, RAC 6, 54–219.

[97] Vgl. B. Janowski, Auslösung des verwirkten Lebens. Zur Geschichte und Struktur der biblischen Lösegeldvorstellung, ZThK 79 (1982) 25–59.

[98] Mit Delitzsch 385–387 gegen viele Alte, z.B. Orig Comm in Mt, GCS 40, 498.

[99] BDR § 310,1; Bauer, Wb 659 (3.); Preisker, ThWNT II 767f.

[100] Riggenbach 262 Anm. 20 mit Verweis auf Jos Vit 14.

[101] Oecumenius, PG 119, 376C. Anders Bengel 898, der Hiob 33,24 hier erfüllt sieht!

[102] So Delitzsch 384; Spicq II 257 mit Hinweis auf 2,10. Anders z.B. Kurtz 279: Christus erwarb die ewige Erlösung für sich bereits durch seinen Tod (vgl. V 15), das »Eingehen« macht sie gültig und verbürgt sie auch uns. Ähnlich Lünemann 290 u.a.

Bengel betont die *inventionis novitas et festivitas* sowie »den Eifer, die Weisheit, die Treue des Erfinders. Der Zugang zum Vater ist dem Herrn Christo sauer geworden, 5,7. Es war der Weg des Lebens, den vor Ihm noch Keiner betreten hatte, Apg. 2,28. Joh. 3,13. Es konnte nicht anders seyn, Christus mußte *finden*, aber es war auch ein schweres Suchen«[103].

β *Das überlegene Opfer 9,13–14*

Den Beweis für die Behauptung in V 11f – γάρ begründet die αἰωνία 13.14
λύτρωσις V 12d[104] – führt der Hebr wie sonst oft mit einem Schluß *a minori ad majus*: Wenn schon Tierblut und Kuhasche die Reinigung der σάρξ bewirken, wieviel mehr das Blut Christi die Reinigung der συνείδησις. Jetzt rücken also die Nutznießer des Kultgeschehens in den Blick und damit die Frage, wie die Sühnewirkung auf die Gemeinde übertragen wird. Die Antwort lautet – kultterminologisch –: durch Besprengung mit Blut[105]. Erst in 10,22 wird vollends deutlich werden, daß der Verf. damit zu einer kulttheologischen Interpretation des Taufgeschehens ansetzt[106].

Im V 12a genannten Tierpaar werden jetzt – wohl in freier Variation und viel- 13
leicht »zur scharfen Unterscheidung von der hier nachgetragenen Kuh«[107] – die jungen Stiere (μόσχοι) ersetzt durch ausgewachsene (ταῦροι), die die LXX (1Esr 6,28 [29]; 7,7 u.ö.; Jes 1,11), aber auch andere Texte (Ditt Syll^3 589,7 u.ö.; Arrian, Anab 1,11,6; Philo, Prob 102; Fug 186; Jos Ant 13,242; Diod S 16,91,3; Apg 14,13; Barn 2,5) als Opfertiere kennen[108]. Daß der Hebr geringschätzig davon redet, kann man sagen[109]. Noch mehr wird das von der Kuhasche (Num 19) gelten[110], von der jetzt zusätzlich die Rede ist – ob spontan durch den Verf.[111] oder vorgegebener Verbindung folgend[112], muß mangels eindeutiger Belege offenbleiben. Daß nach späteren Traditionen die Besprengung mit

[103] 898 (Übers. Werner 658); ähnlich v. Soden 63.

[104] Vgl. Bengel 898; Braun 267; Casalini* 153.

[105] Kultische Sprengungen (mit kultisch qualifiziertem Wasser, Öl oder Blut) wurden in verschiedenen Arten (Konsekration der versprengten Flüssigkeit oder Reinigung bzw. Weihe des besprengten Objektes) und zu verschiedenen Gelegenheiten (Leichenunreinheit, Aussatz, Priesterweihe, Sündopfer, Versöhnungstag, Bundesschluß) vorgenommen. Vgl. Hunzinger, ThWNT VI 976–984, hier 979.

[106] Hunzinger, ebd. 984,23–42 Theißen, Untersuchungen 74 liest eine Abwertung des Taufsakramentes aus unserem Text heraus: Es sei »vorläufige, fragwürdige, nur sarkische Entsprechung« des himmlischen Kultmysteriums (= Gewissensreinigung). Kaum! – Just Dial 13,1 liest Hebr 9,13f (nicht ganz wörtlich) als eschatologische Erfüllung von Jes 1,16: »Wascht euch, reinigt euch! Laßt ab von eurem üblen Treiben!«

[107] v. Soden 63.

[108] Vgl. Bauer, Wb 1608; weiteres Material bei Braun 267f.

[109] Bengel 898 spricht von *extenuatio*, weil er Hebr an »unvernünftige Thiere« denken läßt (Übers. Werner 659).

[110] So Laub 120. Anders Hegermann 179: Der Verf. bereite die »positive Würdigung« des atl. Kultes vor.

[111] So Peterson, Perfection 260 Anm. 78.

[112] So Michel 313 mit Anm. 1; Attridge 249f mit Anm. 75.

dem Reinigungswasser (Philo, SpecLeg 1,262–272) oder die Schlachtung der Kuh (Jos Ant 4,78–81) durch den Hohenpriester vorgenommen wurde, besagt hier jedenfalls wenig.

Die Asche der roten Kuh

Beim Ritual mit der roten Kuh (Num 19)[113] geht es um die Gewinnung von מֵי הַנִּדָּה, d.i. das »Wasser der Vertreibung (der Unreinheit)« oder einfach »Wasser der Reinigung« (LXX: ὕδωρ ῥαντισμοῦ *Sprengwasser*). Josua von Siknin hat im Namen des R. Lewi darüber gelehrt, daß es neben der Leviratsehe, dem Saatnetz (d.i. das Verbot, ein aus Woll- und Leinenfäden zusammengewirktes Zeug zu tragen) und dem Sündenbock zu den »vier dunklen Vorschriften der Tora« gehört, über die der Satan Fragen stellt und deren Grund die Menschen »erst in der zukünftigen Welt« erfahren werden[114]. In diesem Ritus wird nach dem Schlachten einer »fehlerlosen, einwandfreien roten Kuh« (פָּרָה אֲדֻמָּה תְּמִימָה, Num 19,2) durch siebenmaliges Verspritzen von ihrem Blut gegen das Offenbarungszelt das Blut und das Tier geweiht. Danach wird unter Zusatz von allerlei Ingredienzien alles verbrannt, ihr rotes Fell[115], ihr Fleisch, ihr Blut, ihr Mageninhalt. Die eingesammelte Asche wird aufbewahrt und ergibt im Bedarfsfall mit Wasser vermischt das genannte »Reinigungswasser«, das gegen Verunreinigungen wirkt, die durch Leichen verursacht wurden (Num 19,1–13). »Es ist ein Sündopfer« (חַטָּאת, Num 19,9)[116]. Diese Kennzeichnung läßt darauf schließen, daß Sünde und Unreinheit so eng beieinander gesehen wurden, »daß sie durch den gleichen Lustrationsakt gesühnt werden können«[117].

Die typologische Ausdeutung des kombinierten Rituals – neben dem Tierblut des großen Versöhnungstages wird nun auch die Asche der roten Kuh zum Typus des Blutes Christi – ist allerdings konfus[118]: Am *Jom Kippur* findet eine Besprengung der Kultgeräte statt (Lev 16,14f), nicht aber – woran dem Hebr besonders gelegen ist – eine Besprengung von Personen[119]. Die findet man im Ritual mit der roten Kuh. Sie wird dort aber nicht mit Blut, sondern mit dem *Endsündigungswasser* (ὕδωρ ῥαντισμοῦ) vollzogen (Num

[113] Vgl. dazu I. Scheftelowitz, Das Opfer der roten Kuh (Num 19), ZAW 39 (1921) 113–123; J. Milgrom, The Paradox of the Red Cow (Num. XIX), VT 31 (1981) 62–72; Milgrom/Wright, ThWAT V 250–253.323; dazu die literarkritische Untersuchung von S. Wefing, Beobachtungen zum Ritual mit der roten Kuh (Num 19,1–10a), ZAW 93 (1981) 341–364. Zum entsprechenden Mischna-Traktat (6. Seder: Toharot; 4. Traktat: Para) s. G. Mayer, Para (Die rote Kuh), in: Die Mischna. Text, Übersetzung und ausführliche Erklärung, hg. v. K.H. Rengstorf u. L. Rost, Berlin 1964. Zur Allegorisierung von Num 19 in Barn 8 (»Das Rind ist Jesus« usw., 8,2) s. H. Windisch, Der Barnabasbrief, 1920 (HNT Erg.-Bd.), 347–350.

[114] Midraš Jelamdenu P. Huqqat § 7; Tanḥuma (ed. Buber) Huqqat § 23.

[115] Die dahinterstehende Assoziation von »rot« und Blut ist in primitiven Kulten weit verbreitet. Von der »roten« Kuh versprach man sich also erhöhte Reinigungskraft der Asche. Vgl. Milgrom, The Paradox (s. Anm. 113) 65.

[116] Vgl. Bruce 215 Anm. 88. Zum Begriff s.o. Anm. 49.

[117] H.-J. Hermisson, Sprache und Ritus im altisraelitischen Kult. Zur »Spiritualisierung« der Kultbegriffe im Alten Testament, 1965 (WMANT 19), 92 mit Verweis auf Sach 13,1.

[118] Vgl. Bultmann, Exegetica 378.

[119] Vgl. Herrmann, ThWNT III 309,6–34; Janowski, Sühne 221–242.271–276; S. Wefing, Untersuchungen zum Entsühnungsritual am großen Versöhnungstag (Lev. 16), Diss. Bonn 1979.

19,13.18f.20f)[120], auf das der Hebr mit ῥαντίζω anspielt[121]. Möglicherweise erklärt sich die Konfusion so, daß jetzt bereits auf das Bundesschlußritual von Ex 24 mit der Blutbesprengung des Volkes vorausgeblickt wird, die ab 9,18 Thema ist und unserem Verf. schließlich den Schluß erlaubt, daß Mose »das Buch des Gesetzes, das ganze Volk . . ., das Zelt und alle gottesdienstlichen Geräte auf gleiche Weise mit Blut besprengte« (9,19f; s.u.). Allerdings vergeblich! Der alttestamentliche Kult erreicht lediglich die κεκοινωμένοι (V 13), die (levitisch) *Unreinen* (4Makk 7,6), die *Verunreinigten* im kultischen Sinn[122]; er »macht sie heilig zur Reinheit des Fleisches« (ἁγιάζει πρὸς τὴν τῆς σαρκὸς καθαρότητα). Ἁγιάζειν wird gebraucht, weil ἅγιος in kultischen Zusammenhängen der Kontrastbegriff zu κοινός *unrein* ist[123] und weil das Verb hier wie 2,11 und 10,14 vorhergehendes τελειοῦν aufnimmt (9,9). »Heiligen« heißt demnach »kultischen Charakter verleihen«, »weihen«[124], zielt also auf die Wiederherstellung der Kultfähigkeit, die der Hebr relativierend als καθαρότης τῆς σαρκός bezeichnet[125]. Dem ἁγιασμός in den kultischen Ritualen des alten Bundes eignet demnach tatsächlich keine sündentilgende Kraft; sie erwirken, weil mit kosmischen Mitteln und Möglichkeiten unternommen, nur die *sarkische Reinigung,* nicht die grundlegende λύτρωσις (9,12.15) im καθαρισμὸς τῶν ἁμαρτιῶν, die Christus vorbehalten blieb (1,3; vgl. 9,15.28; 10,10.29)[126]. Aber trotz des uneingeschränkt geltenden Vorbehaltes von

[120] Vgl. Hunzinger, ThWNT VI 982f. – Bei der Schlachtung der Kuh (Num 19,4) liegt keine eigentliche Besprengung vor, sondern eine Konsekration des Opferblutes selbst bzw. des Opfertieres; vgl. ebd. 979,45–48.

[121] Vgl. Bleek II/2 543; Michel 313. – 1Petr 1,2 zeigt übrigens, daß der Gedanke einer Besprengung mit dem Blut Christi keine Erfindung des Hebr, sondern Bestandteil einer (verbreiteten?) urkirchlichen Tradition ist. Vgl. W. Nauck, Die Tradition und der Charakter des ersten Johannesbriefes. Zugleich ein Beitrag zur Taufe im Urchristentum und in der alten Kirche, 1957 (WUNT 3), 50–52; ihm folgt Hunzinger, ThWNT VI 984,1–11. – Das Wasser der Qumran-Reinigung (z.B. 1QS 3,8f) läßt sich mit dem Blut Christi nicht vergleichen (mit Braun, Qumran I 264 gegen O. Betz, Die Proselytentaufe der Qumransekte und die Taufe im Neuen Testament, RQ 1 [1958] 213–234: 220). Fundamentaler Glaubenssatz der Qumranessener ist allerdings, daß *Gott selbst* die *niddah* des Menschen durch Besprengung mit dem »Heiligen Geist« und dem »Geist der Wahrheit« beseitigt (1QS 4,21f); vgl. Fabry, ThWAT V 253. Daran kann das Messiasblut in Hebr 9,14 erinnern.

[122] Vgl. Bauer, Wb 891; Hauck, ThWNT III 810. – Zur Nachwirkung der levitischen Reinheitsgesetzgebung (Verunreinigung) im NT vgl. Mk 7,2.5.15; Apg 10,14f u.ö.; Röm 14,14; Offb 21,27. – Zu »rein« und »unrein« in diesem Sinne vgl. Hermisson, Sprache (s. Anm. 117) 84–99 und bes. W. Paschen, Rein und Unrein. Untersuchung zur biblischen Wortgeschichte, 1970 (StANT 24).

[123] Vgl. v. Soden 63; Untergaßmair, EWNT 2, 748.

[124] Bauer, Wb 15 (2.) mit Verweis auf Ex 28,41; Sir 33,12; 45,4; Zef 1,7; vgl. Procksch, ThWNT I 113; Braun 60.

[125] Vgl. Käsemann, Gottesvolk 155. Aber dann steht »heiligen« nicht parallel zu »reinigen« (V 14), mit dem die *Sündentilgung* ins Auge gefaßt ist (9,22f; 10,2); zu Käsemann, ebd. 88 Anm. 5.

[126] Vgl. ebd. – Das Urteil gilt nur in der christologischen Perspektive (Calvin, CR 83, 111). Nach atl.-jüd. Verständnis vermittelt der Kult sehr wohl neben der rituellen Reinheit auch die Reinheit vor Gott durch Tilgung der Schuld; vgl. G. v. Rad, Theologie des Alten Testaments I, München 1957, 249–271; Braun 268. – Dem Antijudaismus (»dort sieche Impotenz«: Graf 173) sollte auch hier keine Tür geöffnet werden. Es geht nicht um polemi-

9,9 und 10,4 hat der Hebr im alttestamentlichen Kult das positive Eingeständnis gesehen, der Versöhnung Gottes zu bedürfen. Anders hätte er ihn nicht als einen »Hinweis auf die eschatologische Christus-Zukunft« werten können[127]. Von deren sämtliche Reinigungs- und Sühnehandlungen überbietenden und auf-hebenden Heilswirkung handelt V 14.

14a.b Die ewige Erlösung wird der christlichen Gemeinde aufgrund des vergossenen Blutes Jesu zuteil (V 14; vgl. 9,12d; 10,19.29; 13,20). Das könnte Anknüpfung an die Tradition der Abendmahlsworte sein (τὸ αἷμά μου τῆς διαθήκης τὸ ἐκχυννόμενον ὑπὲρ πολλῶν Mk 14,24)[128]. Und wieder ist zu betonen, daß dem αἷμα Χριστοῦ keine selbständige Bedeutung im pietistischen Sinne zukommt[129]. »Es stellt vielmehr die Konkretion des Opfertodes und des geopferten Christus selbst dar«[130]. Dabei ist das Konzept eines christologisch gedeuteten Opferverständnisses in nuce bereits in Eph 5,2 enthalten (Χριστὸς ... παρέδωκεν ἑαυτὸν ὑπὲρ ἡμῶν προσφορὰν καὶ θυσίαν τῷ θεῷ). Was dort thesenartig steht, wird hier breit expliziert[131]. Allerdings ist die nähere Bestimmung der προσφορά schwierig: διὰ πνεύματος αἰωνίου[132] ἑαυτὸν προσήνεγκεν ἄμωμον τῷ θεῷ. Das Verb προσφέρειν das *Opfer vollziehen* (nicht das Darbingen der Opfergaben zum Altar oder Priester)[133] macht klar, daß es um Christi priesterliches Werk geht (vgl. 5,1.3.7; 8,3.4; 9,7.9.25.28 u.ö.)[134]. Und zum Kultstil gehört auch, daß das Opfer ἄμωμος *untadelig* ist, so wie z.B. die rote Kuh »fehlerlos« (תָּמִים, LXX: ἄμωμος) sein mußte[135]. Aber auch vom Priester wird Fehlerlosigkeit verlangt (1Makk 4,42, ebenso bei Philo, z.B. SpecLeg 1,166f; Som 2,185; Fug 108.117.118). Entsprechend gilt Christus als das tadellose Opferlamm (1Petr 1,19), was der Hebr im Sinne der *Sündlosigkeit* Jesu versteht (4,15; s. I 256f)[136]. Der gehorsam durchgehaltene Kreuzestod, mit dem Christus zugleich in den Himmel einging (5,7–10), um auf der Basis je-

sche, sondern um dialektische Aufhebung des irdischen Kultes; vgl. Käsemann, Gottesvolk 33–35, auch Loew 68 und Laub 120f.

127 So richtig Käsemann, Gottesvolk 155 und 34f.

128 Vgl. Lohse, Märtyrer 177 mit Anm. 2.

129 Z.B. in der Blutfrömmigkeit Zinzendorfs und der Herrnhuter Brüdergemeine, aber auch bei Bengel. Vgl. H. Schneider, Art. Blut IV/2. Christi Blut in evangelischer Theologie und Frömmigkeit, TRE 6, 740–742 (Lit.!).

130 Käsemann, Gottesvolk 154 Anm. 7; vgl. auch Rissi, Theologie 81 und bes. Loader, Sohn 185–192.

131 Hahn, Das Verständnis des Opfers 76.

132 א² D* P, zahlreiche Minuskeln sowie a vg sa^mss bo und zahlreiche Kirchenväter erleichtern im Sinne des allgemeinen kirchlichen Sprachgebrauchs und lesen ἁγίου. Aber die lectio difficilior »ewiger Geist« ist mit P^17vid.46 א* A B D² 𝔐 b sy; Ambr u.a. nicht nur besser bezeugt, sondern erklärt sich auch aus V 12.15 und ist vielleicht »der zur Asche verbrannten Kuh entgegengesetzt« (opponitur vaccae cinefactae: Bengel 898). Vgl. Vanhoye*, Esprit éternel passim.

133 So K. Weiß, ThWNT IX 69,28f; anders Stott, The Conception of ›Offering‹ 62–67.

134 Zu diesem geprägten Kultstil s. I 272 und Bauer, Wb 1441 (2.a.), bes. aber Young* 207–209.

135 Hier wirkt die ursprünglich apotropäische Wirkung des Opfers nach, vgl. Windisch 82. – Zur Fehlerlosigkeit der Opfertiere s. Ex 29,1; Lev 23,12; Num 6,14 u.ö.; Philo, Sacr 51; Som 1,62; MartPol 17,2. – In der Profangräzität ist das Wort selten; vgl. Cremer-Kögel, Wb 743; Hauck, ThWNT IV 836.

136 So auch Cullmann, Christologie 93; Lohse, Märtyrer 173 Anm. 5; Braun 270.

nes einmaligen Ereignisses (μία θυσία bzw. προσφορά 10,12.14; vgl. 9,26.28) die immer neue Heiligung der Seinen zu vollziehen (10,14; vgl. 7,25: σῴζειν εἰς τὸ παντελές), dies genau ist mit ἑαυτὸν προσήνεγκεν [137] ἄμωμον τῷ θεῷ (»Dativ der Gottheit«)[138] umschrieben. Was genau mit προσφέρειν ἑαυτόν hier (und 9,27f) gemeint ist, wird durch παθεῖν in 9,26 sichergestellt: Es ist unlösbar verknüpft »with the suffering of death upon the cross«[139]. Und von daher will auch die schwierige Umstandsbestimmung διὰ πνεύματος αἰωνίου verstanden sein.

διὰ πνεύματος αἰωνίου

Ohne den »ganzen Wirrwarr« vorzuführen, den die Auslegungsgeschichte hier bereithält[140], stellen wir in Kürze fest: Das hap. bibl. διὰ *πνεύματος* αἰωνίου steht in direktem Gegensatz zu den δικαιώματα *σαρκός* (9,10)[141], ist also ein weiteres Element der Diastase »irdisch/himmlisch«. Jesu Selbstopfer vollzog sich nicht im Bereich der σάρξ, sondern des πνεῦμα, es hat himmlischen, nicht irdischen Charakter. Das hängt mit dem ihm »gegebenen« σῶμα zusammen (10,5), das zu der urbildlichen, von Gott geschaffenen Wirklichkeit gehört (10,1)[142]. Viele Exegeten sehen daher richtig, daß 9,14 auf 7,16 zurückweist. Die dortige Opposition σάρξ/ζωή (ἀκατάλυτος) wird an unserer Stelle nur leicht variiert: σάρξ (9,10) / πνεῦμα (αἰώνιον, 9,14). »Das Geheimnis der Christologie des Hb«, von dem in 7,16 tatsächlich die Rede ist[143], wird in 9,14, dem zentralen Satz des ganzen Abschnitts, noch einmal hinsichtlich seiner soteriologischen Wirkung zur Sprache gebracht: Während die der Sphäre der σάρξ zugehörenden vielen Opfer nur eine sarkische Reinigung bewirken (9,13), kommt es durch das der Sphäre des πνεῦμα zugehörende einmalige Opfer Jesu zur »Vollendung des Gewissens« (9,9). Es richtet sich nicht nur gegen die Sünde, sondern auch gegen den Tod[144]. Dieses vollendete und uns eschatologisch vollendende »Ganzopfer« des Sohnes, das den Tod des Todes bedeutet und damit die Erlösung der Todversklavten (2,14f), gibt es nur in der Sphäre des »Ewigkeitsgeistes«[145], der der »eschatologische Geist« ist[146]. Durch die schwierige Formel (Χριστὸς) διὰ πνεύματος αἰωνίου ἑαυτὸν προσήνεγκεν ... τῷ θεῷ reduziert sich die hohe spekulative Kulttheologie auf einen

[137] Der historische Aorist wird im NT gebraucht, »um die einmaligen großen *Tatsachen der Heilsgeschichte* zu bezeichnen« (z.B. Phil 2,7; Röm 8,32 u.ö.); vgl. Hoffmann / v. Siebenthal § 199b. – Καθαριεῖ hingegen ist logisches Futur (Michel 314).

[138] Braun 270. – Strobel 175 übersetzt es gar nicht. Vergessen?

[139] Moffatt 132; ihm folgt Young* 209.

[140] Delitzsch 399. Über die ältere Exegese berichten Bleek II/2 545–550 und Kurtz 282–285, über die neuere Attridge 250 und Casalini* 95–101. Zur Exegesegeschichte insgesamt vgl. McGrath*.

[141] Vgl. A. Vanhoye, Art. Saint Esprit IV. Le Saint Esprit dans l'Épître aux Hébreux, DBS 11 (Fascicule 61, 1987), 327–334: 334.

[142] Vgl. Schierse, Verheißung 105.163.

[143] Büchsel, ThWNT IV 341,9; vgl. ders., Christologie 51; Schierse, Verheißung 155.163.

[144] Schierse, Verheißung 152; vgl. auch 105.

[145] Schrenk, ThWNT III 281; vgl. Schweizer, ebd. VI 445 mit Anm. 786. Ihnen folgt Weiß 473, der hier wiederum (wie 468 Anm. 19) »eine Analogie zum Verständnis der ›ewigen Erlösung‹ von Jes 45,17 in Midrasch Tehillim Ps 31 § 2 (119a)« findet: »Weil eure Erlösung (einst) durch Fleisch und Blut geschah ..., währte sie nur eine kurze Zeit ...; aber in Zukunft erlöse ich euch durch mich selbst, der ich lebe und fortbestehe. Und d.h.: ich werde euch eine in Ewigkeit dauernde Erlösung bereiten – wie es heißt ... (Jes 45,17)« (ebd. Anm. 37).

[146] Bieder, Aspekte 251; Bruce 217 Anm. 95: »The πνεῦμα is eternal because divine«.

sehr einfachen Sachverhalt: Als *Sohn* und »angeredet von Gott als Hoherpriester nach der Weise des Melchisedek« (5,10), ist Jesus das Opfer aller Opfer.

So gesehen hat jene singuläre Formel eine geradezu entmythologisierende Funktion:

- nicht im Gegensatz zur Verbrennung der Opfertiere[147]
- nicht kraft der αἷμα-Substanz[148]
- nicht kraft göttlicher Natur[149]
- nicht kraft sittlicher Überlegenheit[150]
- nicht kraft einer disposition interieure[151]
- nicht kraft des Heiligen Geistes[152]
- nicht kraft des beim Tod vom Leib getrennten, bei der Auferstehung (13,20) aber wieder mit ihm vereinigten Pneuma[153]
- nicht kraft einer Inspiration[154]
- nicht kraft eigenen Geistes[155],

sondern *kraft göttlicher Anrede* – »Du bist Priester εἰς τὸν αἰῶνα nach der Weise des Melchisedek« (5,6; 7,17.21) – hat Jesus in Befolgung des göttlichen Willens die ewige Erlösung für die Seinen erlangt. Auf jenes προσαγορευθεὶς ὑπὸ τοῦ θεοῦ (5,10) legt der Hebr größten Wert[156]. Das *Angeredetsein* von Gott gibt den Ausschlag und nicht ein metaphysischer Geistgedanke. Kraft göttlicher Anrede gilt wie das Priesteramt Jesu (5,10), so auch die eschatologische Wirksamkeit seines Opfers (ewige Erlösung)[157]. Wie denn überhaupt die

[147] Seit Chrysostomus, PG 63, 120 z.B. Cramer, Cat 224; Erasmus 965f u.a.; zuletzt eindrucksvoll Vanhoye, Art. Saint Esprit (s.o. Anm. 141) 332f; ders.*, Esprit éternel; ders., L'oblation sacerdotale du Christ dans l'épître aux Hébreux, Did 14 (1984) 11–30, bes. 20–26. Er verweist auf 1Esr 6,23 LXX (der Jerusalemer Tempel ist der Ort, ὅπου ἐπιθύουσιν διὰ πυρὸς ἐνδελεχοῦς) und hält eine typologische Entsprechung zwischen dieser Stelle und Hebr 9,14 für möglich. – Luther »spiritualisiert« den Geist (WA 57/3, 50,9f: hic enim est ignis ille charitatis, quo voluit Christus offeri sempetipsum). Ähnlich Thomas Nr. 444 (S. 434).

[148] Z.B. Thomas v. Aquin, der lehrt, dem kostbaren Blut Christi (sanguis pretiosus, 1Petr 1,19) gebühre Verehrung der Anbetung (cultus latriae): STh III 54,3. Vgl. DS 1025 und W. Michel, Art. Blut III. Blut und Blutglaube im Mittelalter, TRE 6, 737f (Lit.!).

[149] Z.B. Spicq II 258f; Moffatt 124 u.a. Die »Zwei-Naturen-Christologie« war bei den Reformatoren und danach als hermeneutischer Schlüssel populär; s. McGrath* 65–71.

[150] Vgl. de Wette 522 u.a.

[151] Z.B. Bonsirven 391, der auf das πνεῦμα πραΰτητος 1Kor 4,21; Gal 6,1 verweist.

[152] Seit Thomas 434 viele, z.B. Bleek II/2 546 (der unser πνεῦμα mit dem πνεῦμα ἁγιωσύνης Röm 1,4 gleichsetzt); Bieder, Aspekte 251; Zimmermann, Bekenntnis 194; Michel 314; Lindars, Theology 58; Vanhoye, Art. Saint Esprit (s.o. Anm. 141) 333, für den das πνεῦμα an der Stelle der *näphäsch* von Lev 17,11 steht; dieses πνεῦμα gebe dem Opfer Christi seine eschatologische Kraft (334). Für Bruce 217f ist Hintergrund »the portrayal of the Isaianic Servant of the Lord« (Jes 42,1; 53,9).

[153] So Hofius, Katapausis 181 Anm. 359; Attridge 251 (»not impossible«).

[154] So Vanhoye, Art. Saint Esprit (s.o. Anm. 141) 332.

[155] So viele, von Delitzsch 398–401 über Riggenbach 266f und Windisch 78 bis hin zu Braun 269; Hughes 359; Loader, Sohn 168 u.a.

[156] So richtig Büchsel, Christologie 52; vgl. Hegermann 180f; Strobel 179.

[157] Vgl. Büchsel, ThWNT IV 340 mit Anm. 5.

dem kultischen Bereich entnommenen Begriffe und ihre Übertragung auf das »Blut Christi« in bildhafter Weise Gottes eschatologisches Heilshandeln zum Ausdruck bringen: Sie sind Interpretamente für die Heilsbedeutung des Todes Jesu.

Nach der Beschreibung des hohepriesterlichen Handelns Jesu folgt jetzt seine 14c.d
Wirkung, erst negativ (καθαριεῖ τὴν συνείδησιν ἡμῶν[158] ἀπὸ νεκρῶν ἔργων), dann positiv und final (εἰς τὸ λατρεύειν θεῷ ζῶντι[159]). Die merkwürdige Formulierung, in der die ἔργα νεκρά gegen ζῶντι kontrastieren[160] und damit die vorchristliche λατρεία (9,1)[161] gegen die wahre (vgl. 12,28; Röm 1,9; Lk 1,74; Apg 24,14; 27,23; 2Tim 1,3), signalisiert also keine bloß moralische Wende (»das Schuldbewußtsein tilgen, ein reines Gewissen schenken«[162]), insistiert auch nicht auf bloß *bessere* irdisch-kultische Praktiken, sondern betrifft die theologisch notwendige Auflösung des gesamten irdischen Kultes überhaupt (vgl. 13,9–14)[163].

Reinigung des Gewissens

Die ältere Exegese hat die Entgegensetzung von δικαιώματα σαρκός (9,10) bzw. ἔργα νεκρά und λατρεύειν θεῷ ζῶντι (9,14; vgl. 3,12; 10,31; 12,22) einmütig als den Gegensatz von äußerlicher (= wertloser) und innerlicher (= wahrhaftiger) Verbindung des Menschen mit Gott interpretiert[164]. Ungefähr so: »Das Sühnopfer nimmt die sittliche, die Kuhasche die levitische Befleckung«[165]. Dagegen hat Käsemann konsequent die Diastase »irdisch/himmlisch« als Auslegungskanon festgehalten[166]. Der jüdische Kult figuriert *»als spezifischer Vertreter des Kosmischen«*; an seine Stelle »tritt ein anderer, der von Christus im Himmel vollzogen wird«[167]. Und die Umschreibung des Effektes, negativ (Reinigung des Gewissens von toten Werken, das sind die Werke,

158 Die nicht unwichtigen Zeugen ℵ D² 𝔐 lat sy^h sa bo^pt lesen ὑμῶν, was gleichwohl sekundär sein dürfte, da Hebr die zweite Person der Anrede auf seine Paränesen beschränkt hat; vgl. Metzger, Textual Commentary 668; Braun 271; Weiß 470 Anm. 26. Beim ebenfalls sekundären Verzicht auf jedes Personalpronomen in 614 *pc* liegt vielleicht Homoioteleuton vor (ΣΥΝΕΙΔΗΣΙΝΗΜΩΝ). Oder hat man es in dem ganz »objektiven« Text als funktionslos empfunden?

159 Die sekundäre Hinzufügung von καὶ ἀληθινῷ (wie 1Thess 1,9) durch A P 104 *pc* b bo und einige Kirchenväter (z.B. Chr Macarius Thphyl) entspricht liturgischem Stil, nicht aber dem Zusammenhang. Vgl. Riggenbach 269 Anm. 36.

160 Vgl. Braun 271; vgl. schon Calvin: Et elegans est antithesis inter Deum vivum et opera mortua (CR 83, 112); auch Löhr, Umkehr 128–131.

161 Das sind nicht allein die heidnischen Kulte (Götzendienst, vgl. 6,1b; s. I 338f), sondern es ist jeder Kult, der nach δικαιώματα σαρκός (9,10) vollzogen wird. Mit Käsemann, Gottesvolk 155 gegen Theißen, Untersuchungen 54. Vgl. Schierse, Verheißung 26–40; Schweizer, ThWNT VII 142,17–29.

162 Windisch 77. Es handelt sich nicht um »Sünden des Gewissens« (mit Löhr, Umkehr 14 Anm. 34 gegen Kraus, Tod Jesu 239).

163 Vgl. Fitzer* 319; Weiß 470f.

164 Vgl. Bleek II/2 523; Lünemann 288; Riehm, Lehrbegriff 496f, in neuerer Zeit Riggenbach 254; Kuß 116 u.a. Luther deutete die Gewissensreinigung als Befreiung aus den Ängsten vor Sündenstrafe (WA 57/3, 207f).

165 So kurz und bündig v. Soden 63.

166 Gottesvolk 155; s. auch Schierse, Verheißung 38–40: Dem kosmologischen Dualismus Himmel/Erde entspricht der anthropologische Fleisch/Gewissen (39).

167 Käsemann, Gottesvolk 34.35.

»which belong to the way of death«)[168] wie positiv (wahrer Gottesdienst)[169], zeigt an, daß die Wirkung des hohepriesterlichen Handelns Jesu keine geringere ist als die Erneuerung des ganzen Menschen: Die Reinigung seines Gewissens entnimmt ihn dem Weg des Todes (2,15) und gibt ihm die Kultfähigkeit am himmlischen Heiligtum (9,14; 10,19–22); sie schließt »eine neue, himmlisch endgültige Existenzweise ein«[170].

Nach Käsemanns Auslegung der Stelle ist die συνείδησις der Ort, an dem über beides *Gewißheit* herrscht: über die Gottesferne und über die Gottesnähe. Um ersteres aufzuheben, »treibt das schlechte Gewissen nun den Menschen in die Anstrengungen der ἔργα νεκρά«. Die Forderung nach Umkehr von ihnen gehört nach 6,1 zur christlichen Anfangskatechese[171], ohne diese Umkehr kommt es nicht zu einem λατρεύειν θεῷ, weil der Weg der Werke »den Menschen immer stärker an die sarkisch-kosmische Sphäre« bindet[172]. Hier aber, sozusagen im »Vorderzelt« (vgl. 9,8 im Kontext), kann sich die Beseitigung der Sünde durch die Vollendung bzw. Reinigung des Gewissens (9,9.14) nicht ereignen, weil sie *»einzig im wahren Allerheiligsten (9,24), mit einer himmlischen Opfergabe (10,1.5) und nur ein für alle Mal erfolgen kann (10,2.10f.)«*[173]. Damit aber entfällt der Zwang zum Vollzug toter Werke und wird das Gewissen zu »echtem Gottesdienst« freigesetzt[174]. In der Sache ist das keine andere Wende als die paulinische: ἰδοὺ γέγονεν καινά (2Kor 5,17). Der Hebr rezipiert nicht die paulinische Rechtfertigungstheologie, entfaltet aber deren Grundelemente auf seine Art. Die sachliche Koinzidenz beider Entwürfe besteht darin, daß sie von der *theologia crucis* her die umfassende Aufhebung der Unheilsmacht der Sünde darlegen[175]. Ebendie ist durch das καθαρίζειν τὴν συνείδησιν κτλ. ausgedrückt[176]. Wo aber die Sünde weggeschafft ist, hat sich jeder irdische Kult erledigt (10,18). Insofern ist 9,14 innerhalb des Hebr tatsächlich »un sommet de sa théologie«[177].

168 Bruce 218. – Daß der Mensch »in seinem ›Gewissen von toten Werken‹« gereinigt würde (Laub 121), steht nicht da.

169 Darüber entscheidet der Dienst für den θεὸς ζῶν. Zum Begriff s. 3,12 und I 186f.

170 Schierse, Verheißung 152.

171 S. I 339. – Luther stellt bündig fest: ›opera mortua‹ sine dubio peccata vocat... Nihil autem polluit conscientiam nisi peccatum und folgert daraus: etiam opera bona extra gratiam facta esse peccata (WA 57/3, 208,9–13). Aber mit den paulinischen Gesetzeswerken haben unsere »toten Werke« wenig zu tun. Mit Attridge 252 gegen de Wette 522; Westcott 144; Nissilä, Hohepriestermotiv 190.

172 Käsemann, Gottesvolk 155.

173 Schierse, Verheißung 39, vgl. 202f.

174 Käsemann, Gottesvolk 155.

175 Vgl. Gräßer, Rechtfertigung, bes. 88; Hegermann 181; Young* 210: c. 9 »is not altogether unworthy of a Paul«; Strobel 179, der auf Röm 3,27f; 12,1f verweist. – Daß durchgehend im Hebr pluralisch von der Sünde geredet wird (9,26 freilich nicht), also von der Vergebung alter Schuld, bildet natürlich einen gewissen Gegensatz zur paulinischen Freiheit von der Sündenmacht (so richtig Käsemann, Der Ruf der Freiheit 146 [= [5]197]). Trotzdem fällt der Hebr nicht grundsätzlich hinter das bei Paulus erreichte Verständnis des Heils zurück, sondern bedenkt es lediglich in einer anderen Akzentuierung, möglicherweise sogar als »Wiederherstellung des durch die Sünde verdorbenen Kosmos« (Windisch 12). Zur Diskussion vgl. Gräßer, Hebräerbrief 186–188; F. Schröger, Der Hebräerbrief – paulinisch?, in: FS F. Mußner, Freiburg 1981, 211–222, bes. 218f.

176 Vgl. Strathmann, ThWNT IV 64,19–29.

177 Spicq, SBi 155.

Wirkungsgeschichte

Die christologisch begründete Kultkritik unseres Verf.s hat *so* keine Fortsetzung gefunden. Barnabas z.B. meint »den wahren christlichen Sinn des Alten Testaments in Antithese zum jüdischen Mißverständnis« erheben zu können und geht dabei u.a. auch von den rituellen und kultischen Geboten des Alten Testaments aus (vgl. Barn 2,5f; ähnlich Diogn 2,8; 3,5)[178]. Die Kultkritik des Hebr ist auch kaum vergleichbar mit der sonstigen »aufgeklärten« Polemik gegen Tempelkult und blutige Tieropfer im Frühjudentum, z.B. Sib IV 27–30; slHen 45,3; Jos Ant 18,19; Epiph Haer 18,1,4 (hier geht es um die Opferfeindlichkeit der uns sonst unbekannten jüdischen Sekte der Nasaräer), und bei Philo. Letzterer verneint die Opfer nicht rigoros, favorisiert aber das innerliche, mystische Opfer gegenüber dem äußeren Opferwesen (Plant 108; VitMos 2,108; Det 21; Som 2,73f; SpecLeg 1,290 u.ö.)[179]. Natürlich wendet sich auch die philosophische Kritik gegen den Opferkult, insbesondere gegen das blutige Tieropfer. Sie gründet jedoch in einer rationalistischen Religionskritik (z.B. Pseud-Plat Alc II 149E; Sen frag. 123 [Lact Inst VI 25,3]; Epict Diss 1,19,25; Ench 31,5; Apollonius v. Tyana, Περὶ θυσιῶν, frag. bei Eus Praep Ev 4,13)[180]. Gewisse Berührungspunkte gibt es gleichwohl. Die von Diogenes v. Sinope geäußerte Kritik[181] erinnert an Hebr 9,14.23, wie sich denn der Hebr überhaupt ein Stück weit mit seiner Kultkritik in platonischen Traditionen bewegen dürfte[182]. Ihn einseitig in prophetischen Bahnen zu sehen (vgl. Hebr 10,4–8) und zu sagen, er vollziehe die Wendung »weg vom Ding, hin zur Person«[183], ist indes nicht möglich. In solchen Urteilen wirkt die liberale Theologie kräftig nach. Aber nach dem Hebr ist es nicht die größere Persönlichkeit, die den irdischen Kult desolat werden läßt, sondern es ist der Gekreuzigte als der himmlisch inthronisierte Hohepriester. In der Alten Kirche[184] wird der Opfergedanke darum zunehmend spiritualisiert: Das Hinzutreten zu Gott geschieht mit dem Opfer des *Herzens* (Barn 2,10; 1Clem 52,2–4 [ψ 49,14f; 50,19]; vgl. OdSal 20; Martyrium Apollonii 8), des *Gebetes* (1Clem 40,2–5; 44,4 [Abendmahlsgebet!]; Ign Eph 5,2; Phld 4; Herm mand 10,3,2f; Did 14,1; Just Dial 117 u.ö.; vgl. Cl Al Strom VII 6,31,7f u.ö.; Chrysostomus, PG 59, 90) und der *Liebestätigkeit* (Herm sim 5,3,7f; vgl. Ptolemaeus, Brief an Flora 3 [GCS 25, 455,7–10 = 5,10]). Erst mit Irenäus (Haer 4,18,1ff) setzt dann »der Rückfall in den vor-nt.-lichen Gedanken dinglicher Opfer und realer kultischer Darbringung (Meßopfer)« ein[185],

[178] Vgl. Vielhauer, Geschichte 605; Braun 258.

[179] Vgl. Behm, ThWNT III 188f.

[180] Nicht die Größe des Opfers, sondern das fromme Leben des Opfernden ist den Göttern wohlgefällig: Xenoph Mem 1,3,3 über Sokrates; An 5,7,32; Isoc 2,20. Vgl. Behm, ThWNT III 187f.

[181] Diog L 6,42. S.o. S. 150 Anm. 64; vgl. auch Spieß, Logos 446f.

[182] Thompson, Hebrews 9 (s.o. S. 109) 578.

[183] W. v. Loewenich, Zum Verständnis des Opfergedankens im Hebräerbrief, ThBl 12 (1933) 167–172: 171. Zur Kritik s. Schierse, Verheißung 38f.

[184] Vgl. Behm, ThWNT III 189f.

[185] Behm, ebd. 190,14–16; vgl. J. Brinktrine, Der Meßopferbegriff in den ersten 2 Jahrhunderten, 1918 (FThSt 21).

für die man sich auf den Hebr gewiß *nicht* berufen kann[186]. Die Messe als Mahl- und Gedächtnisfeier wird als Opfer Christi *und* der Kirche entfaltet. »Die Einsetzung des Abendmahles gilt als Einsetzung eines Opfers«[187]. Die Reformatoren liefen gegen diese »vermaledeite Abgötterei« Sturm[188]. Erst im gegenwärtigen ökumenischen Gespräch kommt es zu Klärungen und der Erkenntnis, daß das Kreuzesopfer Christi unwiederholbar ist[189].

Zusammenfassung

Jesu Sühnopfer ist im Hebr, speziell in c. 9 und 10, ein zentrales Theologumenon. Die in diesem Zusammenhang an das Alte Testament anknüpfende Wertschätzung des Blutes (Jesu) erreicht mit unserer Mahnrede einen frühen Höhepunkt. Die Konsequenzen reichen allerdings nicht nur (wie wir gesehen haben) weit in die Dogmen- und Liturgiegeschichte[190]. Sie haben auch beträchtliche Teile der gegenwärtigen alt- und neutestamentlichen Exegese eingeholt und einen förmlichen Trend freigesetzt: »Sühne als Heilsgeschehen« beherrscht das Feld und fordert inzwischen alle theologischen Disziplinen heraus[191]. Ein Urteil über diese Entwicklung hängt nun in der Tat von der Beantwortung der Frage ab, »ob dies gegenständlich-materielle Sühnedenken für uns theologisch möglich ist«[192]. D.h.: Trotz mancherorts feststellbarer gegenläufiger Tendenzen muß auch bei der biblischen Grundvorstellung »Opfertod« hermeneutisch darauf bestanden werden, nach den Bedingungen von Verstehen im Kontext gegenwärtiger Wirklichkeitserfahrung zu fragen. Sprachgestalt und Sachverhalt sind auch hier zu unterscheiden. Es geht nicht darum, eine angeblich ergebnislose Entmythologisierungsdebatte abzubrechen, sondern darum, sie konsequent weiterzuführen[193]. Dazu gehört, daß über den Symbol- und Signalcharakter der Sprache reflektiert und nach der Bedeutung dessen gefragt wird, was in Bildern und Symbolen (z.B. Lösegeld, Opfer, Sühne) und in sprachlichen Codes (z.B. Rechtfertigung, Versöhnung) aus-

186 Gegen H. Middendorf, Das heilige Meßopfer nach dem Hebräerbrief, ORPB 44 (1941) 141–144.161–165. Richtig Schröger, Gottesdienst 161–181.

187 K. Dienst, Art. Messe II. Römische Messe, RGG³ IV 891f.

188 Der Heidelberger Katechismus 1563, Frage 80. Vgl. Fitzer* 294.

189 S.o. S. 130 mit Anm. 22; ferner J. Ratzinger, Ist die Eucharistie ein Opfer?, Conc (D) 3 (1967) 299–304; G. Loenz, Die Lehre vom Opfer Christi im Herrenmahl als Problem ökumenischer Theologie, KuD 28 (1982) 7–41.

190 Vgl. Braun 258.

191 Vgl. das Themenheft »Die Heilsbedeutung des Kreuzes für Glaube und Hoffnung des Christen«, 1991 (ZThK.B 8).

192 Braun 258. Zur Diskussion dieser wichtigen Frage vgl. R. Schnackenburg (mit Teilbeiträgen von O. Knoch und W. Breuning), Ist der Gedanke des Sühnetodes Jesu der einzige Zugang zum Verständnis unserer Erlösung durch Christus?, in: K. Kertelge (Hg.), Der Tod Jesu. Deutungen im Neuen Testament, 1976 (QD 74), 205–230.

193 Gegen P. Stuhlmacher, Nachkritische Schriftauslegung, EK 10 (1977) 21f. Vgl. E. Gräßer, Interpretation statt Zerstörung, ebd. 272–274. Beide Texte sind wieder abgedruckt bei N. Janowski / E. Stammler (Hg.), Was ist los mit der deutschen Theologie? Antworten auf eine Anfrage, Stuttgart/Berlin 1978, 59–65 bzw. 103–108.

gedrückt wird[194]. Gerade angesichts der hochspekulativen Sühnetodtheologie des Hebr genügt es nicht, bloß ihren »biblischen« Charakter zu betonen. Sie macht eine kritische Auseinandersetzung mit der uns durch sie überkommenen ontologischen und metaphysischen oder auch biblizistischen Tradition notwendig[195]. Das um so mehr, als der Hebr selbst mit der Herausstellung des geschichtlichen ἐφάπαξ und der damit angezeigten Erledigung aller Kultpraktiken in die entmythologisierende Richtung weist: Die Übertragung des Titels Hoherpriester aus dem alttestamentlichen Opferkult auf Jesus und die Identifizierung mit dem Opfer sind »Argumente zur Auflösung des Opferkultes«. Darum ist auch »allen Versuchen, Christus erneut als Opfer ex opere operato zu fassen und eine Priesterfunktion den Nachfolgern Christi und Verkündigern der Herrschaft Gottes zu reservieren, . . . durch die eigentliche Intention des Hebräerbriefes der neutestamentliche Boden entzogen«[196]. Und auch der kultische Opfergedanke selbst in seiner strengsten Fassung (9,22!) ist dem *auctor ad Hebraeos* gleichwohl nur »ein Hilfsmittel zur gleichnishaften Veranschaulichung des Heilswerkes Christi«[197]. Ihn treibt dabei nicht die Lust an einer spekulativen Kulttheologie. Sondern – das ist das eine –: Der Hebr ist in origineller Weise um die »Grundfrage christlicher Soteriologie« bemüht: »Wie kann ein einzelnes historisches Ereignis eine zeitlose Gültigkeit besitzen?«[198] Das andere ist sein seelsorgerliches Bemühen, ein die Anfechtung überwindendes Verständnis des *scandalum crucis* zu gewinnen: »Gab es einen inneren Zusammenhang zwischen Jesu Tod und dem Heil?«[199] Die Antwort auf die eine wie auf die andere Frage sucht der Hebr, indem er eine Fülle alttestamentlicher Kulttraditionen in Erinnerung bringt, im Blick auf die Kreuzigung vor allem die Sühnetodvorstellung. Aber »eben polemisch, um nämlich die Unvergleichlichkeit des eschatologischen Heilbringers und seines Werkes paradox genug gerade durch den Vergleich herauszustellen. Das Eschatologische wird hier also nicht vom Kultischen umfangen und eingegliedert, sondern steht diesem wie die Wahrheit dem Schatten gegenüber . . . Das Eschatologische ist hier nicht Variation des Kultischen, sondern seine Durchbrechung. Der Hinweis auf den Sühnetod Jesu besagt in unserm Zusammenhang nur, daß wir nicht Gottes Tat ersetzen und unterstützen können. Allein er handelt lebendigmachend und einigend. Die Legitimation eines neuen kultischen Brauchtums liegt darin nun wirklich nicht«[200].

194 Vgl. G. Theißen, Soteriologische Symbolik in den paulinischen Schriften, KuD 20 (1974) 282–304; Schnackenburg, Ist der Gedanke (s.o. Anm. 192) 207.

195 Übrigens ist das eine bereits fundamentale reformatorische Erkenntnis. Vgl. G. Bornkamm, Geschichte und Glaube I. Ges. Aufs. III, 1968 (BEvTh 48) 274f.

196 Fitzer* 319.

197 Behm, ThWNT III 186,10f.

198 Schierse, Verheißung 53. Das einzelne Ereignis ist das Kreuz.

199 Kuß, Der theologische Grundgedanke 286; vgl. bes. ebd. 311–320.

200 E. Käsemann, Erwägungen zum Stichwort »Versöhnungslehre im Neuen Testament«, in: FS R. Bultmann, Tübingen 1964, 47–59: 54; vgl. auch die »Folgerungen«, die Käsemann daraus zieht (ebd. 54–59).

c *Der rechtskräftige neue Bund 9,15–22*

Literatur: Berényi, G., La portée de διὰ τοῦτο en He 9,15, Bib. 69 (1988) 108–112; *Da-Fonseca, L.G.,* Διαθήκη: Foedus an Testamentum?, Bib. 8 (1927) 31–50.161–181.290–319.418–441; 9 (1928) 26–40.143–160; *Hughes, J.J.,* Hebrews IX 15ff. and Galatians III 15ff. A Study in Covenant Practice and Procedure, NT 21 (1979) 27–96; *Kutsch, E.,* Neues Testament – Neuer Bund? Eine Fehlübersetzung wird korrigiert, Neukirchen-Vluyn 1978; *Swetnam, J.,* A Suggested Interpretation of Hebrews 9,15–18, CBQ 27 (1965) 373–390; *Thornton, T.C.G.,* The Meaning of αἱματεκχυσία in Heb. IX.22, JThS 15 (1964) 63–65; *Vanhoye, A.,* De instauratione novae dispositionis (Heb 9,15–23), VD 44 (1966) 113–134; *ders.,* Mundatio per sanguinem (Heb 9,22.23), VD 44 (1966) 177–191; *Wild, J. S.,* The testamental significance of διαθήκη in Hebrews 9:15–22, Neotest. 26 (1992) 149–156.

15 **Und darum ist er (auch) Mittler eines neuen Bundes, damit – nachdem (sein) Tod erfolgt ist zur Erlösung von den Übertretungen, die zur Zeit des ersten Bundes geschehen sind – die Berufenen die Verheißung des ewigen Erbes empfingen.**
16 **Denn wo ein Testament (= Bund) vorliegt, muß notwendigerweise**
der Tod des Erblassers beigebracht werden. 17 **Denn ein Testament ist**
(nur) bei Toten (= im Todesfall) rechtsgültig, da es niemals Rechtskraft
besitzt, solange der Erblasser lebt. 18 **Daher ist auch der erste (Bund ≙**
Testament) nicht ohne Blut eingeweiht worden. 19 **Denn nachdem jedes Gebot gemäß dem Gesetz durch Mose dem ganzen Volk mitgeteilt worden war, nahm er das Blut der Jungstiere und der Böcke zusammen mit Wasser und roter Wolle und Ysop und besprengte das Buch selbst und**
das ganze Volk, 20 **wobei er sagte:**
»Dies ist das Blut des Bundes,
den Gott für euch verfügt hat.«
21 **Aber auch das Zelt und alle Kultgeräte besprengte er ebenso mit dem**
Blut, 22 **und (so) wird fast alles nach dem Gesetz mit Blut gereinigt, und ohne Blutausgießung geschieht keine Vergebung.**

Analyse Nachdem die Dienstordnungen (δικαιώματα λατρείας 9,1) der beiden Diatheken verglichen sind (9,1–14), setzt der Hebr nunmehr exkursartig[1] zur antithetischen Parallelisierung der Bünde selbst an, um auf diese Weise die vorgeschobene These von 8,6 zu präzisieren, wonach die Höherwertigkeit des Kultdienstes Jesu in Relation steht zur Höherwertigkeit des von ihm vermittelten Bundes (V 15–22). Es besteht also ein enger Zusammenhang zwischen der bisher behandelten μετάθεσις von ἱερωσύνη und νόμος (7,12) und der jetzt thematisierten καινὴ διαθήκη: »Jesus is the mediator of both«[2]. Und

[1] In V 23–28 kehrt er wieder zur λατρεία zurück.

[2] Ch.P. Anderson, Who Are the Heirs of the New Age in the Epistle to the Hebrews?, in: FS J.L. Martyn, 1989 (JSNT.S 24), 255–277: 273; vgl. zum Zusammenhang auch Berényi*

zwar bildet den Themaverbund das den Gesamtabschnitt dominierende Stichwort αἷμα, welches die Verbindung von Diatheke und Opfertod hervortreten läßt: Das Blut entscheidet wie über die wirkungsvollere λατρεία so auch über die bessere διαθήκη. Und insofern die Rechtskräftigkeit der Sinaidiatheke einen Tod (αἷμα) zur Voraussetzung hat (Ex 24,6–8 = Hebr 9,18–22), ist sie Typus der neuen Diatheke, die ihrerseits im αἷμα Χριστοῦ gründet (10,29; 13,20)[3].
Um dieses Thema geht es in dem sorgfältig strukturierten Abschnitt[4]. Es beginnt eigentlich erst mit V 16. V 15 – von NA[26] auch im Druck hervorgehoben – bildet die Überleitung (α). Er ist einerseits *conclusio* des V 11–14 Gesagten, andererseits eröffnet er mit dem aus 8,6 aufgegriffenen Stichwort διαθήκη zugleich die »neue Seite des Werkes Christi«[5]. Ohne den Tod kein rechtskräftiger Bund! Ein doppelter Beweisgang stellt das sicher, und zwar (β) in V 16–17 ein abstrakt-analytischer, der auf das Zivilrecht zurückgreift und so in origineller Weise die »Notwendigkeit« des Sterbens Christi erklärt, sodann (γ) in V 18–22 ein exegetischer Beweisgang, der auf das Bundesschlußritual Ex 24 zurückgreift und sozusagen »ein christlicher Kommentar zu Jer 38 (31)«[6] ist.

α *Überleitung 9,15*

Das den Satz eröffnende καὶ διὰ τοῦτο ist exegetisch umstritten. Weist es auf den finalen ὅπως-Satz V 15b voraus[7] und verstärkt die *Wirkung* der Mittlerschaft Jesu: Weil Jesus der μεσίτης des Neuen Bundes ist, deswegen ist die Verheißung zuverlässig[8]? Oder nimmt es zurückweisend (so 2,1) den Gedanken von V 14 wieder auf und hebt das *Fundament* der Mittlerschaft hervor: Aufgrund seines überlegenen Selbstopfers ist Jesus μεσίτης des Neuen Bundes[9]? Erklärung 15a

110f und Attridge 253f. Für den engen Verbund der Abschnitte spricht auch, daß der Hebr zwischen Nomos (= Ordnung) und Diatheke kaum unterscheidet (7,11.18f). Vgl. Luz, Der alte und der neue Bund 329 Anm. 38; Gräßer, Der Alte Bund 98–100.

3 Vgl. Gräßer, ebd. 98–100; Lohse, Märtyrer 177.

4 Zur ausgefeilten »structure interne« vgl. Vanhoye, Structure 151–154. Zur »unité structurelle« des Gesamtabschnittes 9,11–28 s. Dussaut, Synopse 77–79.

5 Delitzsch 402f; vgl. Theißen, Untersuchungen 72. Für Dussaut, Synopse 74 ist V 15 eine eigene »dritte Perikope« neben 9,11f und 9,13f, während er 9,16–23 als »segment central« bezeichnet.

6 Windisch 80; vgl. Attridge 253; J.-P. Michaud, Le passage de l'ancien au nouveau, selon l'Épître aux Hébreux, ScEs 35 (1983) 38–40.

7 Διὰ τοῦτο ὅπως = διὰ τοῦτο ἵνα in Joh 1,31; 2Kor 13,10; 1Tim 1,16; Phlm 15. Vgl. Bauer, Wb 362 (B.II.2.).

8 So vielleicht schon Oecumenius, PG 119, 378C; in der Neuzeit Bleek-Windrath 366; Moffatt 126; Héring 86; Kuß 119; Spicq II 261; Rose, Verheißung 79 Anm. 98 u.a.

9 Mehrheitsexegese. Seit Theophylact, PG 125, 308B z.B. Luther, WA 57/3, 51; de Wette 523; Lünemann 294; Delitzsch 403; Weiss 228; Westcott 263; Seeberg 102; Riggenbach 270; Braun 272; Attridge 254 u.a. Für Weiß 475f ist διὰ τοῦτο »rückverweisend und vorverweisend zugleich«. Möglich!

Ersteres ist zwar grammatisch möglich[10]. Aber die Gedankenlogik seit 8,3 spricht für die zweite Möglichkeit: Weil Jesu Selbstopfer die gültige τελείωσις, d.i. die Beseitigung der Sünden durch Reinigung der συνείδησις, verwirklicht hat[11], gilt von ihm, daß er die neue, sündentilgende Diatheke (8,12; vgl. 10,17) »mittlerisch zustande bringt«[12].

Διαθήκης καινῆς μεσίτης (vgl. 12,24) kennen wir bereits aus 8,6. Dort ist διαθήκη der aufgrund des ergangenen Verheißungs*wortes* rechtlich »festgesetzte« Bund (vgl. den verbalen Ausdruck μεσιτεύω ὅρκῳ *mit einem Eid verbürgen* 6,17 und dazu I 379 mit Anm. 52), hier ist διαθήκη *Voraussetzung* für den Empfang des Verheißungs*gutes*[13]. An beiden Stellen aber ist die Diatheke fest mit dem eschatologisch ausgerichteten ἐπαγγελία-Begriff sowie mit dem Priesterdienst verknüpft, so daß gilt: »Verheißung und Priesterdienst machen das Wesen der Diatheke aus«[14]. Diese Diatheke wird jedoch vom Hebr nicht *in facto esse*, sondern *in fieri* betrachtet. Sie ist ein »Verheißungsstatut« und kann ähnlich wie das Wort Verheißung den »Weg« wie das »Ziel« bezeichnen[15]. Daß es zustande kam, ist das Werk Jesu. Der dafür gewählte μεσίτης-Begriff (in 8,6 und hier) streicht ebenso wie der ἔγγυος-Begriff in 7,22 (s. dort)[16] den Rechtscharakter der Diatheke zusätzlich und überaus deutlich heraus. Der Mittler-Begriff dient dem Hebr als »Bezeichnung einer Rechtsgarantie«, die Jesus für die Glaubenden hinsichtlich der Beschaffung und Aneignung des Heils[17], also in der Spannung zwischen schon erfüllter und noch ausstehender Verheißung, übernimmt. Die schon erfüllte Verheißung ist die Sündenvergebung als einmaliges und endgültig abgeschlossenes Geschehen (9,26; 10,17f)[18]. Die noch ausstehende Verheißung ist die αἰώνιος κληρονομία (s. im folg.). Die diesbezügliche Mittlerschaft Jesu, seine *Garantieübernahme*, gründet in seiner »médiation sacerdotale«[19], die von V 16 an genauer beschrieben wird.

Mittler Karl Barth lehrt: Weil die *Versöhnung* des Menschen mit Gott »in Ihm« geschehen ist, deswegen ist Jesus selbst, »seine Existenz, diese Versöhnung, ist er der Mittler und Bürge des Bundes. Er ist sein *Mittler*, indem er ihn von Gott zum Menschen und vom Menschen zu Gott hin vollstreckt. Er ist sein *Bürge*, indem er ihn als authentischer

10 Dafür wird gerne auf Xenoph Cyrop 2,1,21 und Joh 5,16.18 (διὰ τοῦτο … ὅτι) verwiesen. Aber bei Xenoph sind διά c. acc. und ὅπως gar nicht unmittelbar miteinander verbunden: Berényi* 108f; Weiß 475 Anm. 6. Zum Problem vgl. Swetnam* 386.

11 Vgl. Rose, Verheißung 79.

12 Seeberg 102. Vgl. dazu bes. Vanhoye, Prêtres anciens 197, der die Textstruktur für dieses Verständnis geltend machen kann. Ihm folgt Berényi*, bes. 110–112.

13 Vgl. Rose, Verheißung 78f.

14 Vgl. Schierse, Verheißung 138 (dort gesperrt gedruckt).

15 Ebd. 139; vgl. Käsemann, Gottesvolk 19.

16 Zur Äquivalenz der Begriffe vgl. Becker, TBLNT I 163f; Roloff, 1Tim, EKK XV 122.

17 Becker, TBLNT I 164.

18 Schierse, Verheißung 141.

19 Berényi* 112.

Zeuge – sich selbst bezeugend! – in seiner Existenz *bestätigt, bewährt, offenbart,* indem seine Erfüllung in ihm *gegenwärtig* ist, *leuchtet, gilt, wirksam* ist«[20].
Um so mehr fällt die Zurückhaltung des NT hinsichtlich des Mittlerbegriffes auf. Im strengen Sinne des Wortes kommt er nur noch 1Tim 2,5 vor, während daneben noch von Mose als Mittler des Gesetzes abwertend die Rede ist (Gal 3,19.20)[21]. Dahinter mag das radikal gedachte Gnadenhandeln Gottes stehen: Es gibt vom Menschen her nichts zu vermitteln – außer durch Jesus[22]. Aber auch das muß paradox formuliert werden: »Jesus ist gerade so der Mittler zwischen Gott und Menschen, daß er nicht den Mittlergedanken schlechthin erfüllt, sondern jedem auch nur denkbaren Mittlertum seine Heilsbedeutung endgültig genommen hat«[23]. In der ältesten nachneutestamentlichen Literatur fehlt der Mittler-Begriff fast völlig. Abgesehen von ActAndr 2 (μεσιτεία) kommt er erst bei Clem Al Paed III 1,2,1 (GCS 12, 236,28) wieder vor, das Verb Prot XII 122,3 (ebd. 86,11). Gegenüber der starken mittlerischen Funktion der *Kirche* im Katholizismus besinnt sich die reformatorische Theologie wieder auf den »einigen Mittler« Christus (z.B. Conf Aug XX). Nach der Periode des Rationalismus und Liberalismus greift dann die Theologie im 20. Jh. auf den *mediator* als »Kennwort« ihrer Neubesinnung zurück, so z.B. Emil Brunner, der in seinem Buch »Der Mittler« (1927) unter Ehrenrettung Anselms den Sühnopfergedanken und das Strafleiden Christi positiv aufnimmt[24].

Der mit ὅπως eingeleitete Finalsatz formuliert das Ziel der médiation sacerdotale: »die Berufenen (sollen) die Zusage des ewigen Erbes erhalten«[25]. Der 15b
in diesen Hauptsatz eingelegte, das διὰ τοῦτο entfaltende Partizipialsatz θανάτου γενομένου κτλ.[26] nennt den Ermöglichungsgrund jener kategorischen Aussage: Der Antritt des Erbes hängt von der Sündenvergebung ab, die wiederum nicht möglich ist ohne einen Tod. Auffällig ist, daß jetzt sozusagen standesamtlich von Jesu Tod geredet wird, nämlich vom *Eintritt* seines Todes (θανάτου γενομένου *nachdem der Tod eingetreten, er gestorben war*[27]). Und auch die kerygmatische Formel ὑπὲρ ἡμῶν (z.B. 6,20; vgl. 2,9; 9,24d) wird vermieden. Statt dessen steht finales εἰς (wie 4,16; vgl. 10,39), das die *Wir-*

[20] KD IV/1 149f; vgl. auch ebd. 133–140, wo die grundsätzliche Problematik de officio Christi mediatorio abgehandelt wird. Zur christologischen Karriere des mediator-Begriffes wäre z.B. auf Calvin zu verweisen, bei dem er zum Angelpunkt der Christologie wird. Vgl. O. Weber, Grundlagen der Dogmatik II, Neukirchen-Vluyn ^{7}1987, 184 mit Anm. 4.

[21] Vgl. Roloff, 1Tim, EKK XV 121f.

[22] Rengstorf, RGG^{3} IV 1065 sieht die Zurückhaltung in dem von Haus aus juristischen Charakter des Begriffes begründet. Oepke, ThWNT IV 629,1f will aus dem Fehlen des Mittler*begriffs* keine Schlüsse auf das Fehlen der *Sache* ziehen.

[23] Becker, TBLNT I 164.

[24] E. Brunner, Der Mittler, Zürich ^{2}1930, 396ff.428.437; vgl. H. Graß, Emil Brunner (1889–1966), in: M. Greschat (Hg.), Theologen des Protestantismus im 19. und 20. Jahrhundert II, 1978 (Urban-TB 285), 351; Oepke, ThWNT IV 628f. Zur »Christologie des Mittleramtes« vgl. G. Ebeling, Dogmatik des christlichen Glaubens II, Tübingen ^{3}1989, 27–30; K. Barth, KD IV/1 133–140.346.

[25] Übers. Braun 271.

[26] Vgl. Delitzsch 407.

[27] Bauer, Wb 317 (I.3.a.).

kung, den *Erfolg* bzw. die *Folge* bezeichnet[28]. Diese juristisch-nüchterne Sprechweise erklärt sich leicht als Vorausschau auf den unmittelbar angeschlossenen Vergleich aus dem profanen Erbrecht, in dem der Tod des Testators die entscheidende Rolle spielt (V 16f)[29].

Als Anwärter des auf diese Weise sichergestellten eschatologischen Erbes gelten die κεκλημένοι. Hinter dieser Umschreibung der Christen steht das *verbum efficax* καλέω, das im Neuen Testament t.t. für den Heilsvorgang überhaupt ist[30]. Ja, »die Christen sind die κεκλημένοι schlechthin«, wie ein Blick auf 3,1 (s. I 159); 11,8 (Abraham als ihr τύπος ist καλούμενος); 1Petr 2,9.21; 3,9; 2Petr 1,3; Offb 19,9 zeigt[31]. Für den Hebr ist der Blick auf die Väter wichtig (6,13–18; 11,7.8.9.13). Sie veranschaulichen die mit der Berufung gesetzte eschatologische Spannung: gerettet auf Hoffnung (vgl. Röm 8,24)[32]. Der Hebr erfaßt diese Spannung mit dem Begriff ἐπαγγελία ... τῆς αἰωνίου κληρονομίας. In dieser Wendung ist die κληρονομία mit der ἐπαγγελία verknüpft und nicht mit den κεκλημένοι, wie die Vg. versteht: qui vocati sunt aeternae hereditatis[33]. Weil das Erbe Gegenstand *eschatologischer* Erwartung ist, wird von ihm ganz sachgemäß als von einer αἰώνιος κληρονομία geredet[34]. Dabei ist mit αἰώνιος wiederum wie bei der »ewigen Erlösung« (9,12) nicht so sehr die Dauer als vielmehr die Qualität betont. Man hat das »ewige Erbe« von 11,8 her zu interpretieren, wonach die κληρονομία in einem Besitztum (τόπος) in der »Ruhe« besteht[35], d.h. sie ist das endgültig zugeteilte Besitztum, die himmlische πατρίς (11,14) und πόλις (11,10; 13,14), die Feier des σαββατισμός (4,9) im himmlischen Jerusalem als »abschließende Vollendung der ἐπαγγελία«[36]. In dieses Erbe kann niemand eintreten, es sei denn, daß die trennende Sündenschranke beseitigt ist. Ebendies bewirkte Jesu Tod, der εἰς ἀπολύτρωσιν τῶν ἐπὶ τῇ πρώτῃ διαθήκῃ παραβάσεων geschah.

28 Ebd. 462 (4.e.); zur Überschneidung des finalen mit dem konsekutiven Aspekt vgl. Oepke, ThWNT II 427,42–49.

29 Vgl. Braun 272.

30 Vgl. Schmidt, ThWNT III 490,7f.

31 Ebd. 489,40; s. I 284f. Daß die Berufenen *Judenchristen* sein müßten (wegen der Erwähnung der »Erlösung von den Übertretungen unter dem ersten Bund«), trifft also nicht zu; es sind die μέλλοντες κληρονομεῖν σωτηρίαν (1,14). So richtig Holtzmann, Theologie II 321. S.u. S. 171 mit Anm. 50.

32 So Foerster, ThWNT III 785f und bes. Käsemann, Gottesvolk 17–19; Schierse, Verheißung 140.

33 Gegen viele, neben der Vg. z.B. auch Luther, WA DB 7, 364/365; Vanhoye, Dt. Übers. 22 u.a. Vgl. Foerster, ThWNT III 785 Anm. 39; Braun 273; Rose, Verheißung 79 Anm. 98; Weiß 477 Anm. 11.

34 Vgl. Sasse, ThWNT I 209.

35 Vgl. Käsemann, Gottesvolk 16 Anm. 3. Zur Korrespondenz von Verheißung und Erbe s. noch 6,12; 11,9 und I 200f; ferner Rose, Verheißung 79f.

36 Käsemann, Gottesvolk 19, vgl. 18.

Ἀπολύτρωσις, ein biblisch seltenes Wort (1mal LXX, 10mal NT)[37], gehört nicht zu den Hauptbegriffen der urchristlichen Verkündigung und ist – wo es vorkommt – etymologisch unscharf geworden. Ursprünglich bezeichnet es die Freilassung gegen Lösegeld (λύτρον), z.B. von Kriegsgefangenen (Diod S frag. 35,5,3; Plut Pomp 24,4 [I 631b]), Sklaven (ep Ar 12; 33; Jos Ant 12,27; Inschr von Kos[38]; Philo, Prob 114) und von zum Tode verurteilten Verbrechern (s. zu Hebr 11,35)[39]. An unserer Stelle kann *Freilassung* nicht gemeint sein. Denn »Sünden werden nicht freigelassen«. Also ist an *Erledigung, Vergebung* zu denken[40]. Für den Hebr ist ἀπολύτρωσις demnach ein anderes Wort für ἄφεσις (9,22; 10,18; vgl. Röm 3,24; Eph 1,7; Kol 1,14)[41]; damit ist nicht viel anderes gemeint als die λύτρωσις von 9,12[42]. Im Unterschied zu allen anderen ἀπολύτρωσις-Stellen im NT *kann* hier sogar die Lösegeldvorstellung hereinspielen (Jesu Tod als λύτρον), zumal rechtliche und kultische Vorstellungen sich mischen[43]. Der Tod Jesu hat den Zweck oder die Wirkung (γίνεσθαι εἰς), daß die vorchristlichen *Übertretungen* (παραβάσεις)[44], die *zur Zeit* (ἐπί)[45] der ersten Diatheke geschehen sind (vgl. Röm 3,25), bei der Bekehrung (Taufe) vergeben werden[46]. Bei der Übersetzung »*im* ersten Bund« (EÜ) legt man entgegen der Absicht des Hebr den Täterkreis einseitig auf die Juden(christen) fest[47]. Unser Verf. sagt aber ohne jede Differenzierung, daß der Tod Jesu seine sündentilgende Kraft »rückwirkend auf die Generationen der Vergangenheit« ausübt[48] und so den Berufenen, das sind die Christen (3,1) und die Glaubenden Israels in vorchristlicher Zeit, die »nicht ohne uns vollendet werden sollten« (11,40)[49], das ewige Erbe sichert. Der Ausdruck ἐπὶ τῇ πρώτῃ διαθήκῃ hebt also bloß auf eine Epoche soteriologischen Ungenügens ab, tangiert aber in keiner Weise die Adressatenfrage unserer Mahnrede[50]. Indes ist die singuläre Ausdrucksweise »Erlösung von den zur Zeit der ersten Diatheke geschehenen Übertretungen« in ganz anderer, zweifacher Hinsicht bemerkenswert: (1) Anders als Paulus (und Jer 31) erfaßt der Hebr das Wesen der beiden Diatheken mit Hilfe kultischer Vorstellungen, genau-

ἀπολύτρωσις

37 Dan 4,34; Lk 21,28; Röm 3,24; 8,23; 1Kor 1,30; Eph 1,7.14; 4,30; Kol 1,14; Hebr 9,15; 11,35. Denis, Concordance 12 meldet 2 Vorkommen; Kraft, Clavis 56: Fehlanzeige.

38 Deißmann, LO 270–287, bes. 278 Anm. 2: Die urkundliche Aufzeichnung der sakralen Freilassung darf erst dann geschehen, wenn die Priester den Vollzug des dabei zu bringenden Opfers gemeldet haben.

39 Vgl. Wilckens, Röm I, EKK VI/1 189f.

40 So Büchsel, ThWNT IV 357,13–17.

41 Vgl. Riggenbach 272 Anm. 42; Schneider, ThWNT V 737; Lohse, Märtyrer 177 Anm. 3.

42 Ähnlich kann Philo, SpecLeg 1,215 von der ἀπόλυσις von allen Sünden und Gesetzlosigkeiten sprechen.

43 Vgl. Büchsel, ThWNT IV 354,1–5; 358,11–14; s. B. Janowski, Auslösung des verwirkten Lebens. Zur Geschichte und Struktur der biblischen Lösegeldvorstellung, ZThK 79 (1982) 25–59.

44 Der Begriff schon 2,2 (s. I 104 mit Anm. 38).

45 Ἐπί mit temporaler Bedeutung auch 9,26; Eph 4,26; 2Makk 2,8; vgl. Bauer, Wb 583 (II.2.). Statt der Zeit kann es hier kaum (wie sonst häufig) den *Grund* angeben (BDR § 235,2 mit Anm. 3; so z.B. Chrysostomus, PG 63, 123; Cramer, Cat 225; Luther, WA 57/3,210f; Bengel 898; v. Soden 65; Spicq II 261 u.a.). Denn daß die erste Diatheke das Sündigen besonders nahegelegt hätte, ist nach 4,2 ausgeschlossen. Die Möglichkeit zum Gehorsam war damals wie heute gleich.

46 Die Verbindung von Erlösung und Sündenvergebung steht z.Z. des Urchristentums in einem traditionell festen, liturgischen Rahmen (Kol 1,14; Eph 1,7; Röm 3,24f). Sie ist bei Deuterojesaja vorgegeben (Jes 43,22–28; 44,21f; 48,9f; 50,1–3; 54,6–8; 55,7). Vgl. Wilckens, Röm, EKK VI/1 189 mit Anm. 521.

47 So z.B. Riggenbach 272.

48 Lünemann 295f.

49 Vgl. Rose, Verheißung 79.

50 Daß sie gleichwohl zu 9,15 immer wieder intensiv diskutiert wird (Beispiele bei Braun 272), ist dann unnötig.

er: in der rituell geordneten Sündensühnung[51], und unterstreicht so noch einmal, daß der Skopos des Christusereignisses der καθαρισμὸς τῶν ἁμαρτιῶν (1,3) ist. Der Sache nach versteht er die διαθήκη als »Bundesordnung«, welche die rechtlichen und kultischen Beziehungen zwischen Gott und seinem erwählten Volk regelt[52]. (2) Trotz der mit dem ἐπαγγελία-Begriff rezipierten urchristlichen Geschichtsanschauung (das Heil ist gegenwärtig und zukünftig zugleich) ist die Paradoxie der eschatologischen Existenz (6,4f) nicht festgehalten. Wenn die Taufe als Reinigung des Gewissens die Vergebung der früheren Sünden meint, wenn der Zeit des ersten Bundes die des zweiten konfrontiert wird, in der die Lösung jener Sünden geschieht, »damit die Berufenen die *Verheißung* des ewigen Erbes empfangen« (9,15), dann ist das Heil nicht mehr in der Vorausnahme des künftigen Äons gegenwärtig, sondern in der zur »Zwischenzeit«[53] gewordenen Gegenwart ist es wieder wesentlich zukünftig geworden (13,14). Die Spannung des »Schon« und »Noch-nicht« ist damit verblaßt[54]. Das vor allem erkärt »den paränetischen Akzent«, den die Ausführungen des Hebr durchweg und 9,15 im besonderen haben: Christen sind *berufen* zu einem ewigen Erbe, das *verheißen*, aber noch nicht erfüllt ist[55]. Das Durchhalten bis zum Ende (3,14) wird daher zur christlichen Kardinaltugend (10,35f), die einzuschärfen alleinige Absicht der spekulativen Kulttheologie unseres Verf.s ist[56].

β *Die Notwendigkeit des Todes Jesu: Beweis aus dem Erbrecht 9,16–17*

Erklärung 16–17

Mit einem »logische(n) Seitensprung«[57] von der jüdisch-heilsgeschichtlichen בְּרִית hin zum hellenistisch-erbrechtlichen *testamentum* hofft der Hebr dadurch ein überzeugendes Argument für die Notwendigkeit des Todes Jesu beizubringen, daß er einen allgemeinen Erfahrungssatz geltend macht: »Wo nämlich ein Testament wirksam werden soll, da muß der Nachweis über den Tod des Erblassers erbracht werden« (V 16)[58]. In rhetorischer Hinsicht hat dieser Beweisschritt den Charakter der *similitudo* (παραβολή)[59]. Möglich macht

[51] Vgl. Behm, ThWNT II 135,18–21, der auf Holtzmann, Theologie II 325f verweist. Letzterer hebt die unterschiedliche Verhältnisbestimmung der beiden Diatheken hervor: Bei Paulus »treten sich alter und neuer Bund gegenüber wie Gesetz und Evglm, Buchstabe und Geist, Knechtschaft und Kindschaft, in Hbr dagegen wie Vorbild und Urbild, Andeutung und Verwirklichung, Schattenriß und Vollendung, sinnliche Hülle und geistiger Kern, diesseitige Welt und zukünftige Welt, Erde und Himmel« (326). Eine korrekte Beschreibung!

[52] Vgl. den Exkurs nach 9,26 bei Windisch 86f; s. ferner Käsemann, Gottesvolk 11–19.

[53] H. Windisch, Taufe und Sünde im ältesten Christentum bis auf Origenes, Tübingen 1908, 297 z.St.: »Eine Zwischenzeit fügt sich freilich ein: das Erbe kann auch jetzt nur verheißen werden.«

[54] Vgl. Bultmann, Theologie 517–519; Gräßer, Glaube 161f.

[55] Vgl. Lohse, Märtyrer 177 Anm. 7. Über den diesbezüglichen »Sinn der ἐπαγγελία« im Hebr handeln eindrücklich Käsemann, Gottesvolk 11–19; Schierse, Verheißung 133–141 und Rose, Verheißung passim.

[56] Vgl. Kuß, Der Verfasser passim.

[57] J. Behm, Der Begriff ΔΙΑΘΗΚΗ im Neuen Testament, Leipzig 1912, 96; vgl. Braun 273.

[58] Übers. Wilckens, Neues Testament 794.

[59] Vgl. Lausberg, Handbuch § 422–425. Zu den *exempla ex iure* finden sich gute Beispiele bei Quint Inst Orat 5,11,32–35.

den »Vergleich aus dem menschlichen Leben«[60], den sich schon Paulus mit anderer Beweisabsicht, aber in analoger Weise zunutze gemacht hat (Gal 3,15–18)[61], eine sprachliche Brücke bzw. (rhetorisch-technisch) eine *reflexio* oder ἀντανάκλασις[62], die trotz des völlig verschiedenen traditionsgeschichtlichen Hintergrundes (διαθήκη einerseits Äquivalent von בְּרִית, andererseits i.S. von *testamentum*) den theologischen Gebrauch des einen hin zum rechtsterminologischen des anderen transparent sein läßt[63]: Als t.t. der Rechtssprache treffen sich lateinisches *testamentum/testari* und διαθήκη/διατίθεμαι *testamentarische Verfügung / letztwillig, von Todes wegen bestimmen, vermachen*[64]. Der Hebr macht sich zunutze, daß διαθήκη Übersetzungswort von בְּרִית und Rechts-t.t. ist, um zu zeigen, daß der Neue Bund ohne den Tod Christi nicht hätte rechtskräftig und damit heilswirksam werden können. Schlüssig wäre sein Beweisgang allerdings erst, wenn es hieße, daß *Gott* als der eigentliche Erblasser (vgl. 6,13; 10,23: ὁ ἐπαγγειλάμενος) gestorben sei[65]. Tatsächlich ist dieser Gedanke inkludiert. Das *cur Deus homo* von 2,5–18 wird hier fortgeführt bis zu der die Gemeinde anfechtenden Antwort: um am Kreuz zu sterben[66]. Aber gerade an diesem Tod haftet das Prädikat der Notwendigkeit (ἀνάγκη)[67]. Denn ohne Tod gibt es überhaupt keine rechtskräftige Diatheke, die das eigentliche Beweisziel unseres Verf.s ist (V 18–22).

Wirkungsgeschichtlich hat der rechtsterminologische Gebrauch von διαθήκη in 9,16f einige Bedeutung. Wenn hier das Kreuzesereignis als die Mitte aller ntl.

[60] Vgl. Gal 3,15: κατὰ ἄνθρωπον λέγω; Chrysostomus, PG 63, 123: ἐκ περιουσίας. Vgl. Behm, ThWNT II 134,25f.

[61] Vgl. Gräßer, Der Alte Bund 56–69 (Lit.!); H.D. Betz, Der Galaterbrief, München 1988, 278–288; Swetnam* 384–386; B. Witherington III, The Influence of Galatians on Hebrews, NTS 37 (1991) 146–152: 147; Hughes* passim (Lit.!).

[62] Vgl. Lausberg, Handbuch § 663f; Attridge 255.

[63] Vgl. dazu Gräßer, Der Alte Bund 2–7. Für Riggenbach 273 »besteht kein logischer Zusammenhang, wenn διαθ(ήκη) v. 15 eine andere Bedeutung hat als in v. 16f.«. Aber für die Beweisabsicht des Hebr genügt die *similitudo*.

[64] Διατίθεμαι in diesem Sinne seit Plato und bei Aristoph Av 440 und auf Papyri. Die Belege bei Behm, ThWNT II 105 und Kutsch* 51.53. Zum griechischen Recht vgl. R. Taubenschlag, The Law of Graeco-Roman Egypt in the Light of the Papyri, 332 B.C. – 640 A.D., Warschau ²1955, 190ff; O. Eger, Rechtswörter und Rechtsbilder in den paulinischen Briefen, ZNW 18 (1917/18) 84–108; zum jüdischen Recht vgl. E. Bammel, Gottes ΔΙΑΘΗΚΗ (Gal. III. 15–17) und das jüdische Rechtsdenken, NTS 6 (1959/60) 313–319; Bill. III 545–553; zum römischen Recht vgl. M. Kaser, Das römische Privatrecht I, ²1971 (HAW X/3,3,1), § 160–165. Zur Erbschaft *inter vivos*, die es auch gab, vgl. H.J. Wolff, Hellenistic Private Law, in: S. Safrai / M. Stern (Hg.), The Jewish People in the First Century I, 1974 (CRINT I/1), 543; Hughes* 61–63.

[65] Zu den Widersprüchen, in die sich der Hebr verstrickt (in V 18 z.B. ist διαθήκη = *testamentum* gar nicht durchzuhalten, ja, durch ἐγκαινίζειν geradezu ausgeschlossen), vgl. Behm, ThWNT II 134. Das heißt freilich nicht, daß der »Seitensprung« den Gedankengang eher gehemmt als gefördert habe. Gegen Behm, ebd. 134,37–39.

[66] Für Kuß ist das der »theologische Grundgedanke« des Hebr (Aufsatztitel).

[67] Zum Begriff s. H. Schreckenberg, Ananke. Untersuchungen zur Geschichte des Wortgebrauchs, 1964 (Zetemata 36).

Theologien[68] so klar und eindeutig als »letztwillige Setzung, Verfügung«[69], ja als »Erbverfügung« (*testamentum*) verstanden wird, so hat es von daher sein sachliches Recht, den zweiten Teil des christlichen Kanons »Neues Testament« zu nennen. Wenigstens die Sachgemäßheit dieses Titels bleibt von dem ohnehin fruchtlosen Streit um die richtige Übersetzung von בְּרִית/διαθήκη unberührt[70].

16 Das logisch (nicht örtlich) gemeinte ὅπου (auch 10,18) leitet wie sonst einen
Vordersatz ein, der den Umstand nennt (hier: διαθήκη)[71], der das zur Folge
hat, was der Nachsatz nennt (hier: θάνατον ἀνάγκη [erg. ἐστίν][72] φέρεσθαι
τοῦ διαθεμένου)[73]. Also: »Wo ein Testament vorliegt, muß notwendigerwei-
se der Tod des Testators beigebracht werden«[74]. Durch den gezeigten doppel-
deutigen Gebrauch, den der Hebr vom Begriff διαθήκη macht – einen heils-
geschichtlich-theologischen in V 15 und einen profan-erbrechtlichen in V
16f[75] –, avanciert der »Mittler« von V 15 zum *testator*[76] und das Vermittelte
(καινὴ διαθήκη) zur »Erbverfügung«[77], deren Rechtswirksamkeit in der Re-
gel vom Tod des Erblassers abhängt. Das begründende γάρ zielt auf die Not-
wendigkeit dieses Todes, der hier stärker noch als in V 15 *juristisch* ausge-
drückt wird, vor allem im epexegetischen (γάρ) Nachsatz V 17, der sich wie
17 das Zitat einer erbrechtlichen Regel liest[78]: »Ein Testament ist ja nur bei To-
ten rechtsgültig[79], da es niemals (μήποτε) in Geltung ist, solange der Testator
(noch) lebt«[80]. Der Satz enthält auffallend viele juristische t.t.: ὁ διαθέμενος

[68] Vgl. U. Luz, Theologia crucis als Mitte der Theologie im Neuen Testament, EvTh 34 (1974) 116–141.

[69] Kutsch* 106.

[70] Vgl. Gräßer, Der Alte Bund 7.

[71] Ohne Artikel wie Gal 3,15.17. Die große Mehrheit der Exegeten übersetzt mit »Testament« (Hughes* 35 Anm. 26 nennt 31 Namen). Anders z.B. Seeberg 103 (»Verfügung«); Westcott 298–302; Hughes* 59 u.a. (»covenant«; Hughes* 35 Anm. 25 nennt 9 weitere Namen). – Zur Diskussion vgl. neben Hughes* bes. Swetnam* 373–380; W. Selb, Διαθήκη im Neuen Testament. Randbemerkungen eines Juristen zu einem Theologenstreit, JJS 25 (1974) 183–196, bes. 192–194; Vanhoye*, De instauratione passim; Attridge 255f; Weiß 478 Anm. 13.

[72] Zum Fehlen von ἐστίν bei unpersönlichen Ausdrücken s. BDR § 127,2 mit Anm. 3. Der Sinn: *es ist unvermeidlich, notwendig, man muß*. Vgl. Hdt 2,35; Ditt Syll^3 888,79, im NT z.B. Mt 18,7; Röm 13,5.

[73] Vgl. Bauer, Wb 1167f (2.a.); BDR § 106 Anm. 3.

[74] Übers. Braun 273.

[75] Vgl. Bleek-Windrath 368–373; Javet 99; Braun 273. Anders Riggenbach 273–276 u.a., die auch in V 15 διαθήκη mit »Testament« übersetzen. Der Nachweis von Hughes* 28–66, daß aus Gründen der Semantik und des Kontextes ein doppelter Sprachgebrauch nicht möglich sei, scheint mir nicht geglückt. Richtig Weiß 477f.

[76] Braun 273.

[77] Vanhoye, Der Brief an die Hebräer 22.

[78] So richtig Michel 318.

[79] Gemeint: es »wird rechtsgültig durch den Tod« (Übers. Michel 315). Durch die allgemeine Wendung ἐπὶ νεκροῖς wird die Anwendung auf Opfer im Folgenden möglich gemacht. Vgl. Braun 274.

[80] Die Kirchenväter, z.B. Oecumenius, PG 119, 379A; Theophylact, PG 125, 309B, aber auch Bengel 898; Delitzsch 410; Héring 86; Westcott 266 u.a. sowie BDR § 428 Anm. 5 lesen V 17b als Fragesatz, weil statt der objektiven Negation οὔποτε die subjektive μήποτε steht. Aber das ist weder grammatisch zwingend (s. Radermacher 212) noch dem Duktus der Aussage angemessen (Riggenbach 274 Anm. 48; Braun 274; Attridge 253 Anm. 2).

Erblasser[81] oder *Testator;* βέβαιος *gültig*[82] (vgl. βεβαίωσις *rechtliche Garantie* in 6,16 und λόγος βέβαιος *rechtskräftiger Nomos* in 2,2)[83]; ἰσχύειν *gelten, in Kraft stehen*[84] und φέρεσθαι *beibringen,* das die Lateiner mit *mors necesse est intercedat testatoris* umschreiben[85]. Der Tod des Erblassers muß rechtsgültig festgestellt sein[86]. Und erst die Testamentseröffnung nach seinem Tode führt zur Vollstreckung seines letzten Willens (vgl. NHC I/3 EvVer 20,15–27)[87], den er vorher natürlich jederzeit abändern kann.

Es paßt zum rationalen, schon öfter beobachteten Grundzug unseres Verf.s[88], wenn er eine erbrechtliche Überlegung als *Begründung* dafür heranzieht, daß der Tod Jesu die Inkraftsetzung der besseren Diatheke ist, deren Überlegenheit in der Sündenvergebung liegt. Von daher ist es so abwegig nicht, wenn Luther als Datum, an dem Christus »sein Testament gemacht hat«, das letzte Mahl mit seinen Jüngern nennt, besonders Mt 26,28, und dazu kommentierend anmerkt: Mit diesem testamentarischen Vermächtnis »vermacht er uns nicht die Schätze oder den Ruhm der Welt, sondern mit einem Male schlechthin alle Güter, d.h. . . . die Vergebung der Sünden und den Besitz des zukünftigen Reiches«[89].

γ *Die Notwendigkeit des Todes Jesu: Beweis aus der Schrift 9,18–22*

Übergangslos kehrt der Verf. vom rechtsterminologischen zum theologischen Gebrauch von διαθήκη zurück und stellt dem Testator-Beweis für die Notwendigkeit des Todes Jesu, der *probatio per auctoritatem legis humanae,* ein weiteres stützendes Argument dafür an die Seite, daß es ohne diesen Tod gar nicht zur Verwirklichung der καινὴ διαθήκη und damit 18–22

[81] Bauer, Wb 381 (3.) mit Hinweis auf POxy 99,9.15; Ditt Or 509,6.16; BGU 448,24; vgl. Moult-Mill 155f; E. Riggenbach, Der Begriff der διαθήκη im Hebräerbrief, in: FS Th. Zahn, Leipzig 1908, 292f.

[82] Preisigke, Wört I 262. Κύριος *gültig* ist synonym (Ditt Syll^3 712,28); vgl. Behm, ΔΙΑΘΗΚΗ (s.o. Anm. 57) 87 Anm. 4; Bauer, Wb 276 (2.); Spicq, Notes I 182f. Rabbinisches bei Bill. III 545–549.

[83] S. I 379 und 103 Anm. 27 sowie Schlier, ThWNT I 602, bes. 603. Auch Philo, Som 2,223 hat βέβαιος in Verbindung mit διαθήκη, die er jedoch unter stoischem Einfluß als geistige Verfassung versteht. Vgl. Heinemann/Adler, Werke 6, 263 Anm. 6.

[84] Preisigke, Wört I 704f. Als juristischer t.t. z.B. Diod S 2,33,1; Ael Var Hist 2,38; Ditt Syll^3 888,59.151; PTebt 286,7; Bauer, Wb 778 (4.); Braun 274.

[85] Zu φέρεσθαι als juristischem t.t. s. Demosth Or 58,22; Polyb 33,11,2; vgl. auch Joh 18,29; Apg 25,18; 2Petr 2,11 und Behm, ThWNT II 105,19f; 106,14f; 133f; Riggenbach 273 Anm. 44; K. Weiß, ThWNT IX 60,4–15; Bauer, Wb 1704 (4.a.β.); Braun 274. Anders Hughes* 65f, der φέρειν »in its cultic LXX sense« verstehen möchte. Aber ergibt das in Hebr 9,16 irgendeinen Sinn?

[86] Nicht der Tod des Opfertieres! Mit Braun 274 gegen A. Guest, The Word »Testament« in Hebrews IX, ET 25 (1913/14) 379; Kilpatrick, Διαθήκη (s. Lit. zu 8,1–13) 263–265.

[87] S. Giversen, Evangelium Veritatis and the Epistle to the Hebrews, StTh 13 (1959) 87–96; Bruce 221–224.

[88] S. I 126 und v. Dobschütz, Rationales und irrationales Denken passim.

[89] WA 57/3, 212,13–15 (Übers. G. Helbig, Martin Luther. Vorlesung über den Hebräerbrief 1517/18, Leipzig 1930, 117).

zum Empfang der wahren Heilsgüter hätte kommen können (*probatio per auctoritatem legis divinae*)[90]. Zur Veranschaulichung dient der Bundesschluß am Sinai (Ex 24,3–8). So gut wie für die zweite war auch für diese erste Diatheke ein Tod unerläßlich (V 18–20). Ja, für die λειτουργία überhaupt gilt, daß sie ohne rituelles Blutvergießen nicht rite vollzogen werden kann (sog. »Blutkanon«, V 21f)[91]. Es schließt also tatsächlich V 18–22 folgerichtig an V 11–14 an[92]. Dabei fungiert V 18 als vorgeschobene These (*propositio*), die in V 19–21 erläutert wird (*probatio*).

18 Die These ist mit der konsekutiv koordinierenden Konjunktion ὅθεν[93] engstens an V 16f angeknüpft: *Daher*, weil es sich so verhält, wie dort gesagt, ist auch die Sinai-Diatheke nicht ohne Blut eingeweiht worden. Bengel meint: »Der Ausdruck: ›*daher*‹ in unserer Stelle muß nicht so scharf genommen werden, als ob durch das Blut (oder den Tod) des Stifters auch das Alte Testament eingeweiht worden wäre; aber doch hat dieser Ausdruck etwas zu bedeuten, insofern er zu erkennen giebt, daß das Neue Testament, ja *sogar* auch das Alte, durch Blut habe eingeweiht werden müssen«[94]. An die Stelle der Juristensprache ist wieder die Kultsprache getreten. Wie 9,7 heißt es χωρὶς αἵματος, obwohl doch in Entsprechung zum Testator-Beweis χωρὶς θανάτου zu erwarten wäre, auch wegen des unblutigen Kreuzestodes Jesu. Aber αἷμα und θάνατος sind für den Hebr »wesentlich identische Begriffe«[95]. Daß wieder kultisch geredet wird, zeigt sich auch daran, daß statt von κυροῦν *ratifizieren, rechtskräftig machen* (vgl. Gal 3,15) von ἐγκαινίζειν *etwas Neues feierlich in Wirksamkeit treten lassen, einweihen* (hebr.: חדשׁ pi. bzw. חנךְ 2Chr 15,8; Num 7,10; 3Βασ 8,63; 2Chr 7,5) die Rede ist[96], also vom sakralen Ritus der Konsekration (z.B. Altar, Tempel, Heiligtum), die der Hebr sachlich als Einweihung des Bundes versteht[97]. Die Unausgewogenheit des Vergleiches, ja, auch logische Ungereimtheiten werden in Kauf genommen. Für die Zusammenstel-

[90] Thomas 436 (Nr. 450).

[91] Vgl. Braun 275.

[92] Vgl. Michel 318. Zur »structure interne« des Unterabschnitts V 18–22 s. Vanhoye, Structure 152.

[93] BDR § 451,6 mit Anm. 12. Dasselbe logisch folgernde ὅθεν im Hebr noch 2,17; 3,1; 7,25; 8,3 und 11,19. Vgl. Bauer, Wb 1126 (3.).

[94] 899 (Übers. Werner 660); vgl. Hughes* 33. Weil der rechtsterminologische Gebrauch von Diatheke zu dem theologischen hin offen ist, kann es ὅθεν *von daher* heißen (Gräßer, Der Alte Bund 98).

[95] Riggenbach 277; vgl. Theißen, Untersuchungen 72; Braun 275.

[96] Bleek II/2 569: »Das Verbum ist Alexandrinisch«. Vgl. Behm, ThWNT III 456,5f; North, ThWAT II 777; Bauer, Wb 434. Das Verb ist außerhalb der Bibel selten und kommt in der LXX 15mal, im NT nur hier und 10,20 vor (Spicq, Notes I 221f). Daß es an unserer Stelle im Perfekt steht, wird verschieden gedeutet: »Perfekt der Nachwirkung«, die Dauer der Institution (BDR § 342,2 mit Anm. 5; Braun 275; Weiß 479f Anm. 20) oder ihre biblische Gegebenheit betonend (Riggenbach 277 Anm. 51; Michel 318).

[97] Richtig Chrysostomus, PG 63, 124: τί ἐστιν, Ἐγκεκαίνισται; Βεβαία γέγονεν, ἐκυρώθη. Genauer noch erklärt Theophylact, PG 125, 309C: τοῦτ᾽ ἔστι, τὴν ἀρχὴν τῆς συστάσεως καὶ τῆς βεβαιώσεως ἔλαβεν. Vgl. Bleek II/2 569. Ἐγκαινίζειν steht biblisch sonst nie für die Bundesweihe, sondern, soweit mit kultischem Bezug, stets für die Konsekration. Daß der Hebr von dieser *spricht*, aber jene *meint*, zeigt, daß er Lev 16 (*Jom Kippur*) und Ex 24 (Bundesweihe) kombiniert. Vgl. D'Angelo, Moses 244.

lung zweier inkompatibler *probationes* genügt es unserem Verf., daß er durch die Inkraftsetzung des »ersten Bundes« mittels »Blut« an die Bedeutung des Sterbens im Testamentsgeschehen erinnert wird[98]. Und sicher ist es nicht in seinem Sinne, wenn man den logisch ungereimten Tod des Opfertieres (statt des Testators) als Ersatz oder Symbol für das Sterben des Erblassers deutet. Er ist ihm lediglich Hinweis dafür, daß zur Begründung einer Diatheke – sei's im profanen (*lex humana*), sei's im theologischen Bereich (*lex divina*) – notwendig immer ein Tod gehört[99]. Allein auf diesen Zusammenhang von Diatheke und Tod kommt es dem Hebr an. Denn damit kann er deutlich machen, daß (a) ein Wirkungszusammenhang zwischen Tod und Sündenvergebung besteht, daß darum (b) das Zeremoniell des Alten Bundes die schattenhafte Vorausabbildung des neuen ist[100] und daß (c) die die Sünde in ihrer Unheilsmacht endgültig aufhebende Sühne im Christusgeschehen, also die Neuheit des neuen Bundes, eschatologischer Art ist und im äonenwendenden Ereignis von Tod und Erhöhung Jesu gründet (13,20; vgl. 1,1–4)[101].

Zur Begründung wird in V 19f auf den alttestamentlichen Text zurückgegrif- 19-20
fen, der neben Jer 31,31–34 von besonderer Bedeutung für die Verwendung
von διαθήκη nicht nur im Hebr, sondern im Neuen Testament überhaupt geworden ist: Ex 24,7f[102].

Die beiden Verse gehören zu einer Szene, die allgemein als »Bundesschluß« Bundesschluß
verstanden wird (Ex 24,3–8), genauer: als Vertragsbund zwischen JHWH und Ex 24
Israel, mit Mose als Mittler und einem Ritual der Besiegelung[103]. Der Hebr greift darauf teils frei berichtend (V 19)[104], teils zitierend (V 20) zurück (vgl. Lev 14,4; Num 19,6) und erweitert die Blutapplikation nicht nur auf »das Buch« (V 19b), sondern auch auf »das Zelt und alle Geräte des Dienstes« (V 21), um sich schließlich den sog. »Blutkanon« zu eigen zu machen (V 22). Dieser als Pointe herausgestellte Kanon sowie die freihändigen Texterweiterungen lassen seine Interpretationsabsicht klar erkennen: Was von Hause ein »Verpflichtungsritus« ist, gibt er im Rahmen seines typologischen Schemas als einen »Reinigungs- und Entsündigungsritus«[105] zu verstehen. Auch der er-

[98] Hegermann 184; richtig Kutsch* 102: »Die Analogie zwischen Bild und Wirklichkeit liegt ... allein in dem ›nach dem Tode rechtskräftig‹.« Die holprige Beweisführung entschuldigt Bleek II/2 565: »Die größte Virtuosität in der dialektischen Kunst ist es ja nicht, was die Apostel zu Aposteln macht ...«

[99] Schulz 215 Anm. 21; vgl. Riggenbach 277; Laub 122f; März 58.

[100] Thomas 436 (Nr. 453): Omina enim in figura contingebant illis, I Cor. x,11. Vgl. Hughes* 29.

[101] Vgl. Gräßer, Der Alte Bund 111.

[102] Vgl. Kutsch* 27–46; ders., Art. Bund I. Altes Testament, TRE 7, 400,19–42.

[103] Hossfeld/Reuter, ThWAT V 938; zur literarkritischen Analyse s. L. Perlitt, Bundestheologie im Alten Testament, 1969 (WMANT 36), 190–203; zum theologischen Verständnis s. Kutsch* 27–37.

[104] Daß er mit seinen »targumartigen Abweichungen« (Schröger, Schriftausleger 170) anderen LXX-Stellen und frühjüdischer Tradition folgt (so schon Calvin, CR 83, 115f; Wettstein II 417), ist weniger wahrscheinlich. Vgl. Weiß 481.

[105] Kutsch* 104.

ste Bund ist »nicht ohne besprengungsweise zugeeignete Sühne des Bundesvolkes eingeweiht worden«[106]. Darin ist er Typos des Neuen Bundes: »Es geschah vorbildlich, was im N.T. gegenbildlich (!), wo auch das Blut Christi einerseits uns Gottes Gnade erwirbt und so das Erbe entbindet, andererseits uns mittelst Gewissensreinigung zum Eintritt in das Erbe befähigt«[107].

Bei der Bundeszeremonie in Ex 24 werden die Opfer nicht wie in Gen 15,10.17 und Jer 34,18–20 in Stücke zerschnitten[108], sondern nur ihr Blut wird benutzt. Mose teilt es in zwei Hälften, sprengt die eine Hälfte an den Altar (Ex 24,6b), die andere auf das Volk mit den Worten: »Siehe das Blut der *berit*, die JHWH mit euch festgesetzt hat gemäß allen diesen Worten« (Ex 24,8; vgl. Sach 9,11)[109]. Das bedeutet eine Fluchsetzung gegen die Israeliten für den Fall ihres Ungehorsams. Ausdrücklich haben sie zuvor nach der Verlesung des βιβλίον τῆς διαθήκης, der »Bundesurkunde« (סֵפֶר הַבְּרִית)[110], ihren Gehorsam gegenüber den Worten JHWHs bekräftigt (Ex 24,7b). Brechen sie ihn, soll ihr Blut vergossen werden, d.h. sie sollen den Tod erleiden. Daß diese Bundeszeremonie einen *Verpflichtungsritus* darstellt (vgl. Jub 6,2.11), wird durch rabbinische Äußerungen gestützt (MekhY zu Ex 19,11; LevR 6,5; NumR 9,47)[111]. Ein Teil der Targume allerdings hat das Zeremoniell vom Sühneritual des großen Versöhnungstages her gedeutet: TO und TPsJ bieten Ex 24,8aβ (»und er sprengte [erg.: das Blut] auf das Volk«) folgendermaßen: »Und er sprengte (es) auf den Altar zur Sühnung für das Volk«. Ähnlich auch MTann: »Und Mose nahm das Blut und sprengte es auf das Volk, auf den Altar im Namen des Volkes«[112]. Diese Targume haben den Blutritus von Ex 24,8 in einer Weise verändert, die ihn für die Ausformulierung der Abendmahlsparadosis (Mk 14,24 par Mt 26,28) und der Sühnetodtheologie des Hebr gefügig machte[113].

Die diesbezügliche Interpretation in Hebr 9,19f wird weniger im (veränderten) Zitat von Ex 24,8 als vielmehr im frei berichtenden und erweiternden Kontext greifbar.

19a Mit V 19a zieht der Hebr (aus dem Gedächtnis?) Ex 24,3a (»Mose kam und übermittelte dem Volk alle Worte und Rechtsvorschriften [δικαιώματα] des Herrn«) und 7a (»Darauf nahm er die Urkunde des Bundes [βιβλίον τῆς δια-

[106] Delitzsch 421.

[107] Ebd.

[108] Das Zerschneiden von Tieren und das Herschreiten zwischen ihnen veranschaulicht die Strafe, die die Verletzer des Bundes treffen soll. Vgl. Weinfeld, ThWAT I 790.

[109] Vgl. E. Kutsch, Das sog. »Bundesblut« in Ex XXIV 8 und Sach IX 11, VT 23 (1973) 25–30. Die Blutzeremonie beim Bundesschließen ist auch außerbiblisch belegt: Hdt 1,74; 3,8; 4,70; Aesch Sept c Theb 42–48 (dt. Text bei Kutsch* 30); Xenoph An 2,2,9. Vgl. Kutsch* 30f.

[110] Weinfeld, ThWAT I 794.

[111] Ausführlich dazu Kutsch* 32f.

[112] Textbelege und Übersetzungen bei Kutsch* 34f; vgl. auch Bill. III 741f.

[113] Vgl. Hegermann, EWNT I 722. Er verweist außerdem auf Philo, für den die Blutapplikation auf das Volk das volle Heil der Gottesgemeinschaft ermöglicht, und zwar entsprechend dem Sühnegeschehen am *Jom Kippur* (Quaest in Ex 2,33; Her 185). Vgl. auch Hegermann 184f.

ϑήκης] und verlas sie vor dem Volk«) zusammen. Die sich an beide Verse unmitttelbar anschließende Selbstverpflichtung des Volkes (»Alles, was der Herr gesagt hat, wollen wir tun« [Ex 24,3b.7b]) läßt er weg[114] und hebt durch seine Formulierung hervor, daß die Mitteilung jedes Einzelgebotes (πάσης ἐντολῆς)[115] nach dem Gesetz erfolgt ist (κατὰ τὸν νόμον)[116], die Israeliten also vollständig über ihre Verpflichtungen Gott gegenüber orientiert waren[117].

Der סֵפֶר הַבְּרִית (LXX: βιβλίον τῆς διαθήκης), den Mose verliest, ist die *Bundesurkunde* (der Begriff noch 2Kön 23,3.21). Inhalt des Buches sind »die Worte JHWHs« (Ex 24,4). Aus redaktionskritischen Erwägungen zu Ex 24,6–8 – der Abschnitt entspricht dtr Bundestheologie und dürfte von denselben Redaktoren stammen, die das gesamte Bundesbuch an ihrer heutigen Stelle eingefügt haben – nimmt man an, daß der Text, den Mose in die Bundesurkunde schreibt, Ex 20,22–23,33 ist, der »vornehmste (...) Gesetzestext der Sinai-Horeb-Theophanie«[118].

Gleichwohl ist unserem Verf. der Verpflichtungsritus Nebensache gegenüber der Hauptsache des Blutritus (V 19b.20), grammatisch sehr klar ausgedrückt durch den Wechsel von Partizip (λαληθείσης, λαβών) und Verbum finitum (ἐρράντισεν)[119]. Denn in diesem Blutritus vermag er gemäß seiner kulttypologischen Betrachtungsweise einen Vorausverweis (ὑπόδειγμα, V 23) auf das die Sündenmacht aufbrechende eschatologische Sühnegeschehen am Kreuz zu sehen. Mose, ähnlich agierend wie der Hohepriester am Jom Kippur, erscheint ihm wie dieser als »Typos des Christus«[120]. Das Verfahren entspricht dem in 3,1–6. Mit dem Schriftgebrauch macht der Hebr keine Aussage über die alte Heilsökonomie. Sondern mit der alten Heilsökonomie deutet er die neue[121]. Auch in seiner Hauptfunktion als Gesetzgeber ist Mose Diener εἰς μαρτύριον τῶν λαληθησομένων (3,5), wie λαληθείσης (V 19aα) und λέγων (V 20) zeigen[122]. Er bezeugt auch hier das, *was gesagt werden soll*: Ohne das Blut-

114 Ebenso Lokalität, Schreiben der Bundesurkunde, Altar und Opferakt (Braun 275).

115 P46 D* lesen πάσης τῆς ἐντολῆς *des ganzen Einzelgebotes* und verderben die Pointe: *jedes einzelne Gebot* (Bleek-Windrath 374; Braun 276). Zur ἐντολή s. 7,5.16.18.

116 ℵ* D2 𝔐 lassen den Artikel weg wie in 7,16; 8,4; 10,8.28. Aber die Lesart mit Artikel (wie in 7,5; 9,22) ist besser bezeugt (s. Apparat) und entspricht auch mehr dem Zusammenhang. Vgl. Riggenbach 277 Anm. 52; Braun 276. Zu νόμος s. 7,5.

117 Riggenbach 277 Anm. 52. Anders z.B. Delitzsch 414, für den κατὰ τὸν νόμον zu λαληθείσης gehört: Mose redete »gesetzgemäss, gemäss dem auf Sinai vernommenen Gesetze«. Kaum!

118 Hossfeld/Reuter, ThWAT V 938.

119 Vgl. Braun 275.

120 Hegermann 184; vgl. auch D'Angelo, Moses 243–249.

121 Vgl. Gräßer, Mose (s. Lit. zu 3,1–6, I 156) 301.304. Zum Schriftgebrauch überhaupt s. Gräßer, Hebräerbrief 204–214.

122 Delitzsch 414 betont richtig, daß λαλεῖν im Hebr »das übliche Wort von göttlicher Selbstbezeugung und offenbarungsgemässer Verkündigung« sei. Zu λαλεῖν s. auch I 50f und 228–230.

opfer Christi gibt es keine Erlösung (ἄφεσις, V 22b). Das rettende »Für uns« seines Sterbens ist hier vorausverkündet[123].

19b Im folgenden achten wir besonders auf die Elemente, die über die Exodus-Erzählung hinausgehen oder von ihr abweichen. Hier, in der freien Wiedergabe des Berichteten[124], wird man bei einem gewandten Rhetor am ehesten die Akzente finden, die er setzen möchte.

Wo die LXX nur das Blut der μοσχάρια (hebr.: פָּרִים *Rinder*) nennt (Ex 24,5f), redet unser Verf. vom »Blut der Jungstiere (und der Böcke)«. Das könnte als Gesamtbezeichnung aller blutigen Opfer gemeint sein, so wie δῶρά τε καὶ θυσίαι (5,1; 8,3) als zusammenfassende Bezeichnung der Opfer insgemein gebraucht wird[125], oder – falls die zusätzliche Nennung der τράγοι ursprünglich sein sollte[126] – der Verf. hat an 9,12.13; 10,4 angeglichen und damit bewußt auf das Ritual des großen Versöhnungstages (Lev 16,11–14.15f) angespielt[127]. Daß Mose Blut zusätzlich mit Wasser (wohl zur Verdünnung), scharlachfarbener Wolle (zum Festhalten der Flüssigkeit) und Ysop (als Wedel?, vgl. Num 19,18; Philo, SpecLeg 1,262) versprengt (ἐρράντισεν)[128], ist allerdings weder von dort noch aus Ex 24 zu erklären.

Es dürfte sich um eine aus dem Gedächtnis vorgenommene Zusammenfassung aller kultischen Sprengungen handeln, von denen das Alte Testament weiß: mit *unvermischtem Wasser* (Entsündigungswasser zur Weihe der Leviten, Num 8,7), mit einer *Mischung von Wasser und Blut* (bei Aussatz zur Wiederherstellung der kultischen Reinheit, Lev 14,7.51), mit *Reinigungswasser* (s. zu 9,13), mit *Öl*, unvermischt (das zur Salbung eines geheilten Aussätzigen vorher durch die Sprengung »vor JHWH« konsekriert wird, Lev 14,16.27) oder vermischt mit Opferblut (bei der Priesterweihe Aarons und seiner Söhne, Ex 29,21; Lev 8,30), mit *Opferblut* (Sprengung auf den Vorhang vor dem Allerheiligsten, Lev 4,6 u.ö., vor die Kapporæt der Bundeslade, Lev 16,11.15, und auf den Altar, Lev 16,19), mit einem *Ysop(büschel)* (Ps 51,9, vielleicht ein ordalartiger kultischer Ritus[129]). Der vorherrschende Gedanke ist überall, auch in Qumran (1QS 3,9; 4,21; TR 49,18.20;

[123] So Hegermann 185; auch schon Calvin, CR 83, 114f.

[124] Sie ist wahrscheinlicher als die Abhängigkeit von Traditionen, die in unserem Falle nicht nachweisbar sind.

[125] Vgl. Delitzsch 417.

[126] Was keineswegs sicher ist! Der Zusatz fehlt in P^{46} $\aleph^2$ K L Ψ, in einigen Minuskeln und in $sy^{(p)}$ (aus sekundärer Angleichung an Ex 24,5?). Auch sonst schwankt die Textüberlieferung. D 365 sa^{ms} lesen τράγων καὶ τῶν μόσχων. In 𝔐 bo ist der Ausfall des Artikels vor τράγων wahrscheinlich Schreibfehler. Jedenfalls zeigt die Textüberlieferung, daß die Fassung mit καὶ τῶν τράγων auch sekundär sein könnte. Vgl. Zuntz, The Text 54f; Metzger, Textual Commentary 668f; Weiß 481 Anm. 25.

[127] Z.B. Bleek-Windrath 375; de Wette 523f; Kutsch* 104; Hegermann 184 und viele andere.

[128] Zu ῥαντίζω, das bereits 9,13 vorkam, s.o. – Das hebr. Äquivalent in der Priesterschrift ist gewöhnlich נָזָה, in Ex 24,6–8 (E) aber זָרַק, das die LXX mit προσχέω (Ex 24,6) bzw. κατασκεδάννυμι (Ex 24,8) übersetzt. Vgl. Hunzinger, ThWNT VI 981 Anm. 22; André, ThWAT II 687; N.H. Snaith, The Sprinkling of Blood, ET 82 (1970/71) 23f.

[129] Hunzinger, ThWNT VI 980,22–25.

50,3.14.15; 4Q 512), die Reinigung und Entsündigung[130]. In der Deutung des Hebr steht aber im Vordergrund die dafür notwendige αἱματεκχυσία (V 22b) als Typos für das Kreuzesgeschehen.

Als Objekt der Besprengung nennt der Hebr zunächst nur *das Buch selbst* (αὐτό 19c
τε τὸ βιβλίον)[131] und das *ganze Volk*. Letzteres bedarf keiner Erklärung. Hinge-
gen ist die Blutapplikation an das Buch selbst[132], welche die Tora und auch das
Frühjudentum nicht kennt, ein Rätsel. Sollte der Hebr das Buch mit den σκεύη
τῆς λειτουργίας (V 21) auf eine Stufe gestellt haben? Im ἅγιον κοσμικόν also
ein βιβλίον κοσμικόν? Sicher nicht! Wie denn die moderne Unterscheidung:
»Gottes Wort zwar, aber in menschlich-natürlicher Aeusserlichkeit der Er-
scheinung«[133] für den Hebr doch wohl kaum als Motiv zur Entsündigung der
Torarolle in Frage kommt. Wir begnügen uns mit der Auskunft, daß die Buch-
besprengung eine unreflektierte Konsequenz unseres Verf.s aus dem ἐν αἵματι
πάντα καθαρίζεται (V 22) ist, die nicht weiter gepreßt werden darf[134].
Die *confirmatio* der Diatheke[135], der »Höhepunkt der Sinaiszene«[136], von Mo- 20
se ausgesprochen (λέγων)[137], ist im LXX-Text eine exakte Wiedergabe des he-

[130] Genaueres zu den Besprengungsriten bei Delitzsch 416–423; Hunzinger, ThWNT VI 979–981; R. Rendtorff, Studien zur Geschichte des Opfers im Alten Israel, 1967 (WMANT 24), 218–220; J. Milgrom / D.P. Wright, Art. נזה, ThWAT V 322–325; zu Qumran s. H.-J. Fabry, ebd. 325f.

[131] S.o. 179 und Schrenk, ThWNT I 616,18f mit Anm. 8. Zwischen der ursprünglichen Diminutivform βιβλίον *Büchlein* und βίβλος *Buch* wird in der LXX und im zeitgenössischen Griechisch nicht unterschieden (Schrenk, ebd. 614,22–24); vgl. Dohmen/Hossfeld/Reuter, ThWAT V 929–944 (Lit.!).

[132] Das Pronomen αὐτός *selbst* (BDR § 288) stellt das Buch nicht in Gegensatz zu irgend etwas an ihm, sondern meint: nichts anderes als das Buch selbst (vgl. z.B. Röm 8,26: αὐτὸ τὸ πνεῦμα). – Bengel 899 u.a. wollen das Buch als Gegenstand der Besprengung mit Hilfe der Grammatik ausschließen. Sie ziehen deshalb αὐτό τε τὸ βιβλίον als zweites Objekt zu λαβών (Mose nimmt das Blut ... und das Buch selbst), was aber die Satzkonstruktion (καί vor πάντα τὸν λαόν und Wiederholung des Verbs ἐρράντισεν V 21) nicht zuläßt. Vgl. Riggenbach 279 Anm. 58.

[133] Delitzsch 423 mit der Erläuterung: »Wie Stiftszelt, Altäre, Geräthe von Menschen aus kosmischen Stoffen gefertigt sind, so war das Bundesbuch von Menschenhand auf irgendwelchen natürlichen Stoff, sei es Papyrus oder, was wahrscheinlicher, Thierhaut, geschrieben.«

[134] Schierse 85 möchte »einen christlich-aktuellen Sinn« in der Buchbesprengung sehen: »Vielleicht wollte der Verfasser andeuten, daß auch das *Wort des Evangeliums* vom Kreuze her verstanden werden muß und daß jede Verheißung leer bleibt, wenn sie nicht mit Blut geschrieben ist. Von da her wäre zu überlegen, ob nicht der Tod Jesu am Kreuz eine notwendige Folge seiner Predigt von der vergebenden Gnade Gottes war. Dann würde das blutige Sterben am Kreuz kein isoliertes, gleichsam zufälliges und widersinniges Faktum darstellen, sondern in unlöslichem Zusammenhang mit der Verkündigung Jesu stehen.« Und anmerkungsweise fügt er hinzu: »Woher wüßten wir denn sonst auch, daß die Hinrichtung Jesu am Kreuz ein Sühnopfer für die Sünden der Menschheit war, wenn sich nicht Jesus während seines Lebens der Sünder angenommen und ihnen die Vergebung Gottes zugesprochen hätte?« (154) Da wird mehr aus dem Text herausgeholt, als er von sich aus hergibt.

[135] Primasius, PL 68, 744D; ihm folgt Braun 277.

[136] Hegermann 185.

[137] Es steht in NA^{26} wie eine Zitateinleitung, gehört aber eigentlich zum Zitat (וַיֹּאמֶר, LXX: καὶ εἶπεν). Mose ist Mittler, als solchen läßt ihn der Hebr zu Worte kommen. Vgl. Bleek I 377 Anm. 493; Schröger, Schriftausleger 168f; Braun 277.

bräischen Textes: Ἰδοὺ τὸ αἷμα τῆς διαθήκης, ἧς διέθετο κύριος πρὸς ὑμᾶς περὶ πάντων τῶν λόγων τούτων (Ex 24,8b). Der Hebr verändert den Vers nur unbedeutend und ohne erkennbare theologische Tendenz. Aus διέθετο (כָּרַת) *verfügen* (Ex 24,8: *eine Verfügung erlassen an jmdn)*[138] wird ἐνετείλατο (hier: τῆς διαθήκης ἧς [Attraktion für ἣν] ἐνετείλατο πρὸς ὑμᾶς *die Ordnung, die Gott für euch verfügt hat*)[139], wodurch vielleicht »der autoritative Charakter der διαθήκη als einer einseitigen Setzung Gottes« betont wird[140]. Κύριος ersetzt unser Verf. durch θεός, »um bei dem neutest. Klange von κύριος den alttest. Charakter des Bundes um so deutlicher hervortreten zu lassen«[141]. Der Wegfall von περὶ πάντων τῶν λόγων τούτων *aufgrund all dieser Worte* (Ex 24,8c) paßt zur Auslassung der Selbstverpflichtung des Volkes (»Alles, was der Herr gesagt hat, wollen wir tun«, Ex 24,3b.7b) in V 19[142]. Die unschuldigste *variatio* ist sicher der Austausch von ἰδού durch τοῦτο[143]. Daß hier »ohne Zweifel« die Herrenmahltradition (Mk 14,24 / Mt 26,28) zur Veränderung der Textvorlage geführt habe[144], läßt sich ohne dogmatische Voreingenommenheit nicht sagen. Τοῦτο weist einfach auf das in V 19b genannte αἷμα zurück (vgl. die sprachliche Parallele Lev 8,5: Τοῦτό ἐστιν τὸ ῥῆμα, ὃ ἐνετείλατο). Und daß das meist unkorrigierte κύριος der LXX (z.B. 1,10; 7,21; 8,2 u.ö.) hier in θεός verändert wird, hat in diesem Zusammenhang Gewicht: »Gerade beim αἷμα τῆς διαθήκης soll klarwerden: hier ist nicht eucharistisch von Jesus die Rede«[145]. Andernfalls stünde unser Text in kaum aufzulösender Spannung zum sonstigen Eucharistieschweigen des Hebr (s. zu 13,10), das Michel mit »der Beschränktheit seines Themas« oder mit »Arkandisziplin«, auf keinen Fall aber mit »Gleichgültigkeit« erklären möchte[146]. Nichts davon trifft zu. Der Hebr hat christologische Gründe, nicht vom Abendmahl zu handeln. Das Erde und Himmel umspannende ἐφάπαξ–Opfer Jesu läßt *keinen* irdischen Kult mehr zu, auch nicht das Herrenmahl.

138 Bauer, Wb 381 (1.); G.F. Hasel, Art. כָּרַת, ThWAT IV 355–367 (Lit.!).

139 Bauer, Wb 542. In der LXX ist es stehender Ausdruck für das göttliche Gebieten und Anordnen (Gen 2,16). Vgl. Schrenk, ThWNT II 541,12–14.

140 Kutsch* 103, vgl. ebd. Anm. 41f; vgl. auch Bleek II/2 576; Riggenbach 278 Anm. 53; Windisch 82; ihm folgt Schröger, Schriftausleger 169; vgl. auch Zimmermann, Bekenntnis 197; Braun 278 gegen E. Ahlborn, Die Septuagintavorlage des Hebräerbriefes, Diss. Göttingen 1966, 45.

141 Delitzsch 416; vgl. Bleek-Windrath 377; Braun 278.

142 Vgl. Laub 123: Dadurch »wird die Bedeutung des Blutes für den Bundesschluß zusätzlich in den Vordergrund gerückt«.

143 Spätere LXX-Hss, die ebenfalls τοῦτο oder ἰδοὺ τοῦτο lesen, dürften unter Hebr-Einfluß stehen, nicht umgekehrt. Vgl. Ahlborn (s.o. Anm. 140) 44f; Schröger, Schriftausleger 169f; ihm folgt Braun 277.

144 So Michel 319f und die meisten, z.B. Bleek II/2 577; Delitzsch 416; Kuß 121; Schierse 85; Hegermann 185; Bruce 219 Anm. 109 (»may be«) und Attridge 257f (mit Vorbehalt); nicht jedoch Weiß 480.

145 Mit Braun 278 gegen Gräßer, Der Alte Bund 111f. Nur wenn der Hebr ganz bewußt an das Abendmahl erinnern würde, könnte man vielleicht von einer *kritischen* Funktion dieser Erinnerung sprechen (Abwertung der Sakramente, Aufwertung Christi), wie Theißen, Untersuchungen 75.79–83 zeigen möchte. Zur Diskussion vgl. H. Feld, Das Verständnis des Abendmahls, 1976 (EdF 50), 74–76; P. Andriessen, L'Eucharistie dans l'Épître aux Hébreux, NRTh 94 (1972) 269–277; Weiß 480 Anm. 22.

146 320 Anm. 2.

Daß auch die *Stiftshütte* (σκηνή, s. zu 9,2) und *alle gottesdienstlichen Geräte* 21
(πάντα τὰ σκεύη τῆς λειτουργίας)[147], von denen einige (siebenarmiger Leuchter, Schaubrottisch, Rauchopferaltar) in 9,1–5 genannt waren[148], in der gleichen Weise (ὁμοίως) wie das ganze Volk und das Buch *besprengt*, also konsekriert wurden, fügt der Hebr aus freien Stücken dem Exodus-Bericht hinzu. Einen Traditionsanhalt dafür gibt es nicht, es sei denn, man findet ihn an Ex 40,1–33 (Weihe des Heiligtums) oder/und Lev 8,15–19 (Priesterweihe) und Yom 5,4d.e.5a. Danach werden die σκηνὴ ... καὶ πάντα τὰ σκεύη αὐτῆς zu Heiligungszwecken *mit Öl* bespritzt (Ex 40,9–11; Lev 8,10f) bzw. bei der Priesterweihe der Altar mit Blut (Lev 8,19) und (so Yom) am Versöhnungstag ebenfalls mit Blut der Vorhang vor dem Allerheiligsten sowie (nach Lev 16,18) der Altar, die so entsündigt werden[149]. *Wenn* dem Hebr diese Traditionen vor Augen stehen (die Beweismittel dafür fehlen)[150], dann ist ihre Rezeption mehr als vage. Indes die Intention, die der Hebr mit dieser Notiz verfolgt – er läßt die Zelt-Konsekration als Teil der Bundesweihe-Zeremonie erscheinen[151] –, könnte sein, daß er die Zeltweihe als eine Ausweitung der Bundesweihe verstanden wissen möchte[152]. Auf jeden Fall aber stellt er mit der pauschalen Entsündigungsnotiz die Aussage von V 22a: σχεδὸν ἐν αἵματι πάντα καθαρίζεται auf solide Füße. Denn diese Aussage ist für ihn von großer Wichtigkeit: Dem alles umfassenden (πάντα steht 5mal in V 19–22)[153] Reinigungs- und Sühnekult im ἅγιον κοσμικόν, dieses selbst eingeschlossen, entspricht antitypisch das himmlische Sühnegeschehen mit den wirksameren Opfern (9,23b). Und von deren Wirkung – das ist für die angefochtene Gemeinde tröstlich zu hören – bleibt erst recht kein *profanum* ausgespart! V 21 (nicht erst V 22) blickt also schon auf den folgenden Abschnitt voraus.

Wie aber können Stiftszelt und Kultgeräte entsündigt werden, wenn es sie zur Zeit der Sinai-Horeb-Theophanie noch gar nicht gab? Diesen Anachronismus notieren viele Kommentatoren, obwohl er für den Hebr völlig belanglos ist. Für seine Hermeneutik (kulttypologische Entsprechung) genügt es, wenn das, was er sagt, im allge-

[147] Bauer, Wb 1507 (1.). Einen ähnlichen Sprachgebrauch finden wir bei Thuc II 13,4; POxy V 840,14.21.29f (ἱερὰ σκεύη), bei Philo, Mos 2,94 (σκεύη ἱερά) und bei Jos Bell 6,389 (τὰ πρὸς τὰς ἱερουργίας σκεύη). Vgl. Maurer, ThWNT VII 359,16f; 363,2f; weitere Belege bei Braun 278.

[148] Es zählen aber auch dazu die für ihre Bedienung erforderlichen Geräte: Schüsseln, Schalen, Kannen für die Trankopfer (Ex 25,29); Dochtscheren (Ex 25,38); Schaufeln, Gabeln (Ex 27,3); Zeltpflöcke, Stricke (Num 4,32). Die priesterschriftliche Überlieferung datiert diese später im Jerusalemer Tempel verwendeten Geräte in die Zeit der Sinai-Offenbarung zurück (Ex 25,1–31,11; 35–40). Vgl. Beyse, ThWAT IV 184f. Abbildungen derartiger Kultgeräte finden sich in BRL² 189–194.

[149] Vgl. Kutsch* 105 als Beispiel für viele. Zur Reinigung von Kultgeräten s. H. Ringgren, Art. טָהֵר, ThWAT III 306–315: 312.

[150] So selbst Delitzsch 420.

[151] So Dahl, A New and Living Way 403f; Buchanan 152.

[152] D'Angelo, Moses 244f.

[153] Michel 318 fiel das auf.

meinen richtig ist. Denn mit seinem Schriftgebrauch will er ja nicht berichten, was *war*, sondern deuten, was *ist*. Ihn auch diesmal mittels der Grammatik von einem Irrtum zu befreien[154] ist daher eine ganz überflüssige Fürsorge. Religionsgeschichtliche Korrektheit hat unser Verf. hier sowenig wie 9,1–10 angestrebt.

22 In V 22 wird die Summe gezogen, im Vordersatz (V 22a) in freier Formulierung (»fast alles wird toragemäß mit Blut gereinigt«), im Nachsatz (V 22b) wieder einmal (vgl. 7,7) mit einem allgemeingültigen Satz (»ohne Blutausgießung geschieht keine Vergebung«)[155].

22a Σχεδόν schränkt ein: Nicht *ausnahmslos* alles (πάντα), nämlich Sachen (Buch, Zelt, Geräte) und Personen (das Volk)[156], sondern *beinahe, fast* alles, was der kultischen Reinigung bedarf, wird ἐν αἵματι (instrumentaler Gebrauch von ἐν[157]) entsündigt. Für die gleiche Wirkung (καθαρίζεται) können nämlich bei bestimmten Objekten und Verunreinigungsarten auch andere Mittel eingesetzt werden[158], z.B. Öl, Wasser (s.o. S. 180) oder – bei schwerer Verunreinigung – Feuer (Lev 13,52; Num 31,23; Jes 6,6)[159]. Die Heilkraft des Blutes aber, die der Hebr aus christologischen Gründen besonders herausstellt, ist ihnen allen überlegen. Sie wird nach verbreiteter Tradition[160] besonders hoch eingeschätzt, frühjüdisch bis hin zu der äußersten Zuspitzung: »Die Sühne erfolgt ja nur durch das Blut« (Men 93b; Zeb 6a; vgl. Yom 5a; Philo, SpecLeg 3,150), die sich der Hebr in V 22b zu eigen macht.

καθαρίζειν Καθαρίζειν *reinigen, säubern* ist in der LXX ganz überwiegend das Äquivalent für טָהֵר, dessen Grundbedeutung vielleicht *glänzend* ist (Ex 24,10; Ps 89,45)[161]. Neben übertragener Bedeutung (moralische Reinheit; hier meldet sich die Tendenz zur Ethisierung) beziehen sich die meisten atl. und ntl. Belege auf kultisch-rituelle Reinheit. Durch sie vollzieht man eine Trennung von unreinen Bereichen (z.B. Schmutz, Krankheit) und Mächten (z.B. fremde Götter, Dämonen, eigene Sünde), »um im Zu-

154 Das versuchen z.B. Lünemann 300; Delitzsch 418 und Riggenbach 279: καὶ . . . δὲ . . . führe kein gleichzeitiges, sondern ein – wenn auch verwandtes – späteres Faktum ein. Also: *Aber* (sc. später, als sie existierten) *auch* das Zelt und alle Geräte hat er mit Blut besprengt. Aber es gibt keinen Grund, das kopulative δέ i.S. einer zeitlichen Entgegensetzung zu deuten. Einen anderen Hinweis gibt Braun 278: Das die Aufzählung unterbrechende Zitat (V 20) könnte Nicht-Gleichzeitigkeit andeuten. Vielleicht!

155 Michel 322 Anm. 2 weist darauf hin, daß in 9,15–22 die allgemeingültigen Regeln »im Präsens des Gesetzesstiles von ihrer Umgebung abgesetzt« sind (9,16f.22).

156 Vanhoye*, Mundatio 177f.

157 Oepke, ThWNT II 535,3–8.

158 Anders die Kirchenväter-Exegese (z.B. Chrysostomus, PG 63, 123; Cramer, Cat 226), die die *Wirkung*, nicht die durch Blut zu reinigenden *Objekte* eingeschränkt sieht.

159 Vgl. Hauck, ThWNT III 420,1f; Lang, ThWNT VI 934,7f. Bleek-Windrath 378 erinnert noch an Lev 5,11–13: Ein ganz Armer braucht als Schuldopfer nur 1/10 Epha Weißmehl darzubringen. Dagegen meint Delitzsch 424f, vegetabilische Opfer seien nicht sühnend!

160 S.o. zu 9,12f.

161 Vgl. Ringgren, ThWAT III 308f; F. Hauck / R. Meyer, Art. καθαρός κτλ., ThWNT III 416–434, bes. 417.

stand der Reinheit an Kult und Segen der Gottheit Anteil zu gewinnen«[162]. Die Unreinheit ist also nicht als ein bloßer Mangel an Reinheit gedacht, sondern sie ist selbst eine positiv verunreinigende Macht[163]. Wasser, Feuer und Blut, die dagegen eingesetzt werden, hat man ursprünglich wohl als »Gegenzauber« gedacht[164]. Daß das Blut als solches besonders wirksam ist, erklärt sich aus dem Erfahrungswissen: »Im Blut ist das Leben« (vgl. Lev 17,11.14)[165].

Von daher ist das Blut auch in 9,22b anerkanntes kultisches Reinigungsmit- 22b
tel. Gegensätzlich zum Vordersatz heißt es dazu im Nachsatz: »Ohne Blutvergießen findet keine Vergebung statt.«

Das außerbiblisch nicht und nachbiblisch nur im kirchlichen Sprachgebrauch belegte αἱματεκχυσία
hap. bib. αἱματεκχυσία[166] könnte eine Wortbildung des Hebr sein[167], vielleicht angeregt durch die LXX-Wendung ἔκχυσις αἵματος (3Βασ 18,28; Sir 27,15; vgl. Hebr 11,28). Der Wortsinn muß also aus dem Kontext erschlossen werden. Und da schwanken die Ausleger: Ist (wegen des generalisierenden Schlußsatzes V 22b) das *Blutvergießen* gemeint, das beim Schlachten der Opfertiere stattindet[168]? Dann stünde der Tod des Opfers im Vordergrund. Oder ist (wegen des doppelten ἐρράντισεν V 19.21 und der weiteren Thematik in V 23–26) die kultische Manipulation mit dem Blut (Applikation an den Altar usw.) gemeint[169]? Dann stünde das Kultmittel »Blut« im Vordergrund. Oder ist beides gemeint[170]? Wahrscheinlich ist doch der Tod betont. Denn neben der Parallelität von αἷμα (V 18–22) und θάνατος (V 15–17) entspräche das auch der Gesamtintention des c. 9, in dem die Interpretation des οὐ χωρὶς αἵματος (9,7) und damit die Begründung der Heilsnotwendigkeit des *Todes* Jesu im Vordergrund steht: »Ohne Christus, nämlich ohne das Opfer seines Todes, keine Versöhnung und kein Heil«[171]. Daß statt der Reinigung (V 22a) unvermittelt von der Vergebung (ἄφεσις) die Rede ist (V 22b) – hier absolut stehend wie Mk 3,29, aber die Vergebung der Sünden meinend[172] –, muß nicht verwundern. Denn die Grenze zwischen Unreinheit und Sünde ist ohnehin fließend (Lev 16,16.19; Ps 51,4 u.ö.)[173]. Reinigung ist Entsündigung (ἄφεσις) und umgekehrt (Num 19,12!).

162 Baltensweiler, TBLNT 3, 1036.
163 Vgl. Hauck, ThWNT III 419,10f.
164 Ebd. 420 Anm. 20.
165 Vgl. Delitzsch 425; Braun 258 (Exkurs: Sühneblut).
166 Vgl. Bauer, Wb 43; Behm, ThWNT I 176,12–16.
167 So Bleek-Windrath 378; Moffatt 130; Attridge 259; Hegermann 186; Weiß 482 Anm. 32. Michel 320 Anm. 5 möchte das nicht annehmen. Zur Wortbildung vgl. Thornton*.
168 So z.B. Riggenbach 280; Behm, ThWNT I 175f; Michel 321; Bruce 227 mit Anm. 143 u.a. Vanhoye*, Mundatio 180–182 denkt an Justiz- oder Straftod.
169 So z.B. de Wette 524; Spicq II 265; Thornton* 63–65; Braun 279f; Weiß 482 Anm. 32.
170 So Laubach, TBLNT 1, 133; W.G. Johnsson, The Cultus of Hebrews in Twentieth-Century Scholarship, ET 89 (1977/78) 104–108. Zur Diskussion vgl. Delitzsch 425–428; N.H. Young, Αἱματεκχυσία: A Comment, ET 90 (1978/79) 180; Kedar-Kopfstein, ThWAT II 263–265; H. Christ, Blutvergießen im Alten Testament, 1977 (ThDiss 12); Weiß 482 Anm. 30.
171 Calvin, CR 83, 116 (Übers. Lauterburg 106); vgl. Bleek-Windrath 378; Riggenbach 260f Anm. 62; Hegermann 186.
172 Vgl. Bultmann, ThWNT I 508,16–22.
173 Vgl. Ringgren, ThWAT III 312–314.

Der Hebr notiert den Blutkanon als die Regel ohne Ausnahme. Daß sie sich wegen 10,4 (ἀδύνατον γὰρ αἷμα ... ἀφαιρεῖν ἁμαρτίας) nicht auf den alttestamentlichen Kult beziehen könne[174], ist eine irrige Konsequenz aus der hier vorliegenden Spannung. V 22b stellt den Skopos des Abschnittes V 18–21 dar, in dem das οὐ χωρὶς αἵματος in der πρώτη (διαθήκη) expressis verbis Thema ist (V 18a). Für unseren Verf. steht zwar fest: Reinigung und Vergebung finden dort nicht statt. Gleichwohl stellt er nicht in Abrede, daß der erste Bund seine *Kultbestimmungen* hat (9,1.6), innerhalb deren – was Reinigung und Entsündigung anbetrifft – unsere Regel den ersten Platz einnimmt. Für ihn beantwortet sich damit die Frage, warum auch der zweite Bund keine Ausnahme von der Regel macht, warum also der Tod Jesu am Kreuz eine unverzichtbare Notwendigkeit ist. Die o.g. Spannung erklärt sich daraus, daß unser Verf. in 9,18–22 zur Verteidigung der theologia crucis an der *Weise* der Kultausübung positiv festhält: οὐ χωρὶς αἵματος (9,7b.18.22; vgl. 9,13), daß er über ihre *Wirkung* (ἄφεσις bzw. ἁγιάζειν 9,13 und καθαρίζειν 9,22) aber konsequent negativ urteilt: Sie wird relativiert (9,13b) oder als Hilfe gegen die Sünden ganz verneint (7,18f; 10,2.11.14.18)[175]. Das aber heißt: Für den Hebr sind (entgegen alttestamentlichem Selbstverständnis) Reinigung und Vergebung im ersten Bund »ein schattenhaftes Alsob ..., durch das die wirkliche Reinigung mittels des Selbstopfers Jesu unterstrichen wird«[176].

d *Die End-Gültigkeit des Opfers Christi 9,23–28*

Literatur: Käsemann, E., Hebr. 9,24–28, MPTh 38 (1948/49) 150–153; *Laub*, »Ein für allemal«; *Schlosser, J.*, La médiation du Christ d'après l'Épître aux Hébreux, RevSR 63 (1989) 169–181; *Swetnam, J.*, Sacrifice and Revelation in the Epistle to the Hebrews: Observations and Surmises on Hebrews 9,26, CBQ 30 (1968) 227–234; *Vanhoye, A.*, L'intervention décisive du Christ, He 9,24–28, ASeign 63 (1971) 47–52.

23 **Es ist also eine Notwendigkeit, daß die Abbilder der in den Himmeln befindlichen Dinge zwar durch dergleichen gereinigt werden, die himmlischen Dinge selbst aber durch bessere Opfer als diese.** 24 **Denn nicht in ein mit Händen gemachtes Heiligtum ist Christus hineingegangen, (das doch nur) Gegenbild des wahren (Heiligtums) ist, sondern in den Himmel selbst, um jetzt vor dem Angesicht Gottes uns zugut zu erscheinen;** 25 **auch nicht (ist er hineingegangen), damit er sich oftmals (als Opfer) darbringe, wie der Hohepriester in das Heiligtum hineingeht Jahr**

174 So Theißen, Untersuchungen 72.

175 Vgl. Braun 258.

176 Ebd. 279; vgl. Riggenbach 281 Anm. 63; Michel 321; Weiß 482 Anm. 31.

für Jahr mit fremdem Blut, 26 **da er (sonst) oftmals hätte leiden müssen seit Grundlegung der Welt; nun aber ist er einmal beim Abschluß der Weltzeiten zur Aufhebung der Sünde durch sein Opfer offenbar geworden.** 27 **Und gleichwie es den Menschen verhängt ist, einmal zu sterben, danach aber (das) Gericht,** 28 **so wird auch Christus, einmal als Opfer dargebracht, um die Sünden vieler zu tragen, zum zweiten Male ohne (Beziehung zur) Sünde denen, die ihn erwarten, erscheinen, (und zwar) zum Heil.**

Analyse

Mit Rücksicht auf Bedenken der Gemeinde handelt der Hebr in 9,11–28 ein zweites Mal von der Unentbehrlichkeit des Todes Jesu für die Heilsvollendung. Aber während er bei der ersten Behandlung in 2,5–18 dafür das mythologische Schema der Einheit von Erlöser und Erlösten bemüht hatte (ἐξ ἑνὸς πάντες, 2,11)[1], ist es hier das kulttypologische Schema der Entsprechung von Jom Kippur und Karfreitag. Mit ihm hat er zunächst (V 11–14) die *Eigenart* des Opfers Christi herausgestellt (διὰ ... τοῦ ἰδίου αἵματος εἰσῆλθεν ἐφάπαξ εἰς τὰ ἅγια, V 12b), dann, in einem Zwischenstück (V 15–22), dessen *Notwendigkeit* mit Hilfe des Erbrechtes plausibel zu machen versucht (θάνατον ἀνάγκη φέρεσθαι, V 16), um schließlich (V 23–28) die eschatologisch-himmlische *Qualität*[2] des Opfers Christi parakletisch nach drei Seiten hin zu entfalten: (a) Das im Selbstopfer Jesu gründende ewige Hohepriestertum erwirbt der müde gewordenen Gemeinde per intercessionem (V 24) ein neues Leben in der Gegenwart, (b) eröffnet ihr per destructionem peccati[3] (V 25f) den Weg ins himmlische Heiligtum (10,19) und (c) hält sie als wartende in der Bereitschaft auf die consummatio salutis bei der Wiederkunft Jesu (V 27f)[4].

α *Überleitung: Die Reinigung der irdischen Abbilder und des himmlischen Urbildes 9,23*

Erklärung

V 23 hat Scharnierfunktion[5]. Seine erste Hälfte (V 23a) stellt die Verbindung nach rückwärts her (οὖν greift auf V 21f zurück)[6], seine zweite (V 23b) leitet zu unserem neuen Abschnitt über, der seinerseits zum Ausgangspunkt der Argumentation V 11f zurücklenkt[7]: Der Eintritt ins himmlische Heiligtum

[1] S. I 126–136, bes. 135f.
[2] Den Ausdruck benutzt März 59.
[3] So lesen einige altlateinische Textzeugen in V 26. Vgl. Frede, Vetus Latina (s. Lit. zur »Einleitung«, I 13) 1427.
[4] Zur literarischen Struktur des dreiteiligen Abschnittes s. Vanhoye, Structure 154–160 und Dussaut, Synopse 76f.
[5] Das mag der Grund sein, warum einige Exegeten ihn zu V 15–22 rechnen (z.B. Weiß 474f; Vanhoye, Structure 154; Dussaut, Synopse 74 bezeichnet 9,16–23 als »segment central« von 9,11–28), die meisten aber zu V 24–28 (z.B. auch NA[26]).
[6] Vgl. Riggenbach 282.
[7] Ebd. 281.

kann nicht durch irdische, »sondern nur durch ein ›himmlisches‹ Opfer ermöglicht werden«[8].

23a Mit der Gegenüberstellung (μέν – δέ) der ὑποδείγματα (V 23a) und der ἐπουράνια (V 23b) kehrt unser Verf. zu der beherrschenden Diastase irdisch/himmlisch zurück. Die beiden Begriffe sind dem Leser bereits bekannt (ὑπόδειγμα: 4,11[9]; 8,5; ἐπουράνια: 3,1; 6,4[10]; 8,5; vgl. 11,16; 12,22). Er weiß (8,5!): Das ἅγιον κοσμικόν (9,1) mit all seinen Kultgeräten ist die unvollkommene Kopie des in den Himmeln befindlichen Originals[11]. Und das bedingt einen unendlichen qualitativen Abstand des irdischen vom himmlischen Kult. Jener geschieht mit sarkischen Mitteln (9,10), dieser mit einer einzigen Darbringung διὰ πνεύματος αἰωνίου (9,14b), hier umschrieben mit κρείττοσιν θυσίαις παρὰ ταύτας *bessere Opfer als jene*. Mit θυσίαις hat der Verf. wie mit τούτοις *die vorerwähnten Mittel* (V 23a), nämlich das in V 21f genannte Blut[12], den Plural der Kategorie gewählt, »um dem Satz die Geltung einer allgemeinen Regel zu wahren«[13]: Ohne kultische Reinigung, speziell ohne die Entfernung der Sünde (καθαρίζεσθαι), gibt es weder im irdischen noch im himmlischen Heiligtum einen Zugang zu Gott[14].

23b Während das für die unvollkommene Kopie, das ἅγιον κοσμικόν, unmittelbar einleuchtend ist – Zelt, Kultgeräte, Kultdiener und Kultteilnehmer bedürfen, weil irdisch, stets der Entsühnung, um überhaupt in Verkehr mit Gott treten zu können –, stellt es beim himmlischen Original ein Problem dar. Wieso bedürfen die ἐπουράνια (9,23), konkret: das wahre Zelt (8,2) und seine Geräte, überhaupt der Reinigung? Gilt nicht: coelestia per se sunt pura[15]?

Eine grammatische Beseitigung der Schwierigkeit scheidet auch hier aus[16]. Unbefriedigend sind auch alle Versuche, »durch Abschwächung des Sinnes ins Uneigentliche« den Anstoß zu beseitigen[17]. Beispiel: Die Reinigung der ἐπουράνια sei nötig, weil sie durch die Mächte und Engel, die dort ihren Ort haben (Eph 1,21; 3,10; 1,21; vgl. Hebr 1,4.14; 2,5.9.16), und durch die Ausstoßung des Satans (Lk 10,18; Joh 12,31; Offb

[8] März 59.

[9] S. I 224.

[10] S. I 350 Anm. 31 und bes. Schierse, Verheißung 45–48; Davidson, Typology 345–367.

[11] So Spicq II 266; vgl. Braun 280f; Hofius, Vorhang 70.

[12] Vgl. Braun 280.

[13] Riggenbach 283; vgl. Westcott 271; Bruce 228 Anm. 150; Attridge 261.

[14] Καθαρίζεσθαι ist hier nicht = ἐγκαινίζεσθαι *einweihen*, sondern steht wie 9,22 und sonst im Hebr (9,14; vgl. 10,2) für die Beseitigung von Unreinheit. Mit Braun 280; Attridge 261 und vielen anderen gegen de Wette 524; Bleek-Windrath 379f; Spicq II 267.

[15] Bengel 900.

[16] Indem man z.B. ein Zeugma annimmt, also eine Sonderform der Ellipse: Das eine Verbum (hier: καθαρίζεσθαι), das auf zwei Objekte bezogen ist (hier: ὑποδείγματα und ἐπουράνια), paßt nur zu einem (hier: ὑποδείγματα) und ist für das andere (ἐπουράνια) auf passende Weise zu modifizieren, z.B. durch ἐγκαινίζεσθαι (vgl. BDR § 479,2; Hoffmann / v. Siebenthal § 293d). Diese Lösung wählen z.B. Luther (1546), WA DB 7, 367; Bleek-Windrath 380 u.a.

[17] Schierse, Verheißung 47.

12,7–9; vgl. Jes 14,12–21) befleckt wurden[18]. Andere sehen in der Wendung αὐτὰ δὲ τὰ ἐπουράνια eine Umschreibung

- für die Kirche und deren Mitglieder[19]
- für das himmlische Vaterland[20]
- für Christi Taten auf Erden[21]
- für das menschliche Gewissen (9,14)[22]
- für die Dialektik menschlicher Existenz, »sozusagen die ›metaphysische Kehrseite‹ aller irdischen Existenz, wo Wesen und Wirklichkeit von Dingen und Menschen erst zum Austrag kommen«[23].

Richtig an dem zuletzt genannten Lösungsversuch ist, daß er die Antwort aus dem Zusammenhang der dualistischen Grundauffassung des Hebr heraus sucht[24]. Das ist unabdingbar[25]. Aber auch dann bleiben noch Fragen: Wenn die ἐπουράνια »der eigentliche Ort und Gegenstand der Erlösung« sind[26], an dem allein die ἀθέτησις der Sünde geschieht, warum bedürfen auch sie der Reinigung? Weil die Sünden des Volkes auch das obere Heiligtum verunreinigen[27]? Weil auch der Himmel zu den erschütterbaren Dingen gehört (12,27), nicht rein ist (Hiob 15,15; zitiert in 1Clem 39,5), gottfeindliche Gewalten dort ihren Ort haben (Eph 6,12) und deshalb auch über ihn (τὰ ἐπουράνια) das Gericht kommt (IgnSm 6,1; vgl. IgnTrall 5,2)?[28]

Alles das sind Überlegungen, die über den Text hinausgehen[29]. Es scheint, als habe sich der Hebr der von der Dynamik des Entsprechungsdenkens – was unten geschieht, hat eine Parallele oben – zu diesem Schluß *a minori ad maius* fortreißen lassen: Wie beim irdischen Heiligtum Notwendigkeit (ἀνάγκη) zur Reinigung besteht, so auch mit besseren Mitteln im himmlischen Heiligtum.

[18] Z.B. Bleek II/2 588; Héring 89; Michel 323f. Aber diese apokalyptische Vorstellung paßt überhaupt nicht in den Zusammenhang. So richtig Hegermann 187.

[19] So bes. die Väterexegese, z.B. Chrysostomus, PG 63, 111f.125 u.a.; ähnlich auch Calvin, CR 83, 117 (coelestia vocat regnum Christi quod spirituale est).

[20] Z.B. Thomas 438 (Nr. 463).

[21] Z.B. Erasmus 967: coeleste est etiam totum hoc, quod Christus gessit in terris.

[22] Laub 124–126; Attridge 262.

[23] Schierse, Verheißung 48; vgl. Loader, Sohn 169f; so schon Chrysostomus, PG 63,125: Αὐτὰ δὲ τὰ ἐπουράνια· τουτέστι, τὴν φιλοσοφίαν τὴν παρ' ἡμῖν, τοὺς ἐκεῖ κεκλημένους; vgl. Cramer, Cat 227 und vor allem Luther, WA 57/3, 214f, der mit Verweis auf Kol 3,2f, Phil 3,20, 1Kor 15,47–49 und 2Kor 3,18 erklärt: »Himmlisch sein«, das meint inter res mundi vivere et pasci eo, quod nusquam apparet nisi modico verbi indicio soloque auditu (ebd. 215,3–5: »mitten in den Dingen dieser Welt leben und doch von dem leben, das nirgends in Erscheinung tritt denn nur durch das geringe Anzeichen des Wortes und allein durch das Gehör«; Übers. Vogelsang 143). Zur Kritik der genannten Lösungsversuche vgl. Hegermann 186f.

[24] Schierse, Verheißung 46–48.

[25] Der emphatische Gebrauch von αὐτός hier und V 24 (vgl. noch 9,19; 10,1) »recalls the standard way in wich Plato refers to the ideal or noetic realm« (Attridge 261 mit Verweis auf Plat Prot 360E; Parm 130B; Crat 411D; ferner Parm 143A; Resp 438C; 612C; Soph 256B; Parm 150B und Resp 582A).

[26] Schierse, Verheißung 47.

[27] So Windisch 85 und seit Thomas 438 (Nr. 461–463) viele Kommentatoren, zuletzt Braun 281.

[28] So Theißen, Untersuchungen 92 mit Anm. 11; Braun 281.

[29] Kurtz 298 nennt sie »Verlegenheitsaushelfer«, die die eigene Anschauung, nicht aber die des Autors zum Zuge bringen.

Aber was denn nun die »im Plural genannten urbildlich-wirklichen Opferdarbringungen« sind, durch die die urbildlich-himmlischen Dinge (τὰ ἐπουράνια) »gereinigt« werden, wird bezeichnenderweise im folgenden überhaupt nicht beantwortet, was nur sachgemäß ist, »weil Vielheit und Vielgestaltigkeit nach der Sicht des Autors zum Wesen des Abbildhaft-Vorläufigen gehören, nicht aber zu dem Urbildlichen als solchem«[30]. Man lege unseren Verf. also nicht auf die mißglückte Analogie fest. Ihm geht es um die Heilsnotwendigkeit des Selbstopfers Christi, die er im Sühnekult des ersten Bundes bestätigt sieht[31]. Das ist alles. Nicht die Einzelheiten des καθαρίζεσθαι, das auf Erden wie im Himmel geschieht, finden sein Interesse, sondern der *Effekt* dieses καθαρισμός, d.i. die Wegeröffnung ins himmlische Sanctissimum durch Aufhebung der sperrenden Sünde (V 24; 10,19)[32].

β *Die besseren Opfer 9,24–28*

Der folgende Abschnitt (V 24–28) ist Exegese des κρείττοσιν (V 23b)[33]: Welchen soteriologischen Gewinn hat die Gemeinde vom *besseren Opfer*? Einen dreifachen:

(1) *Intercessio pro nobis V 24*

24 V 24 wiederholt mit etwas anderen Worten die Aussage von V 11f[34], ergänzt sie aber durch die schon 7,25 erwähnte fortwährende priesterliche Interzession, die dem Eintritt des Hohenpriesters Jesus in das wahre Allerheiligste korrespondiert[35].

Die semantische Opposition χειροποίητα ἅγια / ἀντίτυπα τῶν ἀληθινῶν versus αὐτὸς ὁ οὐρανός erinnert an den Dualismus im platonischen Verständnis, wonach die sinnliche Erscheinungswelt den Gegensatz zu den himmlischen Urbildern darstellt[36]. Ihren sachlichen Sinn hat der Hebr in 8,1–5 entwickelt. Ἀντίτυπα τῶν ἀληθινῶν, τουτέστι, τοῦ οὐρανοῦ ἦσαν τύπος[37]. Das irdische Heiligtum wird also nicht polemisch als wertlos gekennzeichnet, sondern findet positiv Anerkennung als »Gegenbild« des himmli-

[30] Hegermann 186f; vgl. Zimmermann, Bekenntnis 199f.
[31] Hegermann 186.
[32] Vgl. de Wette 524.
[33] Richtig Braun 281.
[34] Statt vom größeren und vollkommeneren *Zelt* ist jetzt vom »Himmel selbst« die Rede, d.i. entweder der höchste Himmel, »in dem das wahre Heiligtum als die Wohnstätte Gottes seinen Platz hat« (Hofius, Vorhang 71 mit Verweis auf TestLev 5,1; äthHen 1,3f; 71,5), oder der Debir (Braun 282). Hier bestätigt sich: »Der Autor entschlüpft jedem Exegeten, der ihn himmlisch-topographisch festlegen will« (Hegermann 187 mit Verweis auf Laub, Bekenntnis 167–207).
[35] Vgl. Hofius, Vorhang 69–71.
[36] Die Belege bei Bauer, Wb 150f (2.); Goppelt, ThWNT VIII 247f; Michel 324; Attridge 263.
[37] So Theophylact, PG 125, 313A. Zu ἀντίτυπος *Gegenbild*, das hier parallel zu ὑπόδειγμα V 23 steht und eine »typologische Auslegung« anzeigt, vgl. Schunack, EWNT III 899–901; Ch.T. Fritsch, ΤΟ ἈΝΤΙΤΥΠΟΝ, in: FS Th.Ch. Vriezen, Wageningen 1966, 100–107.

schen[38]. Voraussetzung für diese Einschätzung ist natürlich, »daß der heilige Text seinen eigentlichen Sinn nicht aus sich selbst und der ihn veranlassenden Historie empfängt, sondern aus dem eschatologischen Geschehen, das mit Christi Menschwerdung seinen Anfang nahm«[39]. Den Gedanken, daß das irdische Heiligtum τύπος τοῦ οὐρανοῦ war, wendet der Hebr jetzt parakletisch: *Denn*[40] *Christus ist nicht eingegangen* (εἰσῆλθεν, vgl. 9,12) *in das Allerheiligste*[41], *mit Händen gemacht*[42], *Gegenbild des wahrhaftigen*[43], *sondern in den Himmel selbst.* Deshalb braucht am uneingeschränkten Effekt seiner fürbittenden Hilfe niemand zu zweifeln. Diese im Nachsatz (νῦν ἐμφανισθῆναι κτλ.) betont herausgestellte intercessio ist dabei nicht als ein Zweites neben der Erhöhung vorgestellt, sondern als »Vollendung des ›für uns‹ seines Todes«. »Man kann beides nicht auseinanderreißen. Denn für Hebr. liegt das Heil nicht in einem historischen Faktum als solchem, sondern allein im handelnden Christus. Er starb nicht bloß für uns, er lebt für uns.«[44] Auf diese Weise drückt der Hebr »in kultischen Kategorien die eschatologisch-gültige, schon die Jetzt-Zeit bestimmende Wirkung des einmaligen Opfers Christi, also den neuen Bund aus«[45]. Wieder ist die Himmelfahrt (εἰσῆλθεν) als zentrales Heilsereignis herausgestellt. Sie hat Jesus zum Hohenpriester gemacht, »der über die Himmel erhoben« ist (7,26d), d.h. er hat seinen Dienstort am himmlischen Original des Heiligtums und nicht an der schattenhaften Kopie desselben. Das hebt ihn von den irdischen Hohenpriestern ab, »die nicht die Kraft haben, den Gottesdienstteilnehmer im Gewissen vollkommen zu machen« (9,9c). Des uneingeschränkten Effektes seiner fürbittenden Hilfe darf die Gemeinde um so gewisser sein, als er *bei Gott selbst*[46] zu unseren Gunsten (ὑπὲρ ἡμῶν steht mit Nachdruck am Ende)[47] Fürsprache einlegt. Ἐμφανισθῆναι τῷ προσώπῳ τοῦ θεοῦ unterstreicht diese Gottunmittelbarkeit. Die Wendung entspricht der alttestamentlichen Formel »Gottes Angesicht schauen« (נִרְאָה פְּנֵי אֱלֹהִים, z.B. Ps 42,3), die in vielen Texten t.t. der kultischen Begegnung mit der Gottheit ist (z.B. Ex 23,15.17; 34,23; Dtn 16,16a)[48]. Dabei sind die bedeu-

38 Käsemann, Gottesvolk 35.

39 Ders.* 150.

40 Γάρ begründet die Nennung der ἐπουράνια V 23: Windisch 85.

41 Das ist hier wie V 25 und 13,11 mit (τὰ) ἅγια gemeint. So Hofius, Vorhang 57, anders A.P. Salom, TA ΑΓΙΑ in the Epistle to the Hebrews, AUSS 5 (1967) 59–70: 64f.67–69: artikelloses ἅγια = das Heiligtum insgesamt. Ihm folgt Weiß 486 Anm. 46.

42 Οὐ χειροποίητος s. zu 9,11c.

43 Also nicht die Wirklichkeit selbst! Vgl. Schierse, Verheißung 28. – Ἀληθινός s. zu 8,2.

44 Käsemann* 153.

45 März 59.

46 Strobel 185: Himmel »steht als Chiffre für Gott«.

47 Vgl. Delitzsch 433. Es meint nicht »an unserer Stelle« (gegen Zimmermann, Bekenntnis 200), sondern *uns zugute*. Für Hegermann 188 stammt es »letztlich aus der Herrenmahltradition«.

48 Rabbinisches bei Bill. I 206–215; vgl. Michel 324 Anm. 5. Hegermann 187 denkt an den antiken Hofstil: »Das Angesicht des Königs sehen bedeutet, aktuell oder ständig zur Audienz vorgelassen zu werden.« Attridge 263 denkt an den Kult. Zur Sache vgl. F. Nötscher, »Das Angesicht Gottes schauen« nach

tungskonstituierenden Elemente von פָּנִים (πρόσωπον) dieselben, die für menschliche Wesen gelten, nämlich »wirkliche persönliche Gegenwart, Beziehung und Begegnung«[49]. Diese unmittelbare Beziehung zu dem sonst unsichtbaren und unnahbaren Gott (Ex 33,20; Lev 16,12f)[50] stellt sicher, daß Jesu intercessio pro nobis nicht vergeblich ist. Sie geschieht *jetzt,* d.h. ununterbrochen in der Zeit zwischen Himmelfahrt und Parusie[51]. Jetzt, da »die Gemeinde noch von Fleischesschwäche, Sünde und Tod bedrängt auf der Wanderschaft ist«, ruht der himmlische Hohepriester, der die irdische Anfechtung selber durchlitten hat (2,17), nicht, in Solidarität mit den Brüdern Hilfe und Rettung zu bringen (2,18; 4,15f; 7,25)[52]. Damit ist ein bleibendes Verhältnis geknüpft zwischen ihm, dem Bürgen und Mittler der neuen Diatheke, und den »Berufenen« (9,15c), bis zur Verwirklichung der Endverheißung bei der Wiederkunft (V 28). Das ekklesiologische Motiv ist in diesen Ausführungen kaum zu übersehen[53].

Dogmatische Spekulationen über die Natur des himmlischen Mittlerdienstes, z.B. seine Auffassung als reale Opferhandlung gemäß atl. Verständnis[54] oder als »fortdauernde (...) Darbringung des einen großen Erlösungsopfers im Himmel«[55], tragen fremde Gedanken in den Hebr ein. Schierse[56] urteilt richtig: »Gewiß besitzt die hohepriesterliche Interzession Christi wahren Opfercharakter, aber es ist verfehlt, sie in eine vorgefaßte, stark mechanistische Opfertheorie einordnen zu wollen, statt umgekehrt das Wesen des christlichen Opfers von ihr abzulesen. Es berührt eigenartig, wenn man die ›bloßen Worte‹ des Erhöhten als unzureichend betrachtet und nach einer greifbaren Gabe sucht, die allein Gottes Willen beeinflussen könnte. Menschenworte müssen sich freilich erst an Taten beweisen, Jesu Opfertod dagegen erhält seine sühnende Kraft von Gottes Willen und Wort (10,5ff.).«
Die alte Dogmatik hat die intercessio Christi als zweites Stück ihrer Lehre vom munus sacerdotale neben den Begriff der satisfactio vicaria gestellt, um so die Frage nach

biblischer und babylonischer Auffassung, Würzburg 1924 ([2]1969); J. Böhmer, Gottes Angesicht, 1908 (BFChTh 12); J. Reindl, Das Angesicht Gottes im Sprachgebrauch des Alten Testaments, 1970 (EThSt 25); Bultmann/Lührmann, ThWNT IX 7f.

49 Simian-Yofre, ThWAT VI 650; Lit. ebd. 629f.

50 Vgl. dazu bes. Delitzsch 433: »Christus ist Gotte schlechthin ἐμφανής und hinwieder hat Gottes πρόσωπον für ihn keine Hülle, er schaut es unmittelbar, nicht blos ἐν κατόπτρῳ.« Zum offenbarungstheologischen Gebrauch von ἐμφανίζειν (τινί) in hellenistisch-jüdischer Tradition (z.B. Philo, All 3,27.101; Jos Ant 1,223; Bell 6,47) vgl. Weiß 487 mit Anm. 52.

51 Vgl. Bleek II/2 592. Der Gedanke der himmlischen intercessio könnte die Wurzel der Hohepriestervorstellung sein. Vgl. Hahn, Christologische Hoheitstitel 231–241; Loader, Sohn 142–160; Gräßer, ThR 30, 215–223.

52 Schierse, Verheißung 100; vgl. Weiß 488. Wie sehr die vom Hebr bezeugte intercessio Christi z.B. für Augustin die Basis seines Lebens aus dem Glauben wurde, zeigt B. Quinot, L'influence de l'Épître aux Hébreux dans la notion augustinienne du vrai sacrifice, REAug 8 (1962) 129–168.

53 Vgl. Schierse, Verheißung 158.201f.

54 So z.B. V. Thalhofer, Das Opfer des Alten und des Neuen Bundes mit besonderer Rücksicht auf den Hebräerbrief, Regensburg 1870, 218f.

55 A. Zill, Der Brief an die Hebräer, Mainz 1879, 353ff.

56 Verheißung 158; vgl. dazu bes. auch Laub* 76–78.83–85.

der applicatio salutis zu beantworten: Jesus ist als der, der sich einst opferte, heute unser »wirksamer Stellvertreter und Anwalt vor Gott«[57].

(2) *Destructio peccati V 25.26*
Die zweite erläuternde Weiterführung des κρείττοσιν (V 23b) wird in V 25 25
durch eine *These* (Negation) eröffnet: *Auch nicht*[58] (ist Christus in den Him-
mel eingegangen[59]), *um oftmals sich darzubringen* (προσφέρῃ)[60], *wie der Hohe-
priester Jahr für Jahr* (κατʼ ἐνιαυτόν, vgl. V 7) *ins Heiligtum*[61] *eingeht mit frem-
dem Blut*[62], also mit dem Blut der Böcke und Kälber (9,7b.12). Die Syntax ist
parallel der in V 24 (»nicht – sondern«), die Terminologie aber stärker an den
Versöhnungstag angelehnt[63]. Dessen Manko hebt der Hebr mittels zweier se-
mantischer Oppositionen hervor: πολλάκις *oftmals* (V 25.26) bzw. κατʼ ἐνιαυ-
τόν (V 25b) versus ἅπαξ, sodann (προσφέρειν) ἑαυτόν (V 25a) versus (εἰσέρ-
χεσθαι) ἐν αἵματι ἀλλοτρίῳ (V 25b). Es entspricht alexandrinisch-dualisti-
schem Denken, daß das Eine dem Vielfachen, das ἴδιον dem ἀλλότριον über-
legen ist[64]. Aber weil Priester und Opfer sarkisch sind (7,23; 9,10), müssen es
viele und oftmals wiederholte sein (10,1f.11) – Menge als Kompensation un-
zureichender Qualität und Wirkung (10,2f.11)! Umgekehrt beim Hohenprie-
ster nach Melchisedekweise: Weil Christus sich selbst διὰ πνεύματος αἰωνίου
unbefleckt Gott dargebracht hat (9,14) und »weil er in Ewigkeit bleibt«
(7,24a), kommt seinem Opfer das Prädikat ἐφάπαξ zu (7,27): Einmal darge-
bracht, gilt es ein für allemal. *Denn sonst* (ἐπεί wie 10,2)[65], wenn es anders wä- 26a
re – so lautet die negtive Begründung in V 26a –, wenn seine Selbsthingabe
ein den sonstigen irdischen Opfern gleichgestelltes Opfer wäre, *hätte er ja vie-
le Male leiden müssen* (ἔδει αὐτὸν πολλάκις παθεῖν).

Ἔδει gehört zu den Ausdrücken der Notwendigkeit usw., die etwas bezeichnen, was hätte sein müssen, aber doch nicht geschah, hier also das iterative

57 K. Barth, KD IV/1 346f.

58 Οὐδέ nach dem οὐ in V 24, also innerhalb desselben Satzstückes, muß so übersetzt werden; vgl. BDR § 445,2. Es geht um eine Aufzählung: *Erstens* ist er nicht in einen irdischen Kultort hineingegangen (V 24), und *zweitens* ist er nicht hineingegangen, um wiederholt ... (V 25).

59 Diese Satzergänzung wird durch das οὐδʼ stillschweigend aus V 24 herübergezogen (Braun 283 mit Verweis auf Oecumenius, PG 119, 381D; Theophylact, PG 125, 313B).

60 S. zu 5,1 (I 272). Zum iterativen προσφέρειν bzw. ἀναφέρειν s. zu 7,27. Zur Sache vgl. Stott, The Conception 62–67; Young, The Gospel (s. Lit. zu 9,1–10) 208f: »Here προσφέρω is synonymous with ἀποθνήσκω«.

61 Vgl. V 2f.8.12c. Τὰ ἅγια für den Debir verdeutlichen א[2] *pc* sa[mss] unnötigerweise durch die genitivische Verbindung τὰ ἅγια τῶν ἁγίων (vgl. 9,3).

62 Ἐν αἵματι ἀλλοτρίῳ entspricht dem Dat. sociativus (modi): *mit fremdem Blut* (BDR § 198,2 mit Anm. 2); vgl. Hoffmann / v. Siebenthal § 184i (a.cc.γ).

63 Vgl. Braun 283.

64 Vgl. Philo, Som 2,47: »Der leere Wahn ... setzt dem Echten immer das Unechte zu, dem Eigenen das Fremde, dem Wahren die Lüge ...«; vgl. Michel 276 (zu 7,23): »Die Mehrzahl ist für Hebr ein Zeichen der Unabgeschlossenheit und Unvollkommenheit (1,1ff.; 10,1ff.). Wie Gott der ›Eine‹ ist, so ist auch der Erwählte der ›Eine‹ gegenüber einer Vielheit.«

65 Vgl. BDR § 456,3 mit Anm. 7.

Selbstopfer Jesu[66]. Anders als das philosophisch gefärbte, in Philos Nachbarschaft weisende πρέπει *es geziemt sich*[67] (2,10; 7,26; vgl. 2,17: ὤφειλεν; 9,23: ἀνάγκη) verweist ἔδει auf eine in der Natur der Sache liegende Notwendigkeit (vgl. 2,1 δεῖ): Opfer müssen solange wiederholt werden, bis die Sünde endgültig entmachtet ist.

πολλάκις παθεῖν Ob der Hebr eine solche Argumentation mittels einer Absurdität abbrechen will (Mehrheitsexegese) oder ob er nur auf ihre Gegenstandslosigkeit hinweist, wird kontrovers diskutiert. Im ersten Fall geschähe die Abweisung des πολλάκις mit bemerkenswerter Rationalität: Um sich mehrmals selbst darbringen zu können, hätte Jesus auch mehrmals sterben müssen. Und zwar *von Anfang der Welt an* (ἀπὸ καταβολῆς κόσμου), seit die Sünde in der Welt ist (vgl. Röm 5,12). Der Gedanke ist absurd[68], weil jeder Mensch, auch der Mensch Jesus, nur einen Tod zu sterben vermag (V 27). Im zweiten Fall geschähe die Abweisung des πολλάκις mit dem bloßen Hinweis darauf, »daß eine Mehrzahl des Selbstopfers Jesu in dem Zeitraum von der Weltschöpfung an bis kurz vor dem jetzigen Weltende eben nicht stattgefunden hat«[69]. Aber da das Einmal des Selbstopfers Jesu mit der Einmaligkeit menschlichen Sterbens verglichen wird (V 27f), soll mit dem πολλάκις παθεῖν vielleicht doch ein *undenkbarer* Gedanke abgewiesen werden, etwas, »was . . . nicht einmal der *Möglichkeit* nach hätte πολλάκις stattfinden können«[70].

Die fließenden Übergänge von der Selbsthingabe des Erhöhten (V 25) zum Leiden des Irdischen (V 26) und von da wieder zum einmaligen προσφέρειν des Erhöhten (V 28) sind ein weiterer klarer Beleg dafür, daß der Hebr den Tod am Kreuz und die Darbringung des Opferblutes im himmlischen Debir nicht als zwei gesonderte Akte versteht, sondern als einheitlichen Vorgang. Lediglich um der Analogie zum Geschehen am Versöhnungstag willen läßt er chronologisch auseinandertreten, was sachlich ein einziger Vorgang ist: πεφανέρωται (V 26c), παθεῖν (V 26a), εἰσῆλθεν (V 24a), προσφέρῃ ἑαυτόν (V 25a)[71].

In soteriologisch-paränetischer Absicht gebraucht der Hebr für *Jesu* Sterben immer nur das Verb πάσχω sensu malo im Sinne von *den Tod erleiden, getötet werden, sterben* (müssen) (2,18; 5,8; 9,26; 13,12), nicht ἀποθανεῖν, das er wählt, wenn es um Menschen allgemein geht (V 27)[72]. Dieses πάσχω lenkt zu

66 Vgl. BDR § 358,1 mit Anm. 2.

67 S. I 126f und E. Fascher, Theologische Beobachtungen zu δεῖ, in: FS R. Bultmann, ²1957 (BZNW 21), 228–254: 245. Vgl. auch A.C. Mitchell, The Use of πρέπειν and Rhetorical Propriety in Hebrews 2:10, CBQ 54 (1992) 681–701.

68 Calvin z.St.: Jesus hätte »oft sterben müssen. Kann man sich etwas Ungereimteres denken?« (Übers. Lauterburg 108).

69 Braun 283, der damit v. Soden 66f folgt.

70 So richtig Michaelis, ThWNT V 917,10f mit Verweis auf Röm 6,9f.

71 Vgl. Weiß 489; ferner Westcott 276; Moffatt 132; Michel 325; Attridge 264; Vanhoye* 47–52.

72 Ἀποθανεῖν findet sich als Lesart zu unserer Stelle in 1908 *pc* sa. Damit ist die soteriologische Färbung preisgegeben. Vgl. Michaelis, ThWNT V 917 Anm. 108.

den παθήματα τοῦ θανάτου (2,9) zurück. Nicht Jesu exitus, sondern sein Heilstod steht im Blick. Er ist das sündentilgende Opfer, rückwirkend nicht nur für die Übertretungen im ersten Bund (9,15), sondern überhaupt für die des ganzen Menschengeschlechtes. Darauf jedenfalls deutet das ἀπὸ καταβολῆς κόσμου[73]. Gegen die universale Unheilsmacht der Sünde, die von Anfang an herrscht, hilft nur ein Heilstod von universaler Geltung.

Davon handelt die positive Begründung V 26b. Sie wird mit einem kräftigen, 26b
die heilsgeschichtliche Wende markierenden, dem ἅπαξ korrespondierenden[74] νυνὶ δέ eröffnet: »*nun aber ist er Ein Mal ... offenbar geworden*«[75]. Die Zeitangabe ἐπὶ συντελείᾳ τῶν αἰώνων unterstreicht das ἅπαξ: In der Endzeit geschieht nur Endgültiges[76].

Das Gewicht unseres νυνί verdeutlichen vor allem hymnisch-liturgische Texte wie Röm 5,9; Kol 1,22; 2Tim 1,10 und Röm 16,26 (mit dem Zusatz des Origenes!; vgl. auch 1Joh 3,2)[77]. Christi Gekommensein, vor allem die Einmaligkeit und Unwiederholbarkeit seines sündenvergebenden Werkes[78], gab der Geschichte der Menschheit eine ganz neue Wendung, die der λόγος τῆς ἀκοῆς (4,2), die *Predigt* also, Gegenwart werden läßt: In der Jetztzeit vollendet sich das Heil[79]. Auf eine in Christus ergangene Offenbarung in der Vergangenheit angewandt findet sich unser Verb φανερόω neutestamentlich nur noch in 1Tim 3,16 und der vom Kontext her unserem Text besonders nahen Stelle 1Petr 1,20[80]. Dabei hebt die Perfektform πεφανέρωται die Endgültigkeit (des jetzt geöffneten Weges ins Allerheiligste 10,19) gegenüber dem »noch nicht« in 9,8 hervor[81]: *Durch sein Opfer* (διὰ τῆς θυσίας αὐτοῦ), das im Vergleich zu den irdischen Opfern das *bessere Opfer* darstellt (9,23), ist Chri-

[73] Die einfache Zeitbestimmung wie Mt 13,35 (ψ 77,2); Lk 11,50; Barn 5,5 schon Hebr 4,3. S. I 209 mit Anm. 60. – Ἐκ καταβολῆς *von Grund auf, von Anfang an* auch Polyb 1,36,8; 24,8,9; Diod S 12,32,2. Vgl. Sasse, ThWNT III 884 mit Anm. 62.

[74] S. Stählin, ThWNT I 381.

[75] Übers. Braun 283.

[76] Vgl. Stählin, ThWNT I 381,9f.

[77] Vgl. Stählin, ThWNT IV 1106f.

[78] Stählin, ThWNT I 381,4f nennt als sachliche Parallele die einmalige Geburt des Nous: Plot Enn 6,8,21 (2,506,16f Volkmann). Ganz anders die bei den Elchesaiten begegnende Vorstellung von dem Erlöser, der wiederholt auftritt, aber nicht leidet (Hipp Ref 9,14,1). Vgl. G. Strecker, Das Judenchristentum der Pseudoklementinen, 1958 (TU 70), 145–153; G.P. Luittikhuizen, The Revelation of Elchasai, 1985 (Texte und Studien zum Antiken Judentum 8), 64f.212f; s. auch Braun 284; Weiß 489 Anm. 59.

[79] Vgl. R. Bultmann, Der zweite Brief an die Korinther, 1976 (KEK Sonderband), 169. Zum Überspringen der geschichtlichen Distanz, das seine Wurzeln im Dtn und bei den Propheten hat (z.B. die Vergegenwärtigung der Anfangserwählung Israels), vgl. G. v. Rad, Das Gottesvolk im Deuteronomium, 1929 (BWANT 47), 59–65; K. Galling, Die Geschichte als Wort Gottes bei den Propheten, ThBl 8 (1929) 169–172: 171; S. Herrmann, Zeit und Geschichte, Stuttgart 1977. Richtig resümiert Stählin: »Das Bewußtsein des at.lichen Gottesvolks, in jenem Stand der Erwählung und Rettung gegenwärtig zu stehen, ist das Prototyp des nt.lichen Wissens um das Leben im νῦν der Christusgeschichte« (ThWNT IV 1107,3–6).

[80] Zu 1Petr 1,20 vgl. N. Brox, Der erste Petrusbrief, EKK XXI^3 83f. – Zum traditionellen Revelationsschema »einst verborgen« – »jetzt offenbar« (Röm 16,25–27; Kol 1,26f; Eph 3,4f.9f; Tit 3,1) vgl. Weiß 490f.

[81] Vgl. Braun 284; Attridge 265.

stus als ἀρχηγὸς τῆς σωτηρίας (2,10), als αἴτιος σωτηρίας αἰωνίου (5,9) *offenbar* geworden, wie die Zweckangabe deutlich zeigt: *zur Außerkraftsetzung der Sünde* (εἰς ἀθέτησιν [τῆς] ἁμαρτίας, vgl. PsSal 17,36.41; TestLev 18,9 und den entsprechenden rechtsterminologischen Sprachgebrauch in den Papyri: BGU 44,16 [102n]; 196,21; 281,18 u.ö.; PAmh 2,111,19; PTebt 2,397,13)[82]. Während der Hebr sonst meist davon redet, daß Christus *die Sünden* (Plural) vor Gott unwirksam macht (1,3; 2,17; 9,28; 10,4 u.ö.), ist es hier die »Grundsünde«[83] (Singular), die den Kosmos verdorben hat[84], jetzt aber ihre Unheilsmacht verliert. Damit ist die messianische Zeit angebrochen, wie sie die Propheten verheißen haben[85]. Die Zeitangabe unterstreicht das zusätzlich: Jesus ist »beim Abschluß der Weltzeiten« offenbar geworden[86].

συντέλεια Συντέλεια (für קֵץ *Ende*) ist apokalyptischer t.t. in Dan LXX (z.B. 8,19; 11,27.35; 12,4 u.ö.) und in TestXII (z.B. TestBenj 11,3; Lev 10,2; Rub 6,8)[87]. Die fest geprägte, überkommene Formel συντέλεια τῶν αἰώνων, die identisch ist mit der singularischen Form συντέλεια τοῦ αἰῶνος (Sir 43,7S; AssMos 12,4; 4Esr 6,25: finis saeculi), erscheint ntl. nur noch bei Mt in eschatologischen Aussagen und bezeichnet dort den Anbruch der messianischen Zeit, die ihrer Vollendung entgegengeht (Mt 13,39.40.49; 24,3; 28,20, immer sg.)[88]. Der Hebr dürfte die Formel gemäß der verwandten Wendung ἐπ' ἐσχάτου τῶν ἡμερῶν τούτων (1,2) verstehen[89]. Sie gibt dem Bewußtsein Ausdruck, im »Abschluß der Weltzeiten« zu leben, jetzt schon von den Kräften des kommenden Äons zu zehren (6,4) und der Heilsvollendung gewiß zu sein (4,3.9; 12,22f). Auf die Gewißheit der consummatio salutis läuft die ganze Argumentation in c. 9 als auf ihren Höhepunkt zu. Davon handelt

(3) *Consummatio salutis V 27.28*

Als Pointe alles bisher Gesagten läßt sich mit 1Petr 3,18 formulieren: Χριστὸς ἅπαξ περὶ ἁμαρτιῶν ἔπαθεν (v.l. ἀπέθανεν). Um das ἅπαξ, das »die endgülti-

[82] Vgl. Spicq, Notes I 47f. Es gibt Schwankungen in der Textüberlieferung: Der Artikel fehlt in P^{46} C Ψ 𝔐, was älteste Lesart sein könnte (Zuntz, The Text 52), während der Plural ἁμαρτιῶν (ohne Artikel) in D* und bei Aug sekundäre Angleichung an Hebr 9,28; 10,2.3 oder ein bloßer Schreibfehler ist. Vgl. Riggenbach 288 Anm. 85; Braun 284; Attridge 260 Anm. 3.

[83] Braun 284, allerdings mit dem Hinweis: »Aber Verführung übt die Sünde immer noch Hb 12,1«. – Riggenbach 288 sieht mit dem Singular die »Menschheitssünde zu einer Einheit« zusammengefaßt.

[84] Vgl. Windisch 72; Swetnam* passim; Weiß 492. – S. I 64f.

[85] Grundmann, ThWNT I 318,23f. – Zur endgültigen Vernichtung der Sünde bzw. der Sünder vgl. TestLev 18,9; PsSal 17,26.36.41; äthHen 62,10–12. Zur entsprechenden Vorstellung in Qumran s. Braun 284.

[86] Übers. Braun 283.

[87] Vgl. Delling, ThWNT VIII 66. Zu קֵץ vgl. Talmon, ThWAT VII 84–92 (Lit.!). Im eschatologischen Kontext erscheint es nur in wenigen spätbiblischen Belegen. Dasselbe gilt für Qumran (z.B. 1QM 1,5; 1QH 6,29; 1QS 4,25). Vgl. Talmon, ebd. 89 (4.); 92 (6.).

[88] Vgl. Grundmann, ThWNT I 318,17–21. – Außerhalb des NT ist zu vergleichen Herm vis 3,8,9 und sim 9,12,3. Vgl. M. Dibelius, Der Hirt des Hermas, 1923 (HNT Erg.-Bd.), 474.619f; N. Brox, Der Hirte des Hermas, 1991 (KAV 7), 146f.416–418.

[89] S. I 55.

ge, absolut ausreichende und unvergleichliche Heilswirkung« aussagt[90], ar-
gumentativ noch weiter zu stützen und in seiner Wichtigkeit zu betonen,
weist der Hebr schließlich auf die Analogie des einmaligen, allgemein
menschlichen Sterbens hin: *Gleichwie* (καθ᾽ ὅσον) *den Menschen beschieden*
ist[91], *einmal zu sterben* (ἅπαξ ἀποθανεῖν), *so* (οὕτως)[92] *ist auch Christus einmal* 27
geopfert worden (ἅπαξ προσενεχθείς). Seit Homer ist die Wahrheit oft ausge-
sprochen worden, daß die Menschen nur einmal sterben (ἅπαξ θνήσκουσ᾽
ἄνθρωποι Od 12,22). »Unser Ende wiederholt sich nicht; es ist versiegelt, und
keiner kommt zurück« (Weish 2,5). Als einziges Danach nennt der Hebr das
Gericht (κρίσις), womit hier nur gesagt werden soll, daß niemandes Lebenser-
trag folgenlos bleibt, sondern vom Richter-Gott bilanziert, gewogen und be-
urteilt wird. Schwerlich folgt er dabei apokalyptischer Tradition (z.B. Dan
7,26; 12,2; 4Esr 7,69; 14,35; äthHen 1,7; 50,1–5; Mt 25,31–46; Lk 16,22f; Joh
5,29; 2Thess 2,12; Offb 20,12), sondern der Vorstellung vom postletalen Ge-
richt unmittelbar nach dem Tode[93]. Ob das im Vorblick auf 10,27 als drohen-
de Endgültigkeit gemeint ist[94]? Im Vordergrund steht jedenfalls die Einmalig-
keit des Sterbens, die wie für jeden Menschen[95], so auch für den Menschen Je-
sus gilt und hier als Kehrseite eben die Unmöglichkeit eines πολλάκις παθεῖν
hat[96].
Trotzdem wird mit Rücksicht auf den Ausnahme-Menschen Jesus (2,9 Kon- 28a
text!) der Vergleich nicht rein durchgeführt. Dem ἅπαξ ἀποθανεῖν der Men-
schen vergleicht sich vielmehr Christi ἅπαξ προσενεχθεὶς εἰς τὸ πολλῶν
ἀνενεγκεῖν ἁμαρτίας[97] und dem jedem menschlichen Sterben nachfolgenden

[90] Brox, 1Petr (s.o. Anm. 80) 167; vgl. E. Gräßer, 1. Petrus 1,13–21, GPM 42 (1988/89) 161–167.

[91] Ἀπόκειταί τινι *es wartet jmds., es ist jmdm. vorbehalten, sicher* betont die Unausweichlichkeit des Todes, die biblisch (z.B. Gen 3,19; Ps 39,5) und außerbiblisch breit bezeugt ist (z.B. Epigr Graec 416,6: ὡς εἰδώς, ὅτι πᾶσι βροτοῖς τὸ θανεῖν ἀπόκειται; 4Makk 8,11: ἀποθανεῖν ἀπόκειται; Jos Bell 5,355). Vgl. Büchsel, ThWNT III 655 und Attridge 265 Anm. 64. Viele Parallelen aus den Griechen bei Wettstein II 417f und Braun 285, der den Hinweis nicht vergißt: »Henoch Hb 11,5 wird nicht berücksichtigt.« Er hätte mit Riggenbach 288 auch noch auf 11,34 verweisen können und mit Calvin, CR 83, 119f darauf, daß »vom gewöhnlichen Menschenlos« abweichend einige vor der Parusie gar nicht mehr sterben werden (1Thess 4,17; 1Kor 15,51). Vgl. die Übers. bei Lauterburg 109f.

[92] Καθ᾽ ὅσον – οὕτως καί (ntl. nur Hebr) ist »eine Vergleichung von der Art eines analogischen Schlusses« (Delitzsch 438). Während καθώς eine einfache Vergleichung einleitet, dient καθ᾽ ὅσον gleichzeitig der Begründung. Vgl. Riggenbach 288.

[93] Vgl. Oepke, ThWNT V 866,34f; Attridge 265; anders Riggenbach 288; Weiß 493f. Zur Diskussion vgl. P. De Letter, The Judgment After Death: ›*post mortem* iudicium‹ Hebr. 9,27, CleM 27 (1963) 365–374.

[94] Vgl. Braun 285f.

[95] Fast alle Kommentare zitieren hier Soph, Tragicorum Graecorum Fragmenta (Stob IV 1074,13): Τὸ ζῆν γάρ, ὦ παῖ, παντὸς ἥδιστον γέρας· θανεῖν γὰρ οὐκ ἔξεστι τοῖς αὐτοῖσι δίς (vgl. Delitzsch 439 Anm. 1).

[96] Vgl. ebd. 439; auch Weiß 493.

[97] Ἀναφέρω (meist als Wiedergabe von עָלָה hi oder קָטַר hi [Clements, ThWAT VII 13f], selten von חָטָא pi, z.B. Lev 6,19 [Koch, ThWAT II 857–870]) und προσφέρω (in der LXX meist Wiedergabe von קָרַב hi) sind in der griechischen Bibel Alten (z.B. Lev 17,5; Jes 57,6; 2Makk 1,18 u.ö.) wie Neuen Testaments

Gericht die letztlich entscheidende Wiederkunft Christi[98]. Um die Analogie zum passiv erlittenen Tod der Menschen zu wahren, ist jetzt passivisch von Jesu Opfer die Rede (vgl. Röm 3,25). Und der Opferzweck wird mit Anspielung auf Jes 53,12 LXX (ἁμαρτίας πολλῶν ἀνήνεγκεν) formuliert. Wie der stellvertretend leidende Gottesknecht hat Jesus die Sünden vieler getragen (vgl. 1Petr 2,24)[99]. Das *schuldlose* Leiden in seiner vertretenden Bedeutung (Sühne) wird beschrieben, das – hier ist die Exegese uneins – entweder der ganzen Menschheit zugute kommt (artikelloses πολλοί entsprechend dem deuterojesajanischen רַבִּים Jes 52,14.15; 53,11c.12 inkludierend gebraucht = πάντες *alle* wie Mk 10,45 / Mt 20,28; Mk 14,24 / Mt 26,28 und Röm 5,16)[100], oder es kommt (nur) der geretteten Gemeinde zugute (πολλοί nach griechischem Sprachgefühl in ausschließendem Sinn verstanden = *viele*, nicht alle)[101]. Die Entscheidung ist schwierig. Denn der Hebr erlaubt es sowohl, πάντων nach 2,9 (ὑπὲρ παντός, so Jeremias) als auch nach 2,10 (πολλοὶ υἱοί, so Braun) zu deuten. Auf jeden Fall aber bringen die parallelen Formulierungen »zur Tilgung der Sünde durch sein Opfer offenbar geworden« (V 26b) und »Christus ist einmal dargebracht worden, die Sünden vieler zu tragen« (V 28a) sprachlich klar zum Ausdruck, daß sich in der deuterojesajanischen Wendung τὰς ἁμαρτίας ἀνήνεγκεν zwei Vorstellungen durchdringen: »das Fortschaffen, Beseitigen der Sünden, die Christus, mit seinem Leib am Kreuz hängend, mit dort hinaufgetragen hat [vgl. 1Petr 2,24], und die Selbstaufopferung Christi ἐν σώματι αὐτοῦ für unsere Sünden«[102]. Ἀναφέρειν ἁμαρτίας ist also sachlich gleich ἀφαιρεῖν ἁμαρτίας *Sünden wegnehmen* (10,4; vgl. 1Joh 3,5; 1Petr 2,24)[103]. Jesus ist Hoherpriester und zugleich das sündensühnende Opfer, und dies ein für allemal.

28b Dem allen Menschen nachfolgenden Gericht vergleicht sich indes auf der Christus-Seite die Parusie. Daß diese im Hauptsatz steht, das einmalige Opfer aber parenthetisch mit einer Partizipialkonstruktion ausgedrückt wird

(z.B. 1Petr 2,5; Jak 2,21; Hebr 7,27; 13,15; vgl. Kremer, EWNT I 226f) die eigentlichen Verben zur Bezeichnung des Opfervollzugs (vgl. Weiß, ThWNT IX 62,11f). S. I 272 und Weiß 494 Anm. 76; Spicq, Notes I 91ff.

98 So Delitzsch 439.

99 Vgl. H.W. Wolff, Jesaja 53 im Urchristentum, Berlin [3]1952, 105; Cullmann, Christologie 90; Schröger, Schriftausleger 203; C. Westermann, Prophetenzitate im Neuen Testament, EvTh 27 (1967) 307–317: 316. – Die Vorgabe eines Rückbezugs auf Jes 53 in urchristlicher Tradition läßt jedoch den Schluß auf eine programmatische Verbindung von Hohepriester- und »Gottesknechts«-Christologie nicht zu. Gegen W. Grundmann, Sohn Gottes, ZNW 47 (1956) 113–133: 125; Cullmann, Christologie 90f u.a. Vgl. Gräßer, ThR 30, 218f; Weiß 494 Anm. 75.

100 So z.B. Jeremias, ThWNT VI 543–545; vgl. Ringgren, ThWAT VII 315 (5.).

101 So z.B. Braun 286.

102 Weiß, ThWNT IX 63,21–32. Bauer, Wb 125 (3.) übersetzt: »Christus ist einmal dargebracht worden im Hinblick darauf …, daß er die Sünden vieler (sich) aufgeladen hatte«. Anders Bauer, Wb[4] 115 (3.): »Mehr im Sinne von *wegschaffen*.«

103 Vgl. Bleek-Windrath 384f; s. auch ebd. 494. Anders Delitzsch 440–442, der übersetzt: »um auf sich zu nehmen d.i. zu büssen Vieler Sünden« (442). Kaum! Daß jetzt im Unterschied zu V 26 von »Sünden« (Plural!) die Rede ist, versteht sich vom Zitat Jes 53,12 her und indiziert keine sachliche Spannung. Richtig Weiß 494 Anm. 78.

(προσενεχθεὶς ... ὀφθήσεται), heißt nicht, daß das letztere gegen das erstere zurückgestellt wäre. Vielmehr wird damit ausgedrückt, daß beides in ursächlicher Wechselbeziehung steht: »das Wiedersichtbarwerden des jenseits bei Gott verborgenen [Christus] und seine diesseitige Selbstdarbringung«[104]. Hebr 9,28b ist die einzige Stelle, an der ὀφθῆναι, das meist an den Erscheinungen des Auferstandenen orientiert ist (z.B. 1Kor 15,5–8; 1Tim 3,16; Lk 24,34; Apg 9,17 u.ö.), mit Bezug auf die Parusie steht, und zwar mit Orientierung am Erdenleben Jesu (ἐκ δευτέρου), »das somit indirekt als ein ὀφθῆναι bezeichnet ist – eine ebenfalls im NT singuläre Verwendung von ὀφθῆναι«[105]. Die traditionelle Parusieerwartung (z.B. Mk 13; 2Thess 2,1–12) erscheint hier mit bemerkenswert einseitiger Betonung der Heilskomponente[106]. Kein Wort vom Menschensohn-Richter[107]! Sondern wenn Christus ein zweites Mal erscheinen wird, dann geschieht das *zum Heil* (εἰς σωτηρίαν)[108] für diejenigen, die ihn erwarten (αὐτὸν ἀπεκδεχομένοις[109]). Damit sind diejenigen Christen gemeint, die »die anfängliche Haltung bis zum Ende fest bewahrt haben« (3,14; vgl. 3,6). Mit der Sündenmacht wird der Parusie-Christus nicht mehr befaßt sein: Χωρὶς ἁμαρτίας *unabhängig von der Sünde*[110] wird er wiederkommen, d.h. »ohne weiter in sühnender Weise Sünden wegschaffen zu müssen«[111]. Sicher ist dies in soteriologisch-paränetischer Absicht so formuliert. Die in ihrem Glaubensmut wankend gewordene Gemeinde darf wissen, daß die Heilsfrage »nicht mehr offen, sondern entschieden« ist[112] – für die bis ans Ende Ausharrenden. Für alle anderen »bleibt kein Opfer mehr für Sünden übrig, sondern nur ein furchtbares Erwarten des Gerichts« (10,26c.27a). Das aber heißt, daß die Christen nicht jetzt schon »jenseits der eschatologischen Zeitenwende« leben[113], sondern *in* ihr. Mit dem größeren Angebot haben sie auch die größere Verantwortung (2,1–4; 10,26–31)! Dies und nicht etwa ein infolge überbordenden eschatologischen Enthu-

[104] Delitzsch 439.

[105] Michaelis, ThWNT V 361,14–18(17f). Doch vgl. den eschatologischen Gebrauch von ὁρᾶν in Mk 13,26par; 14,62par; 1Joh 3,2; Offb 1,7; 22,4. Weiß 495 Anm. 81.

[106] Ähnlich aus aktuellem Anlaß, d.h. um Angefochtene zu trösten, Paulus in 1Thess 4,13–18. Vgl. H. Merklein, Der Theologe als Prophet. Zur Funktion prophetischen Redens im theologischen Diskurs des Paulus, NTS 38 (1992) 402–429.

[107] Gegen Delitzsch 445. Bleek-Windrath 385 hat recht: Im Hebr erscheint nur Gott als Richter (4,11–13; 10,27.30f; 12,23.29; 13,4).

[108] Statt mit dem Hauptverb könnte man εἰς σωτηρίαν auch mit ἀπεκδεχόμενοι verbinden (*die ihn zum Heil erwarten*). Aber wegen des Dativs τοῖς αὐτὸν ἀπεκδεχομένοις und der Parallelität der beiden εἰς ist die Verbindung mit dem Hauptverb vorzuziehen. Vgl. Delitzsch 445; Riggenbach 292 Anm. 97; Attridge 266 Anm. 74.

[109] Ἀπεκδέχομαι wird hier ganz »paulinisch« gebraucht von der das Ende erwartenden Haltung der Christen. Vgl. Röm 8,19.23.25; Phil 3,20; Gal 5,5; s. Grundmann, ThWNT II 55.

[110] Bauer, Wb 1776 (2.b.δ.).

[111] Delitzsch 444. – Χωρὶς ἁμαρτίας hat also mit derselben Wendung in 4,15 »nichts gemein«, sondern steht hier für οὐκέτι εἰς ἀθέτησιν ἁμαρτίας, die bereits ein für allemal geschehen ist (V 26). Weiß 496 mit Anm. 82.

[112] März 60.

[113] Gegen März ebd.

siasmus' notwendig werdender eschatologischer Vorbehalt wird eingeschärft[114].

Die Handschriften, die διὰ πίστεως hinter σωτηρίαν ergänzen (A P 81 2495 *pc* b vg^{mss} sy^{h})[115] – vielleicht unter Einfluß von 1Petr 1,5 –, dürften den Satz so verstanden haben, daß Christus ohne Bezug zur Sünde erscheinen wird denen, die ihn zum Heil erwarten *aufgrund des Glaubens.* Letzteres *muß* keineswegs »einen paulinischen, dem Verfasser des Hebr fernliegenden Gedanken« ausdrücken[116], sondern kann dessen ureigenes Pistis-Verständnis aufgreifen wollen: πίστει (c. 11) sind die Christen standhaft Wartende.
Wirkungsgeschichtlich ist V 28 insofern von Bedeutung, als sich der Hebr damit auf den Weg zur Rede vom zweimaligen Kommen Christi begibt, die im 2. Jh. vor allem Justin ausgebildet hat (Apol 1,52,3; Dial 14,8; 40,4; 110,2; 118,2)[117].

3 *Die Erlösung von der Sünde 10,1–18*

Literatur: Andriessen, P., Le seul sacrifice qui plaît à Dieu. He 10,5–10, ASeign 8 (1972) 58–63; *Beaude,* Sacerdoce 1332–1333; *Bieder,* Pneumatologische Aspekte 256f; *Bornkamm, G.,* Lobpreis, Bekenntnis und Opfer. Eine alttestamentliche Studie, in: ders., Ges. Aufs. III, 1968 (BEvTh 48), 122–139; *Bultmann, R.,* Weissagung und Erfüllung, ZThK 47 (1950) 360–383 (= ders., GuV II, 1952, 162–186); *Byington, S.T.,* Hebrews 10,1, ET 55 (1943/44) 54; *Chester, A.N.,* Hebrews: The Final Sacrifice, in: S.W. Sykes (Hg.), Sacrifice and Rademption, Cambridge 1991, 57–72; *Hay,* Glory 86–91.151–153; *Hillmann,* Einführung 157–178; *Lehne,* The New Covenant; *Ruprecht, P.,* Una oblatione consummavit. Die Bedeutung von Hebräer 10,14 für die Meßopferlehre, ThQ 121 (1940) 1–13; *Schmidt, W.H.,* Zukunftsgewißheit und »nachlaufende Erkenntnis«, in: FS K. Koch, Neukirchen-Vluyn 1991, 161–181; *Seidensticker, Ph.,* Lebendiges Opfer (Röm 12,1), 1954 (NTA 20/1–3); *Stylianopoulos, T.G.,* Shadow and Reality: Reflections on Hebrews 10,1–18, GOTR 17 (1972) 215–230; *Vanhoye,* De »aspectu« 32–38; *Vielhauer, Ph.,* Gründonnerstag. Jer. 31,31–34, MPTh 38 (1948/49) 146–150.

1 **Da nämlich das Gesetz nur den Schatten der künftigen Güter darstellt, nicht aber die wirkliche Gestalt der Dinge selbst, vermag es durch die alljährlich gleichen Opfer, die man unaufhörlich darbringt, die (zu Gott) Hinzutretenden niemals zur Vollendung zu führen**[1]. 2 **Würde man sonst mit ihrer Darbringung nicht aufgehört haben, weil die Kultdiener,**

[114] Mit Weiß 497 gegen Windisch 87; Zimmermann, Bekenntnis 204 und Theißen, Untersuchungen 94f, der V 28 als Korrektur der Aussage von V 26 verstehen will.

[115] Die Minuskel 69 und einige andere lesen διὰ πίστεως εἰς σωτηρίαν.

[116] Gegen Windisch 86. Ihm folgen allerdings Braun 287; Attridge 260 Anm. 4; aber auch Riggenbach 292 Anm. 97. Richtig Weiß 496 Anm. 83.

[117] Vgl. Weiß 495 Anm. 81.

[1] Grammatisch läßt sich εἰς τὸ διηνεκές auch zu τελειῶσαι ziehen: Das Gesetz hat nicht die Kraft, »für dauernd vollkommen zu machen« (Wilckens, NT 796 u.a.). Vgl. V 14!

ein für allemal (durch sie) gereinigt, kein Sündenbewußtsein mehr hät-
ten? 3 Statt dessen findet durch sie [die Opfer] eine Erinnerung an Sün-
den statt, Jahr um Jahr. 4 Denn (es ist) unmöglich, daß Blut von Stieren
und Böcken Sünden wegnimmt.
5 Darum sagt er bei seinem Eintritt in die Welt:
›Opfer und Darbringung hast du nicht gewollt,
doch einen Leib hast du mir geschaffen;
6 an Brand- und Sündopfern hast du kein Gefallen gehabt.
7 Damals sprach ich: Siehe, ich komme
– in der Buchrolle steht (so) über mich geschrieben –,
zu tun, o Gott, deinen Willen‹.
8 Während er weiter oben sagt:
›Opfer und Darbringungen‹
und ›Brand- und Sündopfer
hast du nicht gewollt und kein Gefallen daran gehabt‹,
die (doch) nach dem Gesetz dargebracht werden,
9 hat er dann gesagt:
›Siehe, ich komme,
zu tun deinen Willen‹.
Er hebt das erste auf, um das zweite in Geltung zu setzen. 10 Kraft dieses
Willens sind wir durch die Darbringung des Leibes Jesu Christi ein für al-
lemal geheiligt.
11 Und (so) steht zwar jeder Priester da, Tag für Tag den Kultdienst ver-
richtend und die gleichen Opfer immer wieder darbringend, die doch nie-
mals (die) Sünden beseitigen können. 12 Dieser aber hat (nur) ein einzi-
ges Opfer für (die) Sünden dargebracht (und) ›sich‹ dann für immer ›zur
Rechten Gottes niedergesetzt‹ 13 und wartet hinfort, ›bis seine Feinde
ihm als Schemel unter die Füße gelegt werden‹. 14 Denn durch eine ein-
zige Darbringung hat er die Geheiligten für immer zur Vollendung ge-
bracht.
15 (Dies) bezeugt uns aber auch der Heilige Geist; denn nachdem er ge-
sagt hat:
16 ›Das (ist) der Bund, den ich‹ mit ihnen ›schließe
nach diesen Tagen‹,
spricht der Herr (danach):
›Ich lege meine Gesetze in ihre Herzen,
und in ihr Inneres werde ich sie schreiben,
17 und ihrer Sünden‹ und ihrer Gesetzlosigkeiten
›werde ich keinesfalls mehr gedenken.‹
18 Wo aber Vergebung dieser (Sünden ist), (bedarf es) keiner Darbrin-
gung mehr für (die) Sünde[2].

2 Wilckens, NT 797: »Wo aber Sünden vergeben sind, da ist es auch mit dem Sündopfer vorbei.«

Analyse Christus ist am Ende der Zeiten in den Himmel selbst eingegangen, damit er sich *einmal* (nicht oftmals!) darbringe und so den eschatologischen καθαρισμός (1,3c) realisiere (9,25–28). Der Bestätigung dieses für die Hebr-Theologie zentralen Gedankens dient der mit γάρ anschließende Abschnitt 10,1–18. Er bildet den »krönenden Schlußteil der ›Lehre für Gereifte‹«[3], die seit 7,1 Thema ist. Ja, es werden »die Grundgedanken der ganzen Abhandlung« zusammengefaßt so, »wie im Finale eines Tonstücks alle bis dahin zerstreuten Elemente sich zu einem effectvollen Ganzen vereinigen«[4]. Inhaltlich führt der Abschnitt kaum über c. 9 hinaus, wohl aber formal[5]. Denn das dort Gesagte wird jetzt durch Schriftexegese nach Art des *Midrasch-Pescher* zusätzlich verstärkt[6]. Was vorliegt, ist also keine Schriftauslegung im Sinne eines Schrift*beweises* – »es wird nicht bewiesen, daß es Jesus ist, der das Psalmwort spricht: ›Siehe, ich komme, deinen Willen zu tun‹«[7] –, sondern im Sinne einer exegetischen Vertiefung. Nicht auf Christus *hin*, sondern von ihm *her* wird die Schrift verstanden und ausgelegt[8]. Der Argumentationsgewinn ist beträchtlich. Nicht nur die (positiv aufgegriffene) Kulttypologie[9] (*Jom Kippur* und Bundesopfer), sondern auch die (negativ aufgegriffene) Kultkritik des Psalmisten und Propheten (ψ 39,7–9; Jer 31,33) lassen Jesu Kreuzestod in seiner doppelten Wirkung verständlich werden: Er verwirklicht die end-gültige Sündenvergebung und läßt damit jeden irdischen Kult definitiv beendet sein. Damit ist die dogmatische Summe aus dem λόγος τέλειος gezogen[10].

In drei Schritten – von NA^{26} im Druck hervorgehoben – erreicht der Hebr dieses Ziel. (a) Vorab steht die begründete Feststellung des Mißerfolgs der alten Heilsordnung (= νόμος), den die ununterbrochene Vielzahl der Opferhandlungen nicht beseitigt, sondern bestätigt (V 1–4). Auf irdischer Grundlage (σκιά) läßt sich kein eschatologisches Heil vermitteln. (b) Im zweiten Teil wird dieser »Radikalismus«[11] durch Auslegung von ψ 39,7–9 exegetisch er-

3 Hegermann 191.

4 Delitzsch 447; vgl. Lane II 257–259.

5 Für Michel 329 ist unser Abschnitt »ein in sich abgeschlossener, mit Kap. 9 geradezu paralleler Gedankengang«. Vgl. auch Attridge 269. Anders Zimmermann, Bekenntnis 116–125, der »Sprünge und Brüche« (117) findet, in denen er die redaktionelle Verarbeitung einer Tradition, bestehend aus 9,9b; 10,1c.3–10.14, angezeigt sieht, die wie in 7,11–25; 8,4.6–13 die streng christologische (nicht paränetische!) Schriftauslegung von Ps 110,4; Jer 31,31–34 und Ps 40,7–9 betreffe (ebd. 126f). Die Gründe für eine literarkritische Scheidung von Tradition und Interpretation sind freilich wenig überzeugend.

6 Vgl. Schröger, Schriftausleger 176.178; Michel 329. – Zum Midrasch vgl. G. Mayer, Art. Midrasch/Midraschim, TRE 22, 734–744.

7 Zimmermann, Bekenntnis 127.

8 Ebd. 128 und mit kritischer Infragestellung dieser Methode Bultmann* 364f (= 167).

9 Schweitzer 34 schreibt an den Rand seiner Auslegung von 9,15: »Wie Kant auf seine Kategorienlehre am stolzesten, so [der] Autor auf seine Typologie. Die Leute [sind] immer eingebildet auf das, was das schwächste an ihnen ist. Böcklin auf seine Erfindungen, Leonardo auf seine Flugmaschinen.«

10 Vanhoye, Structure 173. Die enge literarische Verzahnung von c. 10,1–18 mit c. 8 und 9 zeigt er ebd. 162.

11 Windisch 91.

härtet (V 5–10): Christus ist der gottgewollte Ersatz für die unwirksamen gesetzlichen Opfer[12]. Nicht aufgrund seiner besonderen physischen Qualität, sondern als Gehorsamsakt gegenüber Gottes Willen (V 7a.c.9a) ist Jesu irdisches Opfer, die Dahingabe seines σῶμα (V 5c.10), »the true counterpart of the earthly ›shadow‹«[13]. In der Erfüllung eines von Ewigkeit her bestehenden göttlichen Willens ist nicht nur die erste Heilsordnung zugunsten einer zweiten aufgehoben (V 9b), sondern auch unsere Heiligung endgültig verwirklicht (V 10). (c) Im dritten Teil wird schließlich mit der nochmaligen Gegenüberstellung des irdischen und des himmlischen Priestertums (vgl. 9,24–28) der dramatische Schlußpunkt gesetzt (V 11–14). Mit letzterem hat sich jeder weitere Kult erledigt. Denn, so wird durch erneuten Rückgriff auf Jer 31 gezeigt, mit dem Priesteramt des Erhöhten ist die Verheißung des neuen, die Sünden wirklich vergebenden Bundes erfüllt (V 15–18).

a *Der irdische Kult, Schatten jenseitiger Realitäten 10,1–4*

Argumentation

Das logische Verhältnis der einzelnen Aussagen ist folgendes[14]: *Probandum* ist die seit 7,11 immer wiederholte *These*: Gesetzliche Opfer können die Kultteilnehmer niemals zur Vollendung führen (V 1b.c; vgl. 7,11.19; 9,9f). Als *probatio* werden dafür drei Gründe geltend gemacht: 1. Ein *Idealgrund*: Das Gesetz hat nur den Schatten der himmlischen Realitäten (V 1a)[15]. 2. Ein *Erkenntnisgrund* (Vanhoye: »argument théorique«): Die Opferwiederholungen bezeugen, daß die Sünden nicht endgültig weggeschafft werden, sondern »sich dem Gedächtnis immer wieder aufdrängen« (V 2f)[16]. 3. Ein *Realgrund*: Tierblut *kann* keine Sünden wegnehmen (V 4). Ob die literarische »structure interne« darüber hinaus eine »symétrie croisée« zu erkennen gibt[17], kann man fragen, wenn man kompositorisch das Gras wachsen hört. V 4 dann als Einleitung zum folgenden Abschnitt zu ziehen[18] ist allerdings kaum möglich. Er ist Begründung von V 2f (γάρ) und inhaltlich fest mit dem Vorhergehenden verbunden (vgl. nur οὐδέποτε δύναται V 1b.c – ἀδύνατον V 4)[19].

[12] So Riggenbach 292.

[13] Attridge 269.

[14] Ich folge v. Soden 68; vgl. aber auch Vanhoye, Structure 172 (Schema) und Dussaut, Synopse 84; Lane II 258f.

[15] v. Soden 68. Der Satz müßte eigentlich aus den folgenden Prämissen entwickelt werden. Kurtz 308 weiß einen Grund anzugeben, warum der Hebr ihn »als ein allgemein anerkanntes Axiom in einem begründenden Participialsatze an die Spitze seiner Argumentation« gestellt hat: »damit der Leser gleich von vornherein in *seinem* Lichte dieselbe schauen und würdigen könne«. Also ein pädagogischer Trick!

[16] v. Soden 68.

[17] So Vanhoye, Structure 163; ähnlich Dussaut, Synopse 83f.

[18] So Vanhoye, Structure 163 mit Verweis auf die Inklusion κατ' ἐνιαυτόν in V 1 und V 3.

[19] Richtig Peterson, Perfection 264 Anm. 119; Attridge 269 Anm. 16; Braun 292.

Erklärung 1a Der Hauptsatz ὁ νόμος … οὐδέποτε δύναται τούς προσερχομένους τελειῶσαι wiederholt und spezifiziert zugleich 7,19a: »Das Gesetz hat nichts zur Vollendung gebracht« (οὐδὲν ἐτελείωσεν). Es hat keine Heilskraft. Wie sonst (7,5.12.16.19.28; 8,4; 9,19.22; 10,8.28) ist mit νόμος das *Kultgesetz* gemeint[20]. Obwohl der Hebr (anders als z.B. Barn 9,4; 10,2.9) dessen Heiligkeit grundsätzlich anerkennt – es ist Basis und Rechtfertigung des alttestamentlichen Kultus und Priesterdienstes[21] und steht zu dem Künftigen, dessen Schatten es (voraus-)wirft, nicht im Gegensatz, sondern ist dessen vorausweisendes *Vorbild*[22] –, versagt es im entscheidenden: Es hat niemals die Kraft (οὐδέποτε δύναται)[23], sein Ziel zu erreichen, nämlich die Kultteilnehmer Gott nahezubringen (7,19), also die τελείωσις und ihre Voraussetzung, das ἀφαιρεῖν ἁμαρτίας (10,4), die *Sühne*, wirklich zu leisten[24].

Der Kontext läßt bei προσερχόμενοι und τελειῶσαι zunächst an die Priester denken, die *geweiht*, d.h. für den kultischen Dienst fähig gemacht werden[25]. Die ausdrücklich genannte Opferdarbringung weitet den Kreis jedoch auf alle Kultteilnehmer, auf Priester und Laien[26], aus. Für den Hebr ist das προσέρχεσθαι, das *Nahen zu Gott*, nicht mehr nur das Privileg der Priester (Num 17,5 u.ö.), sondern aller ἁγιαζόμενοι (2,11; 7,25; 10,10.14)[27]. Und das sie betreffende τελειῶσαι, ihre *Weihe*, der freie Zugang zum himmlischen Allerheiligsten (10,19), hat durchaus den eschatologischen Charakter des τελειῶσαι von 2,10: Sie werden wie der Sohn ans Ziel ge-

20 Vgl. Braun 288.201.

21 Vgl. das mehrfach unterstreichende κατὰ τὸν νόμον (7,5; 8,4; 10,8), s. Gutbrod, ThWNT IV 1071,32–39.

22 Vgl. Schlier, ThWNT II 33,18–27; Weiß, ThWNT IX 70,6–12: (Opfer-)Gesetz und (Opfer-)Dienst des alten und des neuen Bundes sind »positiv aufeinander bezogen«.

23 Wichtige Majuskeln (א A C D[1] P), zahlreiche Minuskeln und Kirchenväter (z.B. Or Chr Thret Ephr Dam Thphyl) lesen δύνανται, lasten also nicht dem Gesetz, sondern den Priestern die Schwäche an. Abgesehen von der grammatischen Satzkonstruktion, die den Singular verlangt (das andernfalls entstehende Anakoluth wäre zwar nicht ausgeschlossen, ist dem stilistisch sorgfältig verfahrenden Hebr aber kaum zuzutrauen), spricht auch ein sachlicher Grund gegen diese Variante: Nicht die Priester, sondern Gesetz und Opfer vollziehen im Hebr das »Weihen« (7,19a; 9,9; 10,14), vgl. Braun 290. Bei dieser textkritischen Entscheidung ist dann auch ἅς (P[46c] א C D[2] Ψ 𝔐 lat) oder das an das Substantiv angeglichene αἷς (D* H L *pc* z) unbedingt als echt festzuhalten; mit Riggenbach 294 gegen P[46*] A 33 2495 *pc*. Vgl. auch Zuntz, The Text 131; Metzger, Textual Commentary 669; Byington* 54 und Attridge 267f Anm. 2 und 5; Lane II 254f Anm. d.

24 Vgl. Gutbrod, ThWNT IV 1072,5–11.

25 Vgl. Delling, ThWNT VIII 84,2f. Anders z.B. Bleek II/2 618 und Riggenbach 296f, der nur an die »Gemeindeglieder« und eine sie betreffende »Herstellung eines normalen Verhältnisses zu Gott« (= τελειῶσαι) denkt.

26 So richtig Braun 290.

27 So Delling, ThWNT VIII 83 mit Anm. 18, wo sich der Hinweis auf 1QS 11,16f findet: Die Erwählten der Menschheit dürfen für immer vor Gott stehen. – Zum semantisch mehrdeutigen προσέρχεσθαι im Hebr vgl. Löhr, Umkehr 218–232. – Zum Gedanken des allgemeinen Priestertums im Hebr vgl. den gleichnamigen Aufsatz von A. Moe, ThZ 5 (1949) 161–169, ferner E. Nardoni, Partakers in Christ (Hebrews 3.14), NTS 37 (1991) 456–472: 465–468. Zur Diskussion vgl. J.M. Scholer, Proleptic Priests. Priesthood in the Epistle to the Hebrews, 1991 (JSNT.S 49), 101f mit Anm. 4; vgl. Löhr, Umkehr 219f.

bracht[28], jedoch nicht durch den Nomos, sondern allein durch Jesu Opfer des Gehorsams (10,9).

Was Paulus im Zusammenhang der Rechtfertigungstheologie das ἀδύνατον τοῦ νόμου nennt (Röm 8,3), das deckt der Hebr am irdischen Kult auf: die Kraftlosigkeit des Gesetzes, Sünde und Tod zu überwinden (vgl. 1Kor 15,56; Gal 3,21 mit Hebr 7,19a; 10,1). Deutlicher als der Hebr hält Paulus indes unbeirrbar daran fest, daß das Gesetz heilig, das Gebot heilig, gerecht und gut ist, daß aber die Sünde sich das Gesetz als Hebel ihrer Macht wählt, um die Menschen in den Tod zu führen (Röm 7,12f). Paulus könnte also niemals vom Gesetz als Schatten der wirklichen Dinge reden, während demgegenüber der Hebr das Gesetz selbst dualistisch in diesem Sinne abwertet[29]. Das Gewicht seiner Gesetzeskritik ermißt man vor dem Hintergrund der Antwort, die das Frühjudentum generell auf die Frage nach der Heilskraft gegeben hat: *Die Tora ist die Heilskraft.* Sie ist עוֹז יהוה[30] (MEx 15,13; vgl. 15,2; 18,1; SNu 42 zu 6,26; Pesikta 147b) und garantiert Israel Heilung und Leben sowie das Heil der zukünftigen Welt (MEx 15,26). Dabei werden עוֹז *Kraft* und תּוֹרָה *Tora* geradezu gleichgesetzt. Als exegetische Begründung dient stets Ps 29,11: »Der Herr gibt Kraft seinem Volk«[31].

Mit dem betont vorangestellten Partizipialsatz σκιὰν γὰρ ἔχων κτλ. wird das Unvermögen der alten Heilsordnung (νόμος) begründet: Die ihn legitimierende und tragende Kult-Tora hat es nur mit dem *Schatten* (σκιά) der eschatologischen Heilsgüter (μέλλοντα ἀγαθά) zu tun, hat aber nicht αὐτὴν τὴν εἰκόνα τῶν πραγμάτων, die Gestalt der wahren (himmlischen) Wirklichkeit selbst[32]. Vielmehr ist dem Charakter des ἅγιον κοσμικόν entsprechend (9,1) auch der Nomos »irdisch« verfaßt (vgl. 8,5), wirft nur den Schatten der Wirklichkeit, οὐκ αὐτὴν τὴν ἀλήθειαν[33]. Folgerichtig wird er von daher als δικαίωμα σαρκός prädiziert (9,10), dessen Wirkung *äußerlich* bleibt (9,9; vgl. 10,2), Sünden*bewußtsein* weckt, aber keine Sünden*vergebung* bewirkt und

[28] S. I 130f mit Anm. 137 und 138. Attridge 271f lehnt τελειόω als t.t. für die priesterliche Konsekration überhaupt ab (Exkurs: The Language of ›Perfection‹, 83–87). An unserer Stelle versteht er die »Perfektion« als die verwirklichte Gottunmittelbarkeit, die in Jer 31 verheißen wird. Vgl. auch Peterson, Perfection 144–153; zur Diskussion s. Loader, Sohn 41–46. Vgl. auch Nardoni, Partakers (s.o. Anm. 27) 466 Anm. 25.

[29] Vgl. Schweizer, Kol, EKK ³XII 120f. – Zu den Konvergenzen und Divergenzen im Gesetzesverständnis des Paulus und des Hebr s.o. 49f und Gutbrod, ThWNT IV 1072f. Wichtig seine Feststellung: Beide, Paulus wie der Hebr, fällen ihr Urteil nicht von einer rationalen Kritik, sondern von der Erfüllung in Christus her. In der christologischen Perspektive (nur hier!) wird wie bei Paulus, so auch im Hebr deutlich, »daß das Gesetz sein Ziel nicht nur nicht erreichen konnte, sondern es auch gar nicht erreichen sollte, daß es vielmehr gerade darin seinen auf Christus weisenden Sinn hat, daß es den Menschen bei der Sünde festhält, um ihn nur auf die eine, durch die Schrift verkündigte Weise, durch den Hohepriesterdienst Jesu den Zugang zu Gott finden zu lassen« (ebd. 1072,36–41). Zum paulinischen Gesetzesverständnis vgl. bes. Klein, TRE 13, 64–72, der aber auf den Hebr leider gar nicht eingeht. S. jedoch Luz, Der alte und der neue Bund 335f; Strobel 153; Kraus, Der Tod Jesu 259 Anm. 136.

[30] Zum Begriff עוֹז bzw. עזז vgl. Wagner, ThWAT VI 1–14.

[31] Vgl. Grundmann, ThWNT II 298f.

[32] Zu εἰκών in dieser Bedeutung vgl. Kittel, ThWNT II 393,28–31.

[33] Chrysostomus, PG 63, 130 und seither die meisten, auch Bengel 901. Vgl. Laub, Bekenntnis 224–228. Braun 288 arbeitet mit den Begriffen »Kopie« und »Original«.

damit nicht die »Wirklichkeit« der himmlischen Vollendung schafft, sondern nur deren »Schattenbilder« wirft[34].

σκιά/εἰκών Sprachlich ist die Opposition σκιά versus εἰκών nicht vorgegeben[35], wohl aber sachlich, und zwar mit dem Schein-Wirklichkeit-Gegensatz, mit dem die frühjüdisch-hellenistische Theologie (z.B. Philo)[36] ebenso wie der Kol (2,17) und Hebr *platonisches* Erbe aufnehmen[37]. Platon nennt die »Schatten« auch φαντάσματα und rechnet sie zum Bereich des ὁρατόν (im Gegensatz zum νοητόν, Resp 6, 509D-E). Entsprechend gelten ihm die »Namen« der Dinge als εἰκόνες τῶν πραγμάτων (Krat 439A)[38]. Dieselbe Unterscheidung von εἰκών und πράγματα finden wir bei Plotin (Enn 6,6,6: τοῦτο δ'ἐστὶν οὐκ εἰκόνα τοῦ πράγματος, ἀλλὰ τὸ πρᾶγμα αὐτό)[39]. Solcher Denkweise kommt im NT neben Kol 2,17 (Speise und Trank usw. sind »alles nur Schatten von dem, was kommen wird [σκιὰ τῶν μελλόντων], aber die Wirklichkeit [σῶμα] ist Christus«)[40] vor allem Hebr 10,1 nahe[41]. Dagegen dürfte der christologische Sprachgebrauch von εἰκών (2Kor 4,4; vgl. 1Kor 15,49; Kol 1,15), der in der Tradition der hellenistischen Exegese von Gen 1,26 steht[42], kaum auf unsere Stelle eingewirkt haben[43]. Indes besteht trotz des Plato-nahen Gesamthintergrundes von 10,1[44] ein Unterschied, der auch sachlich ins Gewicht fallen könnte. Während wir nämlich in der hellenistischen Denkweise überall auf eine von oben nach unten führende *dreistufige* Hierarchie der Modelle und Kopien stoßen – die *Wirklichkeit* (πράγματα) spiegelt

[34] Vgl. Hofius, EWNT III 606; März 60 und viele andere.

[35] Normalerweise werden beide Begriffe synonym gebraucht (z.B. Plat Resp 6, 509E.510E). – Wenn man der (sekundären!) Lesart des P[46] folgt, die οὐκ αὐτήν durch καί ersetzt, läßt sich diese Synonymität auch für Hebr 10,1 wahren. So F. Sen, Se recupera la verdadera lectura de un texto muy citado, cuyo sentido cambia substancialmente (Hb. 10:1), CuBi 24 (1967) 165–168: 168; vgl. Kuhli, EWNT I 945; R. Cantalamessa, Il papiro Chester Beatty III (P[46]) e la tradizione indiretta di Hebr. x,1, Aeg 45 (1965) 194–215; F.W. Beare, The Text of the Epistle to the Hebrews in P[46], JBL 63 (1944) 387–389; R.V.G. Tasker, The Text of the Corpus Paulinum, NTS 1 (1954/55) 180–191: 183f; Zuntz, The Text 20–23.

[36] Zum Gegensatz σκιά (παράδειγμα) – εἰκών (ἀρχέτυπος) bei Philo vgl. Som 1,184.206; All 3,96.100–103; Decal 82; Migr 12; VitMos 2,74 und Her 72, wo das Höhlengleichnis Plat Resp 7, 514A–517A anklingt. Vgl. Williamson, Philo 174f.565–570. Weiteres bei Kittel, ThWNT II 391–393; F.-W. Eltester, Eikon im Neuen Testament, 1958 (BZNW 23), 27–42; G.B. Ladner, Art. Eikon, RAC 4, 771–786, zu Philo: 773f.

[37] Schulz, ThWNT VII 400f; vgl. Schlier, ThWNT II 33,10–27; Traub, ThWNT V 540f; Schweizer, Kol, EKK ³XII 120f. Anders Lane II 259: Σκιά »reflects not Platonic idealism but the eschatological outlook of primitive Christianity«.

[38] Im Hintergrund steht das Höhlengleichnis (s.o. Anm. 36). Man vgl. noch Parm 132D–133D; Phaedr 250B; Tim 29B. – Zur kosmologischen Bedeutung von εἰκών bei Plato vgl. Eltester, Eikon (s.o. Anm. 36) 27–29.

[39] Zur hellenistischen Epoche, den Belegen auf Papyri und Inschriften vgl. Spicq, Notes III 203–206. Gnostisches findet man bei E. Käsemann, Leib und Leib Christi. Eine Untersuchung zur paulinischen Begrifflichkeit, 1933 (BHTh 9), 81–87.147–150 und bei Braun 289f. Im Rabbinischen ist das Bild vom Schatten selten; vgl. Bill. III 628f; Schulz, ThWNT VII 396–401.

[40] Schweizer, Kol, EKK ³XII 120–122.

[41] Vgl. Spicq, Notes III 203. Nur mit »Einschränkung« läßt diese Nähe gelten Weiß 501. Sehr zu Unrecht! S. sofort!

[42] Vgl. dazu J. Jervell, Imago Dei. Gen 1,26f im Spätjudentum, in der Gnosis und in den paulinischen Briefen, 1960 (FRLANT 76); ferner Eltester, Eikon (s.o. Anm. 36) 130–152.

[43] Vgl. Attridge 271. Anders Weiß 501–503, der mit einer christologischen Exegese den platonischen Einfluß abzuschwächen versucht. Vergeblich!

[44] Dazu s. Braun 289.

sich im *Bild* (εἰκών), das wiederum vom *Schatten* (σκιά) reflektiert wird[45] –, stellt der Hebr die εἰκών als das Original und die σκιά als Kopie ohne Zwischenstufen polarisierend einander gegenüber[46]. Die εἰκών (τῶν πραγμάτων) wird also gerade nicht wie in den verwandten hellenistischen Texten vom Original unterschieden, sondern – das zeigt αὐτή[47] – damit identifiziert.

Σκιά und εἰκὼν τῶν πραγμάτων treten somit als minderwertige äußere Er- 1b
scheinung und als wahre eigentliche Gestalt in schärfsten Gegensatz zueinander[48]. Ihre Näherbestimmung mit Hilfe von Begriffen der transzendenten Räumlichkeit macht das vollends deutlich: Die πράγματα sind gleichbedeutend mit den μέλλοντα ἀγαθά. Die wiederum sind nur ein anderer Ausdruck für die γενόμενα ἀγαθά (9,11), die ἀληθινά (9,24), die ἐλπιζόμενα (11,1), die μὴ σαλευόμενα (12,27) und die ἐπουράνια (8,5; vgl. 3,1; 6,4; 9,23; 11,16)[49]. Es ist das den Christen schon zugeeignete (6,4) und doch noch zukünftige Heilsgut (6,12f)[50], das mit solchen Begriffen als »himmlisch« (= stabil) qualifiziert und von der »sphère terrestre« kontradiktorisch abgehoben wird. Es handelt sich also um eine qualitativ-ontologische und keine bloß typologische Unterscheidung (s.o. zu 8,5), sozusagen um eine Anleihe bei der platonisch-philonischen Metaphysik, mit deren Hilfe das ἀδύνατον des Nomos möglichst scharf herausgestellt wird. Und doch wirft der von ihm getragene alttestamentliche Kult in all seinem Ungenügen den Schatten der εἰκών, des himmlischen Urbildes, bleibt diesem also zugewandt und hat darin seinen unaufhebbaren Rang und seine offenbarungsgeschichtliche Bedeutung, auch wenn vom Kontext her das Schwergewicht der Aussage auf eine kritische Feststellung verlegt wird: Das Heilswerk des Gesetzes und das Heilswerk Christi verhalten sich zueinander wie »Schatten« und »Realität«, »et c'est pourquoi l'une est stérile et l'autre efficace«[51]. Der Ausführung dieses Gedankens dient V 1c.
Ausdrücklich ist von solchen Opfern die Rede, die κατ᾽ ἐνιαυτόν *Jahr für Jahr* 1c

[45] Besonders deutlich Philo, All 3,96: »Denn wie Gott das Vorbild des Abbildes ist (παράδειγμα τῆς εἰκόνος), das hier Schatten (σκιά) heisst, so wird das Abbild (εἰκών) zum Vorbild (παράδειγμα) für andere«. Hier ist der Mensch (Gen 1,26f) dann eine Kopie der Kopie der Gottheit. Vgl. Braun 289; Attridge 270.

[46] Ähnlich das Begriffspaar σκιά – σῶμα in Kol 2,17.

[47] Stylianopoulos* passim.

[48] Vgl. Kittel, ThWNT II 393,28–31. Beim Begriff εἰκὼν τῶν πραγμάτων ist der Gen. ein solcher des Inhalts: *die Gestalt der Dinge selbst*; vgl. Braun 289. – Luther übersetzt εἰκών mit *Wesen* (WA DB 7,366/367), die Peschitta mit *substantia*. Beides bedeutet der Begriff aber nicht (Delitzsch 449; Bauer, Wb 448). Die Handschrift D der Vetus Latina übersetzt mit *persona*! Vgl. Frede, Vetus Latina (s. I 13) 25/2, 1435.

[49] Überzeugender Nachweis bei Cambier, Eschatologie passim, bes. 86f; vgl. Gräßer, Glaube 174–184 (Exkurs: Die Eschatologie des Hebr). – Von daher ist es sehr gewagt, unseren Verf. einen Apokalyptiker zu nennen. So richtig Attridge 271.

[50] Die typologische Auslegung hat eine lange Tradition. Vgl. schon Chrysostomus, PG 63, 130 und die alten Lateiner bei Frede, Vetus Latina (s. I 13) 25/2, 1434–1441, aber auch Manson, The Epistle 184; Michel 331; Hofius, EWNT III 606; Bruce 235; zuletzt Weiß 500. Spicq I 75 gebraucht das Bild eines Künstlers, der zunächst einen Entwurf (σκιά), dann erst das Portrait selbst (εἰκών) fertigt. Abwegig!

[51] Spicq II 301.

und εἰς τὸ διηνεκές *unaufhörlich* dargebracht werden. Syntaktisch läßt sich darüber streiten, ob εἰς τὸ διηνεκές wegen seiner Stellung zum voranstehenden προσφέρουσιν zu ziehen ist[52] oder wegen V 14 zum entfernt am Satzende stehenden τελειῶσαι[53]. Im einen (näherliegenden!) Fall wird die Unaufhörlichkeit, im anderen Fall die Wirkungslosigkeit der Opfer unterstrichen. Beides ergibt einen guten Sinn. Darum, ob so oder so, bringt der Relativsatz in jedem Falle zweierlei zum Ausdruck. Einmal: Die ständige Wiederholung des Opferrituals ist unserem Verf. nicht Ausdruck für dessen Wichtigkeit, sondern Dokumentation für dessen Nichtigkeit. Denn Vielheit und Wirkungslosigkeit bedingen sich gegenseitig (7,23.27; 9,25)[54]. Sodann: Mit dem *jährlich* dargebrachten Opfer wird an den *Jom Kippur* erinnert (9,7.25)[55]. Der Große Versöhnungstag und der Karfreitag stehen einander gegenüber wie Schatten und Wirklichkeit. Dieser vollendet, was jenem unerschwinglich war: die Wegschaffung der Sünde (V 2.4.11).

2 Auf die Behauptung in V 1, der *irdische Charakter der Kult-Tora* sei der Grund für die Unwirksamkeit der Opfer[56], läßt unser Verf. in V 2 ein »argument théorique« folgen[57]. Und zwar wendet er sich in logischer Beweisführung ein weiteres Mal an das eigene Urteilsvermögen der Adressaten, gleichsam an ihre Rationalität (wie 2,10.17; 7,12.26; 8,3; 9,16.23)[58]: Was folgt aus dem Fortbestand des Opferinstitutes? Antwort: daß seine *Opfer* (θυσίαι, V 1) zu keinem endgültigen Ziel führen. »Denn: hätten sie sonst nicht aufgehört, dargebracht zu werden« (ἐπεὶ οὐκ ἂν ἐπαύσαντο προσφερόμεναι)? Da an die Erkenntnis der Adressaten appelliert wird, ist die Frageform wichtig[59]. Den Textzeugen, die sie vermeiden[60], ist darum nicht zu folgen.

V 2 setzt nicht voraus, daß z.Zt. unseres Verf.s das Opferinstitut des Zweiten Tempels noch intakt war[61], der Hebr also vor dem Jahr 70 entstanden ist[62]. Denn der himmlische Kult wird nicht gegen das zeitgenössische Opferwesen abgehoben, sondern ge-

[52] Z.B. Braun 290. So auch schon die Kirchenväter (Oecumenius, PG 119, 385C; Theophylact, PG 125, 317D; wahrscheinlich auch Chrysostomus, PG 63, 130 und Theodoret, PG 82, 748A) und die altlateinischen Übersetzungen. Vgl. Riggenbach 296 Anm. 9 und Frede, Vetus Latina (s. I 13) 25/2, 1437.

[53] Zuletzt Weiß 499 Anm. 8.

[54] Vgl. Michel 329; März 60.

[55] So Delitzsch 450 und viele andere; zuletzt Weiß 499 Anm. 7.

[56] Vgl. Schierse, Verheißung 63.

[57] Vanhoye, Structure 172.

[58] Vgl. Weiß 55, der mit Michel 58 Anm. 1 von einem »didaktischen« Bemühen spricht.

[59] Richtig betont von Theophylact, PG 125, 320C und Oecumenius: κατὰ ἐρώτησιν ἀνάγνωθι (PG 119, 385D).

[60] H* und zahlreiche Minuskeln durch Fortlassung von οὐκ (was keine Sinnveränderung ergibt: Braun 290) und P^{46} (365) *pc* durch Ersetzung von οὐκ ἂν durch κἂν (= καὶ ἐάν), wohl zur Vermeidung einer lautlichen Härte: Zuntz, The Text 45f; vgl. Attridge 268 Anm. 6. – Zur Krasis κἄν vgl. BDR § 18 Anm. 2, zu κἄν als Partikel *wenigstens* BDR § 374 Anm. 6.

[61] So z.B. Vanhoye, TRE 14, 497,32–34. Richtig dagegen Braun 291; Attridge 272; Weiß 503 Anm. 22.

[62] Die Vertreter einer Frühdatierung s. I 25 Anm. 109. Treffliches Gegenargument bei Schierse, Verheißung 27.

gen den Opferkult der Stiftshütte (9,2), die in der Schrift bezeugt ist und darum als Offenbarungswirklichkeit bleibt (9,8), »auch wenn sie historisch und heilsgeschichtlich gesehen der Vergangenheit angehört (9,1f)«[63]. Aus diesem Grunde kann vom Priesterdienst an ihr als von einer gegenwärtigen Tatsache geredet werden (5,1–4; 7,5–8; 8,3–5; 9,6–10.22; 10,8.11)[64]. Der »zeitlosen« Typologie und nicht dem gegenwärtigen Zeitgeschehen oder der aktuellen Polemik gegen jüdisch-kultische Neigungen der Leser gehört das Interesse unseres Verf.s bei seinem pastoral-seelsorgerlichen Versuch, die brüchig gewordenen Glaubensfundamente der Angeredeten neu zu festigen[65]. Zeitgenössische Spekulationen darüber, unter welchen Bedingungen der Sühnopferkult im Tempel aufhören (z.B. wenn der Messias kommt)[66] oder was dafür als Ersatz dienen könnte (z.B. Wohltätigkeit)[67], kann der Hebr darum völlig unberücksichtigt lassen[68].

Das die Argumentation eröffnende ἐπεί *sonst* vertritt hier einen Bedingungssatz: »Wenn es anders wäre«[69]. Wenn die τελείωσις (7,11; vgl. 9,9; 10,1.14) sich hätte erreichen lassen, dann wäre jeder Grund zu weiteren Opfern entfallen – und zwar entfallen aufgrund (διὰ τό)[70] einer Tilgung des *Sündenbewußtseins* (συνείδησις ἁμαρτιῶν) bei den *Kultübenden*[71] als den *ein für allemal Gereinigten* (ἅπαξ κεκαθαρισμένους). Den genauen Sinn der συνείδησις ἁμαρτιῶν (vgl. 9,14; 10,22) klärt Philo: Das Gewissen ist die dem Menschen einwohnende und ihn hinsichtlich seiner Verfehlungen überführende Instanz (συνειδήσει τῶν οἰκείων ἀδικημάτων ἐλέγχεσθαι, Det 146; vgl. SpecLeg 2,49; Virt 124; ferner Diod S 4,65,7; 1Petr 2,19: συνείδησις θεοῦ = die moralische Bindung an den Willen Gottes?)[72]. Der Begriff steht also zunächst ganz vordergründig für das *Wissen um die Sünden*[73]. Ein *Sündenbewußtsein* bzw. *ein böses Gewissen* (Hebr 10,22; vgl. Did 4,14; Barn 19,12; Herm mand 3,4) sind Vor-

63 Ebd.

64 Eine zeitgeschichtliche Eintragung erledigt sich außerdem deshalb, weil es präsentische Beschreibung des Tempelkultes auch in solchen Schriften gibt, deren Entstehung nach 70 unzweifelhaft ist: Jos Ant 3,151ff.224ff; Ap 2,77.193ff; 1Clem 40f; Diog 3. Vgl. Riggenbach XLVIII; Schierse, Verheißung 27.

65 Vgl. Schierse, ebd.; Lane I LXIII.

66 Vgl. Bill. IV 936f.

67 ARN 4 (2d); Bill. IV 555.

68 Vgl. Braun 291.

69 Vgl. BDR § 360 Anm. 7. – V 2 gehört also ursprünglich zu V 1 und knüpft nicht im Rahmen einer vom Verf. aufgenommenen Tradition, die 8,4–9,10; 10,2–10 umfaßt, unmittelbar an 9,10 an. Mit Weiß 503 Anm. 22 gegen Schille, Erwägungen 93; vgl. Attridge 272 Anm. 43.

70 Vgl. BDR § 402,1.

71 So übersetzt Braun 290 λατρεύοντας, weil er die Nicht-Priester eingeschlossen sieht. Anders die altlateinischen Übersetzer, die den Begriff mit *cultores* (J; Vg.) bzw. *observantes* (D) wiedergeben; s. Frede, Vetus Latina (s. I 13) 25/2, 1441. Von den neueren Kommentatoren Weiß 499; dagegen wie Braun auch Attridge 272.

72 Weiteres zu Philo bei Maurer, ThWNT VII 910–912; H.-J. Eckstein, Der Begriff Syneidesis bei Paulus, 1983 (WUNT 10/2), 121–132. – Zur συνείδησις-Vorstellung vgl. F. Zukker, Συνείδησις – Conscientia, in: Jenaer Akad. Reden VI, Jena 1928, 4–13; O. Seel, Zur Vorgeschichte des Gewissens-Begriffes im altgriechischen Denken, in: FS F. Dornseiff, Leipzig 1953, 291–319. – Zu 1Petr 2,19 s. Brox, 1Petr, EKK [4]XXI 133.

73 Vgl. Maurer, ThWNT VII 917,35f; Lane II 261.

aussetzung für das Sündopfer. Aber der Hebr beläßt es nicht bei dieser Vordergründigkeit, wie das epexegetisch zu μηδεμίαν ἔχειν ἔτι συνείδησιν ἁμαρτιῶν stehende ἅπαξ κεκαθαρισμένους beweist: Die *ein für allemal Gereinigten* haben praktisch kein Verhältnis mehr zur Sünde und ihrer von Gott trennenden Macht.

ἅπαξ "Απαξ hat auch hier die dem Hebr eigentümliche eschatologische Qualität (6,4; 9,7.26f.28; vgl. 7,27; 9,12; 10,10; ferner 1Petr 3,18; Jud 3) und verweist in Verbindung mit καθαρίζειν *reinigen*[74] auf den end-gültigen καθαρισμός von 1,3c, der sich als Akt der Sündenvergebung »nur in der Sphäre der himmlisch urbildlichen Wirklichkeiten vollziehen kann (9,23; 10,1–18)« und deshalb einmalig (7,27; 9,12.26.28; 10,10) und endgültig ist (10,14)[75]. Dabei ist gleichgültig, ob an unserer Stelle wie in 10,22 ein Hinweis auf die Taufe vorliegt[76] oder ob sich das ἅπαξ einfach nur aus der Logik der Sache selbst ergibt: Das einmalige Opfer Jesu (9,28) zieht die einmalige (und endgültige) Reinigung nach sich[77].

In jedem Falle ist an die eschatologische Existenzkehre gedacht. Was Paulus apokalyptisch καινὴ κτίσις nennt (2Kor 5,17; Gal 6,15), das nennt der Hebr kultisch ἅπαξ κεκαθαρισμένος, d.i. der τέλειος (5,14), dessen Gewissen gereinigt ist von den toten Werken zum Dienst des lebendigen Gottes (9,14; vgl. 10,22)[78], und zwar gereinigt durch den allen irdischen Kult aufhebenden Χρι-
3 στὸς ἅπαξ προσενεχθείς (9,28). Von dieser überlegenen Einmaligkeit des Op-
fers Christi her wird so die unablässige Wiederholung der Opfer im alten Bund zum verräterischen Indiz ihrer Nutzlosigkeit[79]. Durch sie (ἐν αὐταῖς)[80] erfolgt keine Sündenvergebung, sondern nur eine alljährliche – wieder schwebt der große Versöhnungstag vor – *Erinnerung der Sünden* (ἀνάμνησις ἁμαρτιῶν). Da dieser Begriff gegensätzlich zu μηδεμίαν ἔχειν συνείδησιν ἁμαρτιῶν steht[81], muß er von daher inhaltlich gefüllt werden, gleichgültig, ob die ἀνάμνησις durch den Opferakt selbst oder durch das dabei gesprochene Bekenntnis (Lev 16,21; Yom 4,2) geweckt wird[82]. D.h. die ἀνάμνησις ist mehr

[74] Auch die Griechen gebrauchen καθαίρειν für *reinigen* von Schuld und Verbrechen, *versöhnen*. Vgl. Plat Phaed 113D (καθαιρόμενοι τῶν τε ἀδικημάτων); Leg 8, 831A; 9, 868A; Diod S 4,31,4; 69,4. Weiteres bei Bleek II/2 622 Anm. a.

[75] Vgl. Schierse, Verheißung 202.

[76] So z.B. Maurer, ThWNT VII 917,34; Gräßer, Glaube 161; Braun 291 u.a.

[77] So z.B. Weiß 503 Anm. 23. Aber vielleicht denkt Weiß hier rationaler noch als Hebr!

[78] Vgl. Maurer, ThWNT VII 917,37–39.

[79] In der christologischen Begründung unterscheidet sich der Hebr also von der rationalen philosophischen Opferkritik. Vgl. dazu Gutbrod, ThWNT IV 1072 Anm. 260; Thompson, Beginnings 103–115; H.W. Attridge, The Philosophical Critique of Religion under the Early Empire, in: ANRW II 16.1 (1978), 45–78; E. Ferguson, Spiritual Sacrifice in Early Christianity and Its Environment, in: ANRW II 23.2 (1980), 1151–1189.

[80] Die Wendung blickt auf ταῖς αὐταῖς θυσίαις (V 1c) zurück. Dadurch erweist sich V 2 als Parenthese; so Kurtz 311. Ihm folgt Riggenbach 298; vgl. Weiß 504 Anm. 27.

[81] Das ἀλλά signalisiert diesen Gegensatz: Bleek II/2 622.

[82] Letzteres nimmt an Strobel 190. Dagegen Riggenbach 298; Weiß 504 Anm. 29. Unentschieden Michel 334.

als ein bloßes Sich-Erinnern, als eine *commemoratio* (Vg.) bzw. *memoratio* (D), eine *öffentliche Erwähnung*, mehr auch als eine »Wiederbelebung verblichener Eindrücke«[83], sondern sie ist Vergegenwärtigung des Sünderseins vor Gott. Es liegt also eine theologische Wortverwendung mit kausativem Aussagemodus vor, die dem alttestamentlichen זָכַר Hif. *zum Bedenken bringen* (z.B. Schuld) entspricht (Gen 40,14; 41,9; 1Kön 17,18; Num 5,15; Ez 21,28f; 29,16)[84]. Das bedeutet: Durch die ἀνάμνησις ἁμαρτιῶν geschieht »accusatio peccatorum . . ., non solutio«[85]. Sie ist Behaftung beim Unheilsstand, also das Gegenteil von Sündenvergebung, wie umgekehrt das μηδεμίαν ἔχειν ἔτι συνείδησιν ἁμαρτιῶν das Freigesetztsein in den Heilsstand, also die Sündenvergebung umschreibt, die der neue Bund ermöglicht, in dem kein μνησθῆναι stattfindet (10,17)[86]. »Also dort bleibt und wächst, hier vergeht und schwindet das Gewissen der Sünden«[87].

Daß der Hebr mit seiner scharfen Opferkritik »unalttestamentlich und unjüdisch« urteilt[88], ist sicher. Denn nichts ist dem Juden gewisser, als daß durch Opfer »Vergebung und völlige Verzeihung für alle Sünden und Vergehen bewirkt werden soll . . .; denn es wäre ungereimt, durch die Opfer an die Sünden zu erinnern, statt sie in Vergessenheit zu bringen«[89]. Andererseits erhebt der atl. Sühnekult nirgends den Anspruch, mit einem Opfer die Sünden für immer zu tilgen. Und die wiederholten Opfer belegen nicht die Schwäche des Instituts, sondern die Schwäche der Kultteilnehmer[90]. Keineswegs sicher ist dagegen, daß V 3 ein falsches Eucharistieverständnis korrigieren möchte[91]. Dafür ist die Thematik hier und dort viel zu verschieden, als daß der ntl. sich auf Hebr 10,3 und die Abendmahlstexte (Lk 22,19; 1Kor 11,24.25) beschränkende Wortgebrauch von ἀνάμνησις hier etwas beweisen könnte[92].

83 Trench, Synonymes 70 Anm. 1. So wird sie jedenfalls philosophisch definiert, z.B. von Plat Leg 5, 732B: »Die Erinnerung aber ist ein Zufluß von Einsicht, die geschwunden war« (ἀνάμνησις δ' ἐστὶν ἐπιῤῥοὴ φρονήσεως ἀπολειπούσης). Vgl. auch Philo, All 3,91–93; Congr 39f; Virt 176; 1Clem 53,1; Just Ap 44,11; Lys Or 2,39: θυσιῶν ἀναμνήσεις. – Weiteres bei Behm, ThWNT I 351; weitere Lit. bei Sieben, Voces 33.

84 Vgl. Eising, ThWAT II 582f (Lit. ebd. 571f). Das Eifersuchtsopfer Num 5,15 zur Ermittlung der Schuld heißt in der LXX θυσία μνημοσύνου ἀναμιμνήσκουσα ἁμαρτίαν (vgl. Jub 34,19). Auch Philo äußert unter Bezug auf Num 5,15 *gelegentlich* den Gedanken, daß das Opfer des Unwissenden bzw. des Ungerechten keine λύσις ἁμαρτημάτων bewirkt, sondern lediglich deren ὑπόμνησις (VitMos 2,107; vgl. Plant 108). Hier könnten traditionsgeschichtliche Zusammenhänge bestehen, obschon das grundsätzliche Urteil des Hebr über die Opfer analogielos ist. Vgl. Windisch 88; Attridge 272; Weiß 504f mit Anm. 27 und 30. Kritisch dagegen Bleek II/2 624.

85 Vgl. Frede, Vetus Latina (s. I 13) 25/2, 1442.

86 So Braun 292 und viele Kommentare, zuletzt Weiß 504f.

87 So die Zusammenfassung von 10,1f durch Luther (WA 57/3, 218,14f; Übers. Vogelsang 150).

88 So neben vielen Exegeten Braun 292 mit Verweis auf 9,7 und Jub 34,19.

89 Philo, SpecLeg 1,215 (Übers. Heinemann). Wie sehr Hebr das atl. Verständnis der Sühne verfehlt, lernt man bei H. Gese, Die Sühne, in: ders., Zur biblischen Theologie. Alttestamentliche Vorträge, 1977 (BEvTh 78), 85–106: 104f.

90 Vgl. Laub 129.

91 Gegen Spicq I 317; Theißen, Untersuchungen 72 Anm. 15; 86.

92 So richtig Weiß 504 Anm. 28. Vgl. auch Braun 292.

4 Ein erneutes und kompromißloses ἀδύνατον (vgl. 6,4.18; ferner 11,6)[93] faßt das negative Urteil über die alttestamentlichen Opfer kurz und bündig zusammen: »Es ist unmöglich, daß (das) Blut von Stieren und Böcken[94] Sünden wegnimmt.« Die Artikellosigkeit der Substantiva unterstreicht die Grundsätzlichkeit dieses Apodiktums[95], das in der Tat »presque brutalement« wirkt und in der Sache »die radikalste Verurteilung des alten Gesetzes und seines Kultes« ist[96]. Es ist als unmittelbare Begründung zu V 2f formuliert (γάρ) und stellt den Zielpunkt der Argumentation von 10,1–4 dar. Die Kritik betrifft den irdischen Opferkult überhaupt. Denn im Opferritual des Großen Versöhnungstages – darauf deutet neben dem κατ᾽ ἐνιαυτόν (V 3; vgl. Lev 16,34: ἅπαξ τοῦ ἐνιαυτοῦ) das αἷμα ταύρων καὶ τράγων (s. zu 9,12f), das am *Jom Kippur* als Sühne und Reinigungsmittel dient – verdichtet sich für den Hebr »das Opferwesen der alten Kultordnung ingesamt«[97]. Es hat dadurch, daß Christus sein »eigenes Blut« darbrachte (9,12), sein definitives Ende gefunden. Denn jetzt sind die Sünden tatsächlich *weggeschafft*. Die achterlastig stehende Wendung ἀφαιρεῖν ἁμαρτίας[98], die identisch ist mit »im Gewissen weihen« (9,9; vgl. 10,11: περιελεῖν ἁμαρτίας)[99], ist also mit Bedacht gewählt: Es geht darum, daß die Sünden (Plural!)[100] vor Gott unwirksam gemacht werden, daß ihre ἀθέτησις (9,26) geschieht. Irdischem Kult bleibt das unerschwinglich, während der himmlische darin sein eigentliches Ziel erreicht (10,18). Die Erfolglosigkeit jenes Kultes erklärt sich aber nicht daraus, daß dort sittlich unzulängliche Tieropfer stellvertretend dargebracht werden statt der persönlichen Leistung (so die Prophetenkritik, z.B. Mi 6,6–8), also nicht aus einem

93 Vorzugswort des Hebr: 4 Vorkommen von 10 im NT insgesamt! Es bezeichnet eine »axiomatic impossibility«. So Linss, Logical Terminology 366; vgl. Löhr, Umkehr 187 mit Anm. 104.

94 Die Umstellung der Wortfolge ταύρων καὶ τράγων in P[46] א 326 1881 *pc* sa; Aug ist Angleichung an 9,13.

95 Vgl. Braun 292; Weiß 505 Anm. 31.

96 Spicq, SBi 165, zitiert von Weiß 505 Anm. 33, der mit Recht darauf hinweist, daß die Kultkritik in der biblischen Prophetie (z.B. 1Sam 15,22f; Hos 6,6 [Mt 9,13; 12,7]; Jes 1,10–17; Mi 6,6–8; Jer 6,20; 7,1–15.21–28; Ps 40,7–9 u.ö.) und im jüdischen Hellenismus (z.B. Philo, Plant 107f; SpecLeg 1,271f; Arist 234; Jos Ant 6,147–150) diese Grundsätzlichkeit nicht teilt (vgl. Laub 129–131). Eine Ablösung des Kultus ist theologisch sonst nirgends in Angriff genommen. Vgl. Bornkamm* 128–139, bes. 130. Zur Opferanschauung des Hebr s. den entsprechenden Exkurs bei Windisch 90–93. – Einen Nachklang des Hebr finden wir in PsClem Recg 1,39,2; 63,4; vgl. Braun 292.

97 Weiß 506 Anm. 35.

98 Mit ihr kann die LXX נָשָׂא עָוֹן wiedergeben, z.B. Ex 34,7; Num 14,18 und bes. Lev 10,17: Das Sündopfer ist den Priestern als etwas Hochheiliges gegeben, »um die Schuld der Gemeinde wegzunehmen (ἵνα ἀφέλητε τὴν ἁμαρτίαν τῆς συναγωγῆς) und sie vor dem Herrn zu entsühnen«. Das Wegnehmen der Sünde drückt also die von Gott gewährte Schuldaufhebung aus. Vgl. Freedman-Willoughby, ThWAT V 636f. Zur Vorstellung s. auch Jes 27,9 LXX (Röm 11,27) und Jer 11,15 LXX. Weiteres bei Löhr, Umkehr 15f.

99 Vgl. Braun 293. – L *pc* lesen den Aorist ἀφελεῖν; die LA ἀφερειν in א H 460 erklärt Braun 292f so: »entweder ist λ in ρ verschrieben, oder ε gilt itazistisch als αι«.

100 Der Plural zeigt auch hier die Differenz zum paulinischen Verständnis der Freiheit von der Sündenmacht an. S. I 64f.

ethischen Grund[101], sondern aus einem »metaphysischen«: Weil der Kultakt im Bereich des Schattenhaften vollzogen wird, hat er in sich keinen Sinn; er hat ihn »nur als Ankündigung eines eschatologischen Ereignisses«[102].

Zweifellos ist die rigorose Kultkritik des Hebr »aus dem Dualismus von ›Schatten‹ und ›Realität‹ erwachsen«[103]. Aber daß sie deshalb einen *rationalen Klang* habe[104], läßt sich nur mit aller Vorsicht behaupten. Wer den irdischen Kult durch einen himmlischen auf-gehoben sein läßt, ist jedenfalls kein »Anti-ritualist«[105]. Unser Verf. kann das auch deshalb nicht sein, weil für ihn die beiden Schöpfungsordnungen – hier die irdische, dort die himmlische Welt – nicht radikal voneinander getrennt sind. »Sie verhalten sich wie Urbild zu Abbild, wie Wahrheit zu Schein, wie der Körper zu seinem Schatten. Wenn also die irdischen Dinge so stark abgewertet werden und von ihnen gesagt wird, sie seien uneigentlich, unwirklich, zum völligen Untergang bestimmt, betrifft dies im Grunde nur ihre sichtbare Erscheinungsweise, während ihre eigentliche Wirklichkeit, ihre ›Substanz‹ (scholastisch gesprochen), im himmlischen Urbild vorhanden und gesichert ist«[106]. Das gilt auch von den Opfern! Sie haben ihren »metaphysischen Bestand«, den der Hebr nicht im geringsten aufklärerisch antastet. Und es stimmt auch nicht, daß das Apodiktum in V 4 »in einem fühlbaren Gegensatz zu 9,13 steht« (dort hat das Opfer am Großen Versöhnungstag sehr wohl reinigende Wirkung)[107] bzw. »eine Verurteilung von 922« (Blutkanon) darstellt[108]. »Reinigung des Fleisches«, diese mindere Wirkung wird dem Tierblut sehr wohl konzediert, die *Wegnahme* der Sünden indessen ist das Privileg des Blutes (= Todes) Jesu[109]. Kultkritik

b *Schriftzeugnis: Opfer hat Gott nicht gewollt 10,5–10*

Der nächste Abschnitt ist eine schriftgestützte Rechtfertigung des Vorgetragenen: Opferkritik entspricht dem torakonformen Sendungsbewußtsein Jesu (V 7a). Formal handelt es sich um einen Midrasch-Pescher zu ψ 39,7–9[1], bestehend aus drei Teilen: (α) *Schriftzitat* mit solenner Einleitung V 5–7, (β) *Aus-*

[101] Gegen W. v. Loewenich, Zum Verständnis des Opfergedankens im Hebräerbrief, ThBl 12 (1933) 167–172.

[102] Schierse, Verheißung 38f; vgl. Attridge 273.

[103] Braun 292.

[104] Ebd.: Die Nutzlosigkeit des Tieropfers sei »so einsichtig wie die Unwirksamkeit von Bingelkraut gegen Elefantiasis (Thphyl MPG 125,322A)«. Dagegen Zimmermann, Bekenntnis 121.

[105] So richtig Lindars, Theology 90.

[106] Schierse, Verheißung 62.

[107] So Zimmermann, Bekenntnis 119, der den Gegensatz mit dem Nebeneinander von Tradition (10,1c.3f) und Redaktion (9,13) erklären will.

[108] So Windisch 89 u.v.a.

[109] Richtig Weiß 504 Anm. 30.

[1] Vgl. Schröger, Schriftausleger 176; Weiß 506 mit Anm. 36.

legung V 8–9a und (γ) *Schlußfolgerung* mit ausdrücklicher Adressierung an die Gemeinde V 9b–10[2].

α *Schriftzitat 10,5–7*

Weil das Apodiktum V 4 gilt, war es das Ziel der Sendung Jesu, ein besseres Opfer darzubringen. Denn so allein entspricht es dem in der Schrift geoffenbarten Willen Gottes. Demnach wird das Heil nicht durch Jesu Opfer »als einer in sich selbst stehenden Tat« garantiert, »sondern durch den Willen des Vaters, mit dessen Willen der Sohn den seinigen vollkommen identifiziert hat« (V 9)[3]. Eine ausdrückliche Bekundung dieser Tatsache – λέγει könnte dem alttestamentlichen נאם יהוה, der prophetischen Einleitung eines Gottesspruches, nachgebildet sein[4] – geschieht in feierlicher Form beim irdischen Amtsantritt: Christus (9,28; 10,10) wendet sich mit einem Psalmgebet an seinen Schöpfer (V 5c) und verspricht, sich selbst gehorsam darzubringen. Das fehlende Herrenwort, das dieser Bereitschaft Ausdruck verleiht, findet der Hebr auch diesmal (s. 2,12f) in den viel älteren und heiligeren Herrenworten der Septuaginta (ψ 39,7–9)[5].

5a Die feierliche Selbstverpflichtung Jesu ist unscharf datiert: Εἰσερχόμενος εἰς τὸν κόσμον *bei seinem Eintritt in die Welt* legt er ein Gelübde ab, das sein ganzes irdisches Leben bestimmt[6]. Obwohl an die Inkarnation gedacht ist, bleibt das Datum »in einer seltsamen Schwebe«[7]. Bei Würdigung des philologischen Sachverhaltes – εἰσερχόμενος und λέγει lassen den zeitlichen Aspekt unbestimmt – ist klar, daß es unserem Verf. nicht wichtig ist, in welchem Moment seiner Menschwerdung Christus dies in Worten gesagt hat[8], sondern daß er es »*durch* seine Menschwerdung *factisch* gesagt hat«[9]. Die neutestamentlich besonders Johannes eigentümliche Wendung vom Kommen in die Welt (Joh

[2] Genaue Strukturanalyse bei Vanhoye, Structure 163–166. Er läßt den Abschnitt allerdings mit V 4 beginnen, und zwar wegen seines Kontrastes zu V 10. Dieser Kontrast – nicht Tieropfer heiligen, sondern das Selbstopfer Christi – beherrsche die Auslegung von Ps 40 (ebd. 166; noch einmal anders die »analyse minutieuse« von Dussaut, Synopse 83–91, bes. 88f). Überzeugend ist das nicht! Vgl. Weiß 499.

[3] Stadelmann, Christologie 205.

[4] Vgl. Zimmermann, Bekenntnis 126. Präsentisches λέγει betont hier wie 8,8, daß die zitierte Schrift unmittelbar in die Gegenwart spricht. »Lebendig ist das Wort Gottes« (4,12). Das gilt für den Schriftgebrauch des Hebr überhaupt.

[5] Vgl. Windisch 22; s. I 138. Die Präexistenzlehre (1,1–4; 10,5) ermöglicht unserem Verf. die Identifikation der Aussagen des geschichtlichen Jesus mit denen des Alten Bundes, die ebenso Wort des Christus sind (2,12f; 10,5–7). Zur prinzipiellen »Christlichkeit« des AT im Hebr vgl. Gräßer, ThR 30, 207 (Lit.!).

[6] Vgl. Riggenbach 300f. – Hollmann 479 spricht von einem »himmlischen Gespräch«. Zur »perspective céleste« vgl. Beaude* 1333.

[7] Schierse, Verheißung 54; vgl. Beaude* 1333.

[8] Beim ersten öffentlichen Auftritt? So Bleek II/2 628; de Wette 526. Oder beim Erwachen seines Selbstbewußtseins? So Delitzsch 457.

[9] Kurtz 314; vgl. Lünemann 319f; Stadelmann, Christologie 206; Attridge 273 Anm. 64.

1,9; 6,14; 9,39; 11,27 u.ö.), die der Hebr sonst nicht gebraucht (s. 2,14; 9,26), entspricht dem semitischen Ausdruck בּוֹא לְעוֹלָם und meint das »Geborenwerden«[10]. Mit ihr hält der Hebr fest, daß die Präexistenz Jesu seinem Eintritt in die Geschichte vorausliegt[11]. Trotz 9,1 (ἅγιον κοσμικόν, s. dort) ist der κόσμος-Begriff des Hebr (außer hier noch 4,3; 9,26; 11,7.38) nicht der johanneische (= die ihrem *Wesen* nach gottfeindliche Größe), sondern der allgemein urchristliche, nämlich (a) der Bereich des Geschaffenen, den der Schöpfer seinen Geschöpfen zugewiesen hat (z.B. 1Kor 3,22; 1Tim 6,7), und (b) die Menschenwelt, die von der Sünde beherrschte »Sphäre der menschlichen Beziehungen« (z.B. Röm 5,12), der Alte Äon[12].

Das »Introitus-Gebet Jesu« findet unser Verf. im messianisch gelesenen Ps 5b–7
40(39),7–9, den er damit sehr bedacht am Ende des λόγος τέλειος (7,1–10,18) »zur abschließenden Zusammenfassung, zur Rekapitulation seiner theologischen Abhandlungen« macht[13].

Von Hause ist der Psalm das »Danklied eines Einzelnen«, der aus dem Bereich des Todes, vielleicht aus schwerer Krankheit, gerettet wurde (Ps 40,3). Als Dankopfer bringt er dieses Lied dar, weil es – so lautet die Begründung im metrisch auffälligen und an die prophetische Opferkritik Am 5,22; Jes 1,11; Jer 6,20 erinnernden Zwischenstück V 7–9 (vgl. Ps 50,13; 51,18; 69,31f) – sehr altem Kultgebrauch entspricht, »daß ein von der Gottheit Geretteter oder Geheilter zum Dank und zur Ehre seines Gottes die ihm widerfahrenen Wunder aufschreibt bzw. aufschreiben läßt und ursprünglich im Heiligtum öffentlich bekannt macht«[14]. Diese Niederschrift ist mit der κεφαλὶς βιβλίου (מְגִלַּת־סֵפֶר) in V 7b gemeint. Der Begriff bezeichnet eigentlich das Köpfchen am Stab, auf den die Rolle gewickelt ist[15], wird dann aber zum t.t. für die *Buchrolle*, z.B. Ez 2,9; 3,1–3; 2Εσδρ 6,2[16]. »In dieser Schriftrolle steht, was an mir geschehen ist« (Ps 40,8b EÜ). Die Buchrolle ist also nicht mit der Tora identisch oder mit einer Prophetenschriftrolle oder mit der im prophetischen Sinn gelesenen Tora[17]. Die LXX-Übersetzung ἐν κεφαλίδι βιβλίου γέγραπται περὶ

[10] Bill. II 358. Vgl. Bultmann, Joh, KEK [11]2, 31f Anm. 6; Weiß 508 Anm. 44.

[11] Vgl. Habermann, Präexistenzaussagen 316. – Einen Anklang an die Messiasbezeichnung ὁ ἐρχόμενος (Lk 7,19bpar) darf man nicht heraushören. Gegen Spicq II 304.

[12] Bultmann, Theologie 255; vgl. Roloff, 1Tim, EKK XV 96 Anm. 217; G. Johnston, Οἰκουμένη and κόσμος in the New Testament, NTS 10 (1963/64) 352–360: 355.

[13] J. Blank, Vom Urchristentum zur Kirche. Kirchenstrukturen im Rückblick auf den biblischen Ursprung, München 1982, 165; vgl. W.C. Kaiser, The Abolition of the Old Order and the Establishment of the New: A Study of Psalm 40:6–8 and Hebrews 10:5–10, in: J.S. and P.D. Feinberg (Hg.), Tradition and Testament, Chicago 1981, 19–37.

[14] Bornkamm* 135 mit genauem Nachweis für seine These (ebd. 128–139). Anders Kraus, Psalmen I 462f und ders., Theologie der Psalmen 119f, der Ps 40 im Sinne der prophetischen Kritik »Gehorsam, nicht Opfer« deutet.

[15] Bruce 242 Anm. 44.

[16] Bauer, Wb 875.

[17] Mit Bornkamm* 132f gegen viele Ausleger, zuletzt Weiß 509 Anm. 45. – Die Väterexegese deutet die Buchrolle auf spezielle AT-Perikopen. Die Belege bei Hughes 397f Anm. 61.

ἐμοῦ hat unser Autor allerdings so verstanden, als seien mit der Buchrolle die Weissagungen des Alten Testament gemeint[18].

Daß im ursprünglichen Ps 40 das Danklied zum Dankopfer wird (vgl. Ps 27,6; 54,8)[19], entspricht der Weisung Jahwes (V 4) und hat mit einem grundsätzlichen Widerspruch gegen den Kult nichts zu tun. Die Tieropferkritik (V 7) bringt nur zum Ausdruck, daß das Dankopfer die unübertroffene Opfergabe ist. Dingliche oder tierische Opfer, ja, »auch die reichsten Gaben, die Gott geopfert werden könnten«, bleiben dahinter zurück. »Weil die Antwort auf Gottes Machterweis nur das Opfer der Person des Bekennenden selbst sein kann, darum sind auch Tausende von Opfertieren und Ströme von Blut weniger als ein zerbrochener Geist und ein zerschlagenes Herz. Ps 40 gibt also eine gute Anschauung dafür, wie das Danklied die Opfer im eigentlichen Sinne verdrängt oder gar ablöst und selbst zum Dankopfer wird«[20]. Diese Linie wird der Hebr erst in 13,15f ausziehen. Vorerst liegt ihm nur am Ersatz der Ganz- und Sündopfer durch das Opfer Christi.

Die Abweichungen, mit denen der Hebr sich Ps 40,7–9 in christologischer Perspektive[21] zu eigen macht, gehen zum größten Teil auf verschiedene LXX-Versionen und nicht auf ihn selbst zurück[22].

5b Σῶμα *Leib* statt אָזְנַיִם *Ohren* im hebräischen Text findet sich in den LXX-
Codices B א A, vielleicht eine in der Textgeschichte der LXX zustande ge-
6 kommene »Verlesung für ὠτία, da ein σ vorangeht«[23]. Die gegen den Singular
eines Teils der LXX-Zeugen vorgenommenen Pluralbildungen ὁλοκαυτώματα
Brandopfer (V 6.8)[24] generalisieren: Alle Arten von Opfer werden abgelehnt.
Der Ersatz des ursprünglichen οὐκ ᾔτησας[25] *du hast nicht gefordert* durch οὐκ
εὐδόκησας *du hast kein Wohlgefallen (gezeigt)* verschärft die Opferkritik.

[18] Lünemann 321.

[19] Babylonische und ägyptische Danklieder bezeugen das hohe Alter des Kultbrauchs. Die Belege bei H. Gunkel / J. Begrich, Einleitung in die Psalmen, Göttingen 1933, 6f.285ff; vgl. Bornkamm* 135.

[20] Bornkamm* 134. – Zu dieser Substituierung und in etwa auch schon Spiritualisierung der Opfer vgl. G.J. Botterweck, Art. חָפֵץ, ThWAT III 100–116: 110–112; H.-J. Hermisson, Sprache und Ritus im altisraelitischen Kult. Zur »Spiritualisierung« der Kultbegriffe im Alten Testament, 1965 (WMANT 19), 43–46.60–64.

[21] Das deutlichste Signal dafür ist die Zitateinleitung V 5a!

[22] Genaue Aufstellung der Textveränderungen bei Schröger, Schriftausleger 172–175; vgl. McCullough, The Old Testament Quotations 369; Weiß 507; Lane II 263.

[23] So Schweizer, ThWNT VII 1055 Anm. 363 nach Bleek I 19; II/2 626; de Wette 527; Lünemann 321 u.a. Kritisch dagegen Riggenbach 301f Anm. 27, der σῶμα für die originale LXX-Wiedergabe von אָזְנַיִם hält, wie die LXX »auch sonst σῶμα für speziellere Begriffe wie Kraft Hi 3,17 oder Nabel Prov 3,8 einsetzt«. So auch Braun 294 (»wahrscheinlich«); Attridge 274 Anm. 71 u.a. Unentschieden Schröger, Schriftausleger 174. Weiß 507 mit Anm. 37 neigt zur Originalität von σῶμα in der LXX, erwägt aber auch, daß dies eine – durch Hebr veranlaßte? – christliche Sekundärlesart sein könnte.

[24] Die LXX-Textzeugen A R T 2013 lesen den Plural, א B 1213 den Singular. Die auch in Hebr 10,6 feststellbare Textschwankung – P^{46} D 1881 vg^{ms} sa^{mss} lesen den Singular ὁλοκαύτωμα – könnte darauf zurückgehen. – Attridge 268 Anm. 8. Näheres zu den LXX-Versionen bei Riggenbach 300 mit Anm. 22. Vgl. auch E. Ahlborn, Die Septuagintavorlage des Hebräerbriefes, Diss. Göttingen 1969, 123–125. Er führt die Pluralbildungen auf den oberägyptischen LXX-Text zurück.

[25] So in der LXX Cod. B; Codd. א A haben dafür οὐκ ἐζήτησας.

Schließlich: Die Auslassung von ἐβουλήθην *ich wünschte* (nämlich *zu tun dei-
nen Willen, mein Gott*) aus ψ 39,9 in V 7 läßt den Infinitivsatz τοῦ ποιῆσαι 7
κτλ. am Ende des Zitats als unmittelbar von ἰδοὺ ἥκω abhängig erscheinen:
Der *gehorsame* Opfergang Jesu ist der dem Willen Gottes entsprechende
Zweck seines Kommens[26]. Einen solchen Schriftgebrauch nur »kühn« und
nicht willkürlich zu nennen erfordert einiges an Toleranz[27].

Die moderne Frage, ob schon der hebräische Psalm messianischen Charakter hat[28] oder ob erst die LXX-Fassung messianisch deutbar ist[29] oder ob sich diese Frage gar nicht stellt[30], ist kaum im Sinne unseres Verf.s und seines Schriftverständnisses. Um einer theologischen *Gnosis* willen, d.i. zum Zwecke der Vertiefung des urchristlichen Kerygmas, übt er sich vor allem in *typologischer Exegese*[31]. Ihr aber kommt der LXX-Text von Ps 40 fraglos deutlicher entgegen als der hebräische. Vor allem der dort auftauchende σῶμα-Begriff ist ihm wichtig. Ihn kann er ohne weiteres auf den in den Tod gegebenen Leib Christi deuten (V 10; vgl. Röm 7,4; 1Petr 2,24; Hebr 13,11). Ob dabei die Abendmahlsliturgie sprachbildend nachwirkt[32]? Jedenfalls ist σῶμα (Opfer-)*Leib* ein »neuer Sprachgebrauch«, der in der Opfersprache sonst fast völlig fehlt[33], für

[26] Vgl. Stadelmann, Christologie 206.

[27] Zu Strathmann 129, der meint, unter der Hand unseres Verf.s werde das Psalmwort »gleichsam zum Echo eines innergöttlichen Dramas, in dessen Mittelpunkt der Entschluß Gottes zur Erlösung durch Christi Selbstopfer steht«. Eine Begründung für sein Verfahren gibt der Hebr nicht »im geringsten« (ebd.). – Zur hier sich zeigenden christlichen Schriftgelehrsamkeit vgl. W.G. Kümmel, Art. Schriftauslegung III. Im Urchristentum, RGG[3] V 1517–1520 (Lit.).

[28] So z.B. Weiss 252; Riehm, Lehrbegriff 186f; Delitzsch 460.

[29] So z.B. Bleek II/2 626f; Riggenbach 299f mit Anm. 21; Michel 223. Messianisch deutbar ist ψ 39 vor allem wegen des γέγραπται περὶ ἐμοῦ statt כָּתוּב עָלַי (wahrscheinlich zu übersetzen: »Es steht geschrieben, was an mir geschehen ist«: EÜ und Laub 131). Im Sinne der LXX verstand jedoch auch das rabb. Schrifttum die Stelle (Bill. III 743); vgl. Delitzsch 461f.

[30] So z.B. J. van der Ploeg, L'Exégèse de l'Ancien Testament dans l'Épître aux Hébreux, RB 54 (1947) 187–228: 222; L. Venard, L'utilisation des Psaumes dans l'épître aux Hébreux, in: FS E. Podechard, Lyon 1945, 253–264: 258. Letzterer sieht zwischen Original und griechischer Version keine essentielle Divergenz, sondern nur eine »Erweiterung und Vertiefung des Sinnes« (ebd.).

[31] Vgl. Gräßer, ThR 30, 214.

[32] Schweizer, ThWNT VII 1056,3–28. Nicht so in 10,22; 13,3.11, wo der naive populäre Sprachgebrauch *Leib, Körper* vorliegt. Vgl. Bultmann, Theologie 193–203.

[33] Schweizer, ThWNT VII 1055,25; 1056,2. – Käsemann, der im gnostischen Anthropos-Mythos die »Basis für die Christologie« des Hebr sieht, stellt die Frage: Wird in 10,5–10 »etwa die Ergänzung zu Apk. 6,9ff. im Sinne des auch von Elias und Moses ausgesagten Selbstopfers des himmlischen Hohenpriesters geboten?« (Gottesvolk 139) Er begründet das so: »Es ist ja der Leib des Anthropos von 2,6, den Christus seinem Vater, dem Verfertiger dieses Leibes, darbringt, und zwar ebenfalls zur Sühnung der Sünden des Volkes. Daß diesen Leib ein Geheimnis umgibt, geht aus dem Text klar genug hervor. *Als Leib des Anthropos ist es Adams Leib, den Christus bei seiner Menschwerdung anzog und auf Golgatha opfert,* so wie auch Elias und Moses Inkarnationen des Urmenschen sind und als solche sich opfern. Damit wäre dann festgestellt, daß Hebr. direkt auf der im Spätjudentum fixierten Vorstellung vom Selbstopfer des himmlischen Urmensch-Hohenpriesters ruht, und die gesamte Hohepriesterlehre des Hebr. einheitlich von dieser historischen Voraussetzung her einsichtig geworden« (ebd. 139f). Jedoch: Daß Gott nach Hebr 10,5c der Bildner des σῶμα ist (vgl. Käsemann, Gottesvolk 146f), läßt diese gnostische Deutung scheitern. Vgl. Luck, Himmlisches Geschehen 210; Laub, Bekenntnis 181f; Stadelmann, Christologie 206 mit Anm. 221.

die Typologie des Hebr aber wichtig ist: Da jeder Hohepriester Gaben und Opfer darzubringen hat, ist es notwendig (ἀναγκαῖον), daß auch Jesus »etwas hat, was er darbringen kann« (8,3). Das ist sein σῶμα, nach bibelgriechischem Verständnis also *er selbst*, der *Mensch* Jesus[34]. Ihm hat Gott diese Opfergabe, seinen Leib, bereitet, und der Sohn hat ihn bei seiner Inkarnation als »Bestandteil des Alten Äons« angenommen (2,14). Mit der Selbstdarbringung dieses Leibes (10,10.14) – dies wird die Auslegung V 8–9a als Pointe herausarbeiten – bringt er jeden irdischen Kult mit Opfer (θυσία), Darbringung (προσφορά), Brandopfern (ὁλοκαυτώματα) und Sündopfern (περὶ ἁμαρτίας)[35] zu einem definitiven Ende (10,18, die exegetische Schlußbemerkung)[36]. Denn mit der Dahingabe dieses Leibes als eines Bestandteils des alten Äons wird letzterer selbst zum Abbruch freigegeben und der Weg in den neuen Äon eröffnet (10,19f)[37]. Bedeutet Jesu Tod in letzter Konsequenz das Ende aller kultischen Opfer, ohne daß er selbst als Opfer im kultischen Sinn verstanden werden dürfte[38]? Die Frage wird 13,15 zu entscheiden sein. Spätestens dann ist auch zu prüfen, welche soteriologische Relevanz der Kategorie des Opfers zukommt und ob sie heute noch brauchbar ist[39].

β *Auslegung 10,8–9*

Analyse Sie faßt die für den Argumentationsgang wesentliche Aussage des Introitus-Gebetes Jesu durch eine geraffte Zitatwiederholung in zwei Punkten (ἀνώτερον V 8a – τότε V 9a) zusammen, an die sich jeweils eine kommentierende Bemerkung anschließt (V 8b.9b). Sie streichen Tragweite und Effekt der Kultkritik noch einmal besonders heraus: Gott verwirft die intakte, torakonforme Opferdarbringung, nicht etwa bloß deren Mißbrauch[40], er annulliert also die erste Heilsordnung und setzt die zweite in Kraft.

8a Der zunächst hervorgehobene Punkt ist die *Negation* der Opfer, die *zuerst, weiter oben* im Zitat *ausgesprochen* wurde (ἀνώτερον λέγων)[41].
Sie werden der Reihe nach noch einmal aufgezählt: θυσία (זֶבַח) *Opfer* (s. zu 5,1, I 272f). Προσφορά *Opfergabe* ist nur in Ps 40,7 LXX Übersetzung von מִנְחָה, das die Septuaginta sonst mit θυσία wiedergibt (142mal). מִנְחָה bezeich-

[34] Schweizer, ThWNT VII 1045,27f. Vgl. auch K. Grobel, Σῶμα as »Self, Person« in the Septuagint, in: FS R. Bultmann, ^{2}1957 (BZNW 21), 52–59.

[35] Näheres zu den Opfertermini s. bei der Erklärung von V 8.

[36] Wenschkewitz, Spiritualisierung 145.

[37] Vgl. W. Schenk, Art. προσφορά, EWNT III 430f: 431.

[38] Vgl. Stadelmann, Christologie 206.

[39] Vgl. dazu I.U. Dalferth, Die soteriologische Relevanz der Kategorie des Opfers. Dogmatische Erwägungen im Anschluß an die gegenwärtige exegetische Diskussion, JBTh 6 (1991) 173–194. Seine These: Nicht die Kategorie des Opfers »als solche, sondern das mit ihr artikulierte Heilsgeschehen ist soteriologisch relevant und dogmatisch im Blick zu halten« (183).

[40] Diesen Unterschied zur prophetischen Opferkritik hebt Calvin ausdrücklich hervor (CR 83, 125).

[41] Als Zitiertechnik auch Polyb 3,1,1; Jos Ant 19,212: καθάπερ ἀνώτερον ἔφην; s. auch Jos Ap 2,18. Vgl. Bauer, Wb 153 (2.); BDR § 62,3 mit Anm. 4.

net ein Huldigungsopfer, gleichgültig, ob Fleisch oder Brotfrucht[42]. Προσφορά, das der Hebr nur in c. 10 gebraucht (V 5.8.10.14.18), kommt im übrigen Neuen Testament nur selten vor (Apg 21,26; 24,17; Röm 15,16; Eph 5,2). In der LXX erscheint es wie an unserer Stelle und Eph 5,2 als Hendiadyoin des Sühnekults: θυσία καὶ προσφορά *Schlachtopfergabe* (Dan 4,34b [37b])[43]. Die generalisierenden Pluralformen in unserem Text werden ursprünglich sein, während die singularische Form in א¹ D² I Ψ 𝔐 sy^h sa^mss Angleichung an V 5 sein dürfte[44].

῾Ολοκαύτωμα *Brandopfer* (»Holocaust«) kommt neutestamentlich nur noch Mk 12,33 vor (vgl. aber 1Clem 18,16 [ψ 50,18]; Barn 2,4f [Jes 1,11]. 7 [Jer 7,22]; 7,5). In ψ 39,7 ist es Übersetzung von עֹולָה, d.i. die im AT am häufigsten genannte Opferart (über 280mal). Es ist das besondere Merkmal der *ʿolah,* daß das ganze Tier verbrannt wird und nichts zurückbleibt, weder für den Opferherrn noch für den Priester[45]. Die Vorstellung, daß JHWHs Hunger gestillt werden soll, wird Ps 50,12f ausdrücklich abgewiesen. Darum das völlige Verbrennen, das »Überführen in die als immateriell verstandene Pneuma-Sphäre durch Feuer«[46]. Den Verlauf des Opfers beschreibt Lev 1. Die *ʿolah* dient in besonderer Weise zur Entsühnung Israels, seiner Repräsentanten, des einzelnen und des Heiligtums[47].

Περὶ ἁμαρτίας (s. 5,3f, I 280–282) ist in ψ 39,7 und auch sonst Wiedergabe von חַטָּאת *Sündopfer* (z.B. Lev 7,37). Zweck dieses Opfers ist die Vernichtung der Sünde, sind כפר *entsühnen* und סלח *verzeihen, vergeben* (z.B. Lev 4,20.26.31.35 usw.) für den Menschen[48].

Durch die Reihung der Opferarten stellt der Hebr heraus, daß das Mißfallen Gottes *alle* Opfer umfaßt. Ihre Vielheit steht in scharfem Kontrast zu dem ἐφάπαξ der allein wohlgefälligen Selbstdarbringung Jesu (V 10fin). Vor allem: Sie entsprechen nicht dem Heilsplan Gottes: Weder hat er sie *gewollt* (vgl. Ps 51,18; Hos 6,6 = Mt 9,13; 12,7), noch hatte er *Wohlgefallen* daran. Οὐκ ἠθέλησας ist in ψ 39,7 Übersetzung von לֹא־חָפַצְתָּ. Das Verb חפץ *Gefallen haben, wollen,* spielt in der prophetischen Kult- und Opferkritik eine Rolle, in dem »die Wohlgefälligkeits- und Annahmeformel durch *loʾ* ins Gegenteil verkehrt« wird (z.B. Jes 1,11 u.ö.)[49]. Οὐδὲ εὐδόκησας schreibt der Hebr – die Opferpolemik verschärfend – für (οὐκ) ᾔτησας bzw. ἐξήτησας in der LXX, das dort Übersetzung von לֹא שָׁאָלְתָּ ist: *du hast es nicht erbeten, nicht gewünscht.*

42 KBL 538f; Fabry, ThWAT IV 987–997.

43 Vgl. Schenk, EWNT III 431 (3.).

44 Vgl. Attridge 268 Anm. 10.

45 Vgl. Kellermann, ThWAT VI 108.

46 Gese, Sühne (s.o. 211 Anm. 89) 93.

47 Vgl. Janowski, Sühne 189–193; Kellermann, ThWAT VI 105–124 (Lit.).

48 Vgl. Koch, ThWAT II 866.

49 Botterweck, ThWAT III 110; vgl. Schrenk, ThWNT III 47,5f: »Das göttliche θέλειν hat stets den Charakter absoluter Bestimmtheit. . .« Das gilt auch für die verneinte Form.

JHWH hat *kein Verlangen* nach Brand- und Sündopfern[50]. Damit verneint er das Ritual des Großen Versöhnungstages, weil es nutzlos ist. Diese Begründung muß man aus 10,1–4 stillschweigend ergänzen.

Ausdrücklich und nicht immer im Sinne des Hebr ergänzt wird sie seit den Tagen der Alten Kirche: Gott will keine Opfer, weil sie unverständig und nutzlos sind (Chrysostomus, PG 63, 130f)[51]; weil er Opfer, Blutgaben und Spenden *haßt* (Clem Hom 3,26,3). Häufig legt man den Akzent auf die *Minderwertigkeit* des Tieropfers: »Fort mit dem Getier! Ich, ich (erg. Jesus) bin der, ... der erfordert wird.« Hingegen hat Gott kein Gefallen »am Opfer von Getier, wohl aber an dem Opfer (d.i. dem Gehorsam) des Glaubens«[52]. Die Minderwertigkeit der Opfer*materie* soll also das Motiv sein. Es sind »blose Thieropfer«, »also blos äußerliche Darbringungen eines an sich ganz werthlosen Thierlebens«[53].

Der Text gab leider auch Anlaß zu schlimmer antijüdischer Exegese. Beispiel: »Den alten Blutopfern fehlt das Mark der Kraft ...; diesem tändelnden Opfermaterialismus fehlt ja ohnehin vielfach die innere Seele«. Die fände man im Christentum[54]! Judentum und Christentum rücken zueinander ins Verhältnis von Schatten und Licht. Das Christentum ist die »absolute Religion«, das Judentum die relative, die »die Versöhnung noch nicht verwirklicht« und deshalb ihren »vollständigen ἀφανισμός ... im nahe bevorstehenden αἰὼν μέλλων« finden wird[55].

Auch der Hebr-Autor selbst blieb nicht ungeschoren. Zwar sei er nahe daran gewesen, sich zur höheren ethischen Anschauung emporzuschwingen (10,7), sei dann aber mit seinem Blutkanon (9,22) wieder in den traditionellen unpersönlichen Opfermechanismus zurückgesunken[56].

8b Die knappe kommentierende Bemerkung, daß es sich um die Zurückweisung solcher Opfer handelt, die κατὰ (τὸν) νόμον *dargebracht werden* (προσφέρονται ist »Präsens der Institution« wie durchweg in unserem Abschnitt)[57], taucht

[50] Botterweck, ebd. 112. – Zum Thema überhaupt vgl. R. Rendtorff, Priesterliche Kulttheologie und prophetische Kultpolemik, ThLZ 81 (1956) 339–342; G. Fohrer, Kritik an Tempel, Kultus und Kultusausübung in nachexilischer Zeit, in: ders., Studien zu alttestamentlichen Texten und Themen (1966–1972), 1981 (BZAW 155), 81–95, bes. 92–95.

[51] Das sagen auch die alten Griechen: Aesch Choeph 519–521: τὰ δῶρα μείω δ' ἐστὶ τῆς ἁμαρτίας. τὰ πάντα γάρ τις ἐκχέας ἀνθ' αἵματος ἑνός, μάτην ὁ μόχθος (»Die Gaben wiegen ihre Frevelthat nicht auf. Wer eine Blutschuld auszusühnen Alles auch hingösse – nutzlos ist die Mühe«). Vgl. Spieß, Logos spermaticós 448f.

[52] Luther, WA 57/3, 219,7f; 221,6f (Übers. Vogelsang 150.153).

[53] So Riehm, Lehrbegriff 503 und wie er viele. Als seien nicht auch die Tiere Geschöpfe Gottes und ihr Leben ein Wert an sich!

[54] Graf 184f.

[55] F.Chr. Baur, Vorlesungen über neutestamentliche Theologie, hg. v. F.F. Baur, Tübingen 1864, 238.234.249.

[56] So F. Niebergall, Praktische Auslegung des Neuen Testaments, 1909 (HNT 5/2), 268.

[57] So Weiß 508 Anm. 41. – Die Wendung κατὰ (τὸν) νόμον wie 7,5; 8,4; 9,19.22. Auch an diesen Stellen, ausgenommen 7,5; 9,22, schwankt die Textüberlieferung hinsichtlich des Artikels. Kurtz 253f meint den Unterschied zu kennen: »Das Fehlen des Artik. läßt die Bestimmtheit des Ausdrucks (als *mosaisches* Gesetz) in den Hintergrund treten, steigert dagegen den reinen Begriff desselben.« Vielleicht!

die Negation in ein grelles Licht: Nicht irgendeine mißliche Randerscheinung, sondern das *Zentrum* des Alten Bundes, der von der Tora angeordnete Opferkult, wird von JHWH abgelehnt! Daran wird deutlich: Bei der Aufhebung des »Ersten« durch das »Zweite« (V 9b) geht es nicht um die Korrektur einer fehlerhaften Entwicklung, sondern um die tatsächliche μετάθεσις νόμου (7,12; vgl. 7,18f)[58]. Der neue Bund tritt an die Stelle des alten. V 8b ist also alles andere als ein »parenthetischer Satz«[59], sondern der für die Argumentation unseres Verf.s *wesentliche* Kommentar, »der die Structur nicht unterbricht«[60] und den eigentlichen Zielgedanken in V 9b vorbereitet.

Der *zweite* hervorgehobene Punkt (τότε εἴρηκεν) betrifft die christologisch- 9a
soteriologische *Position*: ἰδοὺ ἥκω[61] τοῦ ποιῆσαι (ὁ θεὸς)[62] τὸ θέλημά σου. Den Schlüssel zum Verständnis bietet V 5c: »Einen Leib hast du mir bereitet«. Wegen seines Mißfallens an den iterativen Opfern ist es der Wille Gottes, Jesus zum Opfer zu begehren (V 10). Anders gesagt: »Die Position des Zweiten hat dort die Negation des Ersten zur Voraussetzung«[63]. Die Tieropfer werden von Gott abgelehnt, »*damit* sie durch Jesu Gehorsam im Selbstopfer ersetzt werden«[64]. Darum die Leib-Bereitung als »Opfermaterie«[65]. Dazu sagt Jesus ja. Er stimmt seiner Selbstdarbringung zu (7,27; 9,14; vgl. 9,25.28). Sie ist das »bessere« Opfer vor allen anderen (παρὰ ταύτας), das der himmlische Kult verlangt (9,23). »Besser« heißt es, weil es nicht die προσφορὰ ἐν αἵματι ἀλλοτρίῳ ist (9,25)[66], sondern die des eigenen Lebens (ἴδιον αἷμα, 9,12), die Gabe also, die Gott sich mit dem σῶμα Christi selbst bereitet hat[67]. Also auch hier ist der theologische Gedanke der, daß es *Gott* ist, der in Christus die Welt mit sich versöhnt hat (2Kor 5,19). Während der levitische Hohepriester eine »doppelte Vertretung« wahrnimmt – er vertritt mit seiner Opferhandlung das Volk, *und* er läßt sich vertreten durch das Opfertier –, übernimmt Christus als Priester und Opfer in einer Person »beiderlei Vertretung«: Er macht

58 Vgl. Riggenbach 304: Aufhebung der »Opferinstitution selbst«. S. auch Luz, Der alte und der neue Bund 329; Kraus, Der Tod Jesu 245–247. – Weiß 508.509f betont demgegenüber sehr stark den *Hinweischarakter* der Negation auf die Position: Sie sei *Mittel*, nicht Zweck der christologischen Argumentation.

59 Mit Delitzsch 464 gegen Bleek II/2 640 und Seeberg 110.

60 Lünemann 322. Dagegen freilich Kurtz 316: »Zwischensatz«.

61 Zum perfektischen Präsens (ἥκω für ἐλήλυθα *bin gekommen, bin da, komme*) s. BDR § 322,2 mit Anm. 2

62 Sekundäre Hinzufügung in $\aleph^2$ 𝔐 lat sy$^{p.h**}$ bo^{ms}. Wohl Angleichung an V 7c (ψ 39,9). Vgl. Attridge 268 Anm. 12.

63 Delitzsch 464.

64 Braun 298.

65 Spicq, SBi 166; vgl. Seeberg 110; Hollmann 479f; bes. Riehm, Lehrbegriff § 61 (519–535).

66 Die gehört zu den δικαιώματα σαρκός (9,10) und ist wie das levitische Priestertum selbst »nach dem Gesetz eines fleischbedingten Gebotes« und nicht »nach der Kraft unauflöslichen Lebens« geregelt (7,16).

67 Vgl. Calvin, CR 83, 125f: »Christus war nicht auf fremde Hilfsmittel angewiesen, sondern er hat die Versöhnung mit Gott durch sich selber zustande gebracht. Anders der levitische Priester, der Tieropfer darbrachte, weil sein eigener Leib nicht zum heiligen Opfer bereitet war. Christus aber bedarf keiner Zutaten, sondern trägt in sich selbst das Vermögen zu allem, was Gott verlangt« (Übers. Lauterburg 115).

die Sache des sündigen Volkes ganz zu seiner eigenen, *und* er leidet für es den Tod (2,9)[68].

Das sieht nach Ersatz des einen Opferrituals (»Böcke und Stiere«) durch ein anderes (»Leib Christi«) aus. Doch gelten unserem Verf. die kultischen Kategorien als hermeneutisches Instrumentarium (»Hilfskonstruktion«), um das völlig unkultische Geschehen des Kreuzes und der Erhöhung Jesu hinsichtlich seiner soteriologischen Bedeutsamkeit für den wankenden Glauben der Angeredeten zurückzugewinnen[69]. Er deutet es als eschatologischen καθαρισμός, als das analogielose, jeden irdischen Opferkult aufhebende Heilsereignis. Kurz: Er legt das Kreuz mit Hilfe kulttheologischer Begriffe *kultkritisch* aus. Das Kreuz ist nicht selbst »Opfer«, sondern das hochaufgerichtete Zeichen dafür, daß an die Stelle der Opfer der *Gehorsam* des Sohnes getreten ist[70]. In diesem Gehorsam liegt der Sinn seiner Sendung[71], vollendet sich wie sein eigenes, so das Geschick aller Gehorsamen (5,8f), tritt an die Stelle des »Vorläufigen und Ersten« das »Zweite und Endgültige« (V 9b)[72].

9b Die wiederum sehr knappe kommentierende Bemerkung von V 9b zieht die Summe: »Er (Jesus) hebt das Erste auf, um das Zweite in Kraft zu setzen«. Tò πρῶτον und τὸ δεύτερον heißt es vordergründig im Blick auf die *Reihenfolge* dessen, was Jesus bei seinem Introitus feierlich versichert hat: Das Erste war, was Gott nicht will (die kultischen Opfer), das Zweite, was er will (der Gehorsam des Sohnes)[73]. Die Verben ἀναιρεῖν *wegnehmen, beseitigen, aufheben*[74] und (als Gegensatz dazu) στῆσαι *aufrichten, zur Geltung bringen, gültig* und *unverbrüchlich machen*[75] bringen jedenfalls den juridischen Charakter des Vorgangs zum Ausdruck. Der Wechsel besitzt den Charakter einer göttlichen Rechtssetzung[76]. Und er ist von grundstürzender Tragweite: Die alte Heilsordnung wird annulliert, damit die neue in Kraft treten kann. Denn natürlich umgreift das πρῶτον und das δεύτερον auch den »ersten« und den »zweiten« Bund (8,7.13; 9,1.15.18), das »erste« und das »zweite« Zelt (9,2.6b.8b), ja selbst noch die letzte große μετάθεσις, bei der die alte Welt einer himmlischen, un-

68 Vgl. Riehm, Lehrbegriff 521.

69 Vgl. Laub, Bekenntnis 219–221.314; März 61f; anders Kraus, Der Tod Jesu 246 Anm. 72. – Zur älteren Diskussion dieser Frage vgl. P. Fiebig, Das kultische Opfer im Neuen Testament, ZWTh 53 (1910) 253–275, bes. 258–260.

70 März 61.

71 Jesus ist bereit zur gehorsamen »Darbringung«, die nicht erst seine Hingabe in den Tod ist; sein ganzes Leben ist eine einzige προσφορά (Zimmermann, Bekenntnis 124). – Die Parallele zu Phil 2,6–11 liegt auf der Hand (Käsemann, Gottesvolk 108; Michel 337) und wird von Hofius, Christushymnus (²1991) 15f.64 klar aufgewiesen.

72 Vgl. Strobel 191; Laub 131f.

73 Vgl. Delitzsch 464; März 61.

74 Vgl. z.B. Aristot Ath Pol 29,4; Aeschin Contra Ctesiph 39; Isaeus 1,14; Polyb 31,20,3; Dio Chrys 76,2; Jos Bell 2,4; Ap 2,41. Vgl. Braun 298.

75 Z.B. die Tora (Röm 3,31), die »Paradosis« gegen das Gebot Gottes (Mk 7,9), die Diatheke (Gen 6,18; 17,7; Ex 6,4; 1Makk 2,27; vgl. 1Βασ 1,23; Jer 23,20; 1Makk 2,27); vgl. Röm 10,3; 2Tim 2,19 und Bauer, Wb 773 s.v. ἵστημι (I.2.a.) und 107f s.v. ἀναιρέω (1.b.). – Zu den rabb. Äquivalenten ביטל und קיים vgl. Attridge 275f mit Anm. 98f.

76 Vgl. Grundmann, ThWNT VII 640,17–22; Lane II 264f.

vergänglichen weichen muß (12,27)[77], in welcher die δικαιώματα σαρκός mitsamt Priester- und Opferkult keine Geltung mehr haben[78].
Eine wahrhaft grundstürzende ἀθέτησις (7,18), die der Hebr von der Schrift selbst bezeugt sein und in der er beides zum Zuge kommen läßt, die prophetische Kultkritik (Gehorsam statt Opfer) und die hellenistische Reinterpretation (»Spiritualisierung«) der kultischen Kategorien durch moralische Begriffe (vgl. Jdt 16,16; Arist 234; Philo, Plant 107f; VitMos 2,108), die schließlich auch in seiner eigenen Schrift zu bedeutenden paränetischen Implikationen führen wird: »Durch ihn (erg. Jesus) nun laßt uns Gott allezeit das Opfer des Lobes darbringen! Vergeßt nicht, Gutes zu tun und mit anderen zu teilen; denn an solchen Opfern hat Gott Gefallen« (13,15f)[79].

γ *Schlußfolgerung 10,10*

Der parakletischen Abzielung aller lehrhaften Äußerungen des Hebr ent- 10
spricht es, daß die Schlußfolgerung in V 10, die eigentliche Pointe des Abschnitts[80], wiederum ekklesiologischer Art ist[81]. Der auch jetzt unvermittelte Übergang vom argumentativen Stil zum Wir-ecclesiasticum (vgl. noch 3,6–14; 4,1–3; 6,11f; 7,25f; 9,14 u.ö.) zeigt das an[82]; und die Anlehnung an einen vermutlich traditionellen Bekenntnisstil[83] bestätigt es.
Das relativische ἐν ᾧ θελήματι greift das heilsentscheidende δεύτερον noch einmal auf: Jesu Vollzug des wirklichen Gotteswillens (V 9a) ist der Grund[84] unserer Heiligung. So tritt zur christologischen Bestätigung des göttlichen Willens eine soteriologische hinzu (vgl. 1Thess 4,3)[85]. Das θέλημα θεοῦ ist in Übereinstimmung mit dem urchristlichen Bekenntnis »der vorzeitliche Letztgrund« des christologischen Heilsgeschehens und der eschatologischen Heilsabsicht (Mt 18,14 u.ö.; Gal 1,4; Eph 1,5.9.11)[86]. *Gott* hat also die Initiative für unsere und der Welt Rettung ergriffen – »idée fondamentale du Nouveau Testament« (Joh 3,16; Röm 8,32; Eph 1,4–11)[87]. Die Umschreibung dieser Rettung mit ἁγιάζειν läßt das kultische Moment zutage treten: »Wer geheiligt wurde, ist geweiht, aus dem irdisch-profanen Bereich herausgenommen und

[77] Vgl. Schierse, Verheißung 52–54.77f.
[78] Vgl. Hofius, Das »erste« und das »zweite« Zelt (s. Lit. zu 8,1–13) 277; Laub, Bekenntnis 194 Anm. 58.
[79] Vgl. Attridge 276; Windisch 90–93 (Exkurs: Die Opferanschauung des Hebr).
[80] Vgl. Attridge 276.
[81] Zum ekklesiologischen Motiv im Hebr s. Schierse, Verheißung 201f.
[82] Rückgriff auf Tradition muß man darin nicht sehen (mit Weiß 510 gegen Schille, Erwägungen 92 und Zimmermann, Bekenntnis 40.219f).
[83] Vgl. Theißen, Untersuchungen 73; Attridge 276.
[84] Statt ἐν ᾧ θελήματι könnte es auch heißen: δι᾽ ἣν αἰτίαν (2,11; vgl. 2Tim 1,6.12; Tit 1,13). Vgl. BDR § 293 Anm. 12; Weiß 510 Anm. 49.
[85] So Weiß 510. Zur Konformität von Gotteswille und Christuswille s. Attridge 276 Anm. 105.
[86] Schrenk, ThWNT III 56,37f; 57,33.
[87] Spicq, SBi 167.

dem Dienste Gottes zugeeignet«[88]. Die ἁγιαζόμενοι, ein für den Hebr bezeichnender Ausdruck für diejenigen, für die der Hohepriester Jesus eintritt (vgl. 2,11; 9,13; 10,14.29; 13,12)[89], bilden die »protologisch-eschatologische ... ἐκκλησία von Gottessöhnen (2,12; 12,23)«, der anzugehören heißt, »Sünde und Tod endgültig hinter sich gelassen (zu) haben«[90]. Auffällig an unserer Stelle ist das überzeitliche Perfekt ἡγιασμένοι (vgl. 10,29): »›Wir‹ jetzt, ›Wir‹ in der Gegenwart stehen in der Wirkungsgeschichte jenes Geschehens von damals«[91].

Jenes Geschehen von damals ist die προσφορὰ τοῦ σώματος Ἰησοῦ Χριστοῦ *Darbringung des Leibes Jesu Christi.* Προσφορά heißen sowohl die levitischen Opfer (10,5.8.18; Apg 21,26; 24,17) als auch das Opfer Christi (10,10.14; Eph 5,2)[92]. Vom Akt der »Darbringung« Christi war bereits mehrfach die Rede (9,14.25; bes. 9,28: ὁ Χριστὸς ἅπαξ προσενεχθείς). Aber neu und einzigartig im Neuen Testament, jedoch durch V 5c vorbereitet, ist der Ausdruck προσφορὰ τοῦ σώματος[93]. Er ist streng auf Golgota, das πάθημα τοῦ θανάτου (2,9b), zu beziehen[94]. Das Sühnegeschehen des Karfreitag in Entsprechung, Andersartigkeit und Überbietung des *Jom Kippur* ist gemeint. Nicht die alttestamentlichen Opfer, das Kreuz schafft die τελείωσις (vgl. 9,9; 10,1.14), indem es den Sündenvergebungsbund von Jer 31,31–34 wirklich in Kraft setzt (10,15–18) und so den Weg zu Gott öffnet (10,19f).

Erstmals und mit Bedacht erscheint jetzt der volle Name Ἰησοῦς Χριστός (so nur noch 13,8 und 13,21, sonst immer nur Ἰησοῦς oder Χριστός). Am Kreuz erleidet der irdische, kurze Zeit unter die Engel erniedrigte *Jesus* den Tod, der ihn zum himmlischen *Christus* erhöht (2,9). In der Einheit

[88] Schierse, Verheißung 152.

[89] Vgl. Delling, ThWNT VIII 84 Anm. 26.

[90] Schierse, Verheißung 152. Daß auch die Heiligung in der Spannung von »schon« und »noch nicht« steht (vgl. 10,10 mit 12,10), ist klar. Nur: »Ohne Voraussetzung der bereits verwirklichten Heiligung wäre wohl das Streben danach (12,14) erfolglos« (ebd.).

[91] Weiß 511. – Hinter ἐσμέν ergänzen D[1] 𝔐 noch οἱ: (ἡγιασμένοι ἐσμὲν) οἱ διὰ τῆς ... ἐφάπαξ; es »zersetzt den schönen Satz und macht ihn unnütz tautologisch« (Delitzsch 466). Bleek II/2 643 kann das überzeugend als »zufälligen Schreibfehler« erklären: Das vorhergehende σμεν in ἐσμὲν wurde als zu dem vorhergehenden Partizip ἡγιασμένοι gehörend angesehen: σμενοι. Vgl. Braun 299.

[92] Vgl. Bauer, Wb 1442; Weiß, ThWNT IX 71.

[93] D* variiert in αἵματος, was man von c. 9 (bes. 9,22) und 10,4 her erklären kann (Attridge 268 Anm. 14). Aber die Leib-Bereitung als eine Pointe des Schriftzeugnisses (10,5) bleibt dadurch unausgewertet.

[94] Gegen Schrenk, ThWNT III 56,31–36, der (im Sinne der liberalen Theologie des 19. Jh.s) den Leib als Jesu »Menschenleben« versteht, durch das der Wille Gottes ganz geschieht, und die Dahingabe des Leibes »als Selbstdarbringung des ganzen Personlebens an den göttlichen Willen, im Gegensatz zu allen Tieropfern und Sachwerten«. Richtig dagegen Spicq II 306; Hughes 399; Attridge 277. So auch schon Seeberg 111: »Die Wirkungskraft der Darbringung beruht nach der Anschauung unseres Verfassers nicht auf diesem Akt als solchem, sondern auf ihm, sofern er die Bedingung dafür bildet, daß sich der himmlische Hohepriester als der, der den Tod erlitten hat, Gott darstellt, vgl. 9,24.«

von »Jesus« und »Christus« aber ist er der am himmlischen Sanctissimum für uns amtierende Hohepriester[95].

Den gewichtigen Abschluß bildet das kaum zu überschätzende ἐφάπαξ, ein Vorzugswort des Hebr (3 von 5 Vorkommen im Neuen Testament)[96], das hier zum letzten Mal erscheint. An den übrigen Stellen (7,27; 9,12; vgl. 9,26.28 [ἅπαξ]; 10,12.14 [μία]) qualifiziert es eindeutig die προσφορά als das eschatologisch gültige, *ein für allemal* dargebrachte Opfer Jesu. Die Exegese ist zerstritten, ob es an unserer Stelle nicht trotzdem anders, die ἡγιασμένοι qualifizierend, zu verstehen ist. Dann wäre der Sinn, daß die Heiligung der Gemeinde *ein für allemal* geschah und deshalb eschatologisch gültig ist (12,22–24), auch wenn sie das eigentliche Ziel ihrer Wanderschaft noch nicht erreicht hat (13,14)[97]. Der Kontext, der von der Qualität der Opfer handelt, und die Syntax (Wortentfernung) sprechen dafür, ἐφάπαξ auf das vorhergehende Nomen προσφορά zu beziehen[98]. Die Grammatik aber scheint dem Bezug auf das Verb ἁγιάζειν den Vorzug zu geben (im anderen Falle würde man die Wiederholung des Artikels erwarten: τῆς προσφορᾶς ... τῆς ἐφάπαξ)[99]. Aber ob so oder so – der beabsichtigten Paraklese dient der eine Gedanke (einmalige προσφορά) soviel wie der andere (geheiligt ein für allemal). Insofern kann man auch sagen: Das Wort ἐφάπαξ »goes with the whole sentence«[100]. D.h.: Auf der Seite Gottes ist die Heiligung der Gemeinde vollendet. Und das ist der eigentliche Trost, der die wankenden Knie wieder fest macht (12,12).

Zusammenfassung

Geheiligt ein für allemal durch Jesu gehorsames Selbstopfer! Daß auch hier eine Anspielung auf das Abendmahl fehlt, verwundert um so mehr, als man tatsächlich annehmen darf, daß am Ende des 1. Jh.s beim Stichwort »dahingegebener Leib« eucharistische Assoziationen beinahe unvermeidlich waren[101]. War unser Verf. vielleicht doch »sakramentskritisch« eingestellt[102]? Hat er die »kultisch-sakrale Sphäre für die Gemeinde des Neuen Bundes« vielleicht doch so kompromißlos für abgetan erklärt, »daß mit dieser theologischen Position auch der Brauch der Herrenmahlsfeier, wenn nicht in direkter Bezugnahme, so doch implizit ausgeschlossen wird«[103]? Die Frage wird bei 13,9f zu entscheiden sein. Indes macht unser Abschnitt dem Theologen, der sich hinter dem auctor ad Hebraeos verbirgt, gleichwohl Ehre. Was Paulus

[95] Vgl. Attridge 277.

[96] Dazu kommt noch 8mal ἅπαξ (übriges NT 6mal). S. I 348 Anm. 10.

[97] Vgl. Gräßer, Wanderndes Gottesvolk passim.

[98] Z.B. Seeberg 111.

[99] So Bleek II/2 644.

[100] Westcott 313.

[101] Vgl. Schierse 90f; s. auch 85 (zu 9,20) und Windisch 89; Gräßer, Der Alte Bund im Neuen 112; Braun 166f.277f.322.465.

[102] Vgl. O. Holtzmann, Der Hebräerbrief und das Abendmahl, ZNW 10 (1909) 251–260. – Genau umgekehrt zuletzt Swetnam, Christology 94. – Zur Diskussion vgl. Schröger, Gottesdienst 161–173; H. Feld, Das Verständnis des Abendmahls, 1976 (EdF 50), 74–76; ders., ANRW II 25.4, 3585–3588; Laub, Bekenntnis 265–272; Weiß 726–729 (Exkurs: Das Abendmahl im Hebräerbrief).

[103] Laub, Bekenntnis 270.

mit dem Ende des *Gesetzes* als Heilsweg erreicht – wir sind ohne unsere Werke, allein durch das Verdienst Jesu Christi gerettet, jedoch auf Hoffnung (Röm 8,24) –, das erreicht der Hebr mit dem Ende des *Kultes* als Heilsweg. Geheiligt sola voluntate Dei, sine hostiis, sed per oblationem corporis Jesu Christi – das ist eine bemerkenswerte Variation des paulinischen sola fide, sine operibus legis iustificati sumus. Irdischer Kultvollzug sichert nicht das Heil, sondern allein der Gehorsam, »der sich in Treue an den heilswirksamen Gehorsam des Sohnes bindet (vgl. Röm 12,1f)«[104].

c *Die neue Heilsordnung 10,11–18*

Analyse Mit Ps 110 hatte der Hebr das zentrale Mittelstück 7,1–10,18 eröffnet: Der dem Sohn Gottes gleichgestaltete Melchisedek ist Priester εἰς τὸ διηνεκές (7,3). Mit Ps 110 schließt er ihn ab: Der himmlische Hohepriester hat mit einer einzigen προσφορά die Geheiligten vollendet εἰς τὸ διηνεκές und nun zur Rechten Gottes seinen Platz eingenommen εἰς τὸ διηνεκές (10,12–14). Der Ring hat sich geschlossen[1], ohne daß jetzt noch ein Gedankenfortschritt beabsichtigt wäre. Vielmehr wird mittels rekapitulierender Wendungen noch einmal nachhaltig unterstrichen, was die »Hauptsache« alles Gesagten ist: Wir haben den zur Rechten Gottes erhöhten Hohenpriester (8,1).

Das geschieht (α) durch einen zusammenfassenden Rückblick auf das priesterliche Werk und seine Wirkung (V 11–14), sodann (β) durch den ausdrücklichen Hinweis, daß damit der Jer 31,31–34 verheißene Sündenvergebungsbund in Kraft getreten ist (V 15–17)[2], woraus sich (γ) die Schlußfolgerung ergibt: Wo Vergebung der Sünden geschieht, haben sich die Opfer für Sünden erledigt[3]. Statt des Opferdienstes als *Ersatz* für den Gottesdienst des Gehorsams[4] steht dieser nun selbst in Geltung[5]. Damit hebt der Hebr noch einmal »die für uns entscheidende Wirklichkeit« ins Bewußtsein: »nicht unser Sündenbewußtsein und nicht unser ernsthaftes Bemühen um Entsühnung, sondern Christus zur Rechten Gottes. Da ist der Menschenweg, der Ersatz, das Schattenbild der stets zu erneuernden Versuche: wie kriege ich einen gnädigen Gott? zu Ende«[6].

104 März 62.

1 Strobel 192 spricht von »gedankliche(r) Rückkehr zu der biblischen Grundlage Ps. 110«.

2 Richtig sieht Michel 339f, daß »V. 15–18 den ›Neuen Bund‹ mit der Vergebung durch das Opfer Christi verbinden will«.

3 Zur »structure concentrique« von V 11–14 s. Vanhoye, Structure 167f. Eine »analyse minutieuse« dieser Verse bietet Dussaut, Synopse 86f.

4 Loew 75.

5 Das Wie wird Thema der Schlußparänese 10,19–13,21 sein.

6 Loew 76.

α *Die vielen Opfer und das eine Opfer 10,11–14*

V 11f ist Fortführung (καί) des Gedankens von V 10fin (ἐφάπαξ) im geläufigen Schema von Satz und Gegensatz (μέν – δέ). Verglichen wird der Dienst des alttestamentlichen Priesters einerseits, und zwar ausnahmslos eines *jeden* (πᾶς, vgl. 5,1; 8,3)[7], mit dem Dienst des himmlischen Priesters Jesus Christus (οὗτος)[8] andererseits. Erklärung

Das statt des Substantivs λειτουργία (8,6) gebrauchte Part. praes. des Verbs 11
λειτουργέω (ursprgl. *öffentliche* oder *Staatsangelegenheiten verwalten*) in der Bedeutung *Priester-* oder *Tempeldienst, Opferdienst verrichten* ist t.t. der alttestamentlichen Kultsprache (z.B. 2Chr 13,10; Ez 40,46 LXX; Dan 7,10 Θ; Philo, Ebr 2; VitMos 2,152; SpecLeg 1,113 u.ö.; Jos Ant 20,218 u.ö.). Der Hebr gebraucht es nur hier, das übrige Neue Testament noch Tit 1,9 v.l.; Apg 13,2; Röm 15,27. In der LXX steht es für שָׁרֵת pi. (im Kult, am Heiligtum) *Dienst tun* (z.B. Ex 36,33 [34]; Dtn 10,8; 17,12 u.ö.) oder צָבָא (kultischen) *Dienst tun* (z.B. Num 4,23 u.ö.) und wird erst jenseits des Neuen Testaments für das christliche Amt und seine Funktionen aufgenommen (z.B. 1Clem 44,3; Herm sim 9,27,3 von den Bischöfen; Did 15,1 von den Propheten und Lehrern)[9].

Der Vergleich zielt auf den nach Art und Wirkung völlig verschiedenen Priesterdienst im Alten und Neuen Bund. Dort gibt es die tägliche Vielzahl der immer gleichen Opfer (vgl. 7,27; 9,25; 10,1–4), die aber wirkungslos bleiben: Οὐδέποτε δύνανται περιελεῖν ἁμαρτίας[10] (Opfer) *können niemals Sünden vollständig beseitigen.* Der Sache nach ist das eine steigernde Wiederholung von V 4. Denn περιαιρεῖν »*ringsum wegnehmen*, so daß auf keiner Seite etwas übrig bleibt«[11], ist stärker als das dortige ἀφαιρεῖν *wegnehmen*[12]. Sünde hinwegnehmen, hinwegschaffen (1Chr 21,8; Zef 3,11.15 LXX; vgl. Joh 1,29 αἴρειν τὴν ἁμαρτίαν; 1Joh 3,5; Hebr 9,28) entspricht dem hebräischen נָשָׂא עָוֹן *Sünde fortnehmen = vergeben* (Ex 34,6f; Num 14,18; 1Sam 15,25; 25,28; Jes 33,24; Hos 14,2f)[13]. Vor Augen steht das kultische Ritual des Sündopfers, das den

[7] Über den *Jom Kippur* hinaus richtet sich der Blick auf die irdische Priesterinstitution als solche. Darum dürfte die v.l. ἀρχιερεύς in A C P 104 365 614 630 1175 2464 *al* sy$^{p.h**}$sa nicht ursprünglich, sondern aus 5,1 oder 8,3 übernommen sein. Vgl. Metzger, Textual Commentary 669f; Braun 300; Attridge 278 Anm. 1. – Anders freilich Bleek II/2 647f; Kurtz 319 Anm. *; Lünemann 313 u.a.

[8] Οὗτος V 12 weist auf den in V 10 genannten Namen zurück. D^2 𝔐 ersetzen es durch das schwächere αὐτός (Attridge 278 Anm. 3). Warum die Kirchenväter (die Namen bei Braun 301) daran Gefallen fanden, bleibt rätselhaft.

[9] Cremer-Kögel, Wb 665–667; Bauer, Wb 955f; Strathmann/Meyer, ThWNT IV 221–238; Spicq, Notes I 475–481; Balz, EWNT II 858–861 (Lit.!).

[10] P^{13} und die koptischen Versionen lesen den Singular ἁμαρτίαν – wohl der Versuch einer Vergrundsätzlichung (Braun 301). Daß paulinischer Sprachgebrauch nachwirkt (Attridge 278 Anm. 2), ist natürlich auch möglich.

[11] Kurtz 321.

[12] Vgl. Lünemann 324.

[13] Cremer-Kögel, Wb 88 (2,c); Bauer, Wb 1301; Spicq, Notes II 679f; Freedman-Willoughby/Fabry, ThWAT V 626–643 (Lit.!), bes. 633–640.

Priestern als etwas Hochheiliges gegeben ist, »um die Schuld von der Gemeinde wegzunehmen und sie vor dem Herrn zu entsühnen« (Lev 10,17)[14].
12 Aber erst das einmalig dargebrachte Sündopfer Jesu (οὗτος δὲ μίαν ὑπὲρ ἁμαρτιῶν προσενέγκας θυσίαν)[15] hat solche Wirkung und damit den Neuen Bund realisiert. Gegenüber früheren Beschreibungen (7,27; 9,12.14.28; 10,10) wird diese Aussage um eine kleine, aber aussagekräftige Nuance (»un détail curieux«)[16] erweitert: Der alttestamentliche Priester verrichtet seinen Dienst *stehend* (3Βασ 8,11; 13,1; 2Chr 29,11; Ez 44,15; vgl. Jos Ant 13,372), der himmlische *sitzend* (ἐκάθισεν). Was im Alten Testament eine Ehre ist, nämlich im Dienst vor Gott zu stehen, beurteilt der Hebr als »rangmindernde Geschäftigkeit«[17]: Während der permanente, servile Opferdienst die levitischen Priester nicht zur Ruhe kommen läßt, präsentiert sich der himmlische Priester sitzend, im »Zeichen des Herrschens«[18]. Jener durch das Herr-Knecht-Verhältnis geprägte Priesterdienst wird himmelhoch überboten durch eine λειτουργία (8,6) im Vater-Sohn-Verhältnis (1,5–13): Mit seinem Sterben, das »zugleich seine Erhöhung bedeutet«[19], hat sich Jesus »in die Gottesnähe begeben«[20]. Die erneut mit Ps 110,1 angedeutete Erhöhung zur Rechten Gottes (vgl. 1,3.13; 8,1; 12,2) unterstreicht also nicht nur den göttlichen Rang des Melchisedek-Priestertums Jesu[21], sondern auch die Vertrautheit im Verhältnis zu Gott und damit die Wirkmächtigkeit des interzessorischen Amtes: Wer auf dem »Thron der Gnade« sitzt, also gleichsam an Gottes Stelle, bei dem darf man des »Erbarmens zu rechtzeitiger Hilfe« sicher sein (4,16; vgl. 7,25); denn er hat das Ohr Gottes. Die sessio ad dexteram markiert also nicht das Ende der hohepriesterlichen Tätigkeit Jesu[22]. Vielmehr demonstriert das Sitzen, daß zur Versöhnung der Sünden nichts mehr zu tun übrigbleibt. Zugleich wird durch καθ' ἡμέραν noch einmal das ἐφάπαξ des Sündopfers Jesu (10,10) im Gegensatz zum πολλάκις προσφέρειν der levitischen Priester unterstri-

[14] Freedman-Willoughby, ebd. 636.

[15] Zum Sündopfer (προσφέρειν περὶ ἁμαρτιῶν) s. zu 5,1.3; vgl. 7,27; 10,6.8.

[16] Héring 96.

[17] Braun 300; vgl. Bruce 245.

[18] Graf 190; vgl. Spicq, SBi 168; anders freilich Schulz 221 Anm. 10.

[19] Um diesen Sachverhalt, den Käsemann, Gottesvolk 150 mit Recht betont, handelt es sich auch an unserer Stelle. Der Kreuzestod ist nicht bloße Voraussetzung für die Gewinnung des Blutes, das Christus bei seiner Auffahrt als das eigentliche Opfer mitgenommen hätte (gegen Windisch 78). Sondern in 10,10.14 wie 9,12.14f.25f meinen »Blut« und »Opfertod« dasselbe, nämlich den Kreuzestod, der zugleich auch Erhöhung ist (10,12). Vgl. Laub, Bekenntnis 196.210 Anm. 97 u.ö.

[20] Seeberg 102; ihm folgt Käsemann, Gottesvolk 150.

[21] Der Platz an der rechten Seite Gottes drückt Ehre und Herrschaft aus. Vgl. Riehm, Lehrbegriff 347–358, bes. 350f; Hay, Glory 122–129.

[22] Gegen Kurtz 320; Hay, Glory 88(»sitting motionless«).125f. Richtig Riggenbach 307f; Schierse, Verheißung 100; Lane II 267; bes. D.J. MacLead, The Present Work of Christ in Hebrews, BS 148 (1991) 184–200. Er nennt 6 Werke: Repräsentation, Inauguration, Interzession, Mediation, Antizipation, Benediktion. – Zur Diskussion vgl. Stott, The Conception of ›Offering‹ 67; Attridge 280.

chen[23]. Jedenfalls ist »tägliche(s) Bemühtsein« auf der einen, »ruhende ... Vollendung« auf der anderen Seite der in V 11f eigentlich gemeinte Gegensatz[24].

Schließlich: Daß Jesus εἰς τὸ διηνεκές *für immer* zur Rechten Gottes sitzt, ist sinnenfälliger Ausdruck der ihm gegebenen Eidzusage: »Du bist Priester in Ewigkeit« (7,21b = Ps 110,4). Nicht das ewig gültige Opfer wird zum Ausdruck gebracht[25], sondern das ewig gültige Priestertum Jesu: Er hat es auf der *Basis* seines einmaligen und stets ad modum interpellationis geltend gemachten Kreuzopfers[26] und nicht im Modus fortwährender Opferwiederholung im himmlischen Sanctissimum[27]. Letztere hat keinerlei Stütze im Hebr. Jesu ἐφάπαξ-Opfer mit *einmaliger* Blutausgießung (= Kreuzestod) ist ja das Gegenteil der wiederholten αἱματεκχυσία des alttestamentlichen Versöhnungsopfers und dessen definitives Ende. Eine analoge, also ununterbrochene Wiederholung im Himmel ist ausgeschlossen[28]. »Christus hat nicht nur einen einzigen Leib, sondern auch ein einziges, und zwar vom Leiden unzertrennbares Opfer gebracht, 9,26. Jedes nachfolgende Opfern beweist, daß das vorangehende ungültig, und jedes vorangehende, daß das nachfolgende überflüssig sey. V 2.18«[29].

V 13 führt die in V 12b begonnene Anspielung auf Ps 110,1 zu Ende: »bis seine 13
Feinde zu seinem Fußschemel gemacht worden sind« (vgl. 1,13;1Kor 15,25; Mk 12,36; Mt 22,44; Lk 20,42f; Apg 2,34b.35). Damit wird der allgemein-urchristliche eschatologische Vorbehalt zum Ausdruck gebracht: »Wir sind gerettet, jedoch auf Hoffnung« (Röm 8,24). Jesu Heilswerk ist vollendet. Mit der sessio ad dexteram hat er die Weltherrschaft angetreten (1,3d; 2,8a.b; 8,1), je-

---

23 Vgl. Bruce 245; Hay, Glory 87f; Attridge 280.

24 de Wette 528.

25 Das wäre der Fall, wenn man – was syntaktisch möglich ist – εἰς τὸ διηνεκές mit προσενέγκας zu verbinden hätte (so z.B. Theophylact, PG 125, 325; Luther, WA DB 7, 368/369; Bengel 903 u.a.; neuerdings vor allem Westcott 314; auch Hughes 401). Dagegen spricht aber die Analogie zu 7,3.24.28 sowie die »Symmetrie des Satzgefüges und die Pointe des Gedankens« (Riggenbach 308 mit Anm. 53).

26 Vgl. Graf 193; Riggenbach 307f.

27 Dieses vom part. praes. der Vulgata-Übersetzung *offerens* hostiam, in sempiter*num sedit* ... ausgelöste Mißverständnis hat die katholische Meßopferlehre mitbestimmt. In der Opferpräfation III des Deutschen Meßbuches wird offensichtlich an den Hebr angeknüpft, wenn es heißt: »Er bringt sich dir allzeit für uns dar«. Calvin jedenfalls las unseren Textabschnitt als gegen »die papistische Erdichtung des Meßopfers« gerichtet (CR 83, 127f; Übers. Lauterburg 117). Zur Diskussion vgl. V. Thalhofer, Das Opfer des Alten und des Neuen Bundes mit besonderer Rücksicht auf den Hebräerbrief, Regensburg 1870, 201ff, der das Meßopfer verteidigt; dagegen Bruce 245 und bes. Laub, Bekenntnis 211: »Dem wiederholten Darbringen im Alten Bund steht nicht ein immerwährendes Darbringen im Himmel gegenüber, sondern jenes Geschehen, dem das ἅπαξ, ἐφάπαξ und μία gilt.« Das sind das im Kreuzestod sich ereignende προσφέρειν (7,27; 9,25f.28; 10,10.14), das hohepriesterliche εἰσέρχεσθαι (9,12) und die Erhöhung (10,12f). – Zur heutigen ökumenischen Diskussion vgl. K. Lehmann / E. Schlink (Hg.), Das Opfer Jesu Christi und seine Gegenwart in der Kirche. Klärungen zum Opfercharakter des Herrenmahles, ²1986 (DiKi 3).

28 Vgl. Graf 193.

29 Bengel 903 zu V 12 (Übers. Werner 666).

doch verborgen (2,8c). Öffentlich in Erscheinung tritt sie erst bei der Parusie. Darauf zielt die Feindunterwerfung[30].
Die als Zusatz in das Psalmzitat eingeschobene Bemerkung τὸ λοιπὸν ἐκδεχόμενος *fürderhin wartend*[31] wirkt als zusätzliches retardierendes Moment: Noch ist nicht Parusiezeit, sondern Wartezeit. Die nur in den Paränesen vorkommenden Naherwartungsaussagen (3,13; 10,25.37 [= Hab 2,3]; 11,40) lassen sich natürlich nicht bestreiten. Die Frage ist nur, wie wichtig sie unserem Verf. sind[32]. Als Stimulans für das Verhalten der Gläubigen zieht er sie heran[33], bei der Ausformulierung des Kerygmas in den darstellenden Partien fehlen sie; hier dominiert die Gegenwart des Heils, eingeschränkt durch das Noch-Nicht der Vollendung (2,8; 9,8–10.28)[34]. Nach gelebter, aktueller Eschatologie sieht das nicht aus[35]. Das Sitzen zur Rechten in sempiternum schließt die Parusie nicht aus[36], ist als Exegese des Eidschwurs »Priester in Ewigkeit« (7,21) allerdings auch nicht der Kommentar eines Naheschatologen. Die Frage, ob und wann es die Parusie gibt, ist hier also ebenso fehl am Platze wie die Spekulation darüber, wie das Ruhen Christi aussieht[37]. Gesagt werden soll allein: Die Versöhnung der Sünden ist perfekt; der »Rest« ist Warten bis zur Parusie[38]. Ihn besorgt Gott. Τεθῶσιν ist aor. coni. pass. Die Unterwerfung der Feinde und damit die öffentliche Durchsetzung seiner Weltherrschaft ist nicht mehr Christi Sache[39].

14 V 14 liefert die Begründung (γάρ) für das abwartende Sitzen des Erhöhten: Sein Heilswerk ist getan, ganz und für immer. Denn durch Jesu einmalige Darbringung[40] (μιᾷ προσφορᾷ dat. instr.)[41] sind die Geheiligten[42] *voll-*

[30] Zu diesem Motiv hier und in 1,13f s. I 93f und Schierse, Verheißung 99f.

[31] Bauer, Wb 973 (3.a.α.). Also *temporal* gemeint (wie z.B. 1Kor 7,29) und nicht *sachlich* als Übergang zu etwas Neuem (so die Vulgata: de cetero *im übrigen*, wie z.B. Phil 4,8 und Kurtz 322; Seeberg 111). Vgl. Riggenbach 308 Anm. 54.

[32] So richtig Theißen, Untersuchungen 90f.

[33] Vgl. Gräßer, Glaube 179; vgl. 180f Anm. 176.

[34] Vgl. Theißen, Untersuchungen 91.94f; Schierse 93: »Offensichtlich hält der Brief die dramatischen Ereignisse der Endzeit, denen die Apokalyptiker ihr ganzes Augenmerk widmeten, für nicht so wichtig.«

[35] Gegen viele, auch gegen Schierse, Verheißung 92; Theißen, Untersuchungen 106–114. Aber »der Prediger des nahen Endes« liefert nicht nur die »Kategorien«, mit denen »solch eine Erwartung grundsätzlich überholt wird« – Theißen nennt das eine »Ironie der Geschichte« (ebd. 108) –, er überholt sie tatsächlich! Vgl. Gräßer, Wanderndes Gottesvolk passim; auch Weiß 73f.

[36] Vgl. Riehm, Lehrbegriff 352f. Immerhin meint Weiss 258 Anm.**, daß »der Gedanke an die Wiederkunft hier völlig fern liegt«.

[37] Gegen Riehm, ebd.

[38] Vgl. de Wette 528.

[39] Anders Hollmann 480, der Christus Subjekt sein läßt. Falsch!

[40] Mit μία προσφορά ist gegenüber μία θυσία V 12a eine sprachliche, keine sachliche Differenz angezeigt. Der Hebr gebraucht die Begriffe synonym. Mit Attridge 280 Anm. 34 gegen Westcott 317.

[41] Einige Minuskeln (33 630 1881 2495 *pc*) und mit ihnen Bengel 903 haben μία προσφορά im Nominativ, also als Subjekt des Satzes, was im Blick auf die Subjekte von τελειοῦν 7,19; 9,9; 10,1 erwägenswert ist; »aber der Dativus instrumentalis ... ist besser: ab 10,11ff geht es nicht um das Opfer, sondern um den Opfernden (Riggenbach)« (Braun 302).

[42] Die ἁγιαζόμενοι hier wie 2,11 (s. I 134f), also die »Genossen« (μέτοχοι) *des Christus*

endet (τετελείωκεν, »das Perfect der bleibenden Gültigkeit«)[43], und zwar εἰς τὸ διηνεκές. Gegenüber V 12 wird hier mit der Zeitbestimmung eindeutig *nicht* auf das Opfer abgehoben, sondern auf dessen Wirkung: Die Sünden sind weggeschafft. Damit sind die Geheiligten end-gültig kultfähig gemacht, d.h. in den Zustand versetzt, den sie vor Gott haben sollten (7,19; 9,9; 10,1)[44]. Der Weg ins himmlische Sanctissimum steht ihnen jetzt offen (10,19f; vgl. 9,8). Ohne Bild gesprochen: Ihre Erlösung ist von absoluter, ewiger Gültigkeit[45]. Sünde und Tod können ihr nichts mehr anhaben. Das Parallelgeschehen im Himmel wie auf Erden ist für unseren Verf. ein starkes parakletisches Motiv: Wie Christus auf den Abschluß der Weltgeschichte, so warten die Christen auf das Eingehen in die Ruhe (4,9f). Und »wie die Erhöhung . . . dem Warten Christi die ruhige, überlegene Gelassenheit gibt, so hat die Gemeinde ebenfalls in den Diatheke-Gütern die sichere Gewähr (παρρησία) ihrer endzeitlichen Vollendung«[46]. Verachtet sie die, bleibt kein Raum mehr für eine zweite Umkehr (10,26; 12,17)[47].

In der Sache ist V 14 also eine genaue Wiederholung von V 10. Ob durch den Tempuswechsel (statt des part. perf. ἡγιασμένοι in V 10 jetzt das part. praes. ἁγιαζομένους) eine sachliche Differenz angezeigt ist – hier das noch fortdauernde Geschehen der Heiligung, dort das abgeschlossene –, wird kontrovers diskutiert[48]. Die Variation wird sachbedingt sein: *Prinzipiell* sind Christen das, was sie *aktuell* immer neu werden müssen: Geheiligte. Sie haben das ganze Heil, aber noch nicht das letzte Ziel erreicht. Insofern sind sie ἡγιασμένοι und ἁγιαζόμενοι zugleich[49].

V 14 hält fest, daß der 7,18f angezeigte *Wechsel* der Heilsordnung Realität ist: Die frühere hat nichts zur Vollendung gebracht (οὐδὲν ἐτελείωσεν 7,19; vgl. 7,11; 10,1); statt dessen ist die Einführung einer besseren Hoffnung, durch die wir Gott nahen (7,19), Ereignis geworden.

Davon handelt der letzte Unterabschnitt des großen Mittelteils.

(3,14). S. dazu jetzt S.C. Layton, Christ over His House (Hebrews 3.6) and Hebrew אשר על־הבית, NTS 37 (1991) 473–477. – Kurtz 323; Bleek-Windrath 397 verstehen »die Geheiligten« als Gegensatz zu ἐχθροὶ αὐτοῦ in V 12. – P[46] verschreibt ἁγιαζομένους in ἀνασῳζομένους *die Geretteten* (hap. leg. im NT, s. Bauer, Wb 122). Vgl. Braun 303; Attridge 278 Anm. 6.

43 Braun 302. – Zu τελειοῦν s. I 130f und Nissilä, Hohepriestermotiv 236; Peterson, Perfection 151–153; Weiß 514.

44 Vgl. Delling, ThWNT VIII 83,19f; Schierse, Verheißung 152; Hübner, EWNT III 827.

45 Vgl. Kurtz 323.

46 Schierse, Verheißung 99f; vgl. auch ebd. 157, wo die Aussage von 10,14 in ihrem vollen Umfang gewürdigt wird: »Jesus hat seine Kultgemeinde endgültig von der Sünde gereinigt, indem er sie von der Todesknechtschaft befreit . . . Die Gemeinde besitzt wahrhaft das ›Wesensbild der zukünftigen Dinge‹ (10,1), Verheißungsgut und Heilsvollendung haben den gleichen Gegenstand.«

47 Vgl. Hegermann 200; Weiß 517.

48 Riggenbach 402 und Bruce 247 Anm. 73 z.B. nehmen eine zeitlose Bestimmung hier wie da an, die Mehrheit differenziert. Vgl. Peterson, Perfection 150f; Attridge 280f.

49 Vgl. Riehm, Lehrbegriff 577f. Zur Sache s. auch P. Grelot, Art. Sacré (et Sainteté), DBS 10, 1450–1452 (Le Christ sanctificateur).

β *Die erfüllte Verheißung 10,15–17*

Analyse Ein kurzes, eindrucksvolles Finale schließt den zentralen Mittelteil 7,1–10,18 ab[50]. Es besteht aus Einleitungsformel (V 15), Schriftzitat (V 16.17) und (γ) Conclusio (V 18). Formal wie inhaltlich präsentiert sich der sorgfältig redigierte Abschnitt als Bestätigung (confirmatio) einer These (V 14) mittels Schriftargument[51]. Mit letzterem greift unser Verf. auf den Anfang des ganzen Sachzusammenhangs, auf 8,7–13, zurück. Eine Ringkomposition also, die die Einprägsamkeit des parakletischen Hauptgedankens fördern soll: Wir leben in der neuen Diatheke, die in besseren Verheißungen gründet (8,6).

Erklärung Die diesmal ungewöhnlich lange Zitateinleitung erfüllt einen doppelten
15 Zweck. Mit ihrer ersten Hälfte – μαρτυρεῖ δὲ ἡμῖν καὶ τὸ πμεῦμα τὸ ἅγιον – hebt sie das in V 11–14 vorgetragene Argument in den Rang einer geoffenbarten Wahrheit: Es deckt sich mit dem, was auch (καί) der Heilige Geist den Christen (ἡμῖν)[52] rechtskräftig bezeugt (μαρτυρεῖ)[53], und zwar in der Schrift des Alten Testaments, die damit als in der gegenwärtigen Gemeinde erfüllt herausgestellt wird[54]. Μαρτυρεῖ ist also für sich zu nehmen[55]. Es verteilt das Zitat keineswegs auf *zwei* Sprecher, auf den Heiligen Geist, der die Einleitung (V 16a), und auf Gott, der den eigentlichen Hauptgedanken (V 16b–17) spricht. Sondern es reklamiert das πνεῦμα ἅγιον als *Testator* der Schriftworte für die Gemeinde: *Contestatur autem nos et Spiritus sanctus* (Vg.)[56]. Damit erinnert der Hebr zugleich an diejenige Macht, die das aus der Sündenvergebung folgende neue Leben (10,19–39) ermöglicht (vgl. 2,4; 6,4; s. I 351f)[57]. Durch die andere Hälfte der Zitateinleitung, durch die Zeitangabe μετὰ γὰρ τὸ εἰρηκέναι[58], wird das Schriftwort zweigeteilt: Nachdem er (der Kyrios) seine Willenserklärung abgegeben hat (V 16a.b = Zwischenüberschrift Jer 31[38],33a.b), bringt er danach die inhaltlichen Bestimmungen der Diatheke (Toraverheißung und Vergebungsverheißung V 16c.d = Jer 31[38],33c.d.34) zum Ausdruck (λέγει κύριος).

16.17 Jer 31(38),31–34 ist gegenüber der ersten Zitation in 8,10–12 stärker auf die Aussageintention unseres Verf.s hin verändert[59]. Die vier Verheißungen sind auf zwei zusammengeschrumpft. Bundesformel (»Ich werde ihnen Gott sein

[50] Vgl. Haering, Gedankengang 161.

[51] Vgl. Vanhoye, Structure 168.

[52] Der dat. commodi schließt den Verf. mit den Angeredeten zusammen. Vgl. Bleek II/2 654; Delitzsch 471; Riggenbach 310.

[53] Das Verb in dieser Bedeutung schon 7,8.17. Vgl. auch 11,2.4.5.39 und Philo, Det 48.52.121; Som 2,172; All 2,47; 3,37 u.ö. (Beutler, EWNT II 960; Attridge 281).

[54] So auch in Qumran, vgl. Braun, Qumran I 264. Zum Verständnis des Hebr s. I 174f.

[55] Vgl. Bleek II/2 654.

[56] Vgl. Gräßer, Der Alte Bund im Neuen 110. – Subjekt nicht erst des λέγει in V 16fin, sondern schon des εἰρηκέναι in V 15fin ist der κύριος (Delitzsch 472). Auf diese Weise entfällt die Schwierigkeit eines Subjektwechsels mitten im Zitat. Vgl. Michel 341.

[57] Vgl. Bieder* 258.

[58] Vgl. BDR § 402,3 mit Anm. 4.

[59] Gegen Hegermann 201, der »keine theologischen Absichten« erkennt.

...«) und Erkenntnisverheißung (»Alle werden sie mich kennen ...«) werden übergangen. Stehen bleiben nur Toraverheißung (»Ich lege meine Gesetze in ihre Herzen ...«) und[60] Vergebungsverheißung (»Ihrer Sünden werde ich keinesfalls mehr gedenken ...«), unter denen aber nur die letztere in der Auslegung V 18 als eigentlicher Skopos Beachtung findet. Zusätzliche Textveränderungen bereiten diesen Skopos vor: Nicht τῷ οἴκῳ Ἰσραήλ (8,10), sondern πρὸς αὐτούς (V 16a) wird Gott seine Diatheke aufrichten. Von der Erfüllung her geht der Hebr damit über den von Jeremia genannten Kreis des Volkes Israel hinaus (vgl. »die vielen«, für die das Blut Christi vergossen wurde, Mt 26,28)[61] und gibt so einen deutlichen Hinweis auf die Gemeinde als das neue Gottesvolk[62]. Die Umstellung der Wortfolge διάνοια – καρδία (8,10) in V 16c.d und die in V 17 zu den Sünden hinzugefügten *Frevel* (καὶ τῶν ἀνομιῶν αὐτῶν)[63] könnten ein Hinweis sein, daß der Hebr aus dem Gedächtnis zitiert[64]; sachlich sind diese Variationen belanglos. Das gilt auch für den Ersatz von μνησθῶ (8,12b) durch das fut. pass. μνησθήσομαι[65]!
Bei der ersten vollständigen Zitation in c. 8 war Jer 31(38),31–34 Beleg für die Vergangenheit des *Alten* Bundes. Jetzt, bei der gekürzten Zitatwiederholung, ist es Beleg für die Gegenwart des *Neuen*[66]. Der aber ist (ganz wie bei Paulus: Röm 11,27 = Mischzitat aus Jes 59,21 und 27,9) die Vergebung der Sünden[67]. Damit hat der Hebr das Motiv des αἷμα τῆς διαθήκης aus Ex 24,8 / Hebr 9,20 und das Motiv der καινὴ διαθήκη aus Jer 31(38),31 / Hebr 8,8 zu *einem* soteriologischen Gedanken zusammengeknüpft: Jesus ist insofern »Bürge« bzw. »Mittler« dieser »besseren« bzw. »neuen Diatheke« geworden (7,22; 8,6; 9,15a; 12,24), als erst *er* die Sünden endgültig weggeschafft hat, »damit die Berufenen das verheißene Erbe erhalten« (9,15b)[68]. Unausgesprochen ist diese Paraklese der eigentliche Zielgedanke unseres Abschnitts.

[60] Vor καί am Anfang von V 17 findet sich in den Minuskeln 104 323 945 1739 1881 *al* und vg^{ms} sy^{hmg} sa der Einschub ὕστερον λέγει oder τότε εἴρηκεν (2495 *pc* sy^{h}). Diese Handschriften, die das λέγει κύριος am Ende von V 16 dem Zitat belassen, ergänzen einen dem μετὰ τὸ εἰρηκέναι entsprechenden Hinweis auf den zweiten Teil der Schriftstelle, und zwar verständlicherweise vor der eigentlichen Hauptaussage in V 17. Für Nichtursprünglichkeit spricht einmal die schlechte äußere Bezeugung, sodann die Tatsache, daß sich die Einschaltung des Hinweises leichter erklären läßt als ihre Auslassung, vor allem aber die stilistische Sorgfalt unseres Verf.s. Er hätte sich die Nachlässigkeit, den entsprechenden Hinweis einfach zu unterlassen, niemals gestattet. So richtig Riggenbach 310f; vgl. Braun 304; Attridge 278 Anm. 9.

[61] Vgl. Vielhauer* 148.

[62] Vgl. Theißen, Untersuchungen 73, dem Bieder* 256 folgt; Gräßer, Der Alte Bund im Neuen 110.

[63] Αὐτῶν nach ἁμαρτιῶν fehlt in P$^{13vid\ 46}$ D* 33 104 1739 *pc* latt. Diese Handschriften ziehen also die Begriffe ἁμαρτίαι und ἀνομίαι eng zusammen, wohingegen die doppelte Setzung des αὐτῶν sie differenziert (Riggenbach 311 Anm. 67).

[64] Vgl. Riggenbach 310; Michel 341 Anm. 5; Hegermann 201. Anders Kistemaker, The Psalm Citations 57.

[65] Von P^{46} ℵ^{2} D^{2} Ψ^{vid} 𝔐 wieder in ursprüngliches μνησθῶ zurückkorrigiert (Attridge 278 Anm. 11).

[66] Vgl. Calvin, CR 83, 127.

[67] Vgl. Levin (s. Lit. zu c. 8) 268f.

[68] Vgl. Gräßer, Der Alte Bund im Neuen 99f.

γ *Conclusio: Das Ende des Kultes 10,18*

18 Mit einer ebenso knappen wie präzisen Schlußfolgerung aus dem Gesagten setzt der Hebr einen vielsagenden Punkt hinter den λόγος τέλειος. Der Form nach handelt es sich um eine »lehrsatzartige Abschlußsentenz«, mit der »die Summe aus den verschiedenen Gedankengängen in 8_{1}-10_{18}« gezogen wird[69]. Der Sache nach wird in *einem* Satz zusammengefaßt, was die notwendig gewordene νόμου μετάθεσις (7,12) inhaltlich bedeutet: An die Stelle des Kultus ist Christus getreten, der des Kultus Ende, weil seine Erfüllung ist[70].
»Wo aber Sünden vergeben sind, da ist es auch mit dem Sündopfer vorbei«[71].
Die Abschlußsentenz ähnelt der in 7,7 und 8,13. Wieder macht sich die rationale Denkweise unseres Verf.s bemerkbar: Wo es nichts mehr zu sühnen gibt, kann natürlich der Sühnekult eingestellt werden. Das steht da zunächst nur als conclusio aus dem vorangehenden Zitat. Τούτων weist auf die Sünden und Gesetzlosigkeiten in V 17 zurück: Wo *diese* vergeben sind[72], entfällt die Darbringung[73] zur Fortschaffung bzw. Sühnung von Sünden (περὶ ἁμαρτίας)[74]. Aber schon die Weglassung von τούτων in א* b r vergrundsätzlicht: *Jede* remissio ist finis oblationis pro peccato. Sündenvergebung ist das Ende eines jeglichen irdischen Kultes.
Damit wird – wie in 8,13 – wiederum der Ton auf etwas gelegt, was im zitierten Text direkt gar nicht steht[75]: die Selbstaufhebung des alttestamentlichen Kultes. Sie wird dualistisch von der Überlegenheit der himmlischen Realitäten über die irdischen Schatten (10,10; vgl. 8,5; 9,8–10.11) in den Text hineininterpretiert[76], ist aber gar nicht das eigentliche Beweisziel. »Ziel ist etwas anderes: der Nachweis der Überlegenheit des himmlischen Kultes« als Mittel »zur Befestigung der Gewißheit der Glaubenden«[77]. »Der himmlische Kult ist als solcher überlegen, darum *muß* der alttestamentliche Kult wertlos sein.«[78] Ohne Absicht hat der Hebr damit »der späteren, grundsätzlichen rationalistischen Vergeistigung des Kultes ... ein Stück Weg vorbereitet«[79]. Ohne Absicht! Auch wenn der Hebr die Wiederholung des Selbstopfers Christi durch das ἐφάπαξ

[69] März 63.
[70] Vgl. Vielhauer* 148, der so mit Blick auf das Gesetz bei Paulus formuliert.
[71] So übersetzt Wilckens, Neues Testament 797.
[72] ῎Αφεσις hier wie 9,22 (Bultmann, ThWNT I 508f). Über die Auslassung von ἐστίν (wie 7,11; 8,1 u.ö.) s. BDR § 127.
[73] Προσφορά wie 10,5 bzw. 10,14. Zum Inhaltlichen s. I 281f.
[74] In Verbindung mit ἁμαρτία hat περί diese Bedeutung; vgl. Bauer, Wb 1299 (1.g.) mit Hinweis auf Num 8,8; Röm 8,3; Gal 1,4 v.l.; 1Petr 3,18; Hebr 5,3c; 10,6.8 (= ψ 39,7); 13,11 (vgl. Lev 6,23; 14,19). BDR § 229,1: Περί *wegen* geht in die Bedeutung *für* über und mischt sich mit ὑπέρ τινος (vgl. ebd. Anm. 3).
[75] Grundsätzliches zu dieser Hermeneutik des Hebr bei Braun, Die Gewinnung 325.327.
[76] Vgl. ebd. 326–328; Gräßer, Der Alte Bund im Neuen 110f. Spicq II 301: Das Heilswerk des Gesetzes und Christi stehen einander gegenüber wie Schatten und Realität. So auch Beaude* 1332.
[77] Braun, Die Gewinnung 327.
[78] Ebd. Zur Sache vgl. jetzt Chester* passim.
[79] Braun 305; vgl. Delitzsch 473, der auf 2Kor 3,6 anspielt: Das γράμμα sei zum πνεῦμα geworden, der »Äußerlichkeit« entkleidet, d.h. »vergeistigt und verinnerlicht« worden,

(10,10) ausdrücklich ausschließt, so hält er doch am himmlischen Kult fest (2,17; 12,18–24). Nur – und damit hält unser Verf. der paulinischen Theologie die Waage – auf Erden läßt sich das Heil in keiner Weise mehr bewerkstelligen, auch nicht kultisch. Der parakletische Hauptgedanke lautet: Im himmlischen Kult wird besorgt und gnadenweise zugeeignet, was uns auf Erden not tut. In diesem Sinne gilt: Christus ist das Ende des Kultus als Heilsweg.

Die lange Begründung, die 10,18 von 8,1–10,17 erfährt, ist also keine Apologie, die das Fehlen eines Opferinstitutes im Christentum rechtfertigt[80], aber auch keine nach innen gerichtete Kritik, welche die Auffassung des Abendmahls als Opfer unmöglich machen möchte[81], sondern ein Bekenntnis zur Sola-gratia-Struktur des Heils in kultischer Ausformulierung.

4 *Zusammenfassung*

In 10,1–18 hat der Hebr sein »Grundprinzip«[82] in einen knappen Satz zusammengefaßt: Das Erste ist aufgehoben und das Zweite in Kraft gesetzt (10,9b). Wodurch? Dadurch, daß Christus für immer zur Rechten Gottes sitzt. Damit hat sich jedes ernsthafte irdische Bemühen um Entsühnung für immer erledigt[83].

Neu an dieser parakletischen Theologie ist nicht das Kerygma; es ist das allgemein urchristliche von Erniedrigung und Erhöhung Jesu. Neu ist aber die Verknüpfung mit dem kultischen Vorstellungskreis: Das als Einheit verstandene Geschehen von Kreuz, Auferstehung und Himmelfahrt[84] wird aufgrund der Typik des *Jom Kippur* als das eine Opfer gedeutet, das von der Sünde befreit und den Zugang zum himmlischen Allerheiligsten erschließt. Dieser kultische Vorstellungskreis ist Interpretament für die Heilsbedeutung des Kreuzes. Das gilt es in zweifacher Hinsicht zu betonen: einmal angesichts der in der biblischen Theologie aufkommenden Renaissance des Kultischen (»Sühne als Heilsgeschehen«)[85], die hier und da Hand in Hand geht mit einer hermeneu-

auf sein »Wesen« gebracht. Ähnlich Attridge 281 mit Hinweis auf die Alternative Gehorsam statt Opfer in 10,5–10.

80 Gegen Seeberg 108.

81 Gegen Theißen, Untersuchungen 73.

82 Schierse, Verheißung 54 Anm. 105.

83 Vgl. Loew 76.

84 »Man beachte, wie in dem Abschnitt 10,5–14 alle historischen Momente der Christus-Offenbarung fast gleichzeitig genannt werden. Inkarnation – Kreuz – Erhöhung – Parusie: Das ganze Christus-Drama ist in dem einen und einmaligen Akt der προσφορὰ τοῦ σώματος Ἰησοῦ Χριστοῦ (10,10) zusammengeschaut« (Schierse, Verheißung 54).

85 Ganz anders die Gesprächslage vor 40 Jahren. R. Bultmann z.B. galt der Sühnegedanke als Mythologumenon, das der Interpretation bedarf (Neues Testament und Mythologie, in: KuM 1, ^{2}1951, 20.127), was J. Schniewind nur sehr zögerlich in Abrede zu stellen wußte (Antwort an Rudolf Bultmann, ebd. 88–90). Und E. Käsemann hielt den Sühnegedanken für ntl. peripher (Erwägungen zum Stichwort ›Versöhnungslehre im Neuen Testament‹, in: FS R. Bultmann, Tübingen 1964, 47–59). – Zur heutigen Diskussion vgl. Die Heilsbedeutung des Kreuzes für Glaube und Hoffnung des Christen, 1990 (ZThK.B 8); Dalferth, Die soteriologische Relevanz der

tischen Tendenz, die Sprachgestalt der Texte zugleich als deren Sachgehalt zu nehmen und auf Entmythologisierung zu verzichten[86]. Zum andern muß man es betonen gegenüber der Abweisung des gegenständlich-materiellen Sühnedenkens als für uns theologisch unmöglich[87]. Sprachgestalt und Sachgehalt müssen aber unterschieden werden, damit der himmlische Hohepriester als »Gebilde mythologisierender Phantasie oder metaphysischer Spekulation«[88] nicht verwechselt wird mit dem damit zum Ausdruck gebrachten credendum: Christus ist für uns bei Gott! Sachlich kongruiert die Kulttheologie des Hebr durchaus mit der Gesetzestheologie des Paulus: Ἐξ ἔργων λατρείας οὐκ ἁγιάζεται πᾶσα σάρξ *aus Werken des Kultes wird kein Fleisch geheiligt* – so, als Variation des Kardinalsatzes der paulinischen Rechtfertigungstheologie, läßt sich die Zentralaussage unseres Abschnitts 10,1–18 umschreiben. Sowenig Gesetzeswerke grundsätzlich eine Rechtfertigung hergeben, sowenig tun es die irdischen Kultwerke, die nur σκιά (10,1) und δικαιώματα σαρκός (9,10) sind. Insofern steht die ganz im Zeichen der Kultkritik entfaltete kulttheologische Interpretation des Heilstodes Jesu an Schärfe und Konsequenz der paulinischen Gesetzeskritik in nichts nach[89]. Christus ist das Ende des Kultes als Heilsweg[90]. Damit hat der Hebr auf seine Weise die Sola-gratia-Struktur des Heils festgestellt[91].

Noch eine Gefahr lauert bei dem Versuch einer heutigen Aneignung des Textabschnittes. Wir stehen in der Versuchung, der Substitutionstheorie in der Weise zu verfallen, daß uns die christliche Kirche als heilsgeschichtliche Institution erscheint, die vollgültig an die Stelle des alttestamentlichen Israel getreten ist. Davon kann im Hebr überhaupt keine Rede sein. Er vergleicht nicht Kirche und Israel, sondern Himmel und Erde. Er verfaßt keine antijüdische Kampfschrift, sondern einen λόγος παρακλήσεως; er polemisiert nicht nach außen, er tröstet nach innen; er »schreibt im Blick auf eine resignierende Gemeinde und will ihr an der Überbietung des atl. Kultus durch Christi Selbstopfer klarmachen, *daß ihr eine nicht mehr überbietbare religiöse Möglichkeit erschlossen ist*«[92]. Das in der Wirkungsgeschichte, nicht in der ursprünglichen

Kategorie des Opfers (s.o. S. 218 Anm. 39); Chr. Wassermann, Biblische Sühnetheologie im Kontext eines Weltbildes der modernen Physik, JBTh 6 (1991) 195–211; H. Hübner, Rechtfertigung und Sühne bei Paulus, NTS 39 (1993) 80–93, bes. 93 Anm. 38.

86 Vgl. etwa P. Stuhlmacher, Nachkritische Schriftauslegung, in: H.N. Janowski / E. Stammler (Hg.), Was ist los mit der deutschen Theologie? Antworten auf eine Anfrage, Stuttgart 1978, 59–65. Kritisch dagegen E. Gräßer, Interpretation statt Zerstörung, ebd. 103–108.

87 Vgl. Braun 258.

88 H.J. Holtzmann, Lehrbuch der neutestamentlichen Theologie II, Tübingen ²1911, 338. Zur notwendigen Unterscheidung von Sprachgestalt und Sachverhalt vgl. M. Mezger, Glaube und Sprache, 1963 (SKTSW 14), 26–38.

89 Vgl. März 62; anders Goppelt, Theologie II 589.

90 So E. Schweizer, Theologische Einleitung in das Neue Testament, 1989 (GNT 2), 103.

91 Eine hilfreiche homiletische Ausdeutung unseres Textabschnitts bei Josuttis, Über alle Engel 102–107.

92 Goppelt, Theologie II 590; vgl. Vielhauer* 148f.

Absicht scharf antijüdische Urteil über den alten Bund – er ist dem Verschwinden nahe (8,13) – wird gemildert durch die Beobachtung, daß geschichtliche Fragen wie die nach dem religiösen Wert des früheren oder gegenwärtigen torakonformen Kultus für unsern Verf. überhaupt nicht existieren. Es ist auch nicht richtig, daß jener Kult nur »die Farben hergibt für das zu zeichnende religiöse Ideal«[93]. Nein! Er wird »nach seiner ganzen Größe und Göttlichkeit« beschrieben[94]. Er ist »Schatten und Beispiel« (8,5; 9,23; 10,1), das in der Christus-Diatheke anerkannt wird. »Das Verhältnis der neuen Diatheke zur alten ist also nicht einfach polemisch, soweit es sich dabei um die Frage des Zeremonialgesetzes handelt. Es ist vielmehr dialektisch, da die alte Diatheke zugleich aufgehoben und doch wiederum überboten wird ... «[95]

Das Hohepriestertum Christi. Trotz des Hebr ist das Hohepriestertum Christi keines der großen Themen altkirchlicher Christologie geworden[96]. Bei den Apostolischen Vätern ist der Titel selten bezeugt (1Clem 36,1; 61,3; 64[97]; Polyk 2 Phil 12,2; IgnPhld 9,1[98]). Und bei den Apologeten erwartet man ihn erst gar nicht, weil ihre Adressaten Heiden sind. Justin erwähnt den Titel zwar mehrfach, läßt aber eine durchgehende theologische Deutung vermissen. Noch nicht bei Irenäus, Tertullian und Cyprian (bei letzterem findet sich nur eine Erwähnung: ep 63,14), sondern erst bei Hippolyt wird der Hohepriestertitel Gegenstand theologischer Reflexion. »Als erster behauptet er die fleischliche Abkunft Jesu nicht nur aus dem Stamme Juda, sondern ebenso auch aus Levi, um das H.tum Christi in gleicher Weise genealogisch begründen zu können wie sein Königtum.«[99] Bis ins 6. Jh. bleibt der Hohepriester-Titel sowohl bei den Kirchenvätern des Ostens wie bei denen des Westens ein nachrangiges, wenn auch ständiges Thema der Christologie. »Kristallisationspunkt ist die von Athanasius (c. Arian. 2,1/10) u. vielen späteren bezeugte Auseinandersetzung mit den Arianern, die das H.tum Christi schon auf die Zeit vor der Inkarnation beziehen u. damit die untergeordnete Mittlerfunktion des Sohnes bereits für die Zeit vor der Menschwerdung festschreiben wollen.«[100] In dieser Zeit spiegelt die Auseinandersetzung um die Hohepriesterschaft Christi »exemplarisch den Grundkonflikt des nestorianischen Streites um die Einheit der Person Christi wider«[101]. Wirkungsgeschichte

Auch die Übernahme des Hohepriester-Titels in die christliche Amtstermino-

[93] Jülicher, Einleitung 108.

[94] Schlatter, Der Glaube im Neuen Testament 521.

[95] Käsemann, Gottesvolk 35.

[96] Zum Folgenden vgl. G. Schöllgen, Art. Hoherpriester B II–VI, RAC 16, 25–58.

[97] Zum 1Clem vgl. G.L. Cockerill, Heb 1:1–14, 1Clem 36:1–6 and the High Priest Title, JBL 97 (1978) 437–440; P. Ellingworth, Hebrews and 1 Clement: Literary Dependence or Common Tradition?, BZ 23 (1979) 262–269; M. Mees, Die Hohepriester-Theologie des Hebräerbriefes im Vergleich mit dem Ersten Clemensbrief, BZ 22 (1978) 121–124.

[98] Die Christologie des Ignatius kommt im wesentlichen ohne den Hohepriestertitel aus. Vgl. M. Rackl, Die Christologie des Heiligen Ignatius von Antiochien, 1914 (FThSt 14).

[99] Schöllgen (s. Anm. 96) 26.

[100] Ebd. 29.

[101] Ebd. 32.

logie geschah nur zögerlich. Die Bezeichnung christlicher Propheten als »Hohepriester« in Did 13,3 (nur hier!) ist sonst ohne Parallele[102]. Erstmals bei Tertullian (Bapt 17,1) finden wir die ausdrückliche Bezeichnung eines Klerikers als »Hoherpriester«. Aber: »Eine ausdrückliche oder implizite Ableitung des klerikalen Priester- bzw. H.tums aus dem H.tum Christi ist (anders als beim allgemeinen Priestertum der Gläubigen) nicht nachzuweisen«[103]. Dann aber hat das zunehmende sazerdotale Verständnis besonders des Bischofsamtes den Hohepriester-Titel mehr und mehr interessant werden lassen. »Dabei ist die Bezeichnung des Bischofs als ἱερεύς/sacerdos die Regel, als H[oherpriester] die Ausnahme. Letztere dient durchweg der Betonung der Vorrangstellung des Bischofs innerhalb der Gemeinde, besonders gegenüber den andern Klerikern, u. entspricht damit der seit dem frühen 3. Jh. besonders in der Didaskalie u. der Traditio apostolica zu beobachtenden Tendenz zur Aufwertung des Bischofsamts u. seiner Kompetenzen. Die Ableitung aus dem H.tum Christi tritt hinter der ausdrücklichen Anknüpfung an die atl. Priesterhierarchie mit dem H. an der Spitze zurück.«[104]

Bei der endgültigen »Sazerdotalisierung« des kirchlichen Amtes auf dem Trienter Konzil spielte Hebr 7,12ff eine Rolle: Mit dem Opfer der Eucharistie sei das novum visibile et aeternum sacerdotium (»das neue sichtbare und äußerlich konstituierte Priestertum«) gegründet worden, in dem das alte Priestertum aufgehoben sei[105].

Heute kann man lesen, es sei »eine schwerwiegende theologische Frage, ob man vom eschatologischen Hohenpriestertum Christi aus, das von der Sicht des Hebräerbriefes das Ende von Opfer und Priestertum, außer demjenigen Christi, bedeutet, ohne weiteres die Legitimität eines kirchlichen Amtspriestertums deduzieren kann, vorausgesetzt, daß man die Aussagen des Hebräerbriefes in ihrem ganzen Gewicht nimmt«[106]. Tut man das letztere, steht man in dieser Sache nicht vor einer schwerwiegenden theologischen Frage, sondern vor einem eindeutigen Befund: Vom Hohepriestertum Christi führt keine Brücke zu einem kirchlichen Amtspriestertum.

Für den römischen Bischof ist *pontifex* seit dem 4. Jh. ein gängiger Terminus. Daß er (anders als ἀρχιερεύς und summus sacerdos) erst so spät in Gebrauch kam, »ist sicher darauf zurückzuführen, daß er Terminus technicus für die Mitglieder paganer Priesterkollegien« war[107]. »Möglich wurde die Übernahme in die christl. Amtsterminologie wohl nur, weil die Vetus Latina u. die Vulgata ἀρχιερεύς sowohl für die jüd. H. (vornehmlich im Joh.-Evangelium) als auch besonders (im Hebräerbrief) für Christus mit pontifex übersetzt u. dem Begriff damit Eingang in die einschlägige Terminologie der Christen verschafft hatten.«[108]

102 Ebd. 38.
103 Ebd. 39.
104 Ebd. 43.
105 DS 1764; vgl. can. 1, DS 1771.
106 J. Blank, Vom Urchristentum zur Kirche. Kirchenstrukturen im Rückblick auf den biblischen Ursprung, München 1982, 166.
107 Schöllgen (s. Anm. 96) 49.
108 Ebd. 49.